追寻在博物館

王南◇著

经济日报出版社

图书在版编目（CIP）数据

追寻在博物馆／王南著．-- 北京：经济日报出版社，2016.9

ISBN 978－7－5196－0004－4

Ⅰ．①追…　Ⅱ．①王…　Ⅲ．①社会科学－文集　Ⅳ．①C53

中国版本图书馆 CIP 数据核字（2016）第 218150 号

追寻在博物馆

主　　编	王　南
责任编辑	王　忺
责任校对	薛银涛
出版发行	经济日报出版社
地　　址	北京市西城区白纸坊东街 2 号（邮政编码：100054）
电　　话	010－63567683（编辑部）
	010－63516959　83559665（发行部）
网　　址	www.edpbook.com.cn
E－mail	jjrb58@sina.com
经　　销	全国新华书店
印　　刷	北京九州迅驰传媒文化有限公司
开　　本	710×1000 mm　1/16 开
印　　张	25
字　　数	350 千字
版　　次	2016 年 10 月第一版
印　　次	2016 年 10 月第一次印刷
书　　号	ISBN 978－7－5196－0004－4
定　　价	72.00 元

序

距退休年龄越来越近了，觉得该为自己的学术研究做个小结了，在2012年出版了《爱国合唱先驱——李抱忱年谱》后就有了此想法，然而由于其他事情的羁绊一直拖到现在才得以付梓。

博物馆并不是我所学的专业，或说是阴差阳错，或说是机缘命运的结果，我于上世纪九十年代进入当时的中国革命博物馆（2003年和中国历史博物馆合并为中国国家博物馆）工作，先是在收藏文物的保管部从事文物的鉴定、编目工作，后来转入专做展览的陈列部，更多的是直接研究历史，至今已有四分之一个世纪了，在两个部门工作的时间基本上持平。

博物馆是文化机构，工作种类多样，并不是专门的学术研究机构，我工作过的两个部门，一个是博物馆的基础部门，一个是博物馆面对社会的窗口部门，工作侧重点不同，因而造成所思考的问题也不同。再加上个人爱好的一些思考，就组成了本集子的三个部分：文博部分，史学部分，艺术史部分。第一和第二部分的内容多少带有转型的意味，由于所学专业是世界历史，总觉得这两方面的努力还嫌粗浅，而第三部分内容似乎游离于博物馆之外，但是，却又歪打正着地符合了国家博物馆的历史定位——历史和艺术并重。

倘若这本薄薄的集子能给予有兴趣的读者些许益处，就是笔者莫大的荣幸了。

王南

2016年1月于北京

目录

content

第一部分

第二部分

第三部分

第一部分

全方位征集近现代文物的思考

文物的征集工作是博物馆、纪念馆、陈列馆等文博单位最基础的工作，这项工作进行得如何，直接影响到馆内其他文物工作程序的进行，也影响到能否真正地贯彻执行文物工作“保护为主，抢救第一”的方针。贯彻这个方针不仅是古代文物工作的事情，根据现实情况，笔者认为，近现代文物的保护，抢救问题之尖锐，总体上绝不亚于古代文物，某些方面甚至大大超过后者，如文物的消失问题。近现代文物要想切实地达到保护、抢救的根本目的，有必要建立全方位征集文物的新观念并实施之。而要做到这点，需要着重解决以下三个最关键的问题。

一、要全方位征集近现代文物

所谓全方位征集近现代文物的观念，不意味着博物馆等文博收藏单位必须收藏每一件历史遗存，而是指凡是能反映前世及现世人类活动的文物门类都在收藏之列，尽可能不使任何一类文物湮灭，使之得以保存，传诸后世，使后人尽可能全面地了解先人的活动。建立这种观念并实施之，从根本上说是和“保护为主，抢救第一”的方针并行不悖的。

近现代文物的保护、抢救本身是全社会的任务，严格地说，各行各业、集体、个人对此都负有或大或小的责任。而博物馆、纪念馆、陈列馆扮演的角色应该说最为重要。诚如沈庆林先生在《近现代文物工作的几个问题》一文中所认为的，近现代文物的征集面临着同行和非同行的竞争，无疑是好事。然而，事实远非如此，近现代文物的征集工作在观念上至少存在着两个严重妨害工作拓展的认识和做法，需要我们进一步探讨。

第一，征集面太窄

迄今全国还没有一座专门以收藏近现代文物为根本任务的博物馆，也没有全面展示近现代历史脉络的陈列。囿于各种原因，包括馆藏近现代文物最全面的中国革命博物馆在内，任何一家博物馆、纪念馆、陈列馆要担负起上述陈列的任务都有不少困难。其中很重要的一点，就是征集观念陈旧，过多注重单纯性重点征集的方式，形成了征集面过窄的现状。这一方式贯穿于我国从中央到地方的博物馆、纪念馆、陈列馆，它主要体现在两个方面：专题性和为陈列所需而征集。在中央，中国革命博物馆就曾经是以收藏党史、革命史文物为根本任务的博物馆。近些年，由于现实条件的变化，征集眼界有所开阔，但依然远未跳出原来的框框，没有形成真正近现代文物的征集工作，即最大限度地征集能反映中国近现代史上各方面活动的历史遗存，从而也就难以较全面的展示中国近现代史。在地方，各省、市、县博物馆的文物征集工作是以古代文物为主要对象的，近现代文物征集的规模和古代文物征集的规模是不可同日而语的，前者也停留在征集面过窄的水平上。至于各个纪念馆、陈列馆的征集工作更是极为专题性的，文物征集面极窄，近现代文物的征集、保护、抢救工作是在相当小的范围内进行的。再有就是为了某个陈列的需要才去征集文物。这种方式本质上是注重短期效应，从长远看弊大于利，因为它保存下来的文物是近现代文物中十分有限的一部分而更大量的文物则令人痛心地消失或损坏了。

科学地讲，每一座博物馆、纪念馆和陈列馆都负有保护、抢救文物的重任，不应只保护、抢救某部分文物，也只有这些单位带头实施全方位的征集计划，才能有利于促进全社会对保护、抢救近现代文物的重视。也只有全社会都来保护、抢救近现代文物，“保护为主、抢救第一”的文物工作方针才有望得到根本的贯彻实施。

全国的文博单位为数不少，但具体到某些地区就不是这样，许多地区仅有一座博物馆、纪念馆、陈列馆或文管所，有的地区甚至没有，这些地区的大量近现代文物已经消失，另一些文物正在消失。即便是经济较发达的地区，由于对近现代文物重视不够，以及各文博单位征集观念的陈旧和征集力量有限，也造成大量近现代文物的消失。当务之急是，在不同地区采取不同措施，改变现状，具体地讲就是要在没有文博单位的地区建立这类机构，可视各地情况而定。各地现有文博单位也应更新观念，改变单纯重点征集的方式，扩大征集面，加大征集力度，切实有效地肩负起保护、抢救当地近现代文物的重任。

第二、征集文物忽视门类齐全

典型文物主要指具有“第一”、“之最”性质的文物，以及和重要人物、重要历史事件关系密切的文物，也包括稀有文物，它们是文物中的精品、珍品，各文物收藏单位都在竞相征集，一个文物收藏单位拥有的这类文物越多，其身价、品位会相应提高。但是，如果偏重这类文物的征集，忽视其他文物的征集是很危险的。因为这种征集观念存在很大的弊端，首先，文物征集只讲高质量，不讲门类齐全是失之偏颇的，不能体现真正的高品位。其次，高质量的文物数量毕竟较少，不是每个单位都可以大量拥有的，因而，收藏单位有必要以充实文物门类来弥补质高量小的不足。第三，试想一个文博收藏单位，不论是专题馆还是综合馆，只重典型文物的征集，一个很严重的不良后果就是影响设陈。不注重各层次文物的收藏，就会在设陈时出现物到用时方恨少的尴尬局面，不能有效地让文物说话，难以给观众最直观的印象。一个文物收藏单位只有做到广泛地收藏文物，才能使陈列拥有坚实的物质基础，设陈时也才有更大的回旋余地，才能充分利用文物达到对观者的教育目的。第四，也是最重要的一点，偏重高质量的文物征集，其观念不符合“保护为主，抢救第一”方针的思想内涵，也就不利于近现代文物的全面保护和抢救，从而易使保护、抢救近现代文物失去广泛的实际意义。

仅以上两点，就已显示了建立全方位征集近现代文物新观念并实施之的重要性，文物征集工作尽快走出误区已势在必行，不宜拖延，否则，“保护为主，抢救第一”的方针之实施将会落空。

二、征集近现代文物要有前瞻性

文物征集方式一般有滞后性和前瞻性两种，它们是由文物的具体情况决定的。近现代文物的征集要考虑其自身特点。和古代文物不同，近现代文物不全都是历史遗存，有相当部分是未退役的物品，有的正在产生，有的将要产生，如果等到它们全部都成为历史遗存再去征集，很多文物将不存在，届时悔之晚矣。它们的征集意识、方式不应再以滞后性为唯一形式，文物征集的前瞻性在这里起至关重要的作用。

要使近现代文物征集工作走上全方位的轨道，那么，在保持文物征集滞后性的同时，加强征集工作的前瞻性就实属必须。文博界一般认为，文物是人类文明活动物质载体的历史遗存，文物的形成需要历史沉淀。等某件物品成为文物后再去征集，这就是文物征集的滞后性方式。这种方式对古代文物的征集是完全合适的，对一部分近现代文物的征集也是合适的，但对另一部分近现代文物就不合适，特别是当代文物。按照对现有文物概念的理解，“当代文物”的概念是无法解释的，因为“当代”即“现在”，文物既然需要一定时间的沉淀才能形成，现在产生的物品还没经过沉淀，自然不称其为文物，只能说具有潜在的文物性。其实不然，有相当部分的当代物品一经产生就已是文物，如去年由中国革命博物馆收藏的中国第一张丝绸报纸，以及 1997 年 1 月 1 日在天安门广场升起，并由中国历史博物馆收藏的随卫星在太空飘扬了 15 个日夜的五星红旗，都属于这类文物。

新的历史条件下的文物定义，应补充新的内涵。重新审视文物概念，有利于全方位征集文物观念的建立和工作的开展。在近现代文物的征集工作中，尤其对现代文物中的当代文物的征集不知所措，是普遍存在的。什么是文物，征集什么，无从下手。关键不在于哪件东西是否文物，而在于是否意识到这件东西是文物或可能成为文物，是否有收藏价值。其实文博工作者可对它们做超前的分析，认定哪些物品值得收藏，以指导文物征集，这就是前瞻性。以香港回归祖国为例，这个过程的完成指日可待，但毕竟还未完成，其过程还在进行，在整个过程中，除已产生了一些文物外，还正在产生和将要产生另外一些文物是可以预期的。具体而言，目前挂在中国革命博物馆正门前的香港回归倒计时牌就属此类文物。有关文物一旦形成，我们就可以立即有的放矢地去征集。变等待物品成为历史遗存，再征集，为主动征集，使物品成为历史遗存。

近现代文物征集的前瞻性除上述内容外，还有另一方面的含意。即对某些门类的文物有可能大面积减少或消失作事先的预测，从而注重对它们的征集。例如，可以预测，随着科学技术的高速发展和普遍应用，在涌现大量科技产品——新型文物门类的同时，纸质文物的构成可能发生重大变化，其中部分文物类型也许在未来某一天会彻底消失，因而日显珍贵。越来越多的作家使用电脑写作，使作家的手稿有丧失殆尽的危险。未来的作家甚至可能仅通过电脑即把自己的作品展示给读者。再者，据报载，目前全世界已有两千种报纸采用了电子报纸的形式，而不是以印刷的方式供应社会。不仅如此，各种杂志、书籍也有同一发展趋势。基于这点，未来社会中，书信、手稿、报纸、杂志、书籍等将日益减少以至消失，所以现在有必要开始多下力气征集纸质文物。当然，高科技的普及应用也造就了一些新的纸质物品形式，像打印件、复印件等。但由于它们形式上的单一，致使其收藏价值远逊于其他各类丰富多彩的纸质文物。

历史遗留下来的文物，需要保护和抢救，靠的是文物征集的滞后性，未经沉淀或将要产生以及将会减少或消失的文物，也需要保护和抢救，它靠的是文物征集的前瞻性，仅通过滞后的方式征集文物，将造成大量近现代文物不必要的毁灭，酿成巨大的历史遗憾。把文物征集工作中的滞后性和前瞻性有机地结合起来，有效地加以运用，既搞专题，又注重全方位，前者是点，后者是面，以点带面，点面并重地征集近现代文物，在保护、抢救近现代文物的过程中无疑是非常重要的。

三、加大文博经费的投入

欲使近现代文物征集工作全面开展，在具体操作上还存在许多问题有待解决，其中最大的问题就是征集经费严重短缺，绝大多数单位都如此。经费短缺直接涉及两个问题：文物征集和文物库房条件的改善。

在目前市场经济状况下，文物征集工作的难度远比新中国成立后的前四十年（1949—1989）为大。特别是五十、六十年代通常采用行政手段，中央、省级大馆都可以从基层单位调拨大量文物，基层单位通过向社会、群众宣传，鼓励捐献，也可以征集到数量可观的文物。市场经济下的文物征集工作，一般地采用行政、宣传手段基本上行不通，不要说各个单位对手中的文物各有考虑，花钱买也困难重重。就是普通老百姓手里存的文物，不征集时还无所谓，一听说要征集，往往开价不低，博物馆甚至连送上门的文物都收不起，只得望物兴叹。

至于文物库房的状况，在全国范围内也是令人堪忧的。问题主要表现在拥挤和简陋两个方面。拥挤是指文物库房的空间不能有效、合理、科学地容纳下馆藏文物，从中央馆到省、地、市、县馆，还有众多的文管所普遍存在这一问题。矛盾的产生基于两个原因：一是文物的体积没有统一尺寸，且不由库房空间所决定，大到卡车，小到笔头，不一而足；二是库房的最初设计很难预见日后的发展，且资金欠缺或受其他因素制约，文物藏量逐渐增加，库房空间却依然故我，无法扩展。简陋是文物保护的大敌。当然，简陋是有不同层次的，不能一概而论。首先，有的库房简而不陋。有些单位，库房的建筑质量是可靠的，但长年一贯制，内部缺少像恒温、恒湿、除湿等基本设备，从长远看，很难防止自然损坏。第二，有的库房简而且陋。前一点所言条件都不具备。更有甚者，有的库房实际上只是一间极普通而且破旧的屋子，文物杂乱无章地堆放着；有些地方的办公室和库房合二为一，屋顶为防下雨和掉土而遮着竹席，其状况只比露天货场强些，这些都和名符其实的库房相去甚远。在如此恶劣的条件下，即使能征集到大量文物，也难以妥善地进行保护。征集和保护是文物工作中密切相关的环节，两者都存在巨大的经费缺口，因此，两者的经费问题应同时考虑。

在现阶段，绝大多数文博单位的经费来源靠国家拨款，少数靠自筹。前者通常吃不饱，后者不是大多数文博单位能完全做到的，还有量上的差别，悬殊极大。两种方式都不是根本解决问题的办法。加大文博经费的投入，并不只意味着纯资金的增长，也应包括能增加资金的相关政策、措施等。在解决文博经费（首先是征集经费和保护经费）的问题上，笔者认为同样有一个认识上的症结，有宏观的也有微观的。宏观的指国家政策，有必要向文博单位倾斜，把计划拨款和社会赞助及自筹等方式结合起来，使市场经济的杠杆作用参与解决文博经费问题的运作。政府完全可以考虑通过立法来提倡，鼓励企业、个人向文博事业捐款，以此代替向国家上交的税收，捐得多，免税就多。捐助过程可由公证部门予以监督，并为捐助者出具证明，以便向税收部门申请免税。进而可考虑由企业、个人、文博机构联手建立文博事业发展基金会，协调各文博单位经费的使用。这一做法有不少好处，1、这部分款项直接赞助了文博事业，可简化国家征税、拨款的程序，缓解国家征税难度，减轻国家负担；2、文博事业直接获益，有望较快摆脱举步维艰的困境，保障全方位征集、保护文物的进行，起到促进文博事业健康发展的作用；3、捐款的企业、个人，为文博事业做了好事，实为善举，再由新闻媒介予以传播，定能产生良好的社会影响；4、文博单位可以向有关单位、个人提供免费参观展览，讲解文博知识、查阅文物资料、复制文物等便利服务，作为对企业、个人的回报；5、有了充足的资金，文物的征集范围必将扩大，还可向文博单位一般不敢涉足的拍卖市场进军，变游离于外为置身其中，以求征集到更多更好的文物；6、文物库房条件的改善也就有了雄厚的物质基础做保证，文物的安全系数也将随之增大。微观的指各文博单位对文博经费投入的认识，不少单位重陈列轻征集，只要是搞陈列，就想方设法筹集资金，而一谈到征集文物就面露难色，极力强调经费紧张，强求征集人员做无米之炊，显然是不适合市场经济新形势的。事实上，缺少文物的陈列，永远算不上好陈列，而丰富的文物肯定能让陈列生色。陈旧的治馆意识不仅阻碍陈列质量的提高，也妨碍全方位征集近现代文物工作的展开，也就有碍于“保护为主，抢救第一”方针的全面实施。摒弃旧的意识，建立新型观念，把文物征集工作真正重视起来，是每一个文博单位不可推卸的责任。

一个国家，尤其是像我们中国这样一个文物大国，自古以来就非常重视历史文化遗产保护和研究的大国，没有完整的近现代历史陈列，是不可思议的，这无异于割断历史。这样一个大国，不进行全方位征集近现代文物的工作，不能为后世保留更多、更好、更全面的先人活动的历史遗存，无异于告诉我们的子孙，他们的祖先是不负责任的。为了历史的延续，为了对得起子孙后代，也为了负起我们的责任，我们必须把全方位征集近现代文物的工作尽快地、扎扎实实地开展起来。上述三个关键问题，如能得到妥善解决，相信近现代文物工作的全新局面必将到来。

刊载于《中国博物馆》杂志1997年第二期。本文为上个世纪九十年代笔者跟随国家文物局一级近现代文物确认专家组到部分省市鉴定文物后而作。

近现代文物分类法刍议

《中国大百科全书·文物博物馆》卷（1993 年 1 月版）第 594—595 页列出了七种文物分类方法，它们是：时代分类法、存在形态分类法、质地分类法、功用分类法、属性分类法、来源分类法、价值分类法。在这七种分类法中，仅在第一、第二和第五种分类法里涉及近现代文物，但叙述内容并不多。笔者作为一名近现代文物工作者，谨将自己对近现代文物分类方法的一点认识奉献给同行们。

就近现代文物种类的多样性和复杂性看，《中国大百科全书》上所列的七种分类方法远不能揭示近现代文物的丰富内涵。在对近现代文物的分类法作考察时，除这七种分类方法外，至少还应有如下八种分类法：收藏方式分类法、存在形式分类法、历史事件分类法、地域国别分类法、人物分类法、组织阶级（阶层）分类法、形状分类法、制作技术分类法，共计十五种分类法。以下拟就这十五种文物分类方法略做分析。由于近现代文物是文物总体的组成部分，所以《中国大百科全书》中所列出的七种文物分类方法，自然适用于近现代文物。

一、时代分类法

以文物产生的年代为标准对文物进行归类的方法。“近现代文物”的概念一方面是相对古代文物而言的，另一方面它是由近代文物和现代（含当代）文物组成的，即为后二者的总和。近现代文物大致可分为三个层次，近现代文物是第一层次。在近现代文物的概念之下，还可分出各个时期的文物，即旧民主主义革命时期的文物、新民主主义革命时期（或称民国）

的文物、社会主义建设时期的文物三类，这是第二个层次。这三个层次都各自含有若干个小时期，这是第三个层次。旧民主主义革命时期可包括鸦片战争时期的文物、太平天国运动时期的文物、洋务运动时期的文物、义和团运动时期的文物、辛亥革命时期的文物；新民主主义革命时期可包括五四运动和中国共产党创建时期的文物、土地革命时期的文物、抗日战争时期的文物、解放战争时期的文物等；社会主义建设时期可包括社会主义改造和建设时期的文物、“文化大革命时期”的文物、改革开放时期的文物等。该分类法是近现代文物分类法中最基本的一种。

二、存在形态分类法

和古代文物一样，这种分类法是依照文物体量的动与静来划分近现代文物的，也把文物分成可移动文物和不可移动文物两类。各个文物收藏单位收藏的文物和社会流散文物属于前者；近现代历史过程中保存下来的重要建筑、遗址、纪念地属于后者。

三、质地分类法

此种方法以不同材质对近现代文物进行归类，大致可分为三大类两个层次。三大类即为无机类文物、有机类文物、复合体文物，这是第一层次。第二层次指无机类文物中的各种金属（含各种合金）、陶瓷、玉石、玻璃、珐琅、化纤等质地的文物；有机类文物中的各种纸、木、竹、骨（牙、角）、纺织、皮毛等质地的文物；复合体文物中的无机复合体文物、有机复合体文物、无机和有机相结合的复合体文物。该分类法较充分地体现了近现代文物的复杂性。

四、功用分类法

以文物的功用为标准对文物进行归类的方法。每一件（处）文物都曾经在人类活动的历史中起过或多或少的作用，人类在制作它们的时候，都有一定的目的。如为了扩大作战效果，热兵器成为战争中的主导武器；为了记录人们的各种活动，产生了照相机和照片等。从理论上说，人类有多少种生活目的，就应该有多少种具有不同功用的文物。但是，由于各种历史原因，现存的文物种类不可能和人类的生活目的一一对应。本文物分类法同样能体现近现代文物的复杂性，因为直至目前还未能精确统计出这部分文物到底有多少种功用。近现代文物中纸质文物占有很大的比例，仅此一项，就可分出大、小门类近二百种（仅根据现今中国革命博物馆藏品粗略统计）。近现代文物博大精深的内涵由此可见一斑。

五、属性分类法

以文物的社会属性为标准对文物进行归类的方法。该分类法是文物分类法中最为深刻的一种，它不仅体现了文物的外在特征，还展示了文物的深层含义，也就是文物的社会属性。按目前的观念操作，近现代文物可分为革命文物、反革命文物、中性文物、前二者相结合的双重性文物（如某解放军战士使用的笔记本是缴获敌人的，上面同时记录着敌我双方的思维、活动等内容；又如我军指战员用缴获的敌军武器继续杀敌，此类文物颇多）四类。在此基础上还可继续将文物划分为政治、军事、经济（工农业、商业、金融、服务业等）、科技、文化艺术、教育、外交、体育、宗教、民族、民俗等多种门类。

六、来源分类法

按照《中国大百科全书·文物博物馆》卷上所说，来源分类法有以下几类：拨交、征集、拣选、交换、捐赠、发掘等。但是笔者认为，上述几类概念是收藏方式分类法中的概念，而不属于来源分类法中的概念。因为，这几个概念只符合收藏方式分类法的归类原则，它们表现的是，文物是通过何种方式成为馆藏品的，而来源分类法指的应是文物来自何处，这是两种截然不同的文物分类法。笔者认为来源分类法可有两个层次，第一层次是宇宙空间的各天体（包括地球）；第二个层次是地球上的国家、民族、地区、单位、个人。试举例说明：美国前总统尼克松送给毛泽东主席的月球岩石碎块，就是一件结合了宇宙空间天体、国家、民族、个人四个来源的珍贵文物。如果用电脑检索，我们就可以分别在这四种来源的文物中查找到这件文物。来源分类法只适用于可移动文物的归类。

七、价值分类法

该分类法在法则上对于近现代文物和古代文物来说，都是一致的。都是把文物按一、二、三级的标准加以归类。所不同的只在于具体文物和所参照的价值标准有一定差别。

八、收藏方式分类法

指各文物收藏单位通过什么样的方式使文物成为馆藏品的归类法，即可分为第6点中提到的拨交、征集、拣选、交换、捐赠、发掘以及购买等方式。该分类法绝对不能和来源分类法相混淆。收藏方式分类法也只适用于可移动文物的分类。

九、存在形式分类法

即以文物的存在形式为标准进行文物分类的方法。可分为传世类和出土类两种。由于历史条件的不同，近现代文物的存在形式基本上和古代文物相反。古代文物以出土类文物为主要组成部分，传世类为次要组成部分，但也具有一定数量；近现代文物则以传世类为主要组成部分，而且占极大的比例，出土类文物极少，占的比例极小。

十、历史事件分类法

以文物属于哪个历史事件为标准进行文物归类的方法。在150多年的中国近现代史上，曾发生了许多大大小小的事件，每个事件发生的过程中都产生了一些文物。这个时代发生的大事件有：两次鸦片战争、太平天国运动、洋务运动、边疆危机（中法、中日战争等）、戊戌维新、义和团和八国联军侵华战争、辛亥革命、新文化运动、五四运动、中国共产党的创建、北伐战争、土地革命、红军长征、一二•九运动、西安事变、抗日战争、解放战争、中华人民共和国的建立、抗美援朝战争、三反五反运动、大跃进运动、文化大革命、中苏边境自卫反击战、改革开放（中共十一届三中全会）、中越边境自卫反击战、北京平暴、香港回归、中共十五大等等。中、小事件就更多了，囿于篇幅有限，省略不计。每个事件的文物还可分为直接相关类和间接相关类两种。另外，有些文物和任何事件都没关系，则可归入非事件类。

十一、地域国别分类法

以文物的产生地为标准对文物进行归类的方法。此方法是由每件文物都有自己的产生地这一事实决定的。从宏观角度着眼，该分类法可包括宇宙空间各天体、地球上的国家、省、市、州、县等范围；从微观角度着眼，又可及于地球上的每一个乡、镇、村等地区。另有综合地域国别类文物可自成一类。中国在近现代历史进程中发生了翻天覆地的变化，而且中国和世界进行了中国历史上最广泛的交流，包括战争及和平方式，所以该分类法也能充分地展示近现代文物的复杂性和丰富的内涵。

十二、人物分类法

以人物和某人有关为标准对文物进行分类的方法。基于每件文物的产生、使用都和具体的人物密切相关这一点，我们可以按不同人物把近现代文物加以归类。但因为有相当数量的文物迄今未能调查清楚具体的制作者和使用者，所以可将文物划分为人物类和非人物类两个范畴。在人物类里还可根据年龄、性别、身份、职业、国籍、民族等特征分类。按年龄可分为成年人和未成年人 、再细分还可分为老年人、中年人、青年、少年、儿童等。而身份、职业、国籍、民族则可分出更多的小类别。

十三、组织阶级（阶层）分类法

以文物属于哪个组织、阶级、阶层为标准进行分类的方法。中国近现代史上曾经产生过许多党派、国家机构和形形色色的社会团体，而且这个时代又是中国历史上各阶级、阶层共存最全面的时代、这个时代的每一件文物都属于不同的党派、机构、团体、阶级、阶层，于是我们可以将文物按照不同的组织、阶级、阶层进行归类。即使是无党派人士和无业人员制作和使用的物品，也有它的归类范围，即无党派人士类和无业人员类。

十四、形状分类法

以文物的形状为标准对文物进行归类的方法。每一件文物都占据一定的三维空间，也都有各自不同的形状。按文物的形状归类，可划分出单一形状和复合形状两类文物。单一形状类文物有方形、长方形、三角形、圆形、菱形、梯形、多边形、多角形、半圆形、弓形、扇形以及不规则形等多种形状，还可分为平面的、立体的两类；复合形状类则可由两种以上的单一形状组成数量繁多的、难以统计的种类。近现代文物的复杂性也可由此分类法揭示出来。

十五、制作技术分类法

以文物的制作技术为标准对文物进行归类的方法。每一件文物都有具体的制作技术，根据相同的制作技术特点将文物分类，首先可分出手工类、机制类、综合类（手工综合类、机制综合类及手工和机制相结合类）三种。其次手工类中可分出写绘类、打磨类、雕镌类、剪刻类、编织类等多种类别；机制类的种类更多，仅印刷类就可分出油印、石印、铅印、木刻版印、铜版印、电脑打印、复印（黑白、彩色）、激光照排等类型；而综合类则需由两种以上的手工、机器制作技术构成或由手工和机器制作相结合。手工和机制相结合的文物还可分为手工为主类和机制为主类两种。

以上是本文粗略归纳、概括的近现代文物分类方法，它们从不同的角度反映出近现代文物的特点和复杂性。哪一种分类方法都不能全面说明近现代文物的深刻内涵，它们既是独立的，又都有相互的内在联系，只有对它们进行深入细致的综合考察，才可能真正窥及近现代文物的深厚底蕴。如能建立科学的近现代文物分类体系，并将其切实运用于电脑之中，必将对近现代文物的管理和研究工作起到重大的推动作用，因为这样一来，我们就有可能力求做到多角度、全方位地检索近现代文物及对其进行综合研究，改变目前依靠卡片检索文物过程中少慢差费的局面，从而大大提高工作效率。

刊载于《中国博物馆》杂志1999年第一期。

近现代外国文物研究初探

我国的改革开放进程正日益深化，与世界各国、各民族的交往也比以往任何时候都多而且广泛，因之外国文物的收藏、研究、利用问题也就日显其迫切性。本文拟就这方面的问题作些尝试性的探讨。

一、外国文物的概念问题

中国近现代社会是一个极为纷繁复杂的历史时期，在这一时期中产生的文物也是极为纷繁复杂的，它们的情况各异，种类繁多。笔者曾在《近现代文物分类法刍议》一文中对近现代文物的分类方法做了简要概述，但仍有一种分类法未曾提及，这就是中外文物分类法。

在中国近现代文物的范畴中存在着两大类文物：中国文物和外国文物，该分类法有别于其他文物分类法，它的基本着眼点在于中国和国际社会的关系，其中的外国文物是本文要进行探讨的部分。那么，什么是外国文物呢？它的定义又该如何界定？其定义的界定是研究外国文物的首要问题，否则，其他有关外国文物的研究内容就无从谈起，由于国际社会的复杂性，也就决定了外国文物定义的界定不是一件简单的事情。笔者经数年在一定范围内考察后认为，外国文物的定义应为：一切在中国近现代史范畴内与国际社会上的人物或事件有直接联系的历史遗存。这一定义是否科学和准确，文博界的同仁们可以进行探讨，在此仅供参考并诚恳就教。

二、外国文物的构成

应该说，外国文物最初并不产生于近现代社会，古代文物中就有，只是古代社会的中外交往范围相对较小，产生的外国文物数量也就相对较少，这一问题也就不那么引人注目。到了近代社会，随着西方列强的入侵，国门的洞开，中外交往在各个领域里进行，和我国交往的国家也日渐增多，外国物品的数量也随之不断增加，所涉及的范围也越来越广，其内容也逐渐丰富。这就为我们提供了收藏外国文物的广阔天地，也向我们提出了保护、研究、利用外国文物的重要任务。到今天，外国文物不仅数量庞大，而且种类很多，同样可以用各种分类方法对它们加以分类。这些分类方法是：时代分类法、存在形态分类法、质地分类法、功用分类法、属性分类法、来源分类法、价值分类法、收藏方式分类法、存在形式分类法、历史事件分类法、地域国别分类法、组织阶级（层）分类法、形状分类法、制作技术分类法等。此外，根据历史进程的具体方式，外国文物还可分为战争——敌对类、和平——友好类，因为中外关系的发展从来都是处于这四种状态中的。其中还可以分成几种情况：一是物品本身产生于中国境外，但文物形成的主要过程在中国，如白求恩用过的X光机（美国造）；二是物品本身产生并形成文物是在中国境外，但由中国人或华裔带回中国，如谢唯进保存的国际纵队被俘成员在法国边境古尔斯集中营出版的墙报（法文）；三是物品本身产生并形成文物也是在中国境外，但将其带到中国的是外国人，如波兰康·罗科索夫斯基元帅送给朱德的波兰古军刀。再进一步考察外国文物，还可以发现，有一部分文物是介于中国文物和外国文物之间的，它们既有中国属性又有外国属性，因而不能简单地把它们划归于中国文物或外国文物，而应视其为有相对独立性的一类，在研究外国文物时又不能忽视它们，即具有双重性质的文物。例如毛泽东在红军东征时期的石楼战役中用过的德国蔡斯牌望远镜；又如罗炳辉送给史沫特莱的藏族佛珠戒指（戒指是史沫特莱回美国后嵌制在佛珠上的）。依此，中国近现代文物是由中国文物、外国文物和具有中外双重性质的文物构成的。

三、为什么要研究外国文物

研究外国文物的必要性至少有以下几点：

1、这是历史赋予近现代文物工作者的使命、任务和职责。我国正处于改革开放的重要历史关头，中外交往比以往任何时候都更广泛、频繁、深入地进行着，随着这一进程，必将继续产生大量的外国文物和具有双重性质的文物，只有研究这些文物才能全面了解历史的发展。

2、外国文物是中国近现代社会发展中、中外交往的历史见证，它们记载了这个时期内中外关系的思维程序、行为特征，记载了相关的血与泪、刀与火、爱与恨等种种情结，是一本无法替代的历史教科书。

3、外国文物是中国近现代文物的组成部分，不研究外国文物，就不能科学地解释中国近现代史的发展过程。如同研究中国近现代史必须研究相关的外国史、世界史一样，研究中国近现代文物也必须研究相关的近现代外国文物。

4、尽管外国文物在近现代文物中占有一定比例，内涵也相当丰富，但我们对这部分文物的数量、范围、内容、种类、价值等情况还没有充分的了解，我们只是根据一般近现代文物的一些基本情况来把握外国文物的相应状态的。

5、凡是世间存在的事物都有其价值，都有研究的必要。作为凝聚了多方学科内容的近现代外国文物，其研究价值是很大的，穷毕生精力也难以彻底了解和掌握其全部内涵，外国文物实在是一座神秘和丰富的文物宝库。

四、外国文物的特点

这部分文物有什么特点呢？除应具有沈庆林先生所认为的近现代文物的四个特征外，还应具有以下特点：

1、和中国近现代史的发展相关联。任何一件外国文物不管通过何种渠道和方式留存于中国，都必定和中国的近现代史中的某个领域里的人或事有一定关系，如鸦片战争中佛山人民缴获的英军武器、服装等，又如马克思主编的《新莱茵报》第 301 期都是如此，前者与战争有关，后者与外交有关。不具备这一条件的文物，不属于中国近现代外国文物的范畴。

2、外国属性。这些文物无论产生、流传、形成于何处，都必须与某个或几个外国或地区的人或事相关联。不同的文物具体情况各异，如伊文斯赠给延安电影工作团的电影摄像机和赫鲁晓夫送给刘少奇的双筒猎枪。

3、异国情调。任何一件外国文物都一定负载有某外国及民族的风情色调，它们所具有的风情色调是互不相同的，更有别于中国文物，有些是极具独特性的，其中以各国赠送给我国的礼品最具典型性，其所含信息量是非常丰富的。

4、具有双重性质的文物，应在制作材料、流传地域、使用痕迹等形成过程中具备中国和外国两种不同的属性，缺一不可。

五、外国文物的内涵

文物的内涵是很丰富、很复杂的，外国文物的内涵亦同此理，其本身是由外国文物涉及的领域很多、范围也很广决定的。从领域上看，外国文物涉及了人类社会的各个学科，因为当今的中国社会在各个学科方面与国际社会都有了交流，在交流过程中产生的每一件物品都是潜在的文物；从范围上看，我国现已与世界上绝大多数的国家和地区建立了外交关系，也都有不同程度的交往。在交往过程中产生的每一件外国物品，必然积淀着不同国家、相关民族的文化。无论是各学科领域里的交流，还是各国家、民族间的交往，都必然牵涉方方面面的人和事，使本就丰富多彩的外国文物更增添了许多复杂的因素。

正由于内涵的复杂，才使得我们所见到的外国文物是千姿百态、各具特色的。不必说洲与洲、国与国之间的文物特性差异甚大，即便是同洲同国的文物也有其各不相同之处。不同种类、不同质地的文物形态各异，其内涵也异彩纷呈，有的相对简单，有的相对繁复。有些文物会告诉我们相关的国家、地区、人和事与中国近现代社会的关系，有些文物会向我们讲述不同的国家和民族的历史、文化、艺术、科学、风土人情等种种故事。以尼克松送给毛泽东的礼品——用有机玻璃等材料镶嵌着月球岩石和星条旗样品的工艺品为例，要想全面了解其内涵，就需要了解一些美国历史、中美关系史、美国宇航史及登月情况，尼克松的情况、毛泽东的情况、月球岩石的成分，星条旗的质地、礼品的制作情况（包括材料、工艺、制作单位、制作者）等，所有这些包含了多方面的知识，可见其内涵之丰富，事实上目前还没有一个人真正掌握了上述各方面的知识。它表明一方面外国文物研究的难度可想而知，另一方面外国文物的研究领域之广也是可想而知的，其中有极为丰富的知识等待我们去探索。

六、外国文物的征集

现今近现代外国文物较为集中的收藏单位主要有友谊博物馆、邮票博物馆、钱币博物馆和中国革命博物馆，前三者是专题性博物馆，藏品有很强的针对性，后者长期以来是以革命文物的一部分来对待外国文物的，呈综合性收藏状态，并未作为独立的一类文物对待。各地文物单位也有收藏，但就全国范围看，藏量不清，而且也未有专门的征集制度和计划，应该说这是近现代文物工作中的一项缺憾。

从理论上说，在160年的中国近现代历史的发展过程里，曾产生了数量庞大的具有潜在文物价值的外国物品和具有中外双重性质的物品，这一点是肯定的；在未来的社会发展中仍将产生数量庞大的同样性质的物品，这一点也是肯定的。问题之一是在过去的160年里产生的外国物品中，除去我们已经收入博物馆的那部分物品外，还有哪些遗存于世的物品有待征集、如何征集？问题之二是在今后的社会发展进程中产生的外国物品有哪些应该征集、如何征集？笔者以为，无论是目前还是未来的征集工作都仍需运用滞后和前瞻方式，这两种方式是文物征集工作的根本方式。为了有效地运用这两种方式，就必须遵循两个原则：凡是能反映前人、今人活动痕迹的各类外国物品和凡是能使今人、后人了解历史发展轨迹的各类外国物品（当然不是每一件外国物品，实际上也不可能收藏每一件物品，而且也没有必要）都应在征集之列，不如此就不足以尽可能全面地保存历史的原貌。

诚然，要依照上面所说的方法去做，文博工作者要做很多工作，而且是一个无止境的过程，决不是一个轻而易举的事情。首要的是，各地的文博单位有义务重视这方面的工作，应有针对性地关注发生在本地区的中外交往活动，包括历史的、现在的甚至是将要进行的活动，才有可能在征集工作中做到有的放矢。这是一项造福子孙后代的大工程，需要我们脚踏实地、兢兢业业地去开拓、去努力，并且要开动脑筋，多方面、多渠道地去挖掘和寻找文物的征集线索，力求收藏更多的外国文物，以向世人科学、全面地展示近现代史上中外交流的历史轨迹。

七、外国文物的研究渠道

外国文物的研究渠道有多少种，现在还说不清楚，但主要应有以下几种：

1、历史性研究。每一件文物都产生于一定的历史环境中，都和一定的历史环境相联系，也和一定的历史人物有关，因而研究一件文物应将其置于相应的历史条件下考察。不脱离具体的历史环境，才能正确评估文物的价值，不论是佐证历史还是促进史学的研究都是如此。

2、分类研究。即将文物按不同类别加以考察，有多少种文物分类法就有多少种研究方法。既可单独探究某一类文物的特性，又可考察一件文物具有多少种类别的特性。如巴黎公社时期发布的《告人民书》，既是纸类文物，又是印刷类文物；既是近代文物，又是革命文物；既是可移动文物，又是宣传品类文物；既是传世类文物，又是法国文物。这件文物同时涉及质地、制作技术、时代、属性、存在形态、功用、存在形式、地区国别等八种分类法，这还不是最复杂的。

3、器物性研究。对文物的质地、构造、制作方法、形状、附着体等方面的研究，是文物的器物性研究，它重点着眼于某一文物本体特征的研究。同一质地的文物既可相似也可以有各种各样的差别，不同质地的文物在其他方面既可以不同也可以相近。它们之间的差别有时是很少的，有时又是巨大的。

4、洲别、国别、地区、民族性研究。依据不同的洲、国家、地区和民族来研究外国文物，可归纳出它们的异同点。由于洲与洲、国与国之间的地域、民族习惯、思维方式、传统文化的差异，造成各洲、各国的文物各具鲜明特色，而同一洲的文物常有类似和雷同的地方，特色相对不明显，但同一洲也有文物风格差异很大的现象，如北非和南非、东亚和西亚的文物风格差异就很大。同一国家的文物也存在这样的现象，这往往是由民族习惯决定的。

5、学科研究。根据文物本身属于哪一学科或涉及哪些学科进行的研究，此种研究经常是和某一学科领域里的人和事相联系的。比如要研究联合国成立大会时发给董必武的纪念章，就需要了解当时的国际政治形势、联合国的情况、董必武的情况等（在这里，董必武已不是单纯意义上的中国人，而是一个知名的国际政治人物），很显然，这是一件和国际政治学及世界历史学关系非常密切的文物，仅利用研究中国文物的方法和知识进行考察是远远不够的。

6、比较研究。该研究方式是建立在有共同特征的文物研究基础上的。一般有两种情况，一种是中外有共同特征的文物间的对比研究，另一种是有共同特征的外国文物间的对比研究。对比研究可使我们清楚地看到积淀在文物上的传统文化差别有多么大，而有些文物又体现了两种甚至多种文化相互渗透、融合的表征。从中我们能够学到许许多多、方方面面的知识，从而提高我们自身的文物研究水平。

八、外国文物的利用

在现阶段，近现代文物的利用还很不充分，外国文物的利用就更少了，到目前，主要集中在国际礼品方面。重要的有友谊博物馆的基本陈列——《国际珍贵礼品展》和外借展出，航空博物馆的国际礼品展，中国革命博物馆在1993年曾举办过《馆藏珍贵国际礼品展》，以后数年里又在部分省市展出，地方上少数单位也有展出国际礼品的。革博和友谊馆还曾在报纸上撰文介绍一些国际礼品。另外，邮票博物馆和钱币博物馆展出的外国邮票和钱币也是相当重要的。除此之外，其他近现代外国文物的利用都是分散的、单一的，利用率很低。

文物利用的方式除陈列、撰文介绍外，还有文物的研究及出版有关书籍、外供（含实物查看、提供复制品及相关文物资料等），有的文物还可仿制成纪念品，供出售和散发，在所有这些方面，外国文物的利用都是有欠缺的。最基本的文物利用是对文物的研究，其他的利用都是建立在此基础之上的。因此，要更多更好地利用近现代外国文物，首先要加强对该部分文物的研究，要有重视的意识，把这项工作真正提到文博系统的议事日程上来。

由于文博系统的电脑网络化还相对落后，致使文物的利用也受到相应的影响。在倡导资源共享（除确需保密的文物及资料外）的今天，科学地完善文博系统的电脑网络已是当务之急，特别是近现代文物部分的网络化问题还未解决。作为近现代文物的收藏大户和中央大馆之一的中国革命博物馆，在这方面的工作已远远落后于故宫博物院和历史博物馆，与革博性质相近的一大批近现代历史博物馆、纪念馆、遗址、故居（上海宋庆龄故居除外）的电脑网络化同样处于落后状态。笔者认为以革博为首的近现代文物收藏单位应尽快迎头赶上，以适应时代的需要，使近现代文物工作迈上一个新的台阶。

九、外国文物的研究前景

中国近现代史不仅是争取独立、自由、解放和实现现代化的过程，而且是从封闭走向开放，从孤立走向世界、了解世界、融入世界的过程。在过去的阶段中曾产生了许多外国文物，今后还必定产生更多的外国文物。以往我们在这方面的工作有欠缺，今天，我们处于深化改革、扩展交流的历史时期，我们有义务将这项工作更好地开展起来。随着中外交往的不断扩大和深入，相信近现代外国文物的研究前景会是十分广阔和光明的。

刊载于《中国博物馆》杂志2000年第三期。

国家博物馆基本陈列（近代部分）构想

作为中国第一馆的国家博物馆已正式成立，各项工作也正在紧锣密鼓地进行着，国家博物馆的前景是美好的，为建设国际一流的博物馆有许多工作要做，要付出许多心血，要脚踏实地、精益求精地去做。在新的形势下，对新的工作有新的要求，因而要有新理念、新思维。筹划新的基本陈列是国家博物馆的重要工作之一，它将以新的格局和新的面貌展现在世人面前，所以必须有所创新，才有可能达到国际一流的水平。这里仅就未来基本陈列中的近代部分谈几点个人的想法。

一、牢固树立求真求实的陈列理念

国家博物馆是在原中国历史博物馆和中国革命博物馆的基础上合并而成的，其性质已定位为：它是以历史科学为基础兼顾其他学科的社会科学性质的博物馆，也就决定了基本陈列的历史学特性。历史科学本身是一门科学性很强的学科，它所遵循的最基本、最重要的一条原则就是求真求实，不允许把历史作为任人打扮的小姑娘对待，这才是史学研究的科学态度。因此，以历史为主要内容的基本陈列也必须遵循这个原则，才能得到广大观众的认同，才能经得起历史的考验，也才能称得上是实事求是的展览，高质量的展览必须建立在这个基础之上。求真求实，说起来容易做起来难，要想真正做到求真求实，就必须扎扎实实地做好以下几项工作。

1、展览的主创人员要牢固树立求真求实的理念，务实而不务虚，他们应充分认识到制做一个真实的展览，既是维护国家博物馆声誉的行为，也是对观众负责的举动，还是博物馆工作人员的职责，更是历史赋予的重任。要做到求真求实，就要敢于说真话，敢于维护历史的真实，从实际出发，用陈列的语言再现真实的历史。由于史料欠缺、认识水平及一定程度上存在的不实事求是的思维方式的影响，致使一些陈列存在不符合历史事实，误导观众的现象。尤其是后一点绝对不应再继续下去了，观念的更新是要下一番工夫的。与时俱进，开拓创新不能停留在口头上，不应流于空泛。

2、史学内容的浩瀚决定了陈列内容的丰富和复杂。要力求做到陈列的真实，就要求主创人员广泛涉猎相关的史学资料，以及国内国外不同观点的史学著作，努力使自己成为内行。在这里有两个方面的问题需要注意，一是把握第一手资料，善于分析其真假，无论是新资料还是旧资料。所以，提高自身的业务水平是不容忽视的；二是在广泛涉猎的过程中，要注意吸收最新的研究成果，当然还要看其史实是否真实，观点是否正确，是否值得使用，这也是检验主创人员水平的标准之一。主创人员业务水平的高低往往决定陈列质量的水平，这一点勿庸置疑。当然，史学研究是否真实，还受到一个重要因素的影响，即史料的缺乏，其中有史料湮灭的原因，也有史料未解密的原因，如何解决这个问题，的确值得探讨。但是，陈列中有一点是需要注意的，即有争议的历史问题的展示需慎重。

3、文物的真实是真实陈列的重要支柱。文物的真实在国际展览中是很被看重的，而我们的展览中往往有不少复制品，必然造成展览档次的降低。使用复制品既有充足的理由又有客观上的原因，充足的理由主要是为了保护文物，减少文物损坏和丢失的概率，虽然体现了文保意识强的一面，却也反映了展厅不足以妥善保护文物的现状，展厅条件落后的状况是亟待改善的；客观上的原因多是由于藏品的匮乏，向外单位借展文物又非易事，只好以假乱真。殊不知如此做法必定带有对观众欺瞒的痕迹，虽是出于无奈，但必须正视，资源共享的问题同样亟待解决。绝大多数的观众到博物馆来，最基本的要求就是想通过真实的展品结合真实的史实掌握真实的知识，如果事与愿违，展览的社会效果又会有多少呢？展品的真实首先要求藏品的真实，广泛地征集文物真品，避免赝品混入博物馆是必须切实做好的工作，这一方面能维持国家博物馆的地位，另一方面可满足一流陈列的需要。一流的陈列固然不仅需要真品，还需要珍品，但真品是基础，没有真品，就没有珍品，也就没有一流陈列，近代部分尤其如此。求真求实是陈列展览最基本的原则，决不应被漠视。

二、突破原有模式构造新型框架

国家博物馆的基本陈列（近代部分）将是以原中国革命博物馆的党史和革命史为基础扩充而成的，为了新形势的需要，为了获得更广大观众的认同，为了达到新的高度，也为了对国际一流水平的追求，就必须打破原陈列的固有模式，构造出新型的陈列框架，也就是说必须开拓创新，不能墨守成规，以求得有别于传统陈列思维的更符合历史实际的新式陈列。新式陈列应具有什么特点是值得探讨的，在此，笔者以为它的特点应是“破、真、全、精”，就此简述如下。

1、“破”即是突破。突破固有才能有所创新，不破不立，突破原党史、革命史的模式，才能构造国家博物馆基本陈列的新型框架。突破原有模式，不是不要党史、革命史，而是要摒弃以党史、革命史为主要线索的基本陈列，从而将党史、革命史融入全面的近代史之中，使它们有机地结合在一起，形成全新的近代史陈列。事实上，近代史的内容是非常丰富和广泛的，决不是党史、革命史能简单涵盖的，把历史简单化对于构造新型陈列框架是十分有害的。固然，党史、革命史是近代史的重要组成部分，不容忽视、不容抹杀，关键在于，在展示党史、革命史的同时还要展示近代史上的其它史实，避免以偏盖全的现象出现，突破的意义也正在于此。破旧立新，才能进步，破旧立新，才能提高，破旧立新，才有希望。国家博物馆的基本陈列要靠突破造就新的面貌，近代部分要走在前面，近代部分是最有突破余地和突破价值的。把握了近代部分的突破，也就把握了整个基本陈列突破的主旨，因为，古代部分原本就是比较全面地展示了中国历史，在突破问题上难有大的改观，而当代部分的陈列还从来没有展出过，突破也就无从谈起。

2、“真”即是真实。建立在真实基础之上的陈列才是最值得称道、最有价值的陈列。含有虚假成分的陈列，其价值自然是要打折扣的，虚假的成分越多，打的折扣就越大。前文已阐述过陈列中求真求实的问题，似乎没有再赘言的必要，其实不然，强调真实，就是强调真实是陈列的基础，是陈列的灵魂，“全”和“精”是围绕“真”进行的，没有“真”，“全”

和“精”就如无本之木、无源之水，陈列也就是建立在虚无之上的空中楼阁，不堪一击。陈列中的真实不仅包括史实和文物的真实，也包含主创人员对真实刻意追求的精神，有必要大力提倡这种精神，这种精神是创造真实陈列的第一要素，有了这种精神，真实的陈列就是可望而可即的，缺了这种精神，无论是史实的求证还是文物的考证都是难以进行的，真实的陈列又从何谈起？实事求是才是历史唯物主义的体现。无论是为了国际一流，还是为了取信于民，追求真实都应是无条件的。追求真实要有献身精神，又要有无所畏惧的勇气，还要有科学的辨别能力。

3、“全”即是全面。全面本是针对片面而言的。过去革博的基本陈列虽不能简单地以“片面”二字归结之，但它毕竟是过去历史条件下的产物，是为适应过去的历史形势而创造的，终归存在着相对狭窄的、不尽如人意的事实，已不适应新形势的需要，必须加以科学的改造和扩充，使其范围更全面，内容更充实，在展览空间的允许值内，尽力展示中国近代社会的方方面面，使世人尽可能全面地了解真实的近代历史，也给予不同的观众更多的选择余地，去摄取自己最感兴趣的历史、文物知识。在力求全面的同时，又应慎重考虑近代部分和古代部分的合理衔接，正因为以往这两部分的陈列思维及方式存在着较大的差别，所以，合理接轨的问题就显得相当突出，且有相当的难度。这个问题解决的好坏与否，将影响基本陈列的质量，决不可掉以轻心。精心设计，总体规划，科学分析，多方求证，是必须做到的，不如此不足以达到国际一流的水准。

4、“精”即是精华。是展示内容中最重要和最必须表现的部分。全面展示近代中国历史是一个良好的愿望，能否实现还要看客观条件是否允许。新的国家博物馆条件再好毕竟展厅空间有限，要做到绝对全面的展示历史是不可能的，只能因地制宜，从实际出发，在把握好“全”的同时展示好“精”。“全”说的是“面”，“精”说的是“面”里的“点”，也就是在展览中点出最精彩的内容，点到为止，不必过分深奥，因为大多数观众主要是想了解基础知识，过分深奥反倒引不起他们的兴趣，也难以理解，效果只能适得其反。恰当地表现历史精华，观众易于接受也易于认同，看似简单，效果却会比较显著，应该是比较合理的展览方式。

为了观众，为了好的社会效果，并不仅仅是为了展览空间的有限，让历史的精华部分在展览中被展示的更加精彩而努力，是展览的主创人员义不容辞的职责。

三、强化“为人民服务”的观念

在“为人民服务”的口号几乎消失的今天，博物馆是否应该担负起实现其真实内涵的责任呢？答案是肯定的。博物馆是社会文化机构，它所举办的展览是群众文化生活的一部分，本身就具有服务的性质。有的观众是为了从展览中获得一定的知识，有的观众是为了从展览中得到精神愉悦，有的观众是同时为了两个目的来到博物馆的。获得知识是展览教育功能的表现形式，得到精神愉悦是展览休闲功能的表现形式，二者的结合就是寓教于乐，二者结合得越完美，展览的社会效果就越好。

显而易见，展览分教育性的、休闲性的和二者相结合的。过去我们举办的展览多强调教育性，轻休闲性，多少有些高高在上的味道，显得居高临下，俯视观众，而不是贴近观众，深入观众，和观众平等相待。往往显得说教性较强，服务性不够，不易被观众理解、接受。所以在当今社会，展览单靠教育性不利于吸引观众，这就促使我们必须重新调整和观众的关系，摆正自己的位置，让观众更乐于接受、认同我们推出的展览。国家博物馆未来的基本陈列必须考虑这一点，教育性和休闲性相结合应是它的基本特性，也就是要通过强调“为人民服务”的观念，努力实现“寓教于乐”的理念。如何做到上面所说的呢？首先，我们不应忘记自己也是观众的一分子，看自己办的展览是否满意，出博物馆去看别人办的展览有何感受和想法，相比较一下，优在何处，劣在哪里，以后的展览应如何保持优，发扬优，如何摆脱劣，摒弃劣？是我们应该深思和做到的。放下架子，去亲近观众是应走的第一步。《中国人过大年》陈列的推出，的确开了个好头。

第二，了解观众的兴趣所在，如何展示陈列的内容才是观众喜闻乐见的。观众有不同的文化背景和层次，年龄、性别的差异也导致兴趣的差异。要想以一个展览抓住所有观众的心和目光，是不可能的，也是不切合实际的。但是作为国家博物馆的基本陈列只能有一个，吸引各种不同类型观众的问题又是我们必须认真思考和慎重对待的，因为，观众的内心世界是丰富多彩的，展览也应是丰富多彩的，从内容到形式，从结构到表现手法都是如此，才可能吸引各种不同的观众，满足不同观众的需求，使他们从不同的角度审视展览，各取所需，求得最佳社会效果。

第三，在注重展览的教育性的同时，也注重展览的娱乐、休闲性是未来办展览的发展方向。事实上，娱乐、休闲性并不排除教育性，娱乐、休闲性强的展览对观众有更大的吸引力，自觉的观众多了，才表明展览的成功、博物馆的兴隆、办展览者的水平、展览取得了实质性的社会效果。反之，非自觉的观众再多，也只是虚假的繁荣，带有较强的泡沫性。寓教于乐应是我们永远尊崇的宗旨。

第四，办展览要进行社会调查。以往我们的展览多注重请业内专家论证、审核，不能说错，但不全面。因为专家毕竟是少数，而展览主要是给广大观众看的，专家的意见只是一方面的意见，很难代表广大观众的意见。所以，在筹备基本陈列（含近代部分）之前，有必要在征求专家意见的同时，以民意测验的方式做一些相应的社会调查，了解观众的喜好，请观众参与对展览方案的论证及审核，汲取多方意见，力求使展览更完美，更吸引观众。同时吸取专家和观众的意见并不矛盾，肯定会是各有所长，结合好了就会相得益彰，使展览达到雅俗共赏的效果。

第五，听取观众意见不能流俗。鉴于观众层次的不同，对于观众提出的意见，我们要善于取其精华，去其糟粕，而不能胡子眉毛一把抓，统统拿来主义，否则，展览效果只能适得其反。取其精华，去其糟粕，就要求我们提高自身的鉴别能力，文化修养和审美水平，在办展览时能把握得住正确方向，使展览既能为大多数观众接受又有高雅的趣味。

第六，通常情况下，观众数量的多少是衡量展览成功与否的重要标准，这里主要指的是自觉性成人观众。为了取得好的社会效果，就必须牢牢把握如何吸引观众这个关键性问题，解决好了这个问题，办展览时就能游刃有余。这个问题除了涉及展览的内容外，还要着重考虑展览的表现手法，其中包括美学理论的运用，现代科技的应用，文物的展示手法，文字表述的风格等许多方面。想抓住观众就要研究观众心理，抓住观众就能取得社会效益和经济效益的双丰收。

第七，要充分认识展览是博物馆的重要门户，观众是博物馆的上帝这一事实。博物馆靠展览吸引观众，使社会了解博物馆；博物馆形象的树立，很大程度上要靠展览的成功与否说话。而作为上帝的观众到博物馆来寻求自己的所需，本身是对展览的认同，认同率越高，观众就越多，反之，观众就越少（仍以自觉性成人观众为准）。观众数量的多少会影响博物馆的声誉，也是衡量一个博物馆生存价值的重要标准。人满为患和门可罗雀对博物馆都是不利的，都不可能产生好的社会效果。人满为患要防止假象，门可罗雀要努力改变，二者都对我们敲响了警钟。展览和观众的关系是博物馆工作必须重视的问题，处理好这对关系，是博物馆事业发展的重要保障之一。观众过多的展览效果未必就好，没有观众的展览是没有生命力的展览，所以，展览和观众都需要我们精心呵护。观众是博物馆的上帝决定了为人民服务是永恒的，

四、科学运用科技手段

科技手段在过去近代部分的陈列中运用的较为贫乏，而在展览中运用科技手段是现代陈列中必不可少的，但是在具体运用中有一个科学与否的问题。科学运用是指在展览中恰到好处地运用科技手段，在该用的地方用，在不该用的地方不用；相反的，在该用的地方不用，在不该用的地方用了，是不科学的。而过多地使用科技手段，是滥用，同样是不科学的。如何把握运用的分寸，是一个科学问题，也是一个美学问题。

要想科学地解决科技手段运用的问题，首要的是要有一个科学的思维方式，并树立科学的态度，在此基础上制定一个科学的展览方案，主创人员是关键，他们如果不具备科学的思维方式，不善于科学地分析、解决问题，就不可能制定一个科学的展览方案。展览方案不科学，科学的展览自然无从谈起，有了科学的展览方案，才便于按图索骥地去完成展览方案的要求，创造出科学的展览。展览之所以必须建立在科学的基础之上，是时代的需要，是对观众、对社会负责的需要，是博物馆事业健康发展的需要。

博物馆的陈列展览是有自身特殊规律的工作，在设计展览方案的时候，对科技手段的运用要统筹规划，合理安排，不仅要充分考虑整个展览的规律性，还要考虑每部分展览各自的特点，具体到国家博物馆的基本陈列，它是以中国自古至今的历史为主题展示给观众的，如果可以大致分为古代、近代、当代三部分，在设计时应该同时考虑整体规律和各部分的特点，而

在近代部分里，应考虑再划分成若干个部分，进而全面考虑。过去的中国近代史展览是划分为旧民主、新民主两个部分的，每个部分又分为若干个小部分，其中贯穿着一条革命史的主线，但是在面对新的基本陈列时遇到的问题是和古代陈列的衔接，以革命史为主线的陈列其内容较狭窄，内涵也不够丰富，体例和古代部分是不相适应的，两者之间谁适应谁更科学是必须确定的，答案是近代部分适应古代部分更科学。而具体内容是否可分为晚清、民国两部分，进而再以革命史和现代化两条主线加以展示，辅以社会各方面历史状况的展示，构成基本陈列的近代部分，应该说比以往的陈列模式科学，是否还有更科学的模式可以继续探讨。科学的方案是科学地运用科技手段的前提。有了科学的陈列模式才好科学地运用科技手段。在陈列中使用科技手段，目的是营造感人的展览氛围，通过多种视觉和听觉冲击的方式，使观众置身于一个相应的历史环境之中，令其徜徉其中而不忍离去，流连忘返而难以忘怀。科学运用科技手段可使上述效果益加显著，使展览环境臻于佳境。科学运用科技手段在实际应用中要注意以下几点：

1、科学的运用源于科学的思维和科学的认识，树立科学的思维和认识之体系是至关重要的。它关系到在展览中的具体实践。

2、尽力适应具体的历史，与其有机结合，避免产生牵强附会、生拉硬拽、哗众取宠的不良现象。

3、选择适当的科技手段表现相应的历史史实，避免滥用和浪费，导致适得其反的效果。

4、因地制宜，根据具体的展览空间应用科技手段，使其恰如其分地烘托被展示的文物，求得最佳效果。

科学在展览中得到运用，展览因科学而生辉，质量优良的展览应有如此的效果。

五、兼收并蓄丰富表现手法

在以往的展览中，展览的表现手法还显单调，是一个比较突出的、亟待解决的问题，近代部分尤甚，照片多于文物的展览往往被称为图片展，文物较丰富的展览又缺乏多样化的表现手法，难以使展览丰富多彩，吸引观众。国家博物馆的基本陈列是新形势下的产物，要适应新时代的要求，要有新的品位，新的风采，就要打破表现手法单调的窠臼，力求创新，以达到独领风骚，深刻打动观众的社会效果。创新的关键在于敢于学习，善于吸收各种陈列的表现手法，推陈出新。陈列的表现手法没有国界，只要是有利于展览的，都可以为我所用，重在兼收并蓄。兼收并蓄是丰富陈列表现手法的重要手段，不保守，善汲取，敢求新，才是提高展览质量的正道。博采各家之长，完善我们的展览要做好几项工作。

1、展览的主创人员要充分认识兼收并蓄的深刻意义，是在新形式下进行的一场变革，这场变革将为基本陈列的近代部分带来全新的面貌，并开创出一个全新的局面，很可能在国家博物馆的基本陈列领域里树起一座承先启后的里程碑。同时又必须看到，自目前到2008年的时间并不长，从史学知识的积累到展览方案的设计、出台，再从文物的征集到展览的最后推出，我们要做的事情很多，特别是文物的征集，将是规模宏大、涉及海内外的活动。因此，全体主创人员必须全力以赴地投身到工作中去。时代要求我们只争朝夕，重任催促我们分秒必争。

2、为展览的主创人员多创造外出参观具有先进性和特色的展览，不仅是国内，还应包括国外，也不仅是有一定级别的官员，还应让所有的展览创作人员都有这类机会，从中了解、学习我们不知道、不熟悉的展览表现手法。不同地区、不同国家有不同特色的展览，也就会有根据展览需要而采用的不同的表现手法；另一方面，不同的人员从各类展览中所汲取的营养、所得到的启发是不尽相同的，因而由此产生的想法必定是各异的。所以，仅让某类人员外出参观、学习是不全面、不科学的，只有集中各种人员的想法和思路，做到集思广益，从中采用最有益的内容，方能使基本陈列尽可能趋于完善，特别是近代部分。

3、外出参观、学习的方式是有局限性的，实际上不可能也不必要参观所有国家的所有展览，只能是有选择地进行，在现有条件下，最大限度地开阔我们的眼界，丰富我们的知识，启迪我们的思维。正是因为存在着局限性，所以客观现实要求我们必须广泛涉猎各种有关的展览书籍，开辟另一个渠道，通过它获得更多的信息和知识，以满足我们的需要。这两种获取知识的渠道是相辅相成的，双管齐下、齐头并进有利于取得最佳效果，把握机会，努力进取，是我们应尽的义务。

4、在筹划展览期间，主创人员的积极性是十分重要的，有关领导应善于调动工作人员的积极性，要强化以人为本的观念，切实依靠有关工作人员，把握好主客观的关系，周全考虑问题并妥善处理，以科学的思维及方式指导具体工作，理顺各有关部门的关系，求得全体工作人员的密切配合。在双管齐下的同时，主创人员要把自己放在主人翁的位置上，积极主动地开动脑筋，想方设法，利用可以利用的科技手段和方式方法来丰富表现手法，为展览群策群力、献计献策，贡献自己的智慧和力量，共同把展览搞好。

兼收并蓄是丰富展览手法的基础，丰富展览手法又是开创基本陈列新局面的重要手段，二者缺一不可。

在未来的几年里，基本陈列是国家博物馆工作中的重头戏之一，近代部分又是基本陈列的重要组成元素，精益求精地搞好这项工作，我们这一代文博工作者责无旁贷。全面充实上述五项工作，是创造精品陈列的基本保证。对国家、民族负责，对观众负责，对子孙后代负责是我们的根本义务。

参考书目：

王宏钧：《中国博物馆学基础》，上海古籍出版社，1990 年 4 月版 ；

文化部文物局：《中国博物馆学概论》，文物出版社，1985 年 12 月版；

黎先耀等：《博物馆学新编》，江苏科学技术出版社，1983 年 1 月版；

吕济民：《博物馆与群众文化纵横谈》，华夏出版社，1994 年 7 月版；

国家文物局、中国文物报社：《全球化下的中国博物馆》，文物出版社，2002 年 5 月版。

杜渊：《中共党史研究需要一场革命》，参见陈独秀研究文集 2《陈独秀与共产国际》，香港新苗出版社，2000 年 10 月版，第 328 页。

俞乐滨集录：《博物馆陈列策划论丛》。

刊载于《中国博物馆通讯》2003 年第十二期。

对馆藏一级近现代（革命）文物鉴定工作的反思

由国家文物局组织进行的一级近现代（革命）文物的鉴定工作历经八个年头，第一阶段已于2000年结束。自1993年9月至2000年8月，从事鉴定工作的专家组走遍了除西藏、香港、澳门、台湾之外的全部省、自治区、直辖市（在北京仅鉴定了中国革命博物馆、鲁迅博物馆、中国人民革命军事博物馆和抗日战争纪念馆的文物，其中只有后者属北京市），做了大量工作，初步确认了四千多件一级品。这在我国文物工作史上还是第一次，尽管有不完善之处，但仍取得了经验，同时也发现了问题。现拟从五个方面对这项工作做点分析，力求在反思的基础上得出些有益的结论，以促进未来近现代文物事业的发展。

一、“革命文物”的概念问题

“革命文物”的概念自新中国成立始，一直沿用至今，并见诸于法律和法规文件，是一个已经定了性的概念。在国家文物局印发的关于进行一级文物鉴定工作的第一个通知上也用的是“革命文物”这个概念，这在当时似乎是没有疑义的。然而，早在专家组于1993年在中国革命博物馆进行试点工作的过程中，就已发现了“革命文物”这一概念的不严谨性及其局限性。

我们今天所说的“革命文物”，泛指1840年以来的历史文物，深入考察一下，就可以认定该概念是不严谨的。不可否认，1840年以来的中国历史主流是带有革命性的，特别是在1949年以前是这样，但即使是在1840年—1949年这个历史阶段内，仍有大量的人物和事件是不能简单地和革命挂钩的，更何况1949年以后的历史就更不能单纯地以“革命”二字来概括，这个时期的社会主流应是经济建设。很显然，革命史只是中国近现代史的一个组成部分，不能涵盖1840年以来的整个中国历史，因而，“革命文物”的概念就显得过于狭窄，它的实际含义仅仅是“革命历史文物”，而不包括所有近现代历史文物。长期以来，“革命文物”一词的使用，一方面促进了革命文物工作的开展，另一方面却束缚了近现代文物的全面搜集、研究和陈列，这点在鉴定工作中已反映的很突出。沈庆林先生在《关于中国革命博物馆一级文物确认工作的报告》中，就指出了这一问题并建议改变说法。专家组在全国各地进行工作时，一些地方上的同志对“革命文物”概念的不科学性也提出了自己的看法。不过，这种状况现在已有了初步的改变，一是原中国革命博物馆和部分博物馆已开始重视这个问题，开阔了眼界，扩大了文物的征集面；二是国家文物局所发文物鉴定通知的标题发生了变化，由最初的“革命文物”先后变为“革命文物”（近现代文物）和“近现代文物”（革命文物）的提法，应该说是一个可喜的现象。

人类的认识总是不断深化，科学的概念终将取代不科学的概念。在今后的近现代文物工作中，在保留“革命文物”概念的使用的基础上，有必要扩大“近现代文物”概念的使用范围和频率，逐步确立“近现代历史文物”概念的合法地位。这里所说的“近现代历史”，是指自1840年起到今天的改革开放160多年的历史，该时期内产生的文物统称“近现代历史文物”。观念的改变需要较长的过程，但又是必须进行的过程，因为这一改变对近现代历史文物工作的发展有百利而无一害。既不影响革命文物的进一步搜集、整理、研究和陈列，又可保护更多的行将消失的其他文物；既能使可持续发展战略的理论在近现代历史文物工作中得到体现，又能起到苏东海先生所说的文物抗消失的积极作用。

二、文物鉴定范围的问题

文物鉴定的范围存在着几个问题。1、这次文物鉴定工作原则上是在文物系统范围内进行，但在具体工作进行的过程中，也鉴定了一些非文物系统提供的文物，在北京如中国人民革命军事博物馆，在外地如黑龙江、河北、山东、安徽、陕西等省都提供了一定量的文物。这里就涉及这样一个问题，即收藏近现代文物的单位不仅有文物系统的单位，还有非文物系统的单位，如政府系统、军队系统、档案馆系统、民政系统、图书馆系统、园林系统、教育系统、科技系统、金融系统、邮电系统、工业系统、农业系统、体育系统、外交系统、公安系统等，表明在各系统中都藏有大量的近现代文物。全社会都关注近现代文物的收藏固然是好事，有利于各类文物的保护，但是影响了国家和专家组对全国近现代文物总藏量的了解和掌握，在一定程度上又影响了鉴定的科学性和准确性。而各个系统的文物工作状况和保护条件参差不齐，对文物的保护和研究都不甚有利，是近现代文物工作面临的一大问题。现阶段要解决这一问题难度极大，而从长远的角度考虑又是非解决不可的问题，因为各系统中有大量的文物仅处于储存的阶段，根本未整理，更谈不上科学的保护和研究。要解决这一问题，需要国家制定统一规划，协调好各系统之间的关系，由国家文物局主持进行科学合理的工作。不如此不足以全面提高文物保护和研究的水平。

2、各省在申报一级文物时，存在着标准不完全统一的现象，该现象主要表现在两个方面，其一，有的单位和省份，在鉴定工作开始之前，未能根据最新最科学的鉴选标准选出所申报的一级文物，如原中国革命博物馆，在 1993 年接受鉴定任务时，由于时间太仓促，根本来不及进行最新鉴定，只能将 1984 年确定的馆藏一级文物作为申报品。时间相隔近十年，在对文物价值的认识、思想解放程度、鉴选标准等方面，肯定存在着差距。原有一级品中的一些文物，在新的形势下，已经不具备一级文物的条件，而原来的二、三级文物中倒存在着一些货真价实的一级文物，这点已在文物鉴定过程中得到证实。和进行了最新鉴选的单位、省份相比，未进行最新鉴选的单位和省份在申报品的精确度方面必然要打一些折扣，从而也影响了鉴定的精确度。其二，是各省份在做最新鉴选时，也存在着标准不完全统一的现象，造成同类文物在一个省份申报了，在另一个省份则没有申报，如在前期鉴定的省份中，由于着眼点重在“革命文物”的范围之内，因而所谓非革命文物所占的比例就很小，体现了眼界较狭窄的特征；而在后期鉴定的一些省份中，由于受沈庆林先生所撰文物鉴定报告的影响，所谓非革命文物的比例就有所增大，体现了眼界较开阔的特征，应该说是一个进步。在这一问题中，还有相当重要的一点应该指出，即社会主义建设时期的文物申报量普遍很少，有的省份本身收藏就少，有的省份虽有收藏，但未整理，也就无法申报，所有这些都必然影响鉴定工作的精确度。

3、有几类特殊文物基本被排除在鉴定范围之外，如书画、邮品、工艺品、钱币、金融债券等。在整个鉴定工作过程中，除极少数目前已可确认为珍稀品、有特殊痕迹、情节、或与重要事件及人物有关的上述几类特殊文物被确认为一级品外，大多数同类文物都被留待以后由相关鉴定组去鉴定，这表明这几类文物需要特殊专门研究。正如沈庆林先生在所撰文物鉴定报告中认为的，专家组成员虽各有所长，但仍只能在一定程度上互相弥补，而不可能弥补所有的不足。上述几类文物中虽有为数不少的文物具有一定的革命性或与革命有一定的关系，但更多的文物是不具有革命性质或与革命无关的。由于这几类文物数量很大，所以在基本上被排除于鉴定范围之外的情况下，就比较严重地影响了这次文物鉴定工作的精确度，同时也显示了将"革命文物"的概念扩展为"近现代历史文物"的概念之必要性，另外又对我们提出了一个重要问题，即在近现代文物系统内培养自己的专门研究特殊文物的人才已成当务之急，因为在现阶段要对特殊文物作全面、科学、高水平的鉴定，仅依靠文物系统自己的力量是不足以完成的。

三、征集工作的问题

专家组在各地的鉴定工作中发现，尽管全国的文物工作者在新中国成立后的几十年里做了许多艰苦的工作，可是在文物系统内仍普遍存在着文物征集面偏窄的问题。主要体现在三个方面，首先是重中国共产党的文物，轻其他党派团体的文物；其次是重政治、军事性质的文物，轻其他性质的文物；第三是重近代文物，轻现代文物（1949 年以后）。甚至是一些本省份的重要事件和人物的物品都难得见到或是没有，存在着不少空白。上述征集文物的思路并不能说错误，但毕竟不全面。近现代文物必然是由相关时期内方方面面的文物共同组成的，而不能仅由某一类或某几类文物来代替。长期以来形成的文物征集面偏窄的局面，有观念上的原因，也有现实工作中存在具体困难的原因。观念上的原因主要是征集意识陈旧，现实工作中具体困难的原因主要是文物的消失、经费短缺等。征集面偏窄造成的最直接的后果，就是现今保存下来的近现代历史文物数量并不算很多，专家们看到的文物更是其中很小的一部分。

如何扭转文物征集面偏窄的局面呢？首先应改变陈旧的征集观念，打破框框，解放思想，而这点又必须从文物收藏单位的领导先做起，以带动有关文博工作者。新形势下的文物征集工作，再也不能维持旧的格局，凡是能反映前人、今人活动痕迹的各类物品和凡是能使今人、后人了解历史发展轨迹的各类物品（当然不是每一件物品，实际上不可能收藏每一件物品，而且也没有必要），都应在征集之列，不如此不足以尽可能全面地保存历史的原貌；其次应逐年增加文物征集经费的投入，以保证市场经济下的文物征集工作取得应有的成效。诚然，要依照上面所说的方法去做，文博工作者还要做很多工作，也需要一个相当长的过程，决不是一件轻而易举的事情。这是一项造福子孙后代的庞大的世纪工程，也应看作是可持续发展战略的一部分，需要我们脚踏实地、兢兢业业地去开拓、去努力，并且要开动脑筋，多方面、多渠道地去挖掘和寻找文物征集线索。笔者在1997年第四期的《中国博物馆》杂志上曾撰写了《全方位征集近现代文物的思考》一文，较系统地阐述了一些对文物征集工作的看法，此处就不再赘述了。

四、文物研究工作的问题

对文物的研究是展示文物价值最可靠的依据。文物的研究应该是多角度、多方面、多层次的，有对单一个体的研究，又有分门别类、成系统的研究；有对历史价值的研究，也有对经济、艺术、科技等价值的研究；有对文物自身表面特征的研究，又有对文物内部构造的研究。在此意义上，就全国范围而言，迄今，近现代文物的研究工作还没有真正开展起来。这么说是有根据的，仅从近现代文物的档案现状来看，就很能说明问题。一份文物档案建立的过程，也是对文物加以研究的过程，是最基本的研究工作。一份完善、翔实的文物档案，能使阅读者清楚、全面地了解文物的具体情况，更能使专家比较容易地判定文物的价值，提高文物鉴定的精确度。不过，很遗憾的是，专家组走遍了全国，见到的十分完善的文物档案并不多。固然有些单位的档案工作做得较好，但有些档案仍有不尽如人意之处，在文物档案表的十几项栏目里，不是这个栏目有欠缺，就是那个栏目不清楚，致使专家们经常要为文物的某一情节的确凿与否花费不少的探讨时间。一件文物往往由于某个关键细节弄清楚了，就被确认为一级品，而另一件文物的某个关键细节弄不清楚，该文物就名落孙山了。可见文物档案翔实清楚与否，是何等重要。档案表的每一项栏目都有个翔实清楚与否的问题，有的栏目还需下番工夫，做些考证才能填写，这本身就是一项很重要的研究内容。目前，有些文博单位的文物档案还未建立，有的仅有卡片，有的甚至连卡片都没有。标准的、科学的档案制度应是件件文物都有档案，并且应尽可能翔实、全面。现在全国的文物建档水平离此还相去甚远，可见文物的建档工作的确有亟待加强之必要。

文物档案过于简单的一个原因是领导重视不够，不注重加强这方面的工作。有些单位的领导调动过于频繁，也影响了这项工作的进行。每个领导都有自己的一套工作方法，也都有各自的工作侧重点，频繁地调换领导班子，总体上对一个单位的工作开展是不利的。还有另一个原因就是一些单位的建档人员文化水平不高，对文物建档工作如何进行知之不多，因而建立高质量的文物档案也就无从谈起。以上两点在一些地方小馆比较多见，亦需亟待解决，既稳定一些单位的领导班子，同时又提高建档人员的业务素质。造成文物档案不翔实的第三个原因，是在征集文物时没有或者没有条件作周密的调查，待到时过境迁，有关当事人或远走他方或仙逝作古，想调查已来不及，从而造成死物，进而造成死档，甚至是无档。第四个原因是，有些文物的文字资料和学术成果的产生相关联，必定要等新的学术成果出现才能充实文物档案，所以有些文物档案是由几个人或几代人陆续健全和完善的，也就是说有的文物是在不同的时期里经不同的人进行了研究才有了相关档案的，这样一种客观情况就不能责怪于人了。建立翔实的文物档案最重要的一条，就是做现在能做的事。

在文物鉴定过程中还有一个相当重要的情况值得一提：专家组在各地进行文物鉴定时，都要求被鉴单位配备一至二名经验丰富的老同志协助工作，当专家问及一些文物的历史背景、流传和征集经过（档案上未体现）时，这些老同志往往能叙述的较为清楚，有的竟至如数家珍的地步。这当然是好事，不过也暴露了文物工作中的一个重大问题，这些老同志的大脑中储存了大量与文物有关的信息，堪称国宝，可是却忽略了将这些信息形成文字，他们一旦故去，许多文物的背景资料将随之而去，成为永远无人知晓的秘密，这对于文物建档工作是极大的损失。基于这点，“抢救、保护”文物的方针就不应仅仅是指具体文物而言，也应包括对文物相关背景资料的抢救和保护。在协助文物鉴定的工作中，各地方的老同志起了不小的积极作用，有时是十分关键的作用，使一些原本定不上一级品的文物身价倍增，进入了一级品的行列。开展一场抢救、保护各地老文物工作者大脑中的文物资料的工作，是不能再迟延的了，在他们的有生之年里，尽快将大脑中的各种文物信息形成文字，是最好的抢救、保护措施。作为文物基础工作之一的建档工作尚有许多不完善之处，其他方面的研究大多还处于萌芽状态，还需广大文博工作者做长期、艰苦的努力。全面深入地开展近现代文物的研究，是一项势在必行的工作，不应再继续忽视了。

五、文物保护工作的问题

专家组在各地工作时，还发现文物保护工作同样存在着一些问题，主要有以下几个方面。

1、文物的修复问题。各地的博物馆、纪念馆、陈列馆都有不少文物需要修复，有的需要托裱，有的需要丝网膜加固，有的需要除锈等等。但是，各地技术力量水平不一，有的地方根本无力做到文物修复，如丝网膜加固技术，全国也仅有极少数的单位能做。有的单位采取由条件较好的省馆代为保管文物的做法，是一种缓解文物损坏的暂时性和局部性措施，不能从根本上解决所有文物修复的问题。很多单位的文物处于单纯储存性保护状态，而无力进行修复，尤以地方中、小馆为甚，这一现状对文物的危害极大，应引起有关部门的高度重视，采取强有力的措施，促进此问题的解决。

2、真假文物的存放问题。专家组在工作过程中，在少数单位遇到了将复制品作为原件提供鉴定的事例。虽然该现象在全国不是普遍的可也说明一个问题，有些单位没有遵循真假文物分开存放的原则，文物上也没有区分真假的标记，以至于造成真假难辨的事实，有的原件甚至已不知去向，导致了不必要损失。这就要求各地博物馆等单位应高度重视真假文物分别存放的问题，以杜绝此现象，并避免造成新的损失。其实，解决这个问题并不难，关键在于观念上的重视并在复制品上做出区分真假的标记。

3、文物携带及搬运中的保护问题。文物保护是博物馆工作中不可忽视的一环，这方面的工作质量如何，除受经济和技术条件限制外，还受文博工作者文保意识的浓厚与否的影响。在专家组鉴定文物时，大多数的文博单位需要运送文物到指定地点供专家确认，不少单位的工作人员在运送文物时表现出了文保意识的薄弱。如纸类文物未以平展方式保存，而是以折叠方式存放，或装、夹在信封和书籍内携至确认地点，这么做势必造成永久性折痕，文物极易断裂，并造成难以弥补的损失，这一点连有的省馆都如此。有的单位虽在运送文物时加派了武警护卫，但纸类文物依然以折叠方式携带，此举表明有些单位重视了文保工作中宏观的一面，却忽视了微观的一面。再如一些小的金属文物像各种徽章（含勋章、奖章、纪念章和证章等），不是分别放在容器中，而是全部置于一件容器中携带，其结果也必然避免不了文物之间的碰撞和摩擦，致使文物损坏。不同质地的文物有不同的保护手段，只有提高文博工作者的文保意识，才能确保文物不受无知的人为性破坏，也才能促进文物保护工作的健康进行。

4、文物档案的保护问题。文物保护的问题在文博界是很重要的话题，不过，探讨的范围主要限于对具体文物的保护，而忽略了对与文物有密切关系的文物档案的保护，这一点对于近现代文物来说尤为重要。前面已提及翔实的文物档案可使文物成为活的文物，也可提高文物的自身价值，表明档案的价值也是很重要的。现今的档案大多仍是以纸的形式存在于世，由于处于自然状态下而无刻意保护，纸张的老化在所难免，加上长期许多人的使用，也造成纸张的损坏，字迹的模糊，显然对于文物档案的保管是很不利的。文物档案的保护和文物的保护同样重要，我们有责任将其完好地保存，留给子孙后代，使他们尽可能全面地了解、掌握文物的全部情况。另一方面，纸质档案占据空间大，从长远规划看，任何单位都不可能无限扩大档案的存放空间。倘若我们利用现代化手段，将文物档案电脑化、光盘化，并加以复制，就可以很好地解决上面所说的问题，实际上就是把文物档案的管理工作进一步规范化、科学化、现代化，广义上说也是加强了对文物的保护，也可以大面积缩小档案存放的空间。这项工作的量无疑是十分巨大的，要花费许多人力和时间才能完成，会有不少困难，但又是必须进行的，因为它有利于文博事业更好地发展。文物保护工作是双重的，一重是宏观性的，防火、防盗、防劫以及防止交通事故等属此范畴，另一重即本文所谈的各方面文物（含档案）保护属微观范畴，二者不可偏废，同时做好两方面的工作，才能真正达到文物保护的目的。进一步提高广大文博工作者的文保意识已呈刻不容缓之势。

由国家文物局组织进行的一级近现代文物鉴定工作，历时8年，取得了可喜的成绩，主要表现在两个方面，一是对全国文物系统范围内的文物作了初步的了解和摸底，特别是对一级文物的情况有了较为清楚的掌握；二是在一定程度上推动了全国近现代文物工作，各地区都在不同程度上对所藏文物进行了再认识，对文物工作的现状和意义也有了新的理解，这些都是在五十年来全国近现代文物工作者辛勤劳动的基础上取得的。不过，在取得成绩的同时，也暴露了一定的问题，主要有专家所见到的文物仅为全国所藏文物的四十分之一，还不包括文物系统以外的大量文物；定为一级品的文物也仅为全国所藏文物的百分之一，所以说是极少的一部分。再者就是如前所述，全国的近现代文物工作还有许多事情要做，许多工作亟待加强，面对新世纪的挑战，广大近现代文物工作者应保持清醒的头脑，要准备付出更多的心血，在新的世纪里把近现代文物工作推向新的高度。

刊载于《中国博物馆》杂志2004年第三期。

国博馆藏抗战美术展的思考

中国国家博物馆馆藏抗日战争美术作品展（以下简称抗战美展）已于2005年7月22日至8月21日展出，它是为配合纪念中国人民抗日战争暨世界反法西斯战争胜利60周年推出的一个展览，有其特殊的意义。原定该展览的展厅面积1200平方米，后因故改换展厅，面积只有700平方米，展出文物300余件（套），规模虽然不大，但展示了抗日战争时期美术作品的部分成就，可以说是抗日战争时期美术创作状况的局部性浓缩。在整个展览的筹划过程中有几个问题值得分析、研究。

一、展览题材的锁定

本展览的推出经历了不算太长却并不太简单的过程。举办这样一个展览的最初设想是在2004年下半年提出的，不久即被馆内立项，但资金到位仍费了些时日。为了配合2005年的中国人民抗日战争暨世界反法西斯战争胜利60周年的纪念活动，在国家博物馆推出与以往不同但具有特色的展览是必要的，而且是可行的。至于具体做什么题材、什么内容的展览在2004年并没有最后确定。困难在于抗日战争纪念馆早已接受任务并决定在2005年制作新的纪念抗战胜利60周年的展览，国博要做一个同类又不雷同的展览并不占优势，主要原因在于时间有限和研究力量欠缺，难以在短期内做出系统完善、结构严谨的展览（尽管原中国革命博物馆曾在抗日战争胜利40和50周年时举办过大型纪念性展览），在这种情况下即使做意义也不大。要想确保办成有特色的展览必须拓宽思路，求取新的视角，才能以不落窠臼的方式为纪念活动增添光彩。

选题的思路起初圈定在抗战文艺的范畴内，经过一段时间的思索和探讨后，直到2005年的春节前夕，展览项目组确定时仍没能最终敲定具体题目，但是已明确该展览将以馆藏文物为主体筹办。随后，项目组成人员在查阅了馆藏文物后，进一步确定要想筹备一个比较完整的抗战文艺性质的展览，仅靠馆藏文物是远远不够的，因为涉及面太广，它将包括音乐、戏剧、美术、文学、电影等多领域，馆藏十分有限，广泛征集也是不现实的，除了经费问题外，时间和征集、研究力量也不足以完成这个展览。唯一能够满足展览需要的藏品是以抗日战争时期的木刻和漫画为主的美术作品，馆藏还算比较丰富，因此展览的选题最终锁定在美术作品上。从选题过程可以看出馆藏文物不够丰富的问题，除此之外，馆藏文物也还有挖掘的余地，由此看来，未来的办展之路应建立在广泛征集文物和积极挖掘现有馆藏文物的双重基础上，这两项工作做好了，必然有利于优质展览的制作，显然，全方位征集近现代文物的任务还很重，这一文物征集的思维模式也有待于进一步推广。在这里无需奢谈展览的政治意义，更重要的是展览的求新思维值得关注，革命历史题材的展览是否只能局限于政治角度去思考？是否也可从艺术等其他角度甚至于是大文化的范畴去拓宽办展思维？由这个展览总结出的经验是否对全国相关博物馆在举办展览时具有借鉴意义？

二、展览内容的确定

题材明确了，接下来要解决的问题就是具体展什么，抗战木刻、漫画的馆藏数量确实比较多，但从整体上看还有一定欠缺。首先是美术作品的种类不够齐全，颇显单调；第二是典型作品不够多，难以营造浓厚的抗战气势；第三是作品涉及的创作地区偏窄，主要是陕甘宁边区和各抗日根据地的作品，而国民党统治区特别是周恩来、郭沫若领导下的国民政府军事委员会政治部第三厅所辖美术团体和能够影响到的美术工作者的作品基本上没有，这也暴露出了馆藏不足的问题；第四是虽说抗战木刻、漫画的馆藏数量比较多，实际上是相对而言，要做成一个展览光靠这些文物还显单薄。

基于上述四点，项目组原本设想跟一些艺术单位借展一部分展品，以丰富展览内容，特别是租借一些抗战时期的代表性作品，以便将气势做大。如果实施这一设想，势必涉及经费以及主办、合办、协办等一系列问题，繁琐的手续还在其次，无非是多耗费一些人力、时间而已，关键是艺术品尤其是典型艺术品的借展费相当昂贵，而办展览的专项经费不仅很有限而且是绝对不能超支的。此路不通只能另觅他途，充实展品的思路再次转向馆内，继续挖掘潜力势在必行。经过第二次开阔眼界和摸底，项目组决定把馆藏抗战徽章、画报、剪纸、邮票、连环画以及少量的其他画种作品统统纳入展览的范畴。范围一扩大，文章就好做多了，从馆藏抗日战争时期美术作品中我们精心筛选出300余件（套）作为展品，挖潜的工作又一次显示了实效。

在这里有一点必须说明，一般情况下，徽章和邮票不被简单地视为美术作品，这种认识实际上是缺乏专业知识的表现，也和过去更多地注重近现代文物的革命性、政治性有关，而忽视了近现代文物其他方面的特性。我们之所以将其归入展览范畴，主要的依据有两点，一是徽章和邮票是工艺美术品，它们和美术有天然的联系，二是美术作品的基础是绘画，而徽章和邮票的基础也是绘画，都需要绘画方面的设计构思，然后再进行相应的工艺制作。因此把徽章和邮票称为美术作品并非牵强附会，毫无根据。这里实际上涉及的是美术和美术作品的问题，更具说服力的是，据《辞海》中“造型艺术”一词的注释：“用一定的物质材料（绘画用颜料、绢、布、纸等；雕塑用木、石、泥、金属等）塑造可视的平面或立体的形象，反映客观世界具体事物的一种艺术。包括绘画、雕塑、建筑艺术、工艺美术等，亦称‘美术’、‘视觉艺术’或‘空间艺术’。”[①] 从上述注释可以看出，徽章和邮票同属美术作品范畴是毫无疑问的。接下来再看一下什么是工艺美术？《辞海》对“工艺美术”给出的注释为：“造型艺术之一。以美术技巧制成的各种与实用相结合并有欣赏价值的工艺品。通常具有双重性质：既是物质产品，又具有不同程度精神方面的审美性。作为物质产品，它反映着一定时代、社会的物质生产和技术发展水平；作为精神产品，它的视觉形象（造型、色彩、装饰）又体现了一定时代的审美观。”[②] 此注释再次证明了“徽章”和“邮票”属于美术及美术作品的范畴。这个问题还可以从文物的属性方面谈一下，文物的属性不都是绝对单一的，有的文物其属性就是单一的，如枪炮的属性就是武器；有的文物属性则是非单一的，如徽章和邮票，徽章本为标志物，但制作者将一定的美术构思附着其上，令其具有了美术特征，因而就有了美术作品的属性；同理，邮票本是邮品，也因制作者将一定的美术构思附着其上，从而邮票就有了美术作品的属性。至此，徽章和邮票都属于美术作品是不争的事实。过去对于近现代（革命）

文物多注重政治、军事、经济的价值，但对于其中的部分具有美术特征的文物注重不多，这本身就是有失偏颇的。多角度地审视文物的属性，多方面地挖掘文物的价值并使之服务于社会，也是文博工作者的工作内容之一。

在第二次挖潜的基础上，我们把展品大致分成四类：1、木刻，2、漫画，3、徽章，4、其他。木刻包括木刻集、套色木刻、黑白木刻和木刻年画等几种；漫画比较简单，主要是八路军创作的，其他系统的作品很少，尤其是抗战期间许多著名漫画家的作品都没有，不能不说是一大缺憾；徽章分为奖章、证章和纪念章三类，主要是中国共产党领导下的各抗日政权和组织制作和颁发的，少量的是国民政府和民间组织制作和颁发的，从品种上看也不够齐全；其他部分比较杂，包括画报、剪纸、连环画、绘画和邮票等，这部分的文物从数量到品种都不算丰富。尽管如此，展品的珍贵性仍是不可忽视的，木刻中重要的展品主要有延安鲁迅艺术文学院古元《区政府办公室》和《减租》、胡一川的《抗战十大任务之三》和《破坏交通》、罗工柳的《抗战十大任务之五》和《实现民主政治选举村长》、彦涵的《当敌人搜山的时候》和《侦察敌情》、杨筠的《努力织布 坚持抗战》和《大家养鸡增加生产》，以及陕甘宁边区艺术协会石鲁的《群英会》和《只有你不够格（选民登记）》、萧肃的《农村会议》和《投豆子，选好人》等作品；漫画的作者虽然都是不知名的，但也不乏主题鲜明、一针见血的佳作，如为瓦解日军印发的日文传单《请看：由于侵略战争，几十万日本青年和劳动大众在战场上丧命》、为瓦解伪军印发的传单《投奔敌人丧了命，留下骂名万古传》等；徽章中有狼牙山五壮士之一宋学义的奖章、子弟兵的母亲戎冠秀的奖章、抗日军政大学各期毕业证章、国民政府颁发的抗战胜利纪念章、爱国华侨陈嘉庚领导下的南洋华侨筹赈祖国难民总会的“七七”建国章、反法西斯同盟胜利纪念章等；其他部分中有何香凝为救济国难书画展览会义卖而创作的《竹菊图》、冯玉祥的倒骑驴抗日诗意画、李公朴保存的画集《怒涛集》、抗战邮票等。这些都是战争年代免于战火才幸存的珍品，现今的观众是难得一见的。正是由于难得一见，才更有必要展出，既可使多数文物不再长期尘封库中，让观众多长见识，又可弥补基本陈列的不足。

以上所述是展览的主要内容，但是，这些文物都有共同的不足，就是所有文物的尺寸都不太大，有的甚至很小，尤其是徽章和邮票更是如此；而且从外观上看皆无气势恢宏之态，很难烘托出浓郁的战争气氛。为了解决这个问题，项目组开动脑筋，决定使用馆藏的部分抗战题材的大型绘画、雕塑作品作为展厅中烘托气氛的素材，以营造浓郁的战争氛围。这些大型绘画、雕塑虽然不是战争年代的产物，但其中的绘画构思更丰富且色彩鲜艳，雕塑的造型呈立体感更具观赏性，因而有其自身的吸引力和震撼力，这些特点是主体展品所不具备的。在这里，不同展品特性之间的互补增强了展览的可视性，弥补了主体展品的不足，增强了展览的厚重感。

三、展览模式的考定

展览内容确定后的新问题是以什么模式展出，是以传统的重大历史题材模式——文物、照片、文字、模型各占一定比例展出，还是以美术作品展的模式展出？项目组经过研究认为，本展览取何种模式应从两个方面着眼，一是，既然展出的是美术范畴的文物，还是以后者的模式展出为好，这样可以避免传统模式的单调、雷同等弊端，不刻意追求文字叙述、照片的拼排和模型的搭配，办成一个纯文物的展览，更能体现博物馆的特点，更能显示文物的分量，以物取胜应是博物馆办展览的重要原则，简明扼要的文字说明不会让观众感到单调和疲乏。有特色的展览就要办出新意。二是，项目组在查摸文物时发现相当一部分文物缺少翔实的资料，其时，本馆资料室因准备大楼改建早已将所有的图书资料打包装箱，无法查阅，要上外单位查阅有关资料又如大海捞针，而且时间非常有限；另外，文物研究并非一朝一夕或三天五天的事情，这些文物已历经一个甲子的岁月，许多当事人已作古，许多资料已湮灭或者不知尘封何处，要想完成周密全面的研究，必须假以时日，而有些文物的研究甚至需要几代人才能完成。因此，为文物配上简明扼要的文字说明，让观众能掌握最主要和最重要的文物情况就行了，而观众应该更多地从文物本身感受峥嵘岁月留下的历史内涵，这一点每个人都会有不同的收获。近现代文物研究不足的现象在上个世纪九十年代国家文物局一级近现代文物确认专家组到全国各地工作时就已发现是普遍存在的，这方面的工作的确是亟待加强的。

四、展览标题的认定

标题是展览内容最凝练的概括，每个展览都有一个名称或叫标题，它的认定过程就是给展览起名字的过程，名字是展览的标志，是画龙点睛之作，名字起的好坏、是否合适贴切也是有学问的，会给观众和博物馆的声誉造成不同的影响。鉴于此，项目组进行了多次讨论，提出了多个名称，都一一被否定，最终认定“烽火系丹青”比较合适，既表现了战争的特点又和美术联系在一起，再配以“中国国家博物馆馆藏抗日战争美术作品展”的副标题就更完整了。当然，正标题是否天衣无缝，无懈可击，也不尽然，就“丹青”二字看，其本意指绘画，尤其是指中国画，而本展览中真正称得上中国画的为数极少，从这一点上说，标题是不合适的，或者说是很不贴切。但是，美术作品都和绘画有多多少少的关系，即使是木刻画，虽然是以刀代笔，很难说是真正意义上的绘画，但其构图原理是源于绘画的，从这一点上说以丹青代替所有的美术作品并非不可以。把绘画的内涵扩大一定的外延，在以艺术品为内容的展览中应该是被允许的。

五、背景音乐的效果

和美术一样，音乐尤其是声乐在抗日战争中也发挥了极其重要的鼓舞作用。一般的展览或者说大多数的展览都只注重了视觉方面的问题，根本不考虑或几乎不考虑听觉方面的问题，观众是在无声的环境下默默地观看展览的；而项目组考虑到此次展览的特殊性，并力求充分利用丰富的抗战歌曲资源办出与众不同的特点，因而在展厅里配上了抗战歌曲作为背景音乐，使展览的抗战氛围更浓厚，效果更突出，观众在两种艺术形式相结合的环境下观看展览更具独特感受。美术和音乐在同一展厅中共存，相辅相成，相得益彰，达到了和谐的统一。这一切都得益于抗日战争时期产生的丰富的美术和音乐作品，当年的抗战激情重又燃起，历史在这里再现辉煌！

以音乐作为展览的背景效果必须注意三点：1、展览确实需要音乐烘托气氛，而不是强行搭配，不伦不类；2、要使用合适的音乐，不要为烘托而烘托，牵强附会；3、音乐声的高低要适当，过低听不清楚，效果必定不好，过高则太吵，既喧宾夺主又影响观众看展览。

六、图集的出版

图集是配合展览编辑的，在展览开幕前按时出版，和展览不同的是，图集只收入了抗日战争时期的作品，而没有解放后创作的抗日题材的绘画和雕塑等，所以定名为《烽火系丹青——中国国家博物馆馆藏抗日战争时期美术作品图集》，和展览名称略有差别，但不影响大局。在图集编辑过程中，曾有两种观点不赞成出图集，尽管不无道理，却不够全面。第一种观点认为不必每个展览都出图集，要看是否需要，对于这种观点我们认为，出版展览的配套图集至少有两方面的需要，一是以抗战时期美术作品为题制作的展览在国家博物馆是第一次，全部都是文物真品和珍品，是有特色的，值得为其留存永久的纪念，二是该展览是为了纪念中国人民抗日战争暨世界反法西斯战争胜利六十周年举办的，更有特殊的历史意义，让这样的展览留下永久和深远影响难道不是应该和非常重要的吗？第二种观点认为图集出版的仓促不易保证质量，有些文物研究得不深不透，很难体现国家博物馆的学术水平，对于这种观点我们认为国家博物馆的学术水平也很难有统一的标准，而学术研究是无止境的，况且一所博物馆的研究力量毕竟是有限的，把馆藏文物公诸于世，让世人了解我们的馆藏，让有志文物研究的人士能够和我们一起研究文物，促进文物研究，壮大我们的队伍，何乐而不为呢？发达国家多以此为荣而不为耻，我们避之何理？根据以上认识，我们坚持出版了展览的配套图集，因为这是利大于弊的事情。在资源共享的理念日益深入人心的今天，在博物馆研究力量还不十分充足的今天，将少见天日的文物永久地披露于世，增加它们被研究的概率和机会，是非常必要的。而闭馆锁物、把文物束之高阁、藏于深闺，令其得不到应有的研究，只能阻碍文博事业的发展。

一个展览要表现什么？要达到什么目的？要做哪些事情？应该做哪些事情？都要全面分析，尽力去表现，尽力去达到目的，尽力去做该做的事。在筹展过程中发现的问题要尽力解决，有哪些经验教训需要总结，能够为以后的展览提供借鉴和依据，都是办展者需要考虑的。成功的展览总是在科学地分析问题和总结经验的基础上举办的。

注释：

① 辞海编辑委员会编纂、上海辞书出版社出版的《辞海》1999 年版缩印本，第 1273 页。

② 同上，第 619 页。

刊载于《中国文物报》2005 年 12 月 2 日。

略谈抗日战争时期的徽章

伟大的抗日战争是中华民族在近代史上取得完全胜利的战争，在战争的过程中，不仅留下了大量的可歌可泣的英雄事迹，也留下了大量的历史物证——抗日战争文物，徽章是其中不可忽视并值得研究的一部分。徽章古已有之，但真正意义上的中国近代徽章源于清朝末年发行的双龙宝星系列章，而抗战徽章则是极具特色的珍品，是近代徽章的重要组成部分，关键在于它们中的大部分，有很多是中国共产党领导下的八路军、新四军、地方各级抗日武装和各级抗日政权制发的徽章，凝聚了伟大的民族精神，因为抗日战争的胜利本身就是民族精神极大迸发的结果，而国统区和国民党方面的徽章也在一定程度上体现了这一点；相反，日伪方面的徽章则记载了日本侵华的种种罪恶以及伪政权的卖国行径。这部分文物迄今还没有非常系统的研究，本文拟就现今所掌握的资料对抗战徽章做一有限的探讨，就教于社会上对徽章有研究的人士。这一时期的徽章可从以下几个方面概括：

一、种类

从功用上说，徽章基本上可分为奖章（含勋章）、证章、纪念章三大类，抗战徽章也如此。不同的徽章会带给人们不同的感受，会引起人们不同的思绪。奖章是发给有战功或功劳的人的，分别见证了值得讴歌的功勋，种类繁多，是这个时期最重要的徽章品种，因为大多数的奖章和军事作战密切相关，分别授予作战有功人员和在各领域里做出贡献的人员，以资表彰和鼓励。

证章是社会上各个单位、机构或团体的标识，记录了抗战期间曾经存在的各种单位、机构和团体。证章的种类也不少，涉及的领域也很广，它们为抗日战争时期存在过的单位、机构和团体留下了可靠的证据。

纪念章是为了某件值得纪念的事情制发的，使许多事件留下了永久纪念的物证。抗战时期值得纪念的事件层出不穷，造就了大量的纪念章，也为我们了解历史增添了真实的凭证。

二、质地

这一时期的徽章质地主要有银、铜、铁、不锈钢、锡、锌、铝、胶片、相纸等，以铜、银居多，其他次之。由于战争时期的艰苦条件，使得这一时期的徽章质地种类不算很丰富，特别是像金质徽章难得一见。之所以会出现这种情况，主要原因估计应该是金是贵金属，价格高昂，而铜、银在当时的社会生活中属于比较贵重的常见材质，珍贵性较强，且硬度较低，比之其他材质更适合制作徽章。

三、地区

抗战时期制发徽章的地区比较多，特别是共产党领导下的各抗日根据地、抗日政权和组织的徽章涉及面广，表明共产党在广大的地区进行了抗击侵略者的斗争是历史事实。

四、制发单位

这个时期徽章的制发单位很多，大多数徽章有明确的制发单位，其涉及范围的广泛性同样体现在共产党系列方面，说明各行各业都参与了抗战。但是，由于资料的缺乏，有些徽章的制发单位还不明了，有待于进一步挖掘资料进行考证。

五、形状

这个时期的徽章形状多样，以圆形的居多，还有横长方形、竖长方形、五角星形、多角形、三角形、菱形、多边形、盾形、不规则形等，体现了制作者丰富的想象力。

六、色彩

抗战徽章的色彩也是丰富多彩的。除部分徽章保持了材质的原色外，红、蓝、黄、白、绿、棕、褐色是比较多见的，有的徽章由多种颜色组成，色彩的相互搭配是比较丰富的。

七、工艺

在当时艰苦的经济条件下，特别是中国共产党领导下的各抗日根据地制造的徽章制作工艺虽显粗糙，难见非常精湛的工艺技术，但部分徽章嵌有珐琅，则是比较常见的工艺手法。尽管大多数徽章在工艺上不怎么精美，但并无损于这些见证了峥嵘岁月的徽章的价值。国统区和国民党方面的徽章相对精美一些，这是由其经济条件决定的。另一方面，日伪系统的徽章有些倒是在工艺上比较精美，却无法掩盖和抹杀丑恶的侵略和卖国罪行。

八、图案

抗战徽章的图案多种多样，很难做出全面的总结。从徽章中能感受到制作者丰富的想象力和巧妙的设计构思。但有一点必须明确，即共产党方面的徽章图案都是健康、正常的，真善美在这里表现得很充分，国统区和国民党方面的徽章也基本如此；而日伪方面的徽章图案则往往给人一种诡异、怪异、甚至是恐怖的感觉，假恶丑在这里也暴露的相当突出。

为了更有效地说明抗战徽章的历史价值，以下将各类徽章中比较典型者做一简要概述。

（一）共产党系列：

奖章：据笔者掌握的材料不完全统计，中国共产党领导下的各抗日根据地、抗日政权、抗日武装的奖章大致有 70 多种（很可能只是曾经产生过的奖章中的一小部分，证章、纪念章的基本情况也类似），它们是对各行各业有功人员进行表彰的物证。比较典型的有：

1、晋察冀军区颁给“狼牙山五壮士”之一的宋学义的奖章（1941 年，铜，纵 3.8 厘米，横 4.5 厘米）。尽管以狼牙山五壮士的英雄事迹编写的课文已经被人为地从小学课本中删除了，留下了诸多遗憾，但曾经家喻户晓的抗日故事依然会继续流传，特别是这枚凝结着中华民族宁死不屈伟大精神的英雄奖章，已成为永久的历史物证，将激励我们在建设强大祖国的事业中勇往直前！

2、晋察冀边区行政委员会颁给爆炸英雄李勇的一等战斗奖章（1944 年 2 月，银，直径 3.6 厘米，）和他所领导的爆炸英雄游击小组的模范民兵奖章（1944 年 5 月，银，直径 2.8 厘米）使我们联想到曾经风靡全国的抗战题材经典影片《地雷战》，影片中五花八门的地雷遍地开花，炸得鬼子、伪军人仰马翻、哭爹叫妈、闻风丧胆的精彩场面，是多么大快人心！而这两枚奖章则比电影更真实地记载了抗日民兵英雄们的光辉业绩。

3、国民革命军第八路军（第十八集团军）一二九师制发的百团大战三等奖章（1941 年 10 月，铜，纵 1.7 厘米，横 2.6 厘米）是这一著名战役的具体见证，百团大战的英雄们所创造的英勇战绩也由此得到昭显！

4、国民革命军第八路军（第十八集团军）第一二〇师第三五九旅制发的南泥湾劳动英雄奖章（1943 年，胶片、纸，纵 1.3 厘米，横 2.1 厘米）虽不如歌唱家郭兰英演唱的《南泥湾》那么著名，也无特殊的构图和精湛的工艺，但它传承的是艰苦奋斗、百折不挠的优良品质和精神。

5、抗日战争中日军发动的“五一扫荡”，是对抗日根据地进行的一次血腥的、野蛮的、惨绝人寰的大规模进攻，而冀中军区政治部制发的五一反扫荡二等奖章（1945 年，金属、珐琅，纵 2.6 厘米，横 3 厘米）则是对根据地我抗日军民艰苦卓绝的浴血奋战的永恒赞誉。

6、晋察冀边区第一次劳模大会颁发给子弟兵的母亲戎冠秀的模范奖章（1945 年，铜，纵 1.9 厘米，横 4 厘米）尽管非常普通，但丝毫不影响一个中华优秀女性的不朽事迹，也丝毫无损于她的高尚品德，正可谓是于平凡之中见伟大！

奖章奖励的范围相当广，涉及抗日根据地的各行各业，记录了从前方到后方的各种功勋事迹。

证章：证章的种类也很难统计清楚，不少于 55 种。具代表性的证章有如下几种。

1、 中国人民抗日军事政治大学教职员证章（①抗日战争时期，红色，铜，纵 3.7 厘米，横 4.7 厘米；② 抗日战争时期，黄色，铜、珐琅，高 2.8 厘米；③、抗日战争时期，蓝色，铜、珐琅，高 2.8 厘米）和中国人民抗日军事政治大学第一至第八期毕业证章（第一期：1936 年 12 月，铜，直径 3.3 厘米；第二期：1937 年 8 月，铜，直径 3.2 厘米；第三期：1938 年 3 月，铜，直径 3.2 厘米；第四期：铜，1938 年 12 月，直径 3.2 厘米；第五期：1939 年 12 月，铜，直径 3.2 厘米；第六期：1940 年 12 月，铜，通高 2.5 厘米；第七期：1941 年，铜，通宽 2.8 厘米，通高 3.2 厘米；第八期①：1945 年 8 月，铜、胶片、纸，纵 2.1 厘米，横 2.8 厘米；第八期②：1945 年，铜，直径 2.6 厘米）。中国人民抗日军事政治大学是中国共产党在抗日战争时期创办的培养抗日干部的学校，它的前身是苏区的中国工农红军大学和中国人民抗日红军大学。在整个抗战期间，该校（含分校）培养了 20 多万军政干部并输送到抗日斗争的各条战线，为抗战的胜利做出了重大贡献。这批证章是该校发展过程的见证。

2、陕甘宁边区政府证章（1944 年，胶片、纸，纵 1.2 厘米，横 3.5 厘米）。陕甘宁边区政府是抗日战争时期最大的抗日民主根据地政府，而这枚材质低廉、朴实无华的证章着实体现了中国共产党领导下的抗日根据地具有的艰苦朴素精神。

3、延安大学证章（抗日战争时期，铝，纵 1 厘米，横 2.5 厘米）。延安大学是中国共产党创办的第一所综合大学，由毛泽东亲自题写校名，在艰苦的战争年代，大批的专业人才从这里走向四面八方投身抗战，历经风雨更显出这枚证章的弥足珍贵。

4、国民革命军第八路军（第十八集团军）总司令部证章（1937 年，铜、珐琅，直径 3.3 厘米）、国民革命军第八路军（第十八集团军）证章①（红，1938 年，铜，直径 3.2 厘米），国民革命军第八路军（第十八集团军）证章②（红、兰，1938 年，铜，直径 3.2 厘米），国民革命军第八路军（第十八集团军）证章③（兰，1939 年，铜，直径 3.3 厘米），国民革命军第八路军（第十八集团军）证章④（兰、红，1940 年，铜，直径 3.3 厘米）。八路军是中国共产党领导下的主要抗日武装，在抗日战争时期由红军暂时改编为国民革命军第十八集团军，是重要的抗日军事力量，为抗战的胜利建立了不朽的功勋。这些证章是八路军坚持抗战的实证。

5、国民革命军陆军新编第四军司令部证章（红、兰，1938年，铜、珐琅，直径3.2厘米）和国民革命军陆军新编第四军证章（棕，1939年，铜，直径3.2厘米）。新四军是中国共产党领导下的另一支主要抗日武装，抗日战争时期，由红军主力长征后留在南方坚持游击战争的红军部队暂时改编，同样是抗日战争时期重要的军事力量，和八路军一样为抗战的胜利建立了不朽的功勋。历史也有幸留存下了这支军队的可靠物证。

6、 牺牲救国同盟会会员证章（1937年，铜、珐琅，直径2.4厘米）。在中国共产党的积极参与和领导下，牺牲救国同盟会这一群众性抗日组织在抗日战争时期成为山西的重要抗日团体，为抗战做了大量的工作，这枚证章无疑是该组织的重要见证。

7、重庆新华日报社证章（1938年—1946年，铜，纵3.4厘米，横1.2厘米）。抗战期间的新华日报社是中国共产党领导下的最重要的新闻机构，而重庆新华日报社在国民党统治中心进行了艰苦不懈的工作，为统一战线的建设和为抗战的胜利都付出了巨大的努力，这枚证章是廖梦醒保存的珍贵文物。

8、人民抗日剧社证章（1937年，铜，纵3.1厘米，横2.8厘米）。人民抗日剧社是抗日战争时期众多的抗日演剧队之一。1937年，尼姆·威尔斯随丈夫埃德加·斯诺访问延安，获赠这枚人民抗日剧社证章，从此，这枚证章就成为中国人民抗日激情和中美两国爱好和平人士之间友谊的双重见证物品，其珍贵价值显而易见。

证章虽然不如奖章易于引发观者的兴奋和激情，但仍不失为重要的徽章珍品。

纪念章：纪念章的种类和数量同样是未知数，不少于46种。重要的纪念章有以下几种：

1、延安鲁艺文供社献给中共七大主席团的毛泽东头像纪念章（1945年，金属〈锌〉，直径2.7厘米）。在抗日战争时期，纯粹以中共领导人头像为主题制作的纪念章还不多见，这枚毛泽东像纪念章属于毛泽东像章中的早期珍品，表达了根据地抗日军民对中共领导人的敬仰和崇敬心情。

2、陕北公学周年纪念章（抗日战争时期，铜，直径 2.8 厘米）。1937 年 9 月，中国共产党在延安创办了陕北公学，这是一所为抗日培养干部的干部学校，该校后来成为中国人民大学的组成部分之一。这枚纪念章是陕北公学初创阶段的珍贵物证。

3、陕甘宁边区农业工业展览纪念章（1940 年，铜，直径 3 厘米），陕甘宁边区政府制发的边区工厂代表大会纪念章（1944 年 5 月 1 日，塑料、纸，纵 1.9 厘米，横 3.5 厘米），陕甘宁边区政府制发的边区合作社联席会纪念章（1944 年 6 月 15 日，塑料、纸，纵 2 厘米，横 3.4 厘米），陕甘宁边区劳动英雄、模范工作者大会纪念章（1945 年 1 月 1 日，铜、胶片、纸，纵 2 厘米，横 3.1 厘米）。作为当时最大的抗日根据地，陕甘宁边区的工业、农业、经济建设成就是非常突出的，这几枚纪念章如实地记录了历史，向人们展示了前方的胜利离不开后方的支援这样一个事实。

4、延安制抗战胜利纪念章（1945 年，铜、胶片、纸，直径 2.4 厘米）。1945 年，艰苦的抗战取得了最终的胜利，在中国人民兴高采烈、扬眉吐气、欢庆胜利的喜悦氛围中，诞生了这枚记录伟大胜利的纪念章，从中突显出一个民族顽强抗争、百折不挠的坚韧毅力和不屈精神！

5、上海市总工会制发的淞沪抗战纪念章（1937 年，铜，高 4 厘米，通宽 3.2 厘米）。1937 年 8 月 13 日——11 月，中国军民进行了抗击日军的淞沪战役，社会各界都投入了这场战事，虽然最终抗击失败，但依然值得纪念，因为它是“卢沟桥抗战”后一次重要的全民性抗战。

目前掌握的纪念章种类尽管不很多，但从抗战的复杂过程看，值得纪念的事物不应只有这些，我们有责任进一步挖掘。

从上面的简述中，可以得出一个结论，中国共产党进行的抗战行为是名副其实的全民抗战，文物的历史价值在这里的作用是巨大的。

（二）国统区和国民党系列：

笔者见到的抗战时期国统区和国民党徽章确实不多，纪念章多于奖章和证章，主要原因可能有两个，一个是国民党的常规勋（奖）章如文虎、宝鼎、同光、忠勇、忠勤等各类章在抗战前就存在，不是在抗日战争的特定环境下产生的，在抗战期间根据需要都有颁发，如果没有很翔实的材料，就很难确定是抗战物品；另一个就是历史原因造成的，如对搜集工作不够重视等。尽管如此，我们仍可见到一些，其中少数有代表性的徽章如下：

1、国民政府军事委员会西南运输处制发的华侨机工回国服务团荣誉纪念章（1939 年 8 月，金属，通长 7 厘米，直径 3.5 厘米）。1939 年海外爱国华侨组织了回国服务团参加抗战，为了表彰这次爱国义举，国民政府军事委员会西南运输处特制发了这枚纪念章，以资纪念。

2、杜聿明赠陆军第五军昆仑关歼敌纪念章（1940 年，铜，通径 5.4 厘米）。昆仑关战役发生于 1939 年 12 月——1940 年 1 月，是抗日战争时期国民党军队在南宁地区进行的一次重大军事行动，当时全国唯一的机械化部队——第五军在战事中英勇作战，事后，军长杜聿明特制发此章以纪念。

3、国民党印纪局制八年抗战胜利纪念章（1945 年，银，珐琅，通径 7.1 厘米）。抗战胜利是中国人民的胜利，为此，国民党当局也制章纪念，从当时具体的历史看，应是最高级别的抗战胜利纪念章。

4、反法西斯同盟胜利纪念章（制发单位不详，1945 年 9 月 2 日，铜、珐琅，直径 2.1 厘米）。中国是反法西斯同盟的重要成员，中国抗日战争的胜利结束了第二次世界大战，也是世界反法西斯战争胜利的重要组成部分，这枚纪念章正是从这个角度出发制作的。

5、国民党军队出兵东北纪念章（1945 年，铜，宽 8 厘米）。国民党军队出兵东北既是抗战胜利的结果，又是蒋介石发动反人民内战的开始，正反两方面的内涵，使这枚纪念章具有特别耐人寻味的价值。

从所掌握的材料看，抗日战争时期的国统区和国民党徽章大体上还是反映了抗战期间积极的一面，应看到其历史价值。

（三）日伪系列：

笔者见到的日伪徽章不是很多，日本徽章是随着日军侵略中国的进程出现的，有的是侵华日军官兵从境外带到中国的，有的是侵入中国后有目的制作的；伪政权的徽章则是随着汉奸卖国贼们的卖国过程陆续出现的，虽然是丑恶的，但从反面印证了历史，警醒我们不忘历史悲剧。这里有几枚徽章有必要提及：

1、日军制“昭和六年至九年事变从军记章”（1934年，铜，直径3厘米）。这枚徽章实际上揭示了日军的侵华历程，“昭和六年”即1931年，“昭和九年”即1934年，在这期间，由于日军的侵略，中国经历了“九·一八”抗战、“一·二八”淞沪抗战、伪满洲国建立、热河抗战、长城抗战、察哈尔抗战、伪满洲国实行帝制等一系列事件。从日军的角度看，是在夸耀他们的胜利，实际上是一系列罪恶的见证。

2、日军满洲“国境事变从军记章”（1938年7月——1939年5月，铜，直径3厘米）。“国境事变”即1938年7月至1939年5月间“张鼓峰战役”到“诺门坎战役”等一系列日军对苏联军事挑衅事件的日本称谓，这枚徽章显然是为了纪念日军的侵略行动而制作的，充满了十足的血腥味。

3、日军“支那事变从军记章”（1937年，铜，直径3厘米）。“支那事变”即日本对“卢沟桥抗战”的称谓，这枚徽章尽显日本对中国的侮辱和蔑视，是日军全面侵华罪行的铁证。

4、伪满洲国“开国”纪念章（1932年3月9日，铜，直径3.4厘米）。这枚纪念章显示了清朝末代皇帝溥仪在日军的支持下，就职伪满洲国“执政”，继续卖国求荣的汉奸傀儡生涯，把自己更紧密地绑缚在了历史的耻辱柱上。

5、伪满洲帝国皇帝登基大典纪念章（1934年3月1日，银，直径3.5厘米）。此章表明就任伪“执政”仍不满足的溥仪在日本侵略者的扶植下，重新登上了“皇帝”宝座，重温虚妄的“皇帝”梦，以此满足自己的虚荣心，在当汉奸的路上越走越远，在卖国的泥潭中越陷越深。

6、伪冀东防共自治政府纪念章（抗日战争时期，铜，直径3厘米）。抗日战争时期华北地区的伪政权——冀东防共自治政府是在日本侵略者支持下，由铁杆汉奸殷汝耕建立和把持的，对中国人民犯下了不可饶恕的罪行。这枚纪念章是这个卖国政权可耻的罪证。

7、汪精卫赠新国民运动暑期集训纪念章（抗日战争时期，铜，通径3.2厘米）。汪精卫叛国投敌建立南京伪政权后，发起了一场所谓的新国民运动，旨在把伪政权统治下的中国人民培养成为卖国政权服务的顺民。该纪念章透视出汪精卫丑恶的卖国嘴脸。

从以上的概述中可以看出，在抗日战争时期，不同的阶级、集团、政治势力都利用徽章这一工艺品形式为自身的行为服务，这些徽章从不同的角度展示了不同的历史侧面，给我们启迪，教我们思考，发人深醒，感触良多。有的追求进步、伸张正义、凝结爱国精神，值得讴歌和赞誉；有的维护反动、标榜侵略和卖国主义，必须给予揭露和抨击。

许许多多的徽章犹如许许多多的证人向我们证实着抗日战争期间发生过的许许多多的事情，它们蕴涵着非常丰厚的历史内容，每一枚徽章不是给我们讲述一个动人的故事，就是对我们倾诉一段可歌可泣的业绩，或是向我们控诉侵略者的罪行和卖国贼的可耻行径。抗战徽章产生于抗日战争的特定环境下，是一个为数不少的文物群体，有其特殊的意义，有不可低估的历史价值，也具有一定的工艺价值和经济价值，尽管大部分徽章不甚精美，但因其构图多样，配色也不拘一格，同样具有观赏价值。由于目前国内还没有专门收藏徽章的博物馆，所以各地文博单位收藏的徽章数量一是有限二是总量不清，难以进行有效的、系统的、全面的、科学的研究，散存于社会上的抗战徽章就更难以计数了。本文仅就所掌握的有限材料对抗日战争时期的徽章做一粗浅的研讨，意在拓展中国徽章的研究，使其逐步完善研究体系，丰富研究内容，为徽章研究的发展做一点力所能及的事情，也可以通过徽章再现历史，认识历史，牢记历史，警醒世人。以上探究还是很不全面的，待日后搜集更多的资料完善之。

刊载于《文物天地》2006年第九期。

中国工农红军长征文物概说

长征是中国近代史上举世闻名的史诗性事件，是中国共产党领导下的革命武装和反动势力进行的不屈不挠的顽强抗争的伟大壮举。在这个过程中，留下了许多文物，统称长征文物，它们是中国近现代文物的重要组成部分。但是，这部分文物分散保存在全国各地，到底数量有多少，有哪些门类，散存在哪些省份、哪些部门，至今没有做过全面的统计、整理和研究，的确是一项亟待加强的工作。笔者现就所掌握的长征文物情况做一概述，并提出自己的建议，希望能促进这项工作的进一步开拓。

一、什么是长征文物

简单地说长征文物就是长征过程中留下的文物，然而严谨地考虑的话就不能这么简单地表述。首先，长征开始和结束的时间要明确，其次，哪些部队的活动属于长征的范畴也要科学地划定，然后才能确定哪些文物属于长征文物。那么长征的起止时间到底应该从什么时候到什么时候？参加长征的部队到底有哪些？按一般的观点看，长征的开始时间应是红一方面军开始长征的时间，即 1934 年 10 月 10 日，结束时间是红一、红二、红四方面军会师的时间，即 1936 年 10 月 22 日。在这里，长征结束的时间是没有疑问的，而长征开始的时间则是不准确的。因为在红一方面军开始长征之前，红六军团已于 1934 年 8 月 7 日踏上征程，而在此之前的一个月，即 1934 年 7 月 6 日，为了配合中央红军的战略转移（即长征）准备工作，牵制国民党军队对中央苏区的围剿，由寻淮洲、乐少华、方志敏等人领导的北上抗日先遣队就出征了，到 1935 年 1 月 29 日，方志敏被捕为止，北上抗日先遣队转战赣、闽、浙、皖四省，历时6个多月，行程5000多里。依据这个史实，红军长征开始的时间应是1934年7月6日，笔者认为这一观点更科学、更全面，否则就埋没了北上抗日先遣队的功绩。所以，长征文物应是从1934年7月6日至1936年10月22日期间各长征部队留下的文物，其中包括产生自长征之前但经历过长征及产生于长征途中的各种存世物品，本文只涉及可移动文物。各长征部队包括：北上抗日先遣队（1934年7月6日——1935年1月29日），红六军团（1934年8月7日——1936年10月22日），红一方面军（中央红军）（1934年10月10日——1935年10月19日），红二十五军（1934年11月16日——1935年9月15日），红四方面军（1935年3月28日——1936年10月9日），红二军团（1935年11月19日——1936年10月22日）。

二、长征文物的属性

长征文物应该归属于哪类文物？根据近现代文物分类法看：

1、长征文物属于时代分类法中的近现代文物，是近现代文物中的近代文物，又是近代文物中的新民主主义革命时期的文物；

2、长征文物属于存在形态分类法中的可移动文物；

3、长征文物还属于属性分类法中的革命文物，同时分属政治、军事、经济（工农业、商业、金融业等）、教育、文化艺术、民族等各种门类；

4、长征文物在历史事件分类法中属于红军长征这一事件；

5、在存在形式上，以笔者掌握的材料看，长征文物都是传世类文物，未见出土类文物，但现实社会中并不排除出土类长征文物的存在，很可能这类文物未被发现；

6、部分长征文物和具体的人物有直接的关系，就属于某人，如毛泽东、周恩来、朱德、陈云等；

7、在组织阶级（阶层）分类法中，长征文物属于无产阶级的政党领导下的工农武装的各个党政军等组织、机构；

8、从地域国别分类法看，一方面国别是很简单的，绝大多数都是中国文物，极个别的文物涉及其他国家；但从地域上来说就比较复杂，红军走过了17个省份，到过的市、县、村、乡、镇难以统计，甚至有许多人迹罕至的地区，产生于不同地区的长征文物也就相应复杂了。

三、长征文物的构成和种类

长征文物由哪些文物构成？又有哪些种类？从实际情况看，长征文物中的纸质文物少于其他质地的文物，因而平面文物也就少于立体文物。同样根据近现代文物分类法考察：

1、从质地上看，长征文物包含了有机类文物和无机类文物，也有少量的复合体文物。长征文物的种类大致有以下一些：

有机类文物有：（1）纸（标语、传单、布告、小册子、课本、日记、手稿、米票、纸币等）（2）木（木板标语、门板、子弹箱等）（3）竹（菜盒、水壶、篓、背包夹、斗笠等）（4）藤（篮子、手杖等）（5）麻（麻袋、鞋等）（6）棕（绳、蓑衣等）（7）草（草帽、各种野菜、 葫芦）（8）橡胶（凉鞋、胶鞋等）（9）皮（文件包、工具包、手提包、皮带、皮夹等）（10）羊毛（毛线、毛毯、毛衣、手套等）（11）驼绒（被、褥等）（12）呢（毯子）（13）丝棉（被子）（14）绸（旗、手帕等）（15）缎（缎子）（16）绢（绢画）（17）棉花（被子、背心等）（18）布（帐篷、被面、背包、马褡子、米袋、布币、枕套、钱袋等）（19）帆布（马褡子）（20）骨（烟斗）（21）象牙（印章）等；

无机类文物有：（1）铁（手枪、指挥刀、手雷、迫击炮、大刀、菜刀、饭盒、铁桶、菜盘、马镫、脚马子、矛、锅等）（2）钢（钢盔、理发推）（3）铜（锅、子弹壳、壶、碗、墨盒、勺、灯盏、提盒、盆、香炉、酒杯等）（4）铝（锅、水壶等）（5）银（银锭、银元、银币、银筷等）（6）贝壳（海螺号）（7）搪瓷（茶缸、水杯、饭盒、脸盆、菜盆、碗等）（8）玻璃（洗眼杯）（9）化学物质（药品）（10）瓷（碗、药钵等）（11）陶（缸、罐等）（12）石（药臼、臼棒）（13）矿物质（岩盐）等；

复合体文物有眼镜（树脂、金属、塑料）、望远镜（玻璃、金属、塑料）、油印机（铁、木）、步枪（金属、木）、输血器（金属、玻璃、胶皮）、皮鼓（皮、木）、风雨灯（玻璃、铁）、雨伞（布、木）、锹（铁、木）、镐（铁、木）、药品（玻璃瓶、化学物质、药水）、包银碗（木、银）、剃头刀（铁、木）等。

2、从价值上看，长征文物分属一、二、三级文物等；

3、从制作方式上看有手工类、机制类及手工和机制相结合类文物。手工类文物主要有木板标语、箱子、桌子、桶、鼓、竹筒、冷兵器、草鞋、渡河的门板、大渡河桥上的铁链、雨伞、斗笠、篓、背包夹、篮子、手杖等；机制类文物主要有布币、毯子、手帕、缎子等；手工和机制相结合的文物主要有服装、棉被、热兵器等；而纸质文物如标语、传单、布告、纸币、日记、小册子、课本、教材、教程、歌曲集等，既有纯手工的也有机制的，因为当时的中国造纸业正处于从手工造纸向机械造纸过度的时期，每件文物属于哪一类要视具体情况判定。

4、从形状上看主要有，长方形（这类文物含横长方形和竖长方形两种，还有长方体，主要是纸质的标语、传单、布告、木板标语、被、毯、箱子、饭盒、桌子等文物）、圆形（含圆筒形，这类文物主要有碗、罐、钵、银币、锅、盆、桶、鼓、竹筒等）、 不规则形（这类文物主要有武器、工具、用具、服装等）等形状。

四、各类文物反映的情况

不同的长征文物反映长征路上不同的情况：

1、长征亲历者留下的手稿、日记、什记真实记录了长征途中的艰苦转战、所见所闻、思想状况，是非常宝贵的第一手史料。

2、各种课本、教材、教程、歌曲集、小册子在长征途中发挥了政治、文化、艺术的教育及宣传、鼓动作用，在红军的艰苦转战中能保存下来，同样是很难得的文物。

3、标语、传单、布告也是长征文物的重要组成部分，而木板标语则是长征标语中最具特点的一部分，在这些木板标语中有宣传共产党、红军政策、主张及反蒋抗日的；也有宣传民族政策的和红军战略战术的；还有宣传抗捐抗税反抗军阀压迫并号召团结抗日的。制作简易和较便于保存等因素使得现在保留了相当数量的木板标语。木板标语主要发现于红军长征途中停留时间较长的贵州、四川、甘肃等省。

4、侦察报告、捷报、进军计划以及各种红军绘制的进军路线图则具体地反映了红军在长征途中的行军作战情况。

5、长征文物中的武器也是各式各样，有冷兵器，也有热兵器，冷兵器以刀为主，有砍刀、马刀、指挥刀等；热兵器有手枪、步枪、手榴弹、迫击炮等，反映了长征中武器在军事作战中的综合运用状况。

6、长征途中使用的货币以质地看有银、纸、布三种，反映当时的货币使用情况。

7、草鞋、钉鞋、爬雪山的脚马子、渡河的门板、大渡河桥上的铁链、雨伞、斗笠、帐篷、油布、马褡子、米袋、野菜、吃剩下的皮带、用以充饥的皮鼓、各种炊具、被服及医药用品等文物则是红军艰苦征战的物证。

8、红军是人民的队伍，长征沿途纪律严明，密切联系群众，也得到了各地民众的支援和帮助，反映军民关系的文物数量比较多，除少量的是群众为红军送饭的碗、背篓、背斗和为红军捣药的碓臼外，大量的是红军为感谢群众的帮助送给群众的物品，其中有碗、勺、筷、锅、米袋、钱袋、皮夹、工具包、手提包、火钳、药箱、马灯、毯子、被单、枕套、壶、盆、饭盒、剪刀、手杖、镜子、瓢、墨盒、小鼓、草鞋、凉鞋、毛皮鞋、酒杯、银罗汉等。

9、还有反映上、下级和同志、亲人间情谊的文物，主要有毛泽东在长征途中送给傅连暲的丝棉被、何叔衡在长征出发前夕送给林伯渠的毛衣、朱德在长征途中送给罗卫养病用的银元、张云逸在长征时送给毛泽东的手枪、红二十五军政委吴焕先在长征途中送给伤员的毛毯、某红军指导员在长征途中送给伤员穿的棉背心、红四方面军战士杨世才长征时留给母亲的川陕苏区布币、红一方面军军委三科钟昭隆长征途经贵州时其兄（红三军团战士）送给他的银元等。

10、还有一些文物反映了长征途中的民族、宗教关系，虽然数量不多，但其珍贵性、重要性不可忽视，如红军开给四川甘孜白利寺喇嘛支援青稞碗豆的收据、中国工农红军代表刘伯承赠给彝族沽鸡家首领小叶丹的“中国夷民红军沽鸡支队”旗、徐特立在长征时收集的藏族绢画、红军在长征途中路过道孚时送给扎西多吉的搪瓷碗、红军在长征途经四川时送给穷苦藏民的搪瓷盆、红三十军长征途经四川道孚县时送给藏民的铜锅、红四方面军三十一军九十一师长征途经四川时送给藏民的水桶、红军长征经过彝族地区时送给彝族群众的烟袋、红一方面军长征经过四川昭觉时送给当地彝族人的武器——铁矛、刘伯承与大凉山地区彝族部落首领小叶丹杀鸡结盟用的刀、藏族群众送给红军的银碗等。

11、长征途中红军缴获的战利品则反映了红军的部分战况，这些战利品主要有红一军团长征时缴获马鸿逵部的绑腿、红军在娄山关战斗时缴获的皮带包、红四方面军战士在长征途中缴获敌人的折刀、红一方面军战士长征途中在湖南缴获国民党军的皮带、中央红军在直罗镇战役中缴获敌人的皮带、红四方面军战士在长征途中缴获国民党刘湘部队的皮带、红军在突破天险腊子口时缴获国民党部队的理发推子、红一军团一师副营长李国青在甘肃青石嘴缴获马鸿逵骑兵旅的文件包、红一方面军工兵连在直罗镇战役中缴获敌人的德制毛瑟半自动手枪（枪号 539364）、红军在长征途中缴获胡宗南骑兵师的皮包、红四方面军三十一军在甘肃天水与国民党军胡宗南部作战时缴获的帆布皮鞋、红二方面军第二军团六师十八团三营九连战士在云南宋云城战斗中缴获敌人的挂包等。

五、长征文物的分布

红军长征经过了闽、赣、粤、湘、桂、黔、滇、西康、川、青、甘、陕、宁、浙、皖、豫、鄂 17 个省份，除西康省已分别划入其他省份不存在之外，现存的另 16 个省份都有长征文物留存。在一些红军长征没有到过的省份也发现了长征文物，这些文物是红军指战员后来随着战斗和工作足迹带去的。目前，长征文物主要保存在文博、军队系统里，北京最集中，在其他系统如档案、文联、公安、中共中央等系统里也有收藏。

因为本文是根据笔者所掌握的长征文物情况撰写的，而笔者所掌握的长征文物情况肯定是有限的，不够全面的，所以叙述到的问题必然存在不足和遗漏，有待于在日后的工作中继续搜集材料，不断补充和完善。

参考书目：

[1] 徐占权、徐婧编著：《长征中的重大战略抉择》，军事科学出版社，2004 年北京第一版。

[2] 文化部党史资料征集工作委员会办公室编：《长征中的文化工作》，北京图书馆出版社，1998 年 10 月第一版。

[3] 军事科学院军事历史研究部、国防大学党史政工党建研究室合编：《历史的丰碑》，军事科学 s 出版社，1987 年 11 月第一版。

[4] 力平、余熙山、殷子贤等著：《中国红军长征史》，中共党史出版社，1996 年版。

刊载于《中国文物科学研究》2006 年第四期。

国博收藏的抗战歌曲集

——从文物看抗战歌曲集的出版特点

由于工作的需要，接触了一批抗日战争时期出版发行的歌曲集，它们尘封库中数十年，大多破旧不堪，罕有人问津，也没有人关心他们的存在和价值。然而它们是历史的遗存，珍贵的文物，留给我们的是原汁原味的抗战歌曲，是解放后出版的抗战歌曲集最主要的源泉和基础。

抗日战争是伟大的民族解放战争，波澜壮阔的历史孕育出不朽的抗战歌曲，营造了抗战歌曲出版的大背景，形成了抗战歌曲广泛流传的壮观场面。抗战歌曲产生于特定的历史时期，也就决定了这个时期的歌曲集与众不同的特点。

抗日战争是一场全民族反侵略的正义战争，在这场战争中，音乐发挥的作用是难以估量的，特别是表现为声乐集成的歌曲集的出版，涉及面之广泛，影响之深远都是前所未有的，有资料表明，据不完全统计，抗战期间创作的歌曲达6000首之多，被分散地收集在不同版本的歌曲集中。音乐直接为反侵略战争服务，歌曲表现的最为突出。歌曲的物质载体——歌曲集或称歌本，长久地记载了抗日战争时期广为传唱的众多曲目，为我们了解和研究这个时期歌曲出版业的发展及特点提供了丰富的历史资料。这些资料把我们带回了歌声激昂、热血沸腾的战争年代，向我们展示了诸多特点。

一、历史特点

抗战歌曲随抗战爆发产生。尽管抗日战争开始的时间是始于九·一八硝烟还是卢沟桥烽火，目前仍无统一定论，但抗战歌曲或称为救亡歌曲的产生是在“九·一八抗战”后，而非“卢沟桥抗战”后则是毫无疑义的。不过，最初的救亡歌曲的创作是零星的，是在国民党政府的高压氛围中顽强生存下来的，因而不可能形成大规模的抗战歌曲出版事业。这个事业是在由田汉、聂耳、孙师毅等人分别组创的“苏联之友社音乐小组”“中国新兴音乐研究会”“左翼剧联音乐小组”“北平左翼音乐家联盟”“歌曲作者协会”等左翼音乐组织创作救亡歌曲的核心基础上逐步发展起来的。到1935年、1936年间，在全国抗日救亡运动不断高涨的形势下，救亡歌曲的创作和影响也达到了新的规模，左翼作曲家除了为进步电影《渔光曲》（〈渔光曲〉）、《大路》（〈大路歌〉）、《桃李劫》（〈毕业歌〉）、《新女性》（〈新女性〉）、《逃亡》（〈自卫歌〉）、《风云儿女》（〈义勇军进行曲〉、〈铁蹄下的歌女〉）及舞台剧《扬子江风暴雨》（〈码头工人歌〉、〈前进歌〉）、《回春之曲》（〈告别南洋〉、〈梅娘曲〉）等编配插曲外，还创作了《抗敌歌》《旗正飘飘》《开矿歌》《九·一八》《吊吴淞》《五月的鲜花》《我们要抵抗》《战歌》《保卫马德里》《牺牲已到最后关头》《救国军歌》《打回老家去》《救亡进行曲》《松花江上》《长城谣》《还我河山》等著名的救亡歌曲。

在如此丰富的歌曲创作基础上，音乐刊物的出版工作也得到了相应的发展。在当时比较有影响的音乐出版物主要有上海国立音乐专科学校编辑出版的《乐艺》《音乐杂志》和《新夜报》副刊《音乐周刊》，它们提倡发展高尚的音乐歌曲，造成社会的移风易俗，所不足的是限于当时的社会条件，救亡歌曲的普及还没有真正大众化。此外，由国民党政府江西省推行音乐教育委员会编辑出版的音乐刊物《音乐教育》，原本是相当保守和顽固的，在抗日救亡运动的影响下，也不得不刊登一些反帝爱国的音乐作品，并出版了《苏联音乐专号》和《救亡歌曲特辑》，显露出救亡运动中音乐出版的发展趋势。1934年出版的黄自《爱国合唱歌曲集》，1936年，麦新和孟波合编的《大众歌声》第一集，刘雪庵编辑的《流亡三部曲》，收有《救亡进行曲》等歌曲的《国防音乐特辑》（1936年4月《生活知识》第一卷第12期），都是早期的抗战歌曲出版物，在当时的社会中产生了一定的影响。

抗战歌曲集的大规模出版是在1937年的“卢沟桥抗战”后，自此，抗日战争全面爆发，抗战歌曲集出版的繁荣时期来到了，从而出现了抗战歌曲集出版业蓬勃发展的新局面。

二、类别特点

两种类型的歌曲集同时出版和存在。“卢沟桥事变”开始后，爱国的音乐工作者创作了大量脍炙人口的抗战歌曲，其中如《保卫卢沟桥》《只怕不抵抗》《祖国的孩子们》《游击军》《在太行山上》《到敌人后方去》《赞美新中国》《大刀进行曲》《马儿真正好》《思乡曲》《游击队歌》《嘉陵江上》《生产大合唱》《九·一八大合唱》《黄河大合唱》《洪波曲》《抗战进行曲》《保卫国土》《赶豺狼》《丈夫去当兵》《日落西山》《南泥湾》《军民大生产》《新编九·一八小调》《抗日军政大学校歌》《咱们的领袖毛泽东》《延安颂》《八路军军歌》《八路军进行曲》《新四军军歌》《拥军花鼓》《歌唱二小放牛郎》《没有共产党就没有新中国》《你这个坏东西》《茶馆小调》《古怪歌》《跌倒算什么》等，是其中的佼佼者，流传很广，据此可以说明丰富的创作土壤是成就歌曲集大量出版的重要因素。需要解释的是，《你这个坏东西》《茶馆小调》《古怪歌》《跌倒算什么》等歌曲是抗日战争时期针对蒋介石、国民党制造摩擦、破坏抗战而创作的。从 1937 年—— 1945 年间，国统区出版的音乐类出版物不少于 156 种，其中半数以上是收有大量抗战歌曲的歌集类出版物。共产党领导下的各抗日根据地虽然条件极为艰苦，也出版了大量的抗战歌曲集，这些成果是在苏区音乐出版的基础上进行并得以发展和扩大影响的。无论是哪类歌曲集都在一定的范围内得到了传唱，起到了鼓动抗战热潮、激励军心、民心的作用。崇高的爱国情怀在这些歌曲集里体现得极为充分。

三、内容特点

抗战时期，中国共产党积极倡导建立全民族的统一战线，团结包括国民党在内的各个党派共同抗战。由于国民党蒋介石的阶级本质、利益和世界观等因素的作祟，不断地挑起国共两党及军队之间的纠纷和磨擦，这种既合作又斗争的现象也反映到某些歌曲集的出版中，这是抗战期间统一战线旗帜下存在的一种不容忽视的特点。

在这些歌曲集中还有一个特点，就是除了有些歌曲集所收曲目的题材和思想性比较单一外，另一些歌曲集中所收的曲目的题材和思想性是多样的，不仅有纯粹表现抗战主题的，也有歌唱共产党的和翻译的苏联歌曲，还有赞颂孙中山和国民党的。这是历史的真实写照，是当时团结在统一战线旗帜下共同抗战的思想主旨在音乐刊物出版中的反映，是左倾思维不能抹杀的。这一特点也表明，在统一战线的旗帜下，不同党派、不同思想的人士确实曾经做到求同存异、携手抗战，他们曾经面对共同的敌人，共唱同样的歌，进行着共同的抗争，尽管是暂时的，但最后的胜利终究是永恒的。这一切是那么感人，那么激动人心，那么令人不可漠视。那个时代的歌声、那个时代的奋争、那个时代的追求都透过歌曲集向我们展示出来。

四、印刷特点

抗战歌曲集的印刷特点一是粗糙，二是呈多样化，有油印、石印、铅印等，以油印居多，尤其是各抗日根据地出版的歌曲集更是如此，这些歌曲集的印刷尽管简陋、几乎谈不上什么装帧，却并不妨碍其在抗日军民中间广泛流传。这种现象的存在归因于印刷条件的落后，由此可以想见在艰难岁月中，当时的人们是以多么顽强的精神战胜了多少艰难困苦，才印刷出版了许许多多的歌曲集，这些歌曲集在整个抗战过程中发挥了难以估量的作用，推动了反侵略战争的进程，随后又给我们留下了珍贵的、不朽的文物。

在抗战歌曲集中，有一部分附带印有唱歌常识的内容。在抗日战争时期，中国民众的总体文化水平不高，会唱歌者特别是了解唱歌常识而歌唱者并不很多，抗日战争又是全民族性的，要使广大抗日军民更好地唱歌，在歌曲集里加印一些唱歌常识是正常的，也表明出版歌集的人考虑问题是比较全面的，真正是为大众着想的。

有的歌曲集封面印有简易的画面，有的只印书名。前者自然比后者多了一些美感和可观性，尽管构图相当简单，却对歌者有更多的吸引力。美术和音乐相结合，共同为反侵略战争服务，两种艺术的合力更有效地为抗战做贡献，是歌曲集留给我们的又一特点，体现了艺术的永恒魅力。

五、规格特点

抗战时期出版发行的歌曲集没有固定规格，就笔者所见主要有以下一些（尺寸为先纵后横，单位厘米）：16.8×12.3，16.6×12，18.3×12.5，18.3×13，18.3×12.8，19×13，18.7×12.9，18.5×12.7，18.5×12.7，19.5×13.6，18.4×12.5，18.4×13，18.7×13.2，19.1×13.3，17.9×13.6，20×14，13.5×17.6，19.5×14.6，9×12.8，18×13，20.5×14.5，18.2×13，16.5×12.2，18.2×12.5，8×12.6，19.2×13.5，17.5×13，19.7×13，19×12.5，12.3×18.8，17.1×11.2，17.9×12.6，18×12.6。尺寸不一，规格多样是抗战时期歌曲集出版的又一特点。这一特点是当时战争环境下具体印刷条件的真实反映，在艰苦的战时状态下，能坚持印刷出版激励军心、民心的歌曲集已属不易，要想使具体情况千差万别的印刷条件达成尽可能的统一和规范，并不是当时的重要任务，当时音乐出版的首要任务是，把大量的抗战歌曲进行收集、整理、印刷并传播到广大的人民大众当中，使歌曲尽快发挥应有的作用。抗战时期的音乐出版工作者确实是这么做的，也出色地完成了这个任务。

上述几个抗战歌曲集的出版特点可能还不很全面，但多少反映了抗战歌曲集出版的一些状况，正是这些歌曲集的出版，才使得抗战时期创作的大量歌曲能够在尽可能广泛的民众间传播，激发高昂的抗战热情，有效地推动和促进了抗日战争的胜利进程，这一点是不容置疑的。总之，抗战歌曲集的出版工作成绩是巨大的，相关的工作人员付出的辛勤劳动是应该永远铭记的，他们为民族的解放事业做出了重大贡献。

刊载于《文物天地》2007年第七期。

抗戰歌曲選

歌曲新編

叱吒風雲集

戰聲

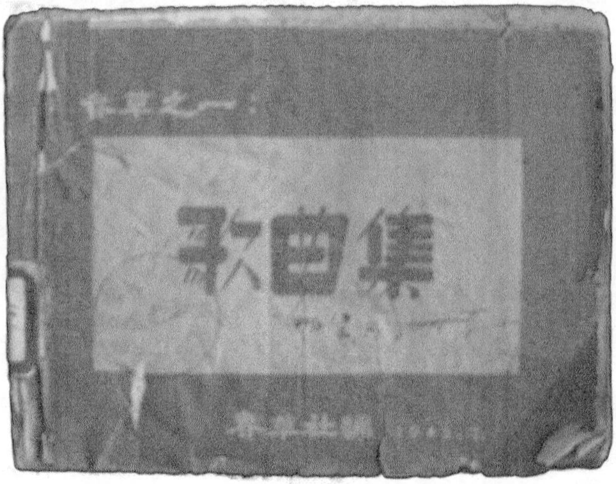
歌曲集

第一集

戰地歌聲

星海歌曲集

黄河

大众歌声
3

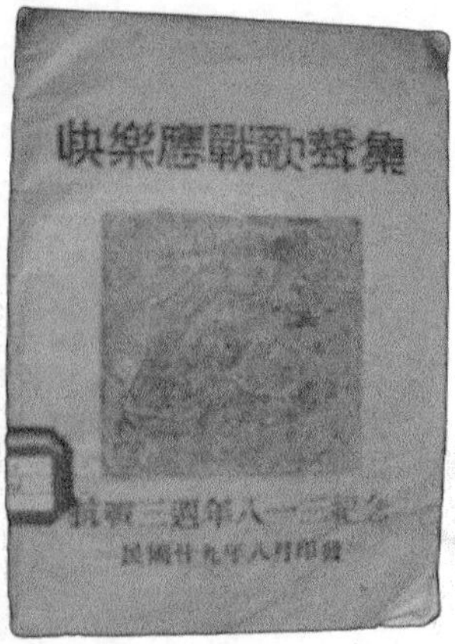

抗戰歌曲新輯
第五路軍總部政訓處印行

大家唱

抗戰歌聲

抗戰歌曲新輯
抗戰歌聲
大家唱
大众歌声
大眾歌曲集
戰地歌聲
黄河
星海歌曲集
歌曲集

国家博物馆的亚洲礼品

中国国家博物馆藏有数千件五大洲各国领导人、社会团体、友好人士赠送给我国的礼品。亚洲地域广袤，国家、民族众多，历史悠久，文化习俗不尽相同，所赠礼品风格迥异，不乏立意独到、构思新颖、造型精巧、工艺精湛的佳作，为我们带来了丰富多彩的异域风情和积淀深厚的文化底蕴。

一、中日邦交正常化的见证——《春晓》

图 1　日本现代著名画家东山魁夷的《春晓》

1972年是新中国外交史上一个重要的年度。这一年，我国与22个国家建立或恢复了外交关系。其中有两件举世瞩目的大事，在现代国际关系史上占有重要地位。一件是美国总统尼克松于2月访华，他成为历史上首位访华的美国总统，访问结果是中美两国发表了《上海公报》，结束了两国间二十多年的隔绝局面；另一件是日本首相田中角荣于9月25—30日访问中国，他成为第二次世界大战后第一位来华访问的日本首相，访问促成了中日邦交正常化的迅速实现。1972年9月29日，中日两国正式发表了建立外交关系的联合声明，中华人民共和国国务院总理周恩来、外交部长姬鹏飞，日本国内阁总理大臣田中角荣、外务大臣大平正芳在中日建交的联合声明上签字。中日两国领导人摒弃前嫌，共同谱写了中日关系史上的新篇章。

在中日两国正式建交的前两天，即1972年9月27日，毛泽东主席在北京中南海丰泽园书房会见了田中角荣首相，双方进行了亲切友好的会谈。在访华期间，田中首相将一幅水粉画赠给了毛泽东主席，这就是《春晓》。

《春晓》的作者是日本现代著名画家东山魁夷（1908—1998），他是横滨市人，毕业于日本东京美术学校（现东京艺术大学）日本画部。此后又进入该校研究部师从日本画名家结城素明。1933年赴德国，在柏林大学哲学部美术史科学习。1947年，他以作品《残照》在第三届“日展”（“日本美术展览”的简称）上大放异彩，一鸣惊人。1950年，他的《道》又在第六届“日展”上大获成功，从此确立和巩固了他作为风景画家的地位。此后东山魁夷佳作不断，屡有创获。1956年以画作《光晕》获得日本艺术院奖。60年代又为日本皇室创作了多幅大型壁画。1971年开始为奈良唐招提寺鉴真和尚“御影堂”绘制障壁画，画了四十四幅壁画。其中有二十六幅是描写中国唐代著名僧人鉴真大师家乡景色的，如《扬州薰风》；有八幅是桂林山水，如《桂林月霄》；有八幅是黄山景色，如《黄山晓云》。1981年完成鉴真和尚像厨子绘《瑞光》后，“御影堂”全部障壁画方得大功告成。至此，东山魁夷登上了战后日本画的最高峰。

东山魁夷一生富有东西（东方、日本和西方）南北（到过北欧和南欧，日本的北方和南方）各方面的体验和素养。但他最为注重的还是在作品中表现日本情调之美，为了营造这种情调之美，他运用西洋画的厚涂法技法，改进了一味注重线条和笔法的传统日本画，在日本画的民族化和现代化之间探索出了一条新路。这使他的作品表现力大增，为他赢得了大批的观众，他由此成为名副其实的“国民画家”。他 1981 年在东京国立近代美术馆举行个展时，就吸引了三十多万人参观，这在日本画画家中是非常罕见的。东山魁夷后历任日本全国美术展览会评委、常务理事、理事长、顾问，是日本最负盛名的风景画家，也是海外知名度最高的现代日本画家。他和杉山宁、高山辰雄合称为“日展三山”，曾经支撑着整个战后的日本画画坛。1976 年以后，东山魁夷曾多次访问中国，画了许多有关中国的速写和回忆画。他是日中文化交流协会常务理事。

这幅《春晓》图，连框纵 82 厘米　横 100 厘米，是东山魁夷专门为中日邦交正常化创作的。画面向人们展示了春季清晨里的叠翠山峦，寓示了中日邦交正常化的春天已经到来。细腻的笔法充分显示了绘画大师的深厚功力和独特风格，澄澈、平明、蕴藉的画风具有典型的日本民族的审美特点：冲淡、自然、含蓄。这幅绘画珍品曾在北京数次展出。

二、日本代表团访华赠给毛主席七宝烧花瓶

自 1952 年勇敢地实践中日关系破冰之举的帆足计、高良富、宫腰喜助三位日本经济学家访问中国后，不断有一些日本友人来到中国。1953 年 4 月，日本神户市亚细亚航运株式会社代表团访问我国时，赠给毛泽东主席这件七宝烧花瓶。淡绿的底色衬托着的山水画，使这件工艺品熠熠生辉。

图 2　日本景泰蓝七宝烧花瓶

“七宝烧”是日语中金属珐琅器的专用称谓。这种工艺已有几百年的历史。因其烧制工艺源自中国的景泰蓝，故被

誉为“日本的景泰蓝”。在日本，金、银、琉璃、水晶、白珊瑚、珍珠、玛瑙等七种材料常用于装饰佛教建筑，制作佛门圣物。这七种材料通称“七宝”。铜胎珐琅器晶莹瑰丽，有“七宝”的特征，故称“七宝烧”。与景泰蓝不同，日本七宝烧大多在器物正面做装饰纹样，主题突出，底子一般不再装饰繁褥的细纹，有独特的民族风格。日本七宝烧以其明灿莹润的釉色和精致美妙的图案著称于世，作为集传统文化与现代技术于一身的高档手工艺品，频频亮相于现代国际交往中日本馈赠外国领导人的国礼行列。

这件礼品通高（附木座）28.5 厘米，瓶高 25 厘米，腹围长 77 厘米，口径 13 厘米。

三、尼泊尔政府赠予我国的象牙制印度教庙宇模型

1955 年 7 月 26—30 日，中国和尼泊尔两国代表在尼泊尔首都加德满都举行谈判。中方代表是驻印度大使袁仲贤，尼方代表为首席皇家顾问萨达尔·甘吉曼·辛格。双方商定，在两国建立外交关系后，暂由各自驻印度大使兼任驻对方大使。8 月 1 日，中国和尼泊尔签署并发表联合公报，宣布中尼建立正常外交关系。在此期间，尼泊尔政府赠给我国这座象牙雕刻的印度教庙宇模型。

图 3　象牙制印度教庙宇模型

虽然尼泊尔的蓝毗尼是佛祖释迦牟尼的出生地，但该国受印度教影响很深，原因是尼泊尔曾属古印度。尼泊尔王国的居民 80% 以上信奉印度教，有许多印度教庙宇。其他居民信奉佛教、伊斯兰教，但他们和睦相处，很多人都到不同的庙宇中参拜。印度教也称“新婆罗门教”。公元四世纪前后婆罗门教（源于古印度吠陀教的一种宗教）吸收佛教、耆那教的某些教

义和印度各地民间信仰，至八、九世纪间经过商羯罗改革，逐渐形成现代印度教的雏形，基本教义与婆罗门教类同。后逐步形成毗湿奴教、湿婆教和性力派三大派别。

此模型是一座双重檐塔式庙宇，纵29.5厘米，横29.5厘米，高38厘米。这种造型在尼泊尔很多见，顶部有一支三股叉，应是印度教主神之一湿婆神的象征。底层四面都有台阶及狮子，狮子是印度教性力派女神之一难近母（湿婆神之妻雪山女神）的坐骑，这些都具有典型的印度教特点。印度教的湿婆神即毁灭之神、苦行之神、舞蹈之神，据说有极大的降魔能力。印度教认为湿婆神除了具有“毁灭”还有“再生”和“创造”的职能，在这里是否寓意着旧的中尼关系已经毁灭，而新的中尼关系则得到了“再生”和“创造”呢？三股叉是湿婆神手中拿的几件主要器具之一，用以降魔。作为印度教三大教派之一的性力派主要崇拜湿婆神之妻难近母等女神，认为这些女神的活动力（性力）是宇宙万有创造的根源。难近母也是具有降魔能力的女神，据说有八、十或十八只手，执各种兵器，骑狮降魔。该庙宇用众多切割成各种形状的象牙条片精密粘接而成，并雕有精美图案，工艺精湛，造型朴实庄重。每层四周都有铃铛，庙的顶部另有五塔，是吸收了佛教文化元素的表现。

四、尼泊尔独特的密宗礼品——坛城

另一件来自尼泊尔的礼品坛场也具有独特性。1956年7月，尼泊尔访华文化代表团团长巴·夏尔马送给毛泽东主席一件坛场(曼荼罗)。

坛场原本指印度密教修“密法”时为防止“魔众”侵入，在修法处画一圆圈或建一土坛，有时还在上面造佛、菩萨像，事毕像废。一般把画为圆形或方形的修法地方或坛场称为“曼荼罗”。坛场是意译，曼荼罗是音译，这件礼品就是根据密教人士修炼时的场景制作的。

图4　独特的密宗礼品——坛城

密教即密宗，是佛教的一个支派，也称“秘密教”“真言乘”“金刚乘”等。是七世纪以后由印度大乘佛教的部分派别与婆罗门教相结合的产物，以高度组织化的咒术、仪礼、民俗信仰为其特征。主要经典有《大日经》《金刚顶经》《苏悉地经》等。该派认为世界万物、佛和众生皆由地、水、火、风、空、识“六大”所造。该宗仪轨复杂，对设坛、供养、诵咒、灌顶（入教或传法仪式）等皆有严格规定，需经阿阇梨（导师）秘密传授。该派于唐代传入中国，西藏的喇嘛教就属于密宗。后又由中国传入日本，为“真言宗”。曼荼罗是密教独有的物品。曼荼罗的种类很多，每个佛都有曼荼罗的形象。

这件礼品纵 31 厘米，横 53 厘米，高 76 厘米。用众多宝石、珊瑚、绿松石镶嵌，饰以镂空镀金铜掐丝，内圈由镶嵌物构成精美图案，外圈配银质奇特工艺造型，中间有修炼者造型，顶为倒挂金钟，支架为足的造型，是一件独特的礼品。

五、柬埔寨的吴哥瑰宝——石雕佛像

1958 年 8 月 14 日—27 日，柬埔寨王国首相西哈努克亲王率国家代表团访问中国，把这尊 12 世纪中叶吴哥王朝末期的艺术风格石雕佛像赠给毛泽东主席。柬埔寨于 1958 年 7 月 19 日和我国建立外交了关系。西哈努克亲王长期致力于和中国的友好关系，是中国人民的老朋友，对中国怀有深厚的友谊。

图 5　吴哥瑰宝——石雕佛像

柬埔寨是一个信奉佛教的古老王国。吴哥古迹与埃及的金字塔、中国的万里长城和印度尼西亚的婆罗浮屠并称为“东方四大奇迹”。吴哥古迹是柬埔寨古都和著名的游览、考古胜地。坐落在暹粒省境内洞里萨湖（金边湖）北面。约建于公元 802 年，完成于 1201 年。主要包括大、小吴哥两地的吴哥城和吴哥寺，共有各式建筑物约600座，散布在约45平方公里的森林中。其中有许多佛寺和宝塔，嵯峨峥嵘，蔚为壮观。

这件礼品纵11.5厘米，横11.5厘米，高26厘米。佛像的雕工精巧细腻，通体光滑润泽，令人赏心悦目，突出地反映了高棉人民传统文化独有的神韵和雕刻者的高超技艺。这尊历尽沧桑的佛像选用优质石材雕刻，造型优美，头戴呈宝塔状的莲花样头饰，面含微笑，凝视着正下方，显出安详肃穆的神态。优雅的形象，稳重端庄，面部表情真实自然，栩栩如生，承载着古老艺术的神韵，不愧为世界艺术宝库中的珍品。铜牌上的字意思为“神像（十二世纪中叶吴哥末期的艺术风格），毛泽东主席惠存，柬埔寨王国诺罗敦·西哈努克赠”。

六、缅甸的镶花镏金船座竹琴

图6　镶花鎏金船座竹琴

1965年7月24日—8月1日，缅甸联邦革命委员会主席、部长会议主席吴奈温和夫人访华期间，送给毛泽东主席这件镶花镏金船座竹琴。

缅甸位于东南亚的最西部。1044年缅甸开始形成统一国家。1886年沦为英国殖民地。1948 年缅甸独立，建立缅甸联邦。1974 年改名 “缅甸联邦社会主义共和国”，1988 年又改称“缅甸联邦”。1950 年 6 月 8 日和我国建立外交关系，是继越南（1950 年 1 月 18 日）、印度尼西亚（1950 年 4 月 13 日）之后与我国建交的又一东南亚国家。

这件船座竹琴纵 48 厘米，横 137 厘米，高 67 厘米，是缅甸古老的打击乐器，构思别具一格，造型新颖别致，工艺精美。在华美典雅的船型座上，两条细绳穿连悬挂着由长至短的 24 枚竹片，可用乐槌敲击出 24 种音调，演奏出古朴典雅、悠扬悦耳的乐曲。船座竹琴木胎上髹以金漆，镶有大小数百颗多面形玻璃饰件，通体闪耀着金色的光芒，富有独特的缅甸民族传统风格，令人耳目一新。

七、印度尼西亚神秘的镶嵌宝石剑

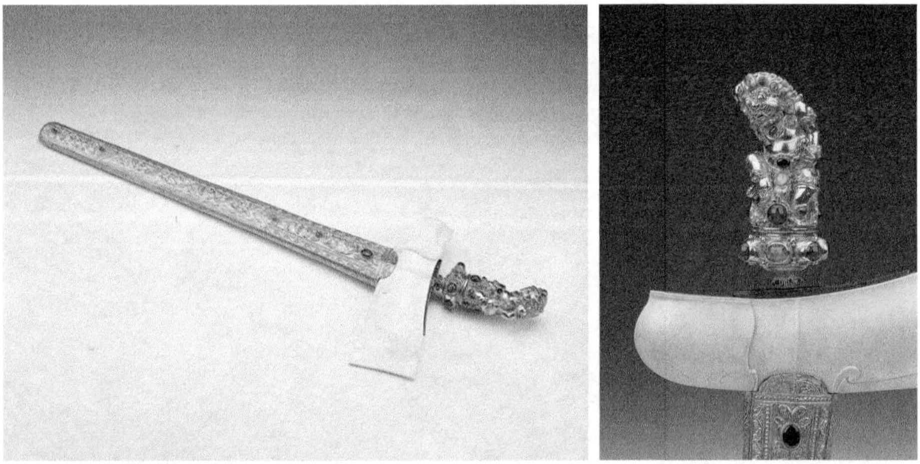

图 7　神秘的镶嵌宝石剑

1963 年 4 月 12 日—20 日，国家主席刘少奇访问印度尼西亚共和国期间，苏加诺总统赠给他这件镶嵌宝石剑。

印度尼西亚位于东南亚南端，是世界最大的群岛国家。1950 年 4 月 13 日和我国建立外交关系。苏加诺（1901—1970）是印度尼西亚共和国第一任总统（1945 年 8 月—1965 年 3 月在位），积极努力致力于和中国的友好关系，是中国人民的老朋友。他倡议召开亚非会议，1955 年主持召开了具有世界历史意义的万隆会议。

该剑全长68.5厘米，剑长62厘米，鞘长58厘米。鞘、柄镏金，配以象牙，并镶有各种宝石、钻石数十颗，给人十分华贵的感觉。更奇特的是，剑柄上有一人物造型，根据手指造型看似是佛教人物。苏加诺本人是伊斯兰信徒，为什么会送镶有佛教人物的礼品，确实耐人寻味。

八、泰国华丽高贵的凤船

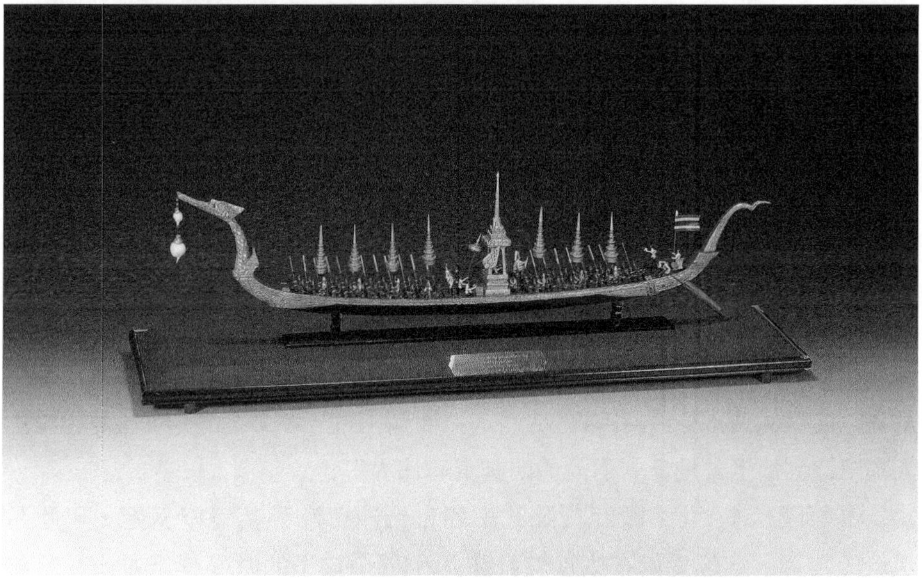

图8 泰国凤船

这件是1979年，泰国—中国友好协会赠给中华人民共和国中央军事委员会副主席邓小平的凤船。泰国是一个以佛教为国教的国家，1975年7月1日和我国建立外交关系。

这件礼品纵22.5厘米，横83厘米，高28厘米。泰国由于降雨量充沛，河流经常泛滥，船只就成为重要的交通和运输工具。此船造型为一只凤，通体镏金，给人华丽高贵的感觉，有塔尖、经幢装饰其上，体现了佛教的特点。此船两头尖且上翘，船体狭窄，共有22对桨，其中一对较大。这种造型的船运行速度快，是泰国常见的船只形状，有凤舟竞渡之感。

九、永恒面颊上的眼泪——泰姬陵石模型

图 9　泰姬陵石模型

1954 年 6 月，中华人民共和国政务院总理兼外交部长周恩来利用日内瓦会议休会之机，应邀访问印度共和国，印度阿格拉城赠给他这件泰姬陵石模型。

印度是世界四大文明古国之一。1950 年 4 月 1 日和我国建立外交关系，是最早和我国建交的南亚国家。泰姬陵位于印度北方邦西南部的古都阿格拉城，是印度的标志性名胜古迹，世界七大建筑奇迹之一，1983 年联合国教科文组织将泰姬陵作为文化遗产，列入《世界遗产名录》。泰姬陵是印度最美丽和圣洁的建筑，文化内涵深厚，历史悠久，驰名世界。印度大诗人泰戈尔称它是“永恒面颊上的一滴眼泪”，“凡是相爱的人都应该到那里去见证一下爱情的坚贞与伟大”。

泰姬陵是 17 世纪印度莫卧儿王朝皇帝沙贾汗为其爱妃泰姬・玛哈尔建造的陵墓。这位爱妃在为沙贾汗生第十五个孩子的时候死于难产，临终前，沙贾汗问她有什么要求，她提了三个要求，第一，你要好好抚养孩子，让他们长大成人；第二终身不再娶；第三为我建造一座人世间最美丽的陵墓。于是沙贾汗耗资 500 万卢比，用了 2 万名工匠，花了 22 年时间，完成了泰姬陵这座举世无双、古印度最具代表性的建筑。这座陵墓是伊斯兰风格的代表性建筑。据说沙贾汗想为自己建造一座陵墓和泰姬陵相连，以求和爱妃永世相守。但是后来他的长子篡位，把沙贾汗囚禁起来，愿望未能实现，沙贾汗只能每天遥望泰姬陵，最后寂寞悲惨地死去。他的第三个儿子将他安葬在泰姬陵的偏位上，使这对有情人终能长相厮守。

泰姬陵是印度工艺品制作的重要题材。这件礼品纵 31 厘米，横 31 厘米，高 34 厘米，根据泰姬陵原型仿造，极具真实感，很好地体现了伊斯兰建筑风格。

十、富丽堂皇的印度地毯

图 10　富丽堂皇的印度地毯

1974 年 6 月，印度共和国柯棣华大夫纪念委员会代表团团员柯棣尼斯小姐（柯棣华大夫的妹妹）访华时，赠给毛泽东主席这件印度地毯。

抗日战争时期，除了加拿大的白求恩大夫之外，还有一位外国著名医生为中华民族的解放事业献出了宝贵的生命，他就是印度的柯棣华大夫。柯棣华（Dwarkanath Kotnis），原名德瓦卡纳思·桑塔拉姆·柯棣尼斯，1910 年生于印度孟买。1938 年 8 月放弃报考英国皇家医学会的机会，随同印度援华医疗队到中国协助抗日。1939 年 1 月到延安。先后在延安和华北抗日根据地服务，任八路军医院外科主治医生。1942 年 7 月加入中国共产党。诺尔曼·白求恩大夫逝世后，柯棣华任白求恩国际和平医院院长。他辛勤工作，尽力抢救伤员，并注意培养中国的医疗人员。1942 年 12 月 9 日积劳成疾，在中国病逝。毛泽东主席为悼念柯棣华大夫，亲笔书写了一帧条幅："印度友人柯棣华大夫远道来华，援助抗日，在延安华北工作五年之久，医治伤员，积劳病逝，全军失一臂助，民族失一友人。柯棣华大夫的国际主义精神是我们永远不应该忘记的。"这帧条幅已成为柯棣华家族的传世珍品。

印度丝织物工艺举世闻名，毯子也是其中的一类。这块地毯纵 219 厘米，横 151 厘米，以金黄和紫色为底色，富丽堂皇，配以丰富多样的图案，更显得高雅华贵。

十一、对外援助的典范——“班厦”模型

图 11　斯里兰卡的“班厦”模型

这件是 1973 年 5 月，斯里兰卡共和国（今斯里兰卡民主社会主义共和国）总理班达拉奈克夫人送给周恩来总理的班达拉奈克国际会议大厦模型。底座纵 34.5 厘米，横 34.5 厘米，高 17.5 厘米。

斯里兰卡原称锡兰，1957 年 2 月 7 日和我国建立外交关系。班达拉奈克是斯里兰卡的著名政治家，二十世纪五十年代后期任该国总理。以他的名字命名的国际会议大厦是斯里兰卡的著名建筑之一，坐落在首都科伦坡，是由中国援建的，设计者是中国建筑设计研究院，所有建筑材料都从中国进口。班达拉奈克国际会议大厦简称“班厦”，是周恩来总理代表中国政府和人民赠送给斯里兰卡人民的礼物，是中斯两国人民友谊的象征。“班厦”为屋顶呈八角型的建筑，占地 40 英亩，建筑总面积 3.2 万多平方米，大厦主体建筑面积 1.8 万平方米。外墙均用玻璃镶嵌，内设有一个 1500 席座位的大会堂，配有 7 种语言的同声传译设备。主体建筑相当于 8 层楼高，厅顶直径 100 多米。大厦还包括供 90 多个代表团使用的办公室，6 个大小不同的会议厅以及电影厅和秘书处等部分，另有可供 540 人同时用餐的宴会厅。“班厦”被誉为中国对外援助的典范工程。1973 年 5 月，我国特使、徐向前副委员长赴斯里兰卡参加“纪念班达拉耐克国际会议大厦”揭幕典礼。“班厦”建成后，曾举行过不结盟国家首脑会议、南盟国家首脑会议

等大型国际会议和许多中小型国际会议。斯里兰卡官方和民间的许多重要活动，商贸博览会也常在这里举行。我国领导人李先念主席、李鹏总理、李瑞环政协主席和朱镕基总理访斯时均曾到“班厦”参观。

十二、山国瑰宝——镶青金石金项链

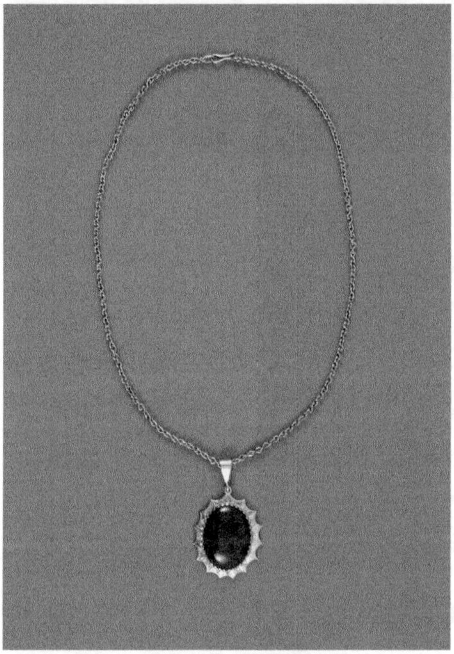

图 12　阿富汗的瑰宝镶青金石项链

1957 年 10 月 22 日—30 日，阿富汗王国（今阿富汗伊斯兰共和国）首相穆罕默德·达乌德应邀访华，在此期间赠给周恩来总理这件镶青金石金项链。

阿富汗于 1955 年 1 月 20 日和我国建立外交关系。青金石是罕见和贵重、神圣的玉石。因其磨光面上深蓝色背景中有闪亮的金星而得名。颜色从天蓝至深蓝色不等，艳丽的蓝色酷似蔚兰的天空，因而自古以来备受帝王喜爱，常随葬古代皇帝的坟墓中，象征“达升天之路”。青金石玉料是由青金石矿物组成，常含方解石、黄铁矿，有时出现少量透辉石等，在我国古代称为“琉璃”，不过和我们今天所说的琉璃不是一回事。阿富汗是青金石最主要的出产地。青金石在阿拉伯世界被视为瑰宝，在阿富汗更被誉为国石。阿富汗产的青金石玉料，其青金石矿物平均含量占 25%—40%。玉质呈独特的蓝色、深蓝、淡蓝及群青色，不透明，玻璃质油脂光泽，硬度 5.5，比重 2.7—2.9。色深蓝和浓而不黑者，称“青金”；深蓝和黄铁矿含量多于青金石矿物时，称“金格浪”；浅蓝色和含白色方解石（一般不含黄铁矿）者，称“催生石”（此名源于古人用作催生药之说）。

以青金石和黄金相配制作工艺品不仅华美异常，更显雍容高贵，属于最高规格的国礼。这件礼品链长 25.5 厘米，坠长 5.5 厘米。

1975 年 7 月，伊拉克副总统塔哈·毛希丁·马鲁夫率领伊拉克政府代

十三、民族精神的象征——金银椰枣树

表团访华时赠给毛泽东主席这件金银椰枣树。这件礼品纵 28 厘米，横 28 厘米，高 36 厘米。

图 13　伊拉克的金银椰枣树

伊拉克于 1956 年 8 月 25 日和我国建立外交关系。拥有悠久的历史，这里曾建立过古巴比伦和新巴比伦王国，阿拉伯帝国时期，巴格达曾是阿拉伯社会的政治经济和文化中心。椰枣树是伊拉克的国树，象征着伊拉克人民挺拔强劲的民族精神。伊拉克曾经是世界惟一的椰枣出口国，椰枣产量曾居世界之首。所以椰枣树在伊拉克被称为“绿色金子”， 伊拉克也因此被誉为“椰枣树之国”。此礼品树干为银，枣为金，立意独到，搭配合理，特别是树叶做工精致。

十四、伊朗的民族艺术瑰宝——波斯地毯

1975 年 5 月 19 日—21 日，伊朗王国国王巴列维的妹妹伊朗公主阿什

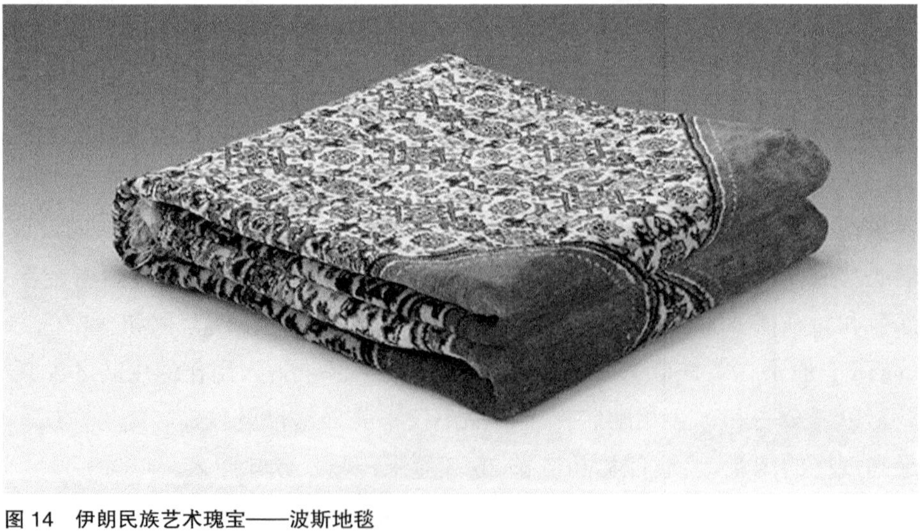

图 14　伊朗民族艺术瑰宝——波斯地毯

拉芙·巴列维访华，在此期间赠给周恩来总理这件波斯地毯。

伊朗的历史很悠久，古代称波斯，在中国历史上称“安息”，曾是古代世界第一个地跨欧、亚、非三大洲的国家。1971 年 8 月 16 日和我国建立外交关系。波斯地毯历史悠久，举世闻名。主要原料是毛、丝、棉。文质细腻、图案清晰、做工讲究、色彩稳定。波斯地毯集伊朗民族艺术之大成，是伊朗的民族艺术瑰宝。

此地毯纵 176 厘米，横 101 厘米。以黑、红、绿为主要底色，配以花卉、几何图案，属于传统构图法，构图繁密不留空隙，细小的纹样点缀其间，具有强烈的动感，工艺精美，为波斯地毯中的珍品。

十五、约旦贝雕——“和平”

图 15 约旦贝雕——“和平”

1955 年 7 月，约旦哈希姆王国参加第五届世界青年与学生和平友谊联欢节代表团赠给中国代表团这件“和平”贝雕。

约旦哈希姆王国位于亚洲西南部，西接死海，1977 年 4 月 7 日和我国建立外交关系。世界青年与学生和平友谊联欢节创立于 1947 年，两年举办一次，第五届于 1955 年 7—8 月在波兰华沙举行。

此贝雕直径21.3厘米，高3厘米，用整只贝壳雕刻制作，采用透雕镂空和浮雕两种技法刻制，由海面日出衬托飞鸽展翅，构思辽阔，意境悠远，刻工精致，传递出对永恒和平的祈盼。

十六、享誉阿拉伯世界的也门腰刀

图16　也门腰刀

1974年4月28日—5月9日，阿拉伯也门共和国（今属也门共和国）协商议会议长阿卜杜拉·本·侯塞因·阿赫马尔率团访问我国，在此期间赠给朱德委员长这件腰刀。

也门位于西亚阿拉伯半岛西南角，是古代阿拉伯文明的发源地之一。阿拉伯也门共和国即北也门，1956年9月24日和我国建立外交关系，1990年5月和南也门合并为也门共和国。也门腰刀是享誉阿拉伯世界的工艺品，其制作工艺已有1000多年的历史，原是防身自卫的武器和餐具，现已成为一种具有民族特色的装饰品。在也门，腰刀既是勇气和力量的象征，也含有吉祥、祈福的寓意，人们常用它馈赠亲友。这件礼品腰刀长37厘米，带长111厘米。为双面刃，尖略上挑；刀鞘外包牛皮，用金丝绣以精美繁花图案，钉在宽长牛皮背带上；牛皮背带上的图案为树叶、果实、文字等，结头处钉以花头银铆钉；刀柄以牛角制成，呈束腰型，两头为圆头银铆钉。整把腰刀制作精美，显示了也门工匠精湛的技艺。

刊载于《文物天地》，2008年第一期。

大力发展中国音乐类博物馆的思考

——兼谈近现代音乐文物及史料的搜集

一、发展音乐类博物馆

1、思考的缘起

为什么要大力发展中国音乐类博物馆？音乐是一门古老的艺术，我国的音乐历史也是非常悠久的。一部中国音乐史是中华民族追求美的奋斗史，尽管过程中有曲折并且在一定的历史时期掺杂了糟粕，但主流依然是非常值得通过博物馆加以记录和展示的。然而就我国蓬勃发展的博物馆事业看，音乐类的博物馆、纪念馆为数并不多。全国现有各类博物馆 2000 多家，仅北京就有 118 家（含公立、私立）。[①]其中包含综合类、历史类、人物类、艺术类（仅有视觉类）、专题类、科技类、军事类、遗址类等博物馆、纪念馆，上自国家级、市级，下至县级和区级博物馆都有，惟独没有音乐类博物馆、纪念馆，可见该领域的博物馆建设是一个薄弱环节，尽管中央音乐学院有一个著名古琴演奏家查阜西的纪念馆，但它只是一间面积仅三十平方米的展室，准确地说应称之为纪念室，并且是附属于图书馆，不能说是真正意义上的纪念馆。实际上北京现有著名古琴演奏大师管平湖的故居，完全有条件以此为切入点发展一些音乐类博物馆、纪念馆。

在许多国家尤其是欧美的发达国家都建有音乐类博物馆，著名的有巴黎音乐博物馆，莫斯科国立格林卡音乐博物馆，意大利国际音乐博物馆，布鲁塞尔乐器博物馆，纽约大都会博物馆乐器馆，维也纳音乐博物馆，瑞士巴塞尔音乐博物馆，英国利物浦的甲壳虫纪念馆，美国体验音乐计划博物馆、乡村音乐名人堂博物馆，加拿大音乐名人纪念馆，芬兰机械音乐博物馆，荷兰国家自动音乐博物馆，挪威音乐史博物馆，日本民音音乐博物馆、日本北海道音乐博物馆，古巴民族音乐博物馆等；音乐家纪念馆则有奥地利维也纳的贝多芬纪念馆、“费加罗之家”（莫扎特纪念馆）、海顿纪念馆、约翰·施特劳斯纪念馆、舒伯特纪念馆、舒伯特故居纪念馆，奥地利萨尔茨堡莫扎特出生地纪念馆、莫扎特故居纪念馆，奥地利圣弗洛里安的布鲁克纳纪念馆，德国波恩的贝多芬纪念馆、拜罗伊特的李斯特纪念馆、瓦格纳故居纪念馆、茨维考市的舒曼故居纪念馆、莱比锡的巴赫纪念馆和爱森那赫的巴赫故居纪念馆、哈雷的亨德尔故居纪念馆和亨德尔博物馆（哈雷音乐博物馆）、汉堡的勃拉姆斯纪念馆，波兰华沙的肖邦学会博物馆、热拉左瓦·沃拉的肖邦出生地纪念馆，芬兰赫尔辛基的西贝柳斯公园（纪念馆），俄罗斯克林的柴可夫斯基故居纪念馆、莫斯科柴可夫斯基音乐学院的鲁宾斯坦纪念馆、圣彼得堡和莫斯科的夏里亚宾故居纪念馆、莫斯科的斯克里亚宾纪念馆、圣彼得堡的里姆斯基·科萨科夫纪念馆、巴库的罗斯特罗波维奇纪念馆，法国圣安德烈山坡的柏辽兹纪念馆，巴黎的德彪西纪念馆，意大利鲁卡圣洛伦佐的普契尼之家、维亚雷焦的普契尼乡村别墅、威尼斯的罗西尼纪念馆、布塞托的威尔第出生地纪念馆、圣阿加塔的威尔第故居纪念馆、热那亚的帕格尼尼纪念馆，挪威特罗尔德豪根的格里格纪念馆，匈牙利雷定的李斯特出生地纪念馆、布达佩斯的巴尔托克纪念馆，捷克布拉格的斯美塔那故居纪念馆、德沃夏克纪念馆、尼拉霍柴维斯的德沃夏克出生地纪念馆，阿根廷的皮亚佐拉纪念馆等。

在祖国宝岛台湾也开办有台北爱乐暨梅哲音乐文化馆、魏锦源乐器博物馆、人类音乐馆等音乐类博物馆。其他国家和地区的音乐博物馆建设状况不太了解，本文不便举例。在这些博物馆、纪念馆里人们可以了解到音乐的发展与演变，音乐家的生平或传奇故事，或者可以聆听美妙动人的音乐作品，有的还定期举办音乐会。

作为一门古老的艺术，音乐自古至今都在人类社会中发挥着重要作用。在中国古代，上自宫廷下至民间，音乐都有着辉煌的发展成就，并且和异域音乐有过广泛的融合；在今天，音乐早就突破了自身的领域，结合到舞蹈、戏曲、广播、电影、电视、音像出版、网络等社会的诸多方面，而且是古今中外的音乐元素都在发挥着难以估量的作用。在古代，中国文人所崇尚的四项技能是“琴棋书画”，“琴”居于首位，可见音乐在古人心目中的地位；在今天，古琴依然是我国传统乐器群中的代表性乐器，其地位举足轻重。我国要大力发展音乐类博物馆是有很充足的条件的，这可以从两个方面来看：我国是一个有着悠久音乐文明发展历史的大国，又拥有丰富的音乐文物资源。河南舞阳发掘出的9000年前的贾湖骨笛就是重要的音乐文明的历史实物见证，其历史远早于文字文明，苏秉琦教授关于“中国文明从一万年前起步”[②]的断言是有根据的。而声乐的产生比乐器的产生更早，只是由于当时缺乏录音设备不能记录下最早的声乐作品罢了。经历了漫长岁月的演变和融合，现在的中国音乐领域已包含了世界各种音乐成分。尽管我国目前专门记录音乐发展状况的博物馆有上海音乐学院东方乐器博物馆、黑龙江省私立音乐博物馆、厦门鼓浪屿乐器博物馆、西安建筑科技大学音乐博物馆等，音乐家纪念馆有蔡文姬、朱载堉、弘一法师（李淑同）、冼星海、聂耳、刘半农兄弟、麦新、华彦钧（阿炳）、王洛宾、马思聪纪念馆等，但数量不能算多，更没有能够冠以“中国音乐博物馆”的实体博物馆，这与“历史悠久的音乐大国”的地位极不相称。作为四大文明古国之一的中国，是非常应该大力发展音乐类博物馆、纪念馆的，先不说中国古代的音乐产生之久远，涌现了不少著名的音乐家，如师旷、师涓、孔子、俞伯牙、韩娥、秦青、高渐离、李延年、蔡邕、蔡文姬、阮瑀、阮籍、阮咸、嵇康、苏祇婆、万宝常、李隆基、李龟年、白居易、姜夔、朱权、朱载堉等（他们仅是无数音乐家中最著名的）；也不说中国历史上的几次音乐大融合，单说中国近现代的音乐家就有数百位，春风文艺出版社1994年出版的《中国近现代音乐家传》就收入了自20世纪初以来对发展中国音乐事业做出重要贡献的音乐家314位，尽管还不全；而近现代中国音乐和世界音乐的融合程度也是历史上的音乐融合程度难以比拟的，无论是作曲法、乐器构成、乐器演奏、声乐演唱、还是新的音乐职业如指挥的产生、音乐教育、音乐行政及音乐出版都是如此，这是由近现代的中国和世界都发生了翻天覆地的变化这一现实所决定的。在这些音乐家中已故的有学堂乐歌时期的沈心工、曾志忞，中国近代音乐的奠基人、抗日救亡歌曲的首创者萧友梅，创作了著名救亡歌曲《抗敌歌》和《旗正飘飘》的黄自及其四大弟子刘雪庵、江定仙、贺绿汀、陈田鹤，中国第一个女歌唱家、声乐教育家、指挥家周淑安，著名音乐教育家和指挥家吴伯超，中国合唱运动的先驱、抗战中首创全国巡回演唱和千人大合唱方式、主编第一本海外版中英文对照《抗战歌曲集》、第一个正式将《义勇军行曲》译成英文的著名指挥家李抱忱，提出“用音乐艺术来振奋民族精神，达到抗日胜利的目的”主张的著名音乐家程懋筠，抗战中以《夜半歌声》和《义勇军进行曲》享誉歌坛的著名男高音歌唱家盛家伦，著名古琴演奏家管平湖，著名音乐史学家杨荫浏，抗战中创办《新音乐》、新中国音乐事业的奠基人之一、音乐评论家李凌（李绿永），中国当代著名音乐理论家、新中国专业音乐教育事业的开拓者赵沨，延安鲁迅艺术学院的创建人之一、著名作曲家、音乐理论家吕骥，著名女高音歌唱家张权和男高音歌唱家莫桂新，著名男低音歌唱艺术家、海外华人世界三巨星之一的斯义桂等都是值得纪念的。

这么多的音乐家当然不可能一一建立纪念馆，但如果组建一座中国音乐博物馆，把中国音乐的发展脉络展示给观众，起到社会性音乐美育的作用应是一桩善事。音乐界早有人呼吁建立有关博物馆，如著名军旅作曲家傅庚辰、原中国艺术研究院音乐研究所所长乔建中都曾有此举。李岚清在副总理任上时曾关注过此事，“2000 年的 9 月 13 日李副总理亲自视察后，进一步指出，音研所在中国乐器、音乐资料的收藏和音乐研究等方面都是一流的，可以在音研所的原址上扩建一个音乐博物馆。”③然而，时至今日，中国音乐博物馆仍是呼之未出。音乐界办此事如有困难，是否可以考虑和博物馆联合筹划？

2、发展音乐类博物馆的目的

从音乐产生的历史久远性、随着历史的变迁音乐融合的广泛性、国土的幅员辽阔、需要普及音乐美育的人口数量等方面综合考虑，我国是最有必要建立音乐类博物馆体系的国家。鉴于目前薄弱的状况，发展我国音乐类博物馆体系需达到以下几个目的：

（1）统筹兼顾，既要考虑整体性又要照顾个体情况，逐步建立较为完善的音乐类博物馆体系。

（2）高层次、高品位地向社会展示中国音乐发展历程的变迁、走向，让中外人士通过音乐领域的又一窗口加深对中国的了解；

（3）通过音乐类博物馆体系的发展完善，大幅度提高国民的音乐素养，促进和谐社会的建设。

这些目的是长远的而非短视的，需要扎实地做工作才能达到。

3、中国音乐博物馆馆址的选择。

筹建中国音乐博物馆是一项复杂的工程，有很多事情要做，其中选址问题是要首先解决的。音博的选址需要综合考虑几方面的条件：

（1）历史文化底蕴深厚，有悠久的文化积淀为依托，有广泛的人文氛围做背景；

（2）有较为雄厚的音乐文物资源便于利用，并可有效地聚集全国的资源共建音乐博物馆体系；

（3）经济相对发达又不过于商业化，交通方便以利于各界观众参观、学习、休闲。

具备上述条件的城市应是中国音乐博物馆的最佳候选城市，而该馆应成为中国音乐博物馆体系的龙头单位。

二、近现代音乐文物的搜集与整理

古代音乐文物的整理和研究工作已取得重大成就，由于音乐史工作者的努力，古代音乐文物已出版了多卷本的《中国音乐文物大系》，尽管还没出全，但这套大系收入了大量的古代音乐文物，有精细的研究成果，图文并茂，极为引人入胜，这些文物都存于各地文物收藏机构。反观近现代音乐文物这方面的工作还很落后，缺乏系统的搜集和研究，曾有音乐界的人士提议建立近现代音乐文物资料室，但没有受到重视。近现代音乐文物是中国音乐文物的重要组成部分，是古代音乐文物的历史性延续，缺少这部分文物将难以构建完整意义上的中国音乐博物馆和建设音乐博物馆体系。因而加强这部分文物的搜集和整理是很有必要的。

另以综合性艺术博物馆北京艺术博物馆为例：“北京艺术博物馆收藏各类古代艺术品 5 万余件，时代上起原始社会，下迄明清，尤以明清时期作品为佳。藏品门类广泛，主要包括历代书法、绘画、碑帖、名人书札、宫廷织绣、官窑瓷器、古代家具、历代钱币及玺印等，其他如青铜器、玉石器、竹木牙角器、佛造像、鼻烟壶等，不胜枚举。除中国古代艺术品外，馆内还收藏有齐白石、张大千、徐悲鸿等现代大师的传世之作。”④从文字中丝毫看不出音乐文物收藏的痕迹，说明该馆音乐文物的收藏是很薄弱的。古代音乐文物的收藏状况尚且如此，近现代音乐文物的收藏情况就更可想而知了。

基于上述情况，在全国范围内进行一次近现代音乐文物的普查实属必要，如前所述，众多的音乐工作者在翻天覆地的社会变革中从事了大量的音乐活动，留下的音乐文物应该是为数不少的，它们既是中国近现代社会历史大变迁的真实见证，又是组建中国音乐博物馆和构建音乐博物馆体系的先决条件。此外，按正常逻辑分析，全国各地的文物收藏机构、社会的部分领域中的一些机构单位以及某些个人都会藏有音乐文物，比如，中国艺术研究院音乐研究所就现存有两千多件珍贵乐器，因此，只要加大工作力度就有可能对音乐文物进行整合，为筹建中国音乐博物馆和营造音乐博物馆体系打下重要的物质基础。

筹建中国音乐博物馆和营造音乐博物馆体系是具有悠久音乐历史之大国的需要，是提高全民族音乐素养的需要，是传承中国优秀音乐文化的需要，是中外音乐文化进一步交流的需要，也是创建文明社会的需要，所以，尽快和扎实地进行这项工作是很有意义的。中华民族是有着海纳百川般胸怀的民族，这一点在音乐领域也应得到充分的体现。

注释：

① 见“北京文物局网站”之“北京市注册博物馆名单”。

② 引自刘再生：《中国古代音乐史简述》修订版第 3 页，人民音乐出版社 2006 年 5 月第二版。

③ 摘自《今日艺术》2000 年第 12 期，转引自中国新闻网。

④ 摘自北京艺术博物馆网站。

此文撰写于 2008 年 2 月，后经修改以《给音乐文物一个家》为题发表于光明日报。

《博物馆学通论》回眸兼及儿童博物馆

1936年7月，我国第一部博物馆学专著《博物馆学通论》问世，它属于上海博物馆丛书甲类第一种，其作者是著名博物馆学家陈端志，曾任该馆总务部主任。今年是该书出版发行70周年，著文以示纪念是应该和有意义的，也是后学应尽的义务。上个世纪30年代前期中国社会处于动荡不安之中，特别是日寇入侵的日益加剧，造成国家危难进一步加深，同时我国的博物馆事业还只是初兴阶段，博物馆的数量和创办经验还不是很多，考虑到这些具体情况，一部厚270页和字数约16万字的学术论著，应该说是填补国内博物馆学术空白的力作，同时说明即使在祖国面临灾难的时候，仍有一批怀抱炽烈爱国热情的博物馆工作者在默默无闻、脚踏实地地为发展我国的博物馆事业辛勤地工作着，其中凸显出可敬的赤子情怀！

该书出版于国家的忧患时期，其序由著名博物馆学家胡肇椿撰写，他在序中写到："博物馆事业在欧美自发轫以来，于兹不过百余年，其间改进之亟锐，迈往之可惊，稍涉足于柏林伦敦巴黎纽约各大都市以迄穷乡僻壤间，其博物馆无问规模之宏陋，靡不活跃于民众智识之普遍，与高深研究之策进；其影响于国家之隆替，民族之兴靡，夫岂偶然！……而博物馆事业为普及教育和提高民族意识、增进研究精神之要途，提倡之责，要不容懈。"[①]表明了当时博物馆人的社会责任感。而书的作者陈端志在自序中也谦虚地阐述了撰写初衷："研究博物馆的书籍，欧美各国，几于汗牛充栋。其在吾国，除若干种品目刊物及偶或散见于报章杂志的论文外，尚无较有系统的专书。端志有鉴于此，爰根据吾国实际的需求，更参考各国博物馆学名著，作成是书。在简略浅陋的一本通论中，原说不上什么贡献；惟在国内博物馆事业正在勃发的时候，而出版界又无此种书籍刊印，则本书的出版，视为吾国博物馆学的一个前哨也可。”[②]正是基于这种认识，经过执着的努力，浸透着博物馆界前辈心血的《博物馆学通论》才得以在抗日战争全面爆发前一年与读者见面，实属万幸。

该书由十八个章节和两个附录组成，并配有中国、美国、英国、德国、意大利、瑞典、荷兰、比利时、日本、新加波等10个国家28个博物馆的40张照片，现在看来这些照片都是很珍贵的。十八个章节和附录分别是：概论、博物馆的演进、我国博物馆事业之发轫、博物馆的种类和效能、中央及地方博物馆、户外博物馆、教育博物馆（上）、教育博物馆（下）、动植物园及水族馆、博物馆的搜集和整理、博物馆的制作和修理、博物馆的陈列、博物馆的说明、博物馆的利用、博物馆宣传、馆舍建筑的改进、陈列器具的设计、工作人员的养成、我国现有博物馆一览、本书主要参考书。各章节含有数量不一的专题，由此可以看出该书结构严谨，内容丰富，是一部很正规、很严肃并有相当高水平的学术专著。从该书撰写的主要参考书目（共39种，其中国内出版的书8种，日文书2种，日文译著8种，西文书21种）可以看出，这本论著是下了一翻工夫、花费了不少心血才成书的，在当时的条件下实属不易。本书论述的范围除包括自然、社会两大类型的博物馆外，还论及了博物馆中的各方面工作。该书的另一特点是介绍和论述相结合，既旁征博引，又有作者自己的见解，通俗易懂，这对于在当时的中国社会传播博物馆知识是大有裨益的，因为当时多数的中国人对博物馆还了解不多也不太关心。该书涉及的一些博物馆学理论至今还在沿用，有些观点现在看来已经落后，但在当时还是很有一些积极意义和作用的，而书中谈到的一些问题今天还存在，而且做的还不是很好，本文只谈一个问题，即儿童博物馆问题。

作者在《博物馆学通论》的第七章“教育博物馆（上）”中介绍和分析了儿童博物馆，把儿童博物馆归入教育类型的博物馆，很显然，作者是非常注重对儿童的教育的，博物馆教育从娃娃抓起的思维内涵是显而易见的，这一点从根本上说是正确的，当时发达国家的儿童博物馆教育也是这么做的，在中国社会动荡的环境下能借鉴外国的先进经验确是有远见的，尽管当时的中国还没有儿童博物馆，这一点从书后的附录《我国现有博物馆一览》（含 71 家博物馆）可以看出，这是当时的社会条件决定的。作者在书中介绍了两种类型的博物馆，一种是"搜集研究儿童所必要的资料而设立的博物馆"，这种博物馆"比较的还不多见；不过这种博物馆搜集研究儿童身心发育的必要资料，以及关于研究儿童比较上重要的人类学的资料，及儿童之养护与教育方法等的参考资料。因此，它必须搜集广泛围的参考品，如从儿童由其本能而制成的图画及手工品起，以至各民族的儿童服饰、玩具、儿童用品、学校用品、教具、校具及家庭学校中儿童的制作品等。"③另一种是"以直接教育儿童为目的的博物馆"，这种博物馆"则需置备为教育儿童而使用的搜集品，施行幻灯及电影等设备，设置特别的指导者，以教育儿童。这种儿童博物馆有设于普通之博物馆的一部的儿童室（Children' s Room）和独立的儿童博物馆（Children' s Museum）或少年博物馆（Junior Museum）稍有不同。"④这种儿童博物馆是多数。除了介绍儿童博物馆的类型外，作者还进一步阐述了儿童博物馆的利用情况也大体有两种："第一种是在学校的正课时间内，由教师将一学级的儿童，一起领到博物馆去；或将博物馆置备的物品，借到学校里来使用。而博物馆方面，为适应这种要求，需设置担任说明指导的职员，设立使用幻灯和电影的教师和讲堂，并且要置备贷出学校的物品。"⑤而"另一种方法，是欢迎儿童在学校的休假日及放课后任意到博物馆里来观览，施行个别的或小组的教育。那么，在博物馆方面，为适应这种要求，需在馆内设置儿童室，设置特别的指导者。"⑥通过这些介绍和描述，作者把当时欧美儿童博物馆的大致状况展示给读者。随后，作者具体介绍了世界上第一个儿童博物馆——创立于 1899 年的纽约布鲁克林儿童博物馆（书中做布尔克林儿童博物馆）。

作者通过叙述布鲁克林儿童博物馆的布景场面、陈列展品、活动设施以及供少年儿童阅览的数千册各种知识的书籍，把当时世界上先进的儿童博物馆展示在读者面前，实际上布鲁克林儿童博物馆在今天依然是世界上先进的儿童博物馆之一。"寓教于乐"四个字尽管没有出现在书中的文字里，读者却仍能真切地感受到发达国家的儿童博物馆教育是适应了少年儿童的特点进行的，而不是牵强附会的灌输，确实是因材施教，也的确达到了博物馆教育作为学校教育的延伸和扩展的目的。另外，作者虽然仅仅介绍了一座儿童博物馆，但依然认识到，“各国于儿童博物馆设施的努力，和儿童博物馆教育的功效，已是不言而喻。”而“博物馆的社会教育的范围甚广，博物馆对社会教育应负的责任自很重要，各国博物馆现今所已施行的，其范围究竟还是很小，还留下广大的地域给我们后起者来开拓呢！”⑦字里行间不正表露出文博界的先辈对我国儿童博物馆教育事业兴旺发达的深切期望吗？

七十年过去了，我国的博物馆事业有了极大的发展，当然是令人鼓舞的事情，仅北京一地的博物馆数量就超过了1936年全国的博物馆数量，但是也必须看到，我国的儿童博物馆事业还很落后，是全国博物馆建设规划中的弱项，数量还很少，种类也比较单调。不过一个可喜的现象已经出现了，那就是中国国家博物馆在筹建新馆的时候，考虑到了在馆内开辟一个儿童展厅，并已开始筹划。儿童展厅是中国国家博物馆在筹建新馆过程中的一个新内容，是该馆工作中的新课题，表明该馆将以新的形象出现在公众面前，应该会引起世人的关注。但愿在新的世纪里，能以国家博物馆为龙头，在全国各大、中城市陆续建立相应的儿童博物馆，形成规模，使我国的博物馆事业增添更多的新内容。在最高文化殿堂中给予儿童一席之地，于我国是史无前例的，是国家博物馆的创新举措。它的实施主要依据以下现实情况：

1、中国是世界上人口最多的国家，同时也拥有世界上最大的少年儿童群体。按国际惯例的共识，少年儿童指0—17岁的未成年人。以此为标准，我国现有少年儿童3亿多人（2000年时，14岁以下儿童就已达2.9亿），比美国的总人口还多，但儿童博物馆教育则比美国差的太远，整体水平落后太多，实在令人汗颜。

2、在发达国家，大多都在国立博物馆或知名博物馆内设有儿童展厅或儿童博物馆，也有独立的儿童博物馆。这项工作最突出的首推美国，世界上第一家儿童博物馆——布鲁克林儿童博物馆诞生在美国，而不是历史比之悠久的多的欧洲各国，足见美国对儿童博物馆教育的重视，可谓是后来居上。至今，美国的许多大、中城市都有儿童博物馆，有的城市还不止一家，例如纽约有三家儿童博物馆，华盛顿有两家儿童博物馆，它们均以寓教于乐为主旨，有的纯粹是让孩子们自由玩耍，有的则安排不同的知识启蒙游戏，有的通过艺术、科技、历史和民族等内容来启发儿童的想象力和创造力，各式各样，多姿多彩。儿童博物馆教育在美国的普及程度有目共睹，这些博物馆是儿童的世界，用一位美国儿童博物馆管理人员的话说，就是“孩子们在这里将学会管理世界。”这些博物馆早在上个世纪三十年代就已有了雄厚的基础，实际上正如陈端志在《博物馆学通论》中提到的那样。

仅就以上两方面的现实比较，在我国真正适合儿童特点的博物馆实在是太少了。以北京为例，仅有一座规模不大的宋庆龄儿童科技馆（位于世纪坛附近），而中国科学技术馆严格地说不是纯粹面向儿童的，至少从馆名上看也是如此。另外，比较有名的主要是上海的宋庆龄儿童博物馆，内容也是科技性的，形式上显得过于单调，和我国的少年儿童的人口数量相比，简直是太不相称了！改革开放已二十多年了，这样大的差距，本应早就引起我们的注意，现在有的只是遗憾，但作为有责任心的文博工作者不应让遗憾留存太久，而应急起直追，赶超世界先进水平。知耻而后勇是我们应具备的精神。

除了学校，中国的少年儿童鲜有可以去的以他们为对象的博物馆，何谈遨游知识的海洋？课业负担过重已是谈论多年的话题，减负至今依然没有见到实效，也使少年儿童少有时间到轻松的博物馆环境中去徜徉，去休闲，去享受宽松环境下的学习，这是当今中国少年儿童社会中亟待解决的重大问题。这一点应引起我国成人社会的足够重视和关注，而重视和关注则是根本改变我国儿童博物馆教育落后现状的首要条件。宋庆龄女士是了不起的，是有远见的，但仅由她倡导和实践中国的儿童博物馆教育事业，是不够的和不公平的，全社会都有责任为此尽自己的一份义务，而不是仅仅注重赚钱。物质文明发达了，精神文明也需要相应提高。明确学校、书本是学习，到博物馆也是学习这一国际上盛行的理念是非常重要的。少年儿童不仅是祖国的花朵，更重要的是，他们是祖国的未来。鲜艳的花朵固然可爱，但如果培育、呵护不当，也会过早凋零、枯萎。儿童博物馆应和素质教育相结合，吸引更多的少年儿童到博物馆来，使他们拥有更多知识，这样才有望使未来的中国人成为富于创新意识和能力的强大群体。

发展儿童博物馆就要切实地考虑少年儿童的生理和心理特点，要根据他们好动、好奇、想象力丰富的本性去运作，设身处地地为他们着想，而不是单纯地从成人的主观愿望出发，才能力求把儿童博物馆造就成他们的乐园而非说教的场所。爱国主义教育的内涵是深广的，而不能只取单一形式，儿童博物馆应多角度、多方位、多层次地开发儿童的智力，使之生活得更加绚烂多彩，让他们摆脱成天为题海所困（中学生尤甚）的窘境，摒弃生活的单调乏味。寓教于乐是创办儿童博物馆必须遵循的原则，背离这个原则，不可能办成好的博物馆，不会成就出色的儿童乐园。

一个国家，特别是像我们这样一个拥有世界上最大少年儿童群体的国家，一个民族，特别是像我们这样一个正在努力实现伟大复兴的民族，不仅仅是应该，而是非常必须把大规模发展儿童博物馆教育事业尽快提上议事日程，在各大、中城市陆续建立符合少年儿童需要的博物馆，使之成为幼儿园、学校教育的延伸，让少年儿童接触更为丰富多彩的世界，令其身心更健全的成长。把发展儿童博物馆教育视为一项事业去抓、去建设，而不是可有可无的事情，是我们必须明确的。扎扎实实地把这件事情做好，培养一代又一代知识丰富，身心健全的接班人，是我们义不容辞的责任，使少年儿童置身于更广阔的知识海洋中，生活得更心情舒畅，才更有可能令其感受到知识的重要，生活的美好，祖国的可爱。我国的儿童博物馆教育事业应在二十一世纪有一个大发展，大提升，为复兴民族、强大国家做出贡献。

少年儿童是一个特殊的群体，他们有权拥有自己的活动天地，但他们又是弱小的，不具有为自己创造完美空间的能力，因而需要国家、政府、成人社会为他们营造适合他们的氛围。儿童博物馆最大的特点就是变单调的被动灌输式教育为丰富多彩的主动互动式教育，使孩子们可以随心所欲地各取所需，汲取最适合他们的知识。

大规模地创办儿童博物馆，应以建设大文化事业的思维方式去指导和构筑其社会体系，这个体系应是既有中国文化特色又具有世界一流水平的，要做到这一点，有必要立足于本国国情，同时向发达国家学习，借鉴有关经验，不妨走出去好好看一看，好好研究一下人家的思路，把人家真正先进的东西学到手，取其之长，补己之短，放眼未来，力求创新，而不要总是习惯于闭门造车，孤芳自赏。也不是走马观花，不求甚解，泛泛而观。

大力发展儿童博物馆教育事业，应成为我国博物馆建设战略规划的一个重要组成部分，全社会都来关心这件事，就必定会结出丰硕成果。让先辈的梦想早日成为现实吧！让我国的少年儿童拥有更多的、真正属于他们自己乐园的那一天早日到来吧！

注释：

① 胡肇椿《序》，陈端志编著：《博物馆学通论》，上海博物馆发行，1936年7月，第1页。

② 陈端志《自序》，陈端志编著：《博物馆学通论》，上海博物馆发行，1936年7月，第1页。

③ 陈端志编著：《博物馆学通论》，上海博物馆发行，1936年7月，第83页。

④ 同上，第83–84页。

⑤ 同上，第84页。

⑥ 同上，第84页。

⑦ 同上，第89–90、91页。

本文撰写于国家博物馆筹建初期，笔者曾被委托筹办国博内的儿童展厅，后因情况变化，本文未能发表。

从国际礼品看大文化理念在博物馆的运用

以馆藏国际礼品为主题的展览《异国瑰宝传友谊——中国国家博物馆馆藏国际礼品展》于 2006 年 11 月 10 日起在中国国家博物馆展出，这是第二次以同一主题展出国际礼品，第一次是在 1993 年，当时是以中国革命博物馆的名义展出的。时隔 13 年，再次推出同一主题的展览，有几个方面的不同，如展品一少〔礼品 100 多件（套）〕一多〔礼品 260 件（套）〕；文字说明一简（只有最基本的展品说明，对文物的考证很有限，也没有讲解）一繁（对文物进行了在现有条件下尽可能多的考证，除了基本的展品说明外，还增加了对展品的描述性说明，因故后仅用于相关图集，而且写了大量的讲解词可供讲解）；展览形式一粗（只是比较简单的摆放，没有刻意追求形式）一精（除精心制作了相应的景观外，还配有多媒体等互动设施，并运用了一些科技辅助手段，以及播放音像资料片等），另外，还编辑出版了与展览配套的图集，这一点有利于让社会长期了解国家博物馆的部分藏品状况，也有利于社会上的有志者参与到文物研究的行列中来。因此，可以说，新的展览是在新的时期、新的环境、新的条件下以新的思路、基于新的起点进行的一次新的尝试，具有新的形象，呈现了新的面貌，达到了新的高度。创新才有生命力。

从宽的方面看，国际礼品是近现代文物的一部分，从窄的方面看，国际礼品是革命文物的一部分，但又不能简单地等同于其他的革命文物，它们不是急风暴雨式的革命斗争的产物，而是和平建设时期我国政府领导人以及各行各业对外交往时的产物。国际礼品是新中国成立后外交成果的见证物，是外交事业发展过程中的副产品，除了具有政治意义外，还具有友谊成分在内，当然是政治氛围里的友谊。此外，国际礼品还具有一般革命文物所没有的特点，即国际礼品绝大部分是工艺品，具有较强的艺术性、观赏性，也有一定的经济价值。所有这些也还不能全面反映国际礼品的情况，国际礼品还有一个不可忽视的方面就是它们包含了非常丰富的文化信息，因为它们来自世界各地，分属不同国家，涉及许多民族，地域文化复杂多样，它们所包含的信息遍及了众多人文领域和自然领域的学科。遗憾的是，由于历史的原因，国家博物馆收藏的国际礼品数量有限，而且主要是二十世纪七十年代以前第一代国家领导人毛泽东、刘少奇、周恩来、朱德等的礼品，不过珍贵性是不言而喻的。尽管数量有限，但是所包含的信息量仍是相当巨大的，因而就引发了博物馆是否应该和能否以大文化理念运作的话题，答案是肯定的，博物馆收藏的藏品本身拥有的各种文化信息就是博物馆进行大文化理念运作的坚实基础，这一点仅在国际礼品方面就已体现的很突出。

什么是大文化？大文化就是全部的文化，是全部文化的通俗性称谓，必然包括文化的方方面面，而不是局部的或某个、某几个方面。以大文化的理念指导博物馆的工作，就要求博物馆工作人员学会拓宽思维，开阔视野，多角度、全方位地审视文物的文化内涵及其价值，由此带动其他相关的博物馆工作，如文物征集、文物保护、陈列展览、社会教育、博物馆管理、图书资料的收藏等，进而形成博物馆大文化理念运作的框架及氛围。可以说，大文化不仅是一种理念，也应是博物馆的一种工作模式，它是围绕着每件博物馆收藏的文物进行的，而不管体量大小，级别高低。在文物工作的各个环节上都根据大文化的思维理念进行，小自一件文物，大到所有文物，把跟文物有关的所有属性、情节、表征、积淀都加以考察，尽可能全面地弄清楚文物的来龙去脉、信息内涵，无一遗漏。

以国博的馆藏国际礼品展为例，展览是在国博资料室全面关闭、资料很难查找的情况下筹备的，尽管筹展时购买了一批相关书籍，但仍嫌不够用，“书到用时方恨少”的感觉十分突出，特别是在撰写文物说明和展览讲解词的过程中，由于这批展品的信息含量太丰富，过去重视不够，只做了一些最基础的工作，没有很好地研究文物所包含的各种信息，因此筹展人员下了很大的工夫才基本完成了筹展及出版配套图集工作的任务，但仍有一些不尽如人意之处，不过，这次筹展应该说是在大文化理念的模式下进行的一次有益的尝试。为了更好地表述大文化理念的含义，有必要对一些展品进行分析，基于篇幅所限，国际礼品的内含信息之丰富难以一一表述，姑且从笔者负责的亚洲部分（本次展出了72件套礼品）举一些比较典型的例子说明相关问题。

1、1961年7月，朝鲜领导人金日成率领朝鲜党政代表团访华时赠给周恩来的白瓷千里马。

高16.2厘米

瓷，有釉

这件礼品在造型上有展翅腾飞，勇敢奋进的特点，是仿照矗立在朝鲜首都平壤万寿台丘岗上的展翅腾飞的千里马铜雕制造的。尽管在工艺上没有特别精美之处，不过却涉及了上个世纪五十年代朝鲜战争结束后，在金日成的倡导下，朝鲜人民在朝鲜劳动党的领导下开展的医治战争创伤，建设国家的千里马运动，朝鲜的这段历史今天已基本上被人淡忘，但却在朝鲜现代史上占有重要地位，而且这一运动造就了“千里马精神”。

这件礼品涉及了朝鲜战争及朝鲜千里马的来历等历史知识。还有瓷是朝鲜什么地方的瓷？有什么特点？都是需要解决的。

2、1954年8月，在参加日内瓦会议后返国途中，周恩来率领中国代表团访问蒙古，蒙古大人民呼拉尔主席团主席桑布向周恩来赠送的金马奶碗。

口径11.5　高5厘米

金、木

马是蒙古民族生活中很重要的牲畜，蒙古族有 “马背上的民族”之称，马奶是蒙古人民的日常饮用品，用包金和透雕镂空工艺制作的马奶碗，体现了礼品的高贵和典雅，碗底还镌有一只精美的蒙古族心目中的吉祥鸟——金凤凰，为礼品更增添了几分华贵。

这件礼品涉及了蒙古大人民呼拉尔、蒙古民族的生活习俗、民俗、金器工艺、材质（碗的木胎是什么木？金是多少K金？重多少盎司？）等方面的知识。

3、1953年4月，日本国神户市亚细亚航运株式会社代表团访华时赠给毛泽东的七宝烧花瓶。

通高 28.5 厘米　瓶高 24.6 厘米　腹围长 77 厘米　口径 13 厘米

瓷、珐琅、铜

七宝烧是日语中金属珐琅器的专用称谓。这种工艺已有 500 多年的历史。在日本，金、银、琉璃、水晶、白珊瑚、珍珠、玛瑙等七种材料常用于装饰佛教建筑，制作佛门圣物。这七种材料通称“七宝”。铜胎珐琅器晶莹瑰丽，有“七宝”制品的特征，故称“七宝烧”。日本七宝烧大多在器物正面做装饰纹样，主题突出，底子一般不再饰繁褥的细纹，有独特的民族风格。日本七宝烧，以其明灿莹润的釉色和精致美妙的图案著称于世，作为集传统文化与现代技术于一身的高档手工艺品，频频亮相于现代国际交往中日本馈赠外国领导人的国礼行列。

这件礼品是为了纪念中日航运开通赠送的，但这方面的材料目前还未查到，而且亚细亚航运株式会社的存在年限不祥，现在是否还存在也不得而知。礼品涉及了七宝烧简史、七宝和佛教建筑及圣物的关系、工艺制作及特点等知识。还有瓷（哪种日本瓷）、珐琅（哪一类？）、铜（什么铜？）等材质知识。

4、1975 年 6 月，菲律宾总统马科斯夫妇访华时赠给毛泽东的贝壳镶边镜。

高 111 厘米　宽 80 厘米

贝壳、玻璃、水银

这件礼品用海洋贝类的贝壳做装饰，将众多的贝壳粘接在玻璃镜的周围，构思新颖，立意独特，充满了岛国气息，仿佛把我们带入了变化万千的、神秘的海洋生态环境。

这件礼品涉及了菲律宾的地理特点、海洋生物学等知识。但是贝壳的数量至今仍未统计，都有哪些贝类也未弄清楚（必须请教专业海洋生物学人士才能解决）。

遗憾的是出于安全的考虑，此礼品未展出，仅展出了同为菲律宾总统马科斯夫妇访华时赠给朱德的菲律宾古代神话故事木刻画《人的诞生》。

纵 60 厘米　横 159.3 厘米　厚 6.5 厘米

木

这幅木刻画是根据菲律宾神话传说中上帝造人的故事创作的，故事讲的是在一次神之间的战争以化干戈为玉帛的方式结束后，为了纪念此事，上帝在海边种了一棵竹子，不久，竹子里有一男一女两个人破竹而出，上帝给男人起名为“勇敢”，给女人起名为“美丽”，他们就是菲律宾人最早的祖先。这个神话故事体现了菲律宾文化的独特性。而木刻画本身则以流畅的刀法所刻划出的粗犷线条构成了动人的画面，不加任何色彩的原木色尽显原始般的古朴。但画作所用之木还未鉴定出是何种木料。

5、1965 年 7 月，缅甸联邦革命委员会主席、部长会议主席吴奈温和夫人访华时，赠给毛泽东的镶花镏金船座竹琴。

长 137 厘米　高 67 厘米

竹、木、玻璃、镏金

这是缅甸古老的打击乐器，在华美典雅的船型座上，两条细绳穿连悬挂着由长至短的 24 枚竹片，可用乐槌敲击出 24 种音调，演奏出古朴典雅、悠扬悦耳的乐曲。船座竹琴木胎上髹以金漆，镶有大小数百颗多面形玻璃饰件，通体闪耀着金色的宝光，富有缅甸民族传统风格，又体现出缅甸工匠的高超技艺。

这件礼品涉及了缅甸乐器、工艺制作方面的知识。还有竹、木、玻璃的品种也有必要搞清。

6、1963 年 4 月，印度尼西亚总统苏加诺赠给应邀到访的刘少奇的镶嵌宝石剑。

全长 68.5 厘米　剑长 61.5 厘米　鞘长 55 厘米

钢、宝石、象牙

这件礼品的剑鞘、柄镏金，镶有各种宝石、钻石数十颗，给人十分华贵的感觉。更奇特的是，剑柄上有一人物造型，根据类似佛教手印的特征考查，应是佛教人物形象。但根据《世界知识大辞典》“苏加诺”条，说苏加诺是伊斯兰教徒，为什么他会考虑赠送带有异教人物形象的礼品，实在令人费解。

这件礼品涉及了工艺、材质和宗教方面的知识。此外，如果确实是佛教手印造型，那么，这一造型寓意如何也是需要考证的。还有，宝石每颗重多少克拉，总重多少克拉？能否确证难度是很大的。钻石是否为南非钻石？也应该搞清楚。

7、2001年8—9月， 文莱达鲁萨兰国无任所大使玛斯娜公主应邀来华访问时赠给钱其琛的錾花银锣。

长12厘米　宽58厘米　高14厘米

银

这件礼品是文莱天布朗地区伊班族的民族乐器的仿制品，常用于婚嫁、节日等喜事、庆典之时，原质地为铜质。“文莱”是马来语“植物”的意思，“达鲁萨兰”是伊斯兰宗教词语，意为“和平之地、安乐世界”。“无任所大使”指具有大使资格和身份但没有具体派驻国的官员。

这件礼品除涉及工艺知识外，还涉及文莱国名的含义（包含语言学、宗教两方面），外交专有名词和民族乐器名称等知识。

8、1979年，泰国泰中友好协会赠给邓小平的凤船。

长83厘米　宽22.5厘米　高28厘米

木、有机玻璃

泰国由于降雨量充沛，河流经常泛滥，船只就成为重要的交通和运输工具。此船造型为一只凤，通体镏金，给人华丽高贵的感觉，有塔尖、经幢装饰其上，体现了佛教的特点。此船两头尖且上翘，船体狭窄，共有22对桨，其中一对较大，运行速度快，是泰国常见的船只形状。

这件礼品除工艺外，还涉及了泰国的气候，船的特点、宗教等知识。此外，造船的木料是什么木还有待鉴定。

9、1958年8月，柬埔寨王国首相西哈努克亲王访华时赠给毛泽东的石雕佛像。

长10厘米　宽10厘米　高26厘米

石

柬埔寨是一个信奉佛教的古老王国。柬埔寨王国首相西哈努克亲王访华时，把这尊12世纪中叶吴哥王朝末期艺术风格的石雕佛像赠给毛泽东。这尊历尽沧桑的佛像雕塑，造型优美，头戴呈宝塔状的莲花样头饰，面含微笑，凝视着正下方，显出安详、肃穆的神态。优雅的形象，稳重端庄，面部表情真实自然，栩栩如生，承载着古老艺术的神韵。珍贵的古代文物传递着柬埔寨人民的深情厚谊。

这件礼品除工艺造型外，还涉及佛教、吴哥窟的历史及艺术风格等知识。另外，石材是什么石还不详。

10、1956 年 7 月，尼泊尔访华文化代表团团长巴·夏尔马赠给毛泽东的坛场（曼荼罗）。

高 73 厘米　宽 53 厘米

金属、宝石、绿松石、珊瑚

坛场（曼荼罗）。原本指佛教密宗修“密法”时为防止“魔众”侵入，在修法处划一圆圈或建一土坛，有时还在上面建造佛、菩萨像，事毕像废。一般把划为圆形或方形的修法地方称法“坛场”即“曼荼罗”。坛场是意译，曼荼罗是音译，这件礼品就是根据密教人士修炼时的场景制作的。密宗即密教，是佛教的一个支派，西藏的喇嘛教就属于密宗。

这件礼品涉及工艺、材质和佛教密宗的一些知识。特别是曼荼罗这一事物本身种类就很多，所包含的知识就很丰富，这件礼品属于哪一类还有待考证。

11、1954 年 6 月，周恩来应邀访问印度时印度亚格拉城赠给周恩来的泰姬陵石模型。

纵 31 厘米　横 31 厘米　高 34 厘米

石

泰姬陵是印度莫卧尔王朝皇帝沙贾汗为其爱妃泰姬·玛哈尔建造的陵墓。泰姬陵是印度的标志性名胜古迹，是典型的伊斯兰风格建筑，文化内涵深厚，历史悠久，驰名世界。此模型根据泰姬陵原型仿造，极具真实感。

这件礼品涉及泰姬陵的来历，伊斯兰建筑风格相关知识以及印度莫卧尔王朝皇帝沙贾汗和其爱妃泰姬·玛哈尔凄惋动人的爱情故事。另外，制作此模型的石头是什么石还未搞清。

12、1973 年 5 月，斯里兰卡总理班达拉奈克夫人赠给周恩来的班达拉奈克会议大厦模型。

底座长 34.5 厘米　宽 34.5 厘米　高 17.5 厘米

银、木

斯里兰卡在僧伽罗语（斯里兰卡的第一官方语言）中的意思是“乐土”或“光明富饶的土地”，梵文意为“狮子”。班达拉奈克是斯里兰卡的著名政治家，以他的名字命名的国际会议大厦是斯里兰卡的著名建筑之一，位于首都科伦坡，是由中国援建的，设计者是中国建筑设计研究院。

除工艺外，这件礼品涉及斯里兰卡国名的含义、政治人物班达拉奈克夫妇、大厦的情况和设计者的情况等知识。另外，制作底座的木头是什么木也还未弄清。

13、1956年，巴基斯坦巴克同族领导人阿密尔汗上校赠给周恩来的巴克同族传统头巾帽（伯格里）。（原本头巾和帽子连在一起，但头巾不知何时遗失，现仅存帽子。展览中另配合展出了周恩来访巴时头戴伯格里的历史照片。）

周长56.5厘米　高16厘米

布、金属丝、塑料

帽子用巴克同族的传统工艺制成，十分精细美观。巴克同族又称帕坦族，即普什图族，是巴基斯坦的第三大民族，又是阿富汗的主要民族。

这件礼品涉及伊斯兰工艺、民族和服饰等知识。另外，做帽子的布和金属丝是什么布和什么金属还不清楚。

14、1957年10月，阿富汗王国首相达乌德应邀访华时赠给周恩来的镶青金石金项链和耳坠。

链长25.5厘米　坠长5.5厘米

金、青金石

阿富汗在古波斯语中意为“山上人”，位于西南亚，是内陆国家，以山国著称。青金石是罕见和贵重的玉石，阿富汗是最主要的出产地。青金石在阿拉伯世界被视为瑰宝，在阿富汗更被誉为国石，是阿富汗高档手工艺品中最受青睐的材质。

这件礼品涉及了语言学、阿富汗特产青金石的知识。再进一步还可以了解青金石的成分和特性。

15、1974年4—5月，阿拉伯也门共和国（今属也门共和国）协商议会议长阿卜杜拉·本·侯塞因·阿赫马尔率领阿拉伯也门共和国协商议会代表团访问我国时，赠给朱德的腰刀。

腰刀长36厘米　带长109厘米

金属、皮革、丝线、牛角

阿拉伯也门共和国即北也门，1990年5月和南也门合并为也门共和国。也门腰刀是享誉阿拉伯世界的工艺品，其制作工艺的历史已有1000多年。腰刀原是防身自卫的武器和餐具，现已成为一种具有民族特色的装饰品。在也门，腰刀既是勇气和力量的象征，也含有吉祥、祈福的寓意，人们常用它馈赠亲友。这种腰刀为双面刃，尖略上挑：刀鞘外包牛皮，用金丝绣以精美繁花图案，钉在宽长牛皮背带上；牛皮背带上的图案为树叶、果实、文字等，结头处钉以花头银铆钉；刀柄以牛角制成，呈束腰型，两头为圆头银铆钉。整把腰刀制作精美，显示了也门工匠精湛的技艺。

这件礼品涉及了关于也门腰刀的发展简史、民俗、工艺和材质知识。除了钢以外，其他金属质地也有必要进一步鉴别清楚。

16、1975年5月，伊朗国王巴列维的妹妹伊朗公主阿什拉芙·巴列维访华时赠给周恩来的波斯地毯。

有名片、封条各1，附丝绒盒；长176厘米　宽101厘米

毛、丝、棉

波斯地毯历史悠久，举世闻名。波斯地毯的主要原料是毛、丝、棉。文质细腻、图案清晰、做工讲究、色彩稳定。此地毯以黑、红、绿为主要底色，配以花卉、几何图案，属于传统构图法，构图繁密不留空隙，细小的纹样点缀其间，具有强烈的动感，工艺精美，为波斯地毯中的珍品。

这件礼品涉及了波斯地毯的简史、材质、工艺等知识。

17、1975年7月，伊拉克副总统塔哈·毛希丁·马鲁夫率领伊拉克政府代表团访华时，赠给毛泽东的金银椰枣树模型。

高30厘米

金、银

椰枣树是伊拉克的国树，它象征着伊拉克人民挺拔强劲的民族精神。伊拉克椰枣产量居世界之首。伊拉克曾经是世界惟一的椰枣出口国，所以椰枣树在伊拉克被称为“绿色金子”，伊拉克也因此被誉为“椰枣树之国”。此礼品树干为银，枣为金，搭配合理，做工精细，十分珍贵 。

这件礼品涉及了椰枣树以及和伊拉克国家两者间关系的知识。但制枣的金为多少K金、重量多少仍不详。

18、1955年7月，约旦参加第五届世界青年与学生和平友谊联欢节代

表团赠给中国代表团的“和平”贝雕。

直径 21.3 厘米　高 3 厘米

贝壳、木

此贝雕用整只贝壳雕刻制作，采用透雕镂空和浮雕两种技法刻制，由海面日出衬托飞鸽展翅，构思辽阔，意境悠远，刻工精致，传递出对永恒和平的祈盼。

这件礼品涉及贝壳、雕刻工艺的知识。但贝壳属何种海洋生物不详，木是什么木还不清楚。

19、1984 年 7 月，阿曼苏丹特别代表苏维尼赠给李先念的银盘。

盘口径 32 厘米 ，有盒

银、绸、纸、皮革

银盘上部是阿曼苏丹王宫的浮雕，下部是阿曼的杰拉里古城堡的浮雕，中部是王冠和阿曼苏丹国的国徽，左部和右部的图案还未搞清楚是何建筑物，但可以肯定是阿曼的著名建筑，集中体现了阿曼的国家特色。盘上还有精美的刻花，使本已光耀照人的银盘更加夺人眼目。抛光工艺令盘底呈独特的立体感，银盘更为精致。

这件礼品涉及了浮雕、抛光工艺、阿曼四大著名建筑、王冠和国徽的知识。

20、1957 年 5 月，阿拉伯工会国际联合会赠给中华全国总工会的彩色镶嵌木方盘。

长 48.5 厘米　宽 27.5 厘米　高 6.5 厘米

木

阿拉伯木工具有高超的技艺，他们制作的木制工艺品享有盛名。此方盘用木条镶嵌拼成复杂的几何图案，色彩艳丽，是阿拉伯木工手艺中有代表性的工艺之一，此工艺技术以伊朗木工最为擅长。

这件礼品涉及了阿拉伯木工技艺的知识。此盘用木质地坚硬，但不知具体木种。

上述礼品所要了解的知识共同点主要有赠送国的概况及简史、赠送团体、赠送人、被赠送人、被赠送团体等，在其他知识领域各有不同。这些礼品所包含的知识信息量已相当丰富，而实际情况远比所列举礼品复杂的多，因为各大洲不同国家的各种情况千差万别。由于学识、时间、资料有限等原因，这批国际礼品所含信息还有不少未及鉴定清楚，有待日后逐步解决。另外，还有一个绝大多数礼品都未搞清的问题，就是这些礼品的具体制作者，按理说都应搞清楚，但具体操作难度很大。

博物馆是文化机构，和文化传承密切相关，这是众所周知的；博物馆、博物院、纪念馆、陈列馆、文物研究所、文物管理所是文物收藏的专职机构，而文物（包括遗址）是文化的载体，加上社会上散存的文物，体现了文物文化的总汇，所有这些文物构成了大文化的范畴。从理论上说，大文化是一个概念，是包含博物馆文化在内的整体概念，而博物馆文化是大文化概念中的一部分。不过，如果仅仅从这一点考虑是不够的，因为，现实的博物馆文化恰恰从不同的方面体现了大文化的特点。

从整体上看，博物馆有社会科学类和自然科学类，有综合性的、有专题性的，从级别上看，有国家级的、有省市级的、有县一级的；从类别上看，有历史、艺术、科技、体育、外交、公安、金融、邮电、工农业、医药、人物和事件纪念馆等；从归属上看，有归文化部的、有归文物局的、有归教育系统的、有归金融系统的、有归邮电系统的、有归公安系统的、有归民政系统的、有归私人的等，各自的工作特点决定了大文化的具体内容。如何理解不同的工作特点决定了大文化的具体内容呢？现就各种博物馆的情况做些浅析，以说明之。

先看综合性博物馆。这类博物馆主要有中国国家博物馆、省、市、县博物馆等（当然也有例外，如上海博物馆就是以艺术类博物馆著称于世的），这类博物馆说是综合性的，实际上是以历史为基础并带有综合性特点的博物馆，它们的收藏涉及方方面面的文物，从而围绕着这些文物开展一系列的工作。这类博物馆虽然以历史为基点收藏、研究、利用文物，但具体的角度和范围是有差别的，如国家博物馆是在原中国历史博物馆和中国革命博物馆的基础上合并而成的，视角是国家的历史，涉及的文物范围是相当广泛的，进行大文化工作更是责无旁贷，尤其是近现代文物的大文化工作亟待加强，既要研究中国文物，也要研究外国文物，既要研究与人文科学领域有关的文物，也要研究与自然科学领域有关的文物。省级博物馆的着眼点主要是一个省的历史和文物，市级博物馆和县级博物馆则是侧重一市或一县的历史和文物开展工作的。这些博物馆的级别和规模都不同，实施的却应是模式类似的文物工程，即在一定的地域范围里实施大文化的博物馆建设。依照大文化的思维理念，要求工作应考虑到方方面面，力求尽可能地精准无误。文物是博物馆的基础，文物是博物馆的根本，没有文物就意味着博物馆的消亡，没有文物就意味着文化载体的湮灭，也就不可能进行大文化的工作。综合性博物馆所收藏的文物比较多，涉及的范围比较广，它所体现的博物馆工作的大文化现象会更丰富。大文化工作不仅存在于综合性博物馆内，也存在于专题博物馆、个人纪念馆、甚至是私人博物馆里，这些馆收藏的文物虽然相对较为有限，涉及面相对较窄，但仍有大文化的工作可做。专题馆可以围绕着某一专题研究与其相关的各种文物和问题，同样，个人纪念馆可以围绕着某一人物研究与他或她有关的文物和问题。这就是大文化工作的具体表现，即研究某一专题或某一人物不只着眼于某一方面，而是全方位地研究与之有关的各类问题。私立博物馆也有综合馆与专题馆之分，它们同样存在大文化理念下运作的问题，不过侧重点是不同的，都可根据本馆藏品的具体内容进行全方位的研究，这样的研究必然是各有特点，各有所长。

从大文化的角度着眼，拓展博物馆的工作有着深远的意义，博物馆有义务从事大文化范畴下的文博工作，实现大文化范畴下的事业目标，使文物工作和博物馆建设得到不断的完善和健全，在新世纪里开创文博事业的崭新局面。

近现代文物研究工作探析

近现代文物研究工作探析之一

——近现代文物研究的总体现状

近现代文物是文物整体中的重要组成部分。相对于古代文物而言，近现代文物指自1840年起至今的历史遗存，它所包含的范围很广，涉及的种类很多，内涵十分丰富，底蕴也极为深厚。在160多年的历史进程中，中国社会发生了翻天覆地的变化，是中国有史以来社会变迁最深刻的时代。这是一个特殊的时代，一个不寻常的时代，是中国从屈辱走向辉煌的时代，是中华民族重新崛起并立于世界之林的时代。在这个艰难曲折、崎岖坎坷、继往开来的时代里，发生了大大小小许许多多的事件，产生了形形色色五花八门的团体，造就了千千万万不同类型的人物，随之也生成了包罗万象难以计数的物品。所以，近现代文物的研究是一项很重要的工作。但是，由于各种历史原因，特别是长期的战乱和动乱，社会缺乏统一完整的文物保护体系，致使大量物品非常令人可惜地湮灭了。不可重复的历史决定了文物的无法再造，现今保存下来的物品只是全部物品中的一小部分，原先的浩瀚已不复存在。即使如此，近现代文物的研究工作仍是任重道远的。

近现代文物的研究存在着很大的难度，首先体现在文物的分布上，主要特征是过于分散，除博物馆、纪念馆、个人有收藏外，大量的近现代文物散存于社会上的各个系统，如政府系统、军队系统、档案系统、民政系统、图书馆系统、园林系统、教育系统、科技系统、金融系统、邮电系统、工业系统、农业系统、商业系统、体育系统、外交系统、公安系统等，这一点和古代文物是有很大区别的。况且有些系统并不是把各种历史遗存作为文物收藏，而是作为一般物品或资料收存，有的堆积数十年不加整理，更谈不上研究。即便是有的博物馆、纪念馆也存在类似现象。主要原因可能有以下几种：一是不懂得什么是文物，思维中缺少文物的概念，自然也就不会从文物角度去看待一个物品并加以研究；二是人才短缺，研究文物的人才主要集中在文博系统（尽管目前仍是不充足的），其他系统相对要少甚至没有，自然也就很难开展文物的研究，或者是不易开展大规模的研究；三是不重视，好的文物如一级品或许进行了一定程度的研究，除此之外，其他层次的文物就无暇或不愿顾及；四是缺乏经验，近现代历史本身就不太长，它决定了近现代文物产生的历史也不长，而近现代文物的搜集历史就更短了，真正大规模收集是在新中国成立后，但也主要是以革命文物的概念为指导，涉及面偏窄；至于研究只处于初始阶段，积累的经验还不多，而古代文物的研究经验已积累了上千年，差距相去甚远。这一点仅从文物档案的建立就可看出。

文物的档案主要有两种，一种是原始档案，它记录的是文物最一般的情况，是粗糙的，不完善的；另一种是经过文博工作者对原始档案的整理、进而研究了文物本身及含史料在内的各种相关资料后制定的文物档案表，它应该是力求翔实和完善的。这里说的是后一种。在上个世纪九十年代，国家文物局曾组织专家进行了全国馆藏一级近现代（革命）文物的鉴定工作，足迹遍及除西藏（将文物的文字资料上报北京供专家鉴定）、香港、澳门、台湾外的全国各省、自治区和直辖市。专家在这些地方所见到的文物档案表翔实、完善程度参差不齐，但十分翔实、完善的档案表未见一份，这还主要是博物馆系统内的情况。其中固然有各种原因在起作用，但从中亦可窥见近现代文物研究工作的现状，这项工作还需要下大力气去抓，需要倾注大量心血使其更上一层楼，力求保有最完整的文物资料。

近现代文物研究的难度还体现在其自身的庞杂性上。由于特殊的历史条件，近现代的中国与世界进行了有史以来最广泛的接触、碰撞、交流、渗透以及融合，导致了中国社会的巨变，这是古代中国所没有的。因而也就使这个时期产生的文物具有难以想象的复杂性，这种复杂性并不因为历史不长而稍有减弱。正因为这种复杂性的存在，才使得这部分文物的研究迄今难以建立起完整的体系。仅从文物的分类上看，近现代文物到底能分为多少类，至今难有完说。笔者曾在拙作《近现代文物分类法刍议》中，将这部分文物大致分为十五类，它们是时代分类法、存在形态分类法、质地分类法、功用分类法、属性分类法、来源分类法、价值分类法、收藏方式分类法、存在形式分类法、历史事件分类法、地域国别分类法、人物分类法、组织阶级（阶层）分类法、形状分类法、制作技术分类法。后在《近现代外国文物研究初探》一文中提到了中外文物分类法，加上则为十六类。然而，这十六种分类法是否已能完全涵盖近现代文物了呢？答案应是否定的，因为一方面个人在短期内的考察很难是全面的，另一方面近现代文物还很有可能存在不被我们认识的内容，再有，随着时代的发展，是否还会产生新型文物也未可知。

显然，近现代文物的研究还是刚开发不久的新天地，还有待广泛耕耘。总之，近现代文物研究的总体现状不容乐观，需要有更多的有志者加入研究的行列，壮大我们的队伍，去取得新的成就；但也不应悲观，我们处在一个事业能够良好发展的时代，把握机遇就会有收获。还应该明确的是，正因为研究刚刚开始，才有更广阔的天地供我们驰骋。

近现代文物研究工作探析之二

——近现代文物概念的研究

近现代文物自中国近代历史发端就开始产生，迄今已160余年。但“近现代文物”的概念并不出现在那时，大约在上个世纪八十年代末、九十年代初才有了这样的提法，但还不普遍。在此之前，约有四十年左右的时间，“革命文物”的概念一直占主导地位，并指导着征集、保管、研究、利用等各项工作，原中国革命博物馆就是这一概念最大、最全面的体现者。

“革命文物”的概念之所以能在相当长的一段时间里起主导作用，盖因那个时代的政治强势的引导。那时候，无论政治还是历史领域都一致认定，自1840年起的中国历史就是一部革命史，所以，这个时期产生的文物都被称为“革命文物”自然是非常顺理成章的事，同时将这个概念上升到政治高度，并用法律手段加以确立。如国家文物局在1978年制定的《博物馆一级藏品鉴选标准（试行）》的开头仍旧写到：“为加强博物馆藏品的保管工作，充分运用革命文物、历史文物，更好地为阶级斗争、生产斗争和科学实验三大革命运动服务，博物馆应在其藏品中鉴选出一级藏品，采取措施，重点保管。”然而，这个概念在使用的过程中遇到了一个问题，即和革命的对象有关的文物是否也可称为“革命文物”？为了辩证地解决这一问题，于是就派生出了“反革命文物”的概念，形成了概念上对立统一的局面，问题似乎得到了解决。

随着改革开放的深入拓展，人们的思想在很大的程度上得到了解放，学术领域也不例外，因而对“革命文物”和“反革命文物”的概念是否科学的质疑也出现了。确切地说，对这两个概念的质疑并非要从根本上颠覆它们，即不是要彻底否认“革命”和“反革命”文物的存在，而是怀疑它们能否涵盖全部的近现代文物。用“革命文物”和“反革命文物”的概念代替“近现代文物”的概念是否有以偏盖全之嫌？如果有肯定是不够科学的。“近现代文物”的概念才是更科学的，应取代“革命文物”和“反革命文物”的概念成为主导概念。这么做应该说是历史的进步，与此同时，在必要的时候仍沿用原有概念也不为过。

事实上，“革命文物”也好，“反革命文物”也罢，都是近现代文物里的一部分。尽管1949年以前的中国近代史特别是孙中山领导的资产阶级革命后的近代史，确实体现了以革命潮流为主的特征，但仍有大量的人和事难与“革命”挂钩，更何况1949年以后中国历史的主流应是建设而非革命，即便是曾被称为“文化大革命”的十年动乱也仅占新中国成立后六十多年的六分之一弱，决不是主流，况且这十年的本质根本谈不上是“革命”。所以，用“革命文物”的概念泛指1840年迄今的文物，显然是不合适的。不合适也可以说是不够科学，不够科学的被更科学的所取代，才是科学的。懂得尊重这样一个事实，才是科学的态度。正因为如此，在上个世纪九十年代的一级近现代（革命）文物确认的过程中，才会出现国家文物局的发文中由最初的“馆藏一级革命文物”的提法，先后变为“馆藏一级革命文物（近现代文物）”和“馆藏一级近现代文物（革命文物）”的提法，这一现象体现了谁主谁次的变化，这是专家组成员在实践中得出的认识并推动的结果，其实，当时地方上的一些文博工作者亦有这一认识。此现象固然是可喜的，但毕竟在字面上仍显示出将“近现代文物”等同于“革命文物”的痕迹，也没能真正确立“近现代文物”概念的法律地位。

“反革命文物”的提法现在已不多见了，“革命文物”的提法还在用，这不是什么过错，只不过是习惯不易改变或观念更新的复杂性在起作用罢了，毕竟它们也是现实存在的。而“近现代文物”的提法正流行开来，说明了事物发生了明显的变化，这是历史的趋势，是向前发展的趋势，是必然的，是不以人的意志为转移的。但是，“近现代文物”的概念还没有完全占主导地位，要从法律上确立其合法地位也还需要假以时日，同时还要多提倡这一概念的使用。

“近现代文物”实际上包含了“革命文物”、“反革命文物”、“不革命也不反革命的文物”。任何一部分文物都是部分性概念，都只能代表部分特定的文物，而不能代表全部或总体，只有“近现代文物”才能涵盖全部，才是总体性概念，力求使其占主导地位才是合理的，科学的。任何占主导地位的概念都有一定的时代性，都有其合理性，也都有其局限性。历史前进了，新旧事物的更替是正常的，又是必然的，完全不必惋惜，不必遗憾，只有顺应时代潮流，才能取得新的成果。固步自封、因循守旧是不可取的，否则只能使文物事业停滞不前，无以发展。

“近现代文物”的概念是比较新的事物，要被所有人都接受、认同是不容易的，而且不会在短期内实现。不管这一过程需要多长，“近现代文物”的概念成为主导概念的趋势是不可遏制的。随着时间的推移，将会有越来越多的人接受、认同这个概念，这一点是毋庸置疑的。这一概念合法的法律地位之确立，将会随着这一过程的完成而实现。中国国家博物馆将成为这一概念最大、最全面的体现者。我们期待着这一天的早日到来，为近现代文物的工作开辟崭新的局面。

近现代文物研究工作探析之三

——近现代文物的个体研究

近现代文物的研究处于初始阶段，主要体现在它的分散性、非系统性和非广泛性等方面。这一状态的产生主要在于近现代文物积累的时间短，重视不够，因而导致认识上的偏差。还有就是，迄今为止没有一所大专院校设立了专门培养近现代文物研究人才的系和专业，致使这方面的人才紧缺。目前，我国这方面的人才都是由半路出家的其他专业人员担任的，举例说，一个毕业后从事文物工作的大学本科生，起初对近现代文物的特性，文物研究的内容以及文物的内涵可以说是基本上一无所知的，他还需要三到四年左右的时间才能初步熟悉和掌握文物研究的技能。假设在大学本科阶段就开始接触和了解文物，一毕业参加工作就可较快进入角色，这是极有利于个人成长和促进工作的。显然，近现代文物的研究基础是相对薄弱的，有大幅度提高的必要，这一过程很可能会是比较漫长的，必须积极地去努力。

近现代文物研究的薄弱首先表现在其分散性上。前面已谈及近现代文物的分散性特点，即这部分文物不仅博物馆、纪念馆和个人有收藏，而且散存于社会的各个系统，而且多数物品没有被视为文物。这样一种状态是不利于对文物进行研究的，它本身局限了人们的视野、思路和对事物的认识。问题的严重性在于，大量不被当作文物的近现代物品闲置各处，无人问津，随着时间的推移，只能越积越多，有的可能就被销毁了，进而导致研究难度越来越大。目前的博物馆等文博单位也无力全部收藏，即使能够全部收藏，就博物馆的研究力量现状而言，也难以在短期内进行全面、有效的研究。所谓“全面、有效的研究”是指对每件文物做有相当深度的考察和探究。

先不谈对散存于全社会的近现代文物加以研究的问题，先看看当前博物馆等文博单位里对文物个体研究的情况，仅以原中国革命博物馆为例，现今对文物的研究表现为几种方式：局限于对数量不很多的一级品的研究，这部分文物都建立了相应的档案，但还不十分健全和完善；对典型和有代表性的文物的研究；对原始资料较为丰富的文物的研究；对研究人员感兴趣的文物的研究。这几种研究方式还远远谈不上文物研究的系统化和广泛性，系统化和广泛性的研究都必须建立在良好的个体研究基础上。原革博的文物分类尽管已呈一定的系统性，但系统化和广泛性的研究却跟不上，主要原因是研究人员的力量还显不足。原革博尚且如此，全国的状况就更可想而知了，只是在武器（军事博物馆）、钱币（钱币博物馆）、邮票（邮票博物馆）等少数专题馆有比较系统的研究。

文物的系统化研究指对文物进行分门别类的研究，目前近现代文物的分类如前所述（见探析之一），是相当繁杂的。要开展如此庞大的研究工程，首先要进行广泛的文物个体研究，做不到这一步，文物的系统化研究只能是无本之木，无源之水，难以进行。其次，研究人才的培养也是非常重要的。如能在综合大学的历史系或考古系中增设有关近现代文物知识的课程，使本科生在校时就能接触和了解一些近现代文物的知识，是大有裨益的，也能使他们在择业时增加有利的砝码，同时，对近现代文物事业的发展也是非常有意义的事。进一步，如能在高校历史系或考古系中设置相关的近现代文物研究专业，更应该说是一件大好事。

在文物个体研究方面，有几个问题是值得注意的。一是真伪问题。尽管近现代文物的真伪问题不像古代文物的真伪问题那样引人注目，但却是现实存在的，不容忽视。最典型的要数现藏国家博物馆保管二部的孙中山赠黄兴联："安危它日终需仗，甘苦来时要共尝"，此联曾长期被视为孙中山真迹，但经专家考证确认其为赝品；前几年，藏于某博物馆的一支军号，也被专家确认为假货；新中国成立初期，某省曾有人制造过假太平天国文物，轰动一时；有些文博单位未对复制品加以标注，也出过以假乱真的笑话，在一定程度上造成了不良影响。真实是文物的第一要义，再精美的赝品或表面显现出价值再高、再大的伪品，其真实价值也难与真品相提并论。因而，近现代文物的真伪问题绝不能等闲视之。

二是级别问题。这个问题有两个方面，1 是近现代文物长期以革命文物的面目出现，其定级多数主要从政治上考虑，其他因素考虑很少。某件文物若和某重要事件或重要人物有关，就比较容易被定为一级文物，反之则较难被定为一级文物。实际上，这样的评判标准是不全面和不科学的，显然是过于简单化了。试以几类比较复杂的文物为例说明。纸质文物级别的判定应考虑纸的制作年代、制作工艺和存世量才会显得更为精准，否则只能失之偏颇；纺织物、木质、石质、金属质、骨质和皮质文物级别的判定有必要考虑它们各自的珍稀程度，绸缎和普通粗布、紫檀木和松木、水晶石和鹅卵石、金和铁、象牙和狗骨、貂皮和猪皮的珍稀度及价值是不可比的，所以不同质地的文物价值是不同的，有的会相差很大，有些文物同样也需考虑工艺价值，而不能简单地以政治标准加以取舍。2 是近现代文物的级别通常和时代变迁有关，过去被认为是一级的，现在不一定被认为是一级，现在被认为是一级的，将来未必会被认为是一级，这是由于近现代文物受现实政治观念影响很大造成的。显然，近现代文物级别的判定单纯考虑政治标准是不够的，但要超越政治标准也是不可能的，而不考虑其他因素又是不够科学的。综合考虑近现代文物级别判定的多因素这一难题，是我们必须正视的。

三是完善文物档案的问题。该问题前面已经提到，之所以此处再次提及，关键在于它本身的重要性。文物建档的终极目的不是单纯地为评判文物级别服务的，更重要的是为后世服务。把文物的各种情况尽可能翔实地记录在案，长久保存，使子孙后代有条件尽可能全面地掌握、了解文物的状况，为他们留下宝贵的文化财富，是我们义不容辞的责任。要完成这一重大任务，难度是巨大的，没有很强的责任心、没有扎实的工作态度、没有脚踏实地的艰苦努力，是无法实现宏伟目标的。我们这一代继承了前辈的业绩，必须稳妥地将其继续下去，令其代代相传，永不休止。

四是文物的质地问题。在近现代文物中，占据最大比例的是纸质文物，而纸本身的种类就很多，产生和存在的年代也不同；目前，只有少数的纸文物已鉴别出是什么纸，如道林纸、牛皮纸、马粪纸、宣纸、撒金（银）纸、棉纸、铜版纸、复写纸、复印纸、再生纸等，大多数的纸文物在注明质地时仅以“纸质”统而称之。显然，这样的研究在深度上是不够的，难以全面了解纸质文物的情况。此外，纺织品、木质品、石质品、金属质（含合金）品、骨质品和皮质品等也都有类似问题，因为它们的种类也是多样化的，有待于进一步深入研究和鉴别，完善研究程序。

近现代文物研究的问题很多，难以一一表述，但本文所谈三个问题应是至关重要的，应优先予以更多的关注和解决。

对近现代文物研究的探析，只是对近现代文物研究的现状做了一些初步地、笼统地探索，还很不深入，很不成熟，有待更多的文博界同仁共同努力，完善这项工作。

“文物需要沉淀说”质疑

长期以来，文物需要沉淀的说法没有人怀疑过，似乎是颠扑不破的真理，是不可动摇的定论。根据过去上千年的实践经验看，这种说法也似乎是正确的，因为以往征集文物主要是依据滞后性方式进行的，历史遗物都是经过一定时间的沉淀后才被认定为文物的。然而，当我们在征集文物时引进了前瞻性方式后，就会不可避免地认识到“文物需要沉淀”的说法是不全面的，甚至是完全错了，这一点对于当代文物尤其显而易见。换句话说，目前存在的物品都是潜在的文物，只要它们有朝一日被保存下来就成为文物。就文物来说，“文物需要沉淀”的说法就存在着几个有必要被质疑的问题。

质疑一：理论质疑。“文物需要沉淀”本身表明物品需经一定的时间“考验”才能成为文物。但是，这样的时间“考验”要多长？是几秒、几分钟、几小时，抑或是一天、一年，还是五十年乃至一百年，至今未见有人给出准确的答案，也未见有任何形成文字的科学标准。因而，“文物需要沉淀说”不过是泛泛而谈罢了，并非十分精准的科学结论。就此可以认定，一种说法，如不深入探究，就可能人云亦云，错误相承，代代相传。而一旦经过仔细推敲，便能发现其中的谬误，加以指出和纠正是必要的。也只有这样才能有效促进文物工作的拓展。理论上的澄清有利于指导人们的认识。

质疑二：实例质疑。在当代物品中，有不少具体事例可以证明“文物需要沉淀说”存在着谬误。试举数例加以说明。1、1997 年香港回归倒计时牌和1999年澳门回归倒计时牌都在完成历史使命后立刻成为文物；而今，2008年北京奥运会倒计时牌又已悬挂在中国国家博物馆正门的柱子上，届时，奥运会开幕的那一天，也就是此牌完成历史使命的时刻，它将和前两块倒计时牌一样立即成为文物，这一点是毫无疑义的。2、曾悬挂于天安门城楼上的大红灯笼，从被摘除的当天起就成为文物，现有两盏被中国国家博物馆收藏。3、曾矗立在天安门广场的第一根张挂五星红旗的旗杆，自迁移之日起就被当时的中国革命博物馆作为文物收藏，至今挺立在中国国家博物馆的西门前。4、中国航天史上的重要标志——神舟五号飞船船体和航天英雄杨利伟的航天服也同样在退役后立刻成为文物。5、著名的“入世锤”也在中国成功入世的那一刻成为不朽的文物，现也藏于中国国家博物馆。以上各例典型文物都很难用“文物需要沉淀”的说法来证明，因而，此说存在的不全面性是显而易见的。可举的例子还有不少。问题的关键在于典型物品还比较容易给予解释，因为它们是引人注目的，而大多数一般物品数量较多，太司空见惯，不为人关注，就不易引起人们对“沉淀”问题的思考，其实道理是一样的。

质疑三：定义质疑。“现在人们多把古代遗留的东西称为文物，但对于究竟什么是文物，尚没有一个明确的定义。”“文物是人类社会活动中遗留下来的具有历史、艺术、科学价值的遗物和遗迹。也可以说，它是历史上物质文化和精神文化的遗存，具有历史、艺术、科学价值，是重要的文化遗产。”

以上是国家文物局网站对于什么是文物的阐述。在此逐条试析如下。第一条，是泛指社会上对文物的一般认识，同时也肯定迄今还未能科学地界定什么是文物。社会的认识未必就是科学的认识，本条中的“古代遗留”四字就是不严谨、不全面的，它完全排斥了近现代乃至当代的范畴，也就完全摒弃了近现代乃至当代文物存在的事实。另一方面，此四字把对文物的认识局限于“需要沉淀”的范围内，而忽视了“不需要沉淀”的问题，因而是不科学的。文物工作者有义务、有责任以科学的态度和精神把科学的认识告知社会。

第二条试图解释什么是文物，但又未能给出严谨的定义。因为，该条对文物的解释有两种说法，无论是从字面还是具体含义看都有差别。而真正科学的定义应该只有一种阐述方式，即使更换一字都可能导致对事物的误解。进一步说，该条对文物的解释未能说明文物是否需要“沉淀”，然而，本条中的“遗留”和“遗存”二词都隐含着文物是否需要沉淀的内容，“遗留”也好，“遗存”也罢，都显现出“时间”和“岁月”的痕迹。事实上，无论古代还是近现代乃至当代文物，在它们退出原有社会存在领域时就成为了文物，而无需沉淀。只不过任何一个时代的人们都不具有立刻完全保存当时社会所有物品的能力，致使我们今天看到的文物只是历史上全部物品中的一小部分，从中显现出“沉淀”的症侯，大部分的物品因历史的曲折和复杂过程而湮灭。历史的长河与岁月的流逝和人类开了一个玩笑，误使人们长期认为文物需要沉淀，原因之一在于，古代文物确实经历了长期的“考验”，今人也确实无法尝试在古代物品退出原有社会存在领域时就立刻将其保存的做法；原因之二是，近现代以及当代物品普遍不为人重视，不可能以前瞻性思维把物品在退出原社会存在领域时甚至还未退出原社会存在领域时就有意识地将它们加以收藏，所以，很难会有人从中去探究文物是否需要沉淀的问题。

质疑四：征集理念质疑。笔者曾于 2003 年到北欧的丹麦和芬兰考察博物馆，亲眼看到这两个国家的基本陈列——国史展览都展示到了 2000 年，也就是说 2000 年存在和产生的物品已普遍摆放在展柜里了，显然，两国的文物工作者已广泛运用了前瞻性思维征集文物，而不是单纯依靠滞后性思维征集文物，也就是说两国的当代文物征集理念是不考虑“沉淀”问题的，而是根据展览的需要能征集什么就征集什么，否则在距 2000 年仅短短一、两年内不可能做出展示 2000 年文物的展览。此外，在丹麦国史展里，就展出了丹麦现实社会中存在的自由城物品，如城徽、城旗、法规、生活用具等，这更进一步说明了文物无需沉淀，也有力地表明丹麦人的文物征集理念极具前瞻性。据说，两国的文物征集计划以十年为一周期，提前做好征集规划，并广泛关注现实存在和可能产生的物品，以保证征集计划的完成和展览文物的充足。发达国家的征集思维已经走在我们的前面，值得我们深思和学习。更重要的是，他们的做法充分说明文物无需沉淀，只要认识到了或有必要就可以将物品即时或提前进行收藏，使物品根据需要退出原社会存在领域并能够保证其成为文物。

至此，“文物无需沉淀说”取代“文物需要沉淀说”应是历史必然。而支持这一历史必然的应是给出一个尽可能科学的文物定义，笔者尝试如下：“人类社会中退出原社会存在领域并被保存的物品和遗迹”。

陈列展览创新问题的思考

陈列展览是文博工作程序中重要的一环，是博物馆、纪念馆和陈列馆面向社会的门户，是社会了解文博事业的窗口；而创新是人类社会得以延续至今的重要手段，文博事业要持续发展也必须创新，陈列展览工作的创新同样是毋庸置疑的。既然如此，文博工作者便应责无旁贷地肩负起重任，勇敢地进取和开拓；既然如此，创新已不是要不要、该不该或可有可无的事了，关键是怎样创新，如何创新。陈列展览的创新是多方面的，本文拟就陈列展览的展陈观念、框架体系、内容设计、形式设计、新观点、新技术等方面试述己见。

一、展陈观念的更新

观念是人类的思维活动，是具有一定模式的思维架构。人类对于具体的事物总会形成一定的观念，观念一旦形成又往往受到各种因素的影响，有的时常变化，有的难以改变，特别是被意识形态制约的一些观念尤难改变。不同的社会有不同的展陈观念，不同的时代也会有不同的展陈观念，随着社会的演进和时代的变迁，展陈观念也必然要起相应的变化。以原中国革命博物馆的基本陈列《中国革命史》、《党史陈列》、新《党史陈列》、新《中国革命史》、《近代中国》为例，《中国革命史》是“文革”前的观念定式的产物，对历史的再现是比较客观、公正的；而《党史陈列》是“文革”时期观念定式的产物，对历史的再现充斥着极左思潮的思维内涵，歪曲事实、颠倒黑白的现象充斥其中；至于新《党史陈列》和新《中国革命史》以及《近代中国》陈列则是“文革”后、改革开放大潮中的产物，在拨乱反正、思想解放和实事求是的方针政策指引下，展陈观念再次体现了客观、公正的实质，当然是在更高层次上的体现。从中可以看到观念变化的曲折，也能看到变化中的进步。目前，革命博物馆已经和历史博物馆合并组建为国家博物馆，这是新时代的需要，也必然提出全面的新任务，展陈观念的再次更新也已提上议事日程，原中国革命博物馆的基本陈列《近代中国》已确定更名为《中国近代史》陈列就说明了这一点。在新的世纪里，在我们的国家一步步实现现代化和更广泛地面向世界的形势下，在大力倡导三个代表和三贴近思想的今天，需要改变展陈观念的决不仅仅是国家博物馆，全国各地的博物馆、纪念馆、陈列馆都将陆续面对这一事实，在保持教育理念的同时，是否应该在陈列展览中多融入一些服务理念，使陈列展览更易于被观众接受和认同?

没有理由否认展陈观念更新的必要性，过去的展览中有相当数量重政治性和说教性，偏重教育，而可视性和趣味性不足，忽视寓教于乐，致使观众在参观展览时往往感到展陈内容枯燥乏味、味同嚼蜡，如此展览又怎能谈得上教育有效，又怎能谈得上社会效益？举办展览的最终目的不仅是要观众看，而且是喜欢看，而决不是办给筹展者以孤芳自赏的。由此应该可以认为好的陈列，或说精品陈列不应单纯是专家们眼中的佳作，观众是否真的爱看也应是衡量的重要标准之一。可见观念更新之必要。同样也没有理由否认展陈观念更新的必然性，历史在前进，社会在发展，人类在进步，人们的思维方式也不会一成不变，观众的口味和品位同样在发生变化甚至在提高。因而展陈观念的更新是历史之使然，不是想不想、要不要的问题。从历史的发展观看，任何事物都是变则通，通则久，不变乃是违背历史规律的，是行不通的，是死路一条。因而，遵循规律办事才称得上是科学性思维，文博事业必须坚持这一原则才有利于持续发展。观念更新并非易事，少数人可能变得快，要让多数人快速改变确实比较难，旧的观念往往由于长期占据人们的思维空间，有根深蒂固之势，要改变需假以时日，经历一个过程甚至是付出一定的代价才能得以实现。所以，观念更新需要锐气，需要勇气，需要开拓，需要进取，还需要审时度势，也需要钻研探究，不可盲目行事，否则会事与愿违，无功而返。

二、框架体系的重整

框架体系是展览的骨骼，每一个展览都有自己的骨骼，它是依据展览自身的特点搭建起来的。框架体系同样有相对稳定性，也同样不是一成不变的。在社会发生了变化、历史向前进了、人们的观念和需求出现了变化的前提下，展览框架体系的重整也就是很自然的事了。

在现实社会里，所有的陈列展览大致可以分为两类，一类是临展性的，此类还可分为两种，一种是纯粹临时性的，办过一次以后就不会再办了，如某些书画展、摄影展等，不存在框架体系重整的问题，另一种是在特定的时间里会重复办，如一些名人纪念展，则存在着框架体系重整的问题；另一类是基本陈列，尽管展出时间较长，稳定性较强，但框架体系重整的问题仍是比较突出的，需要慎重考虑。展览框架体系的重整不能是异想天开、无中生有地去进行，而应是遵循一定的科学道理去进行，在这里，筹办展览的指导思想科学、规范与否是很重要的。仍以国家博物馆的基本陈列《中国近代史》为例，从最初的《中国革命史》开始，经历了几十年的风风雨雨，经过了多次整合，更新了多次面貌，今天又面临新的整合。新的整合是新时代的要求，就应有新的思路和新的框架，打破旧的格局在所难免，这也是创新的问题。

创新的关键在于，国家博物馆近代部分的陈列已定位为《中国近代史》陈列，如何使展览有效地体现这一定位。显然，《中国近代史》是和《中国古代史》相对应的，又是相衔接的。笔者以为这一定位体现了中国历史陈列正在向中国通史的模式演化，但又具有近代史的特点，正处在过渡阶段。《中国近代史》的涵盖面要大于《近代中国》，在新形势下又有更高的要求，因而运作的难度也会更大，自然是不可掉以轻心的。现今的《中国近代史》由三大部分组成，是在比较充分地考虑了史学和陈列等各方面的因素及意见后确定的，本身就是一个创新。这个创新还是初始的，不能说是完善的，新的事物总是不完善的，完善是逐步的，一步步趋于完善是必要的，但十全十美的事物是很难求的，特别是社会科学领域里的事物。

对于基本陈列来说，框架体系的创新是重要的，也是必要的。新形势要求新陈列要有新思维，新面孔，新格局，这是历史的需求，社会的需求，不可漠视。创新贵在锐意进取，敢于开拓，不因循守旧，不固步自封。在新的世纪里，没有创新的陈列是不可思议的，是缺乏生命力的。创新就是求生存，创新是寻求一条新思路，以使陈列达到更科学、更高的层次。但同时必须注重可行性。

三、内容设计的再造

有了新的展陈框架，就必然要求有新的内容设计与之相适应。内容设计是陈列展览的血肉，是和骨骼——展陈框架紧密相连的。通常一个展览的内容是固定的，只是由于框架结构的变化而导致具体内容的取舍和文字的表述随之变化。内容设计的创新难于展陈框架的创新，它是由固定的内容决定的，特别是历史性质的展览尤其如此。因而在考虑创新的时候，就必须确认什么是可以创新的，什么是不可以创新的，才不会犯错误。仍以《中国近代史》为例来探讨一下可以创新和不可以创新的问题。

可创新的主要有：展什么不展什么，展览内容的编排（包括内容、文物、照片），文字上的变化，科学地吸收史学新成果和充实新文物；不可创新的就是史实和文物的真实。

展什么不展什么指的是展览内容的取舍，由于展陈观念更新了，展陈框架也有了变化，展览内容也必有新意。应该看到的是，在内容的展示度上，《中国近代史》陈列比之于原中国革命博物馆的《近代中国》陈列肯定是更丰富了， 涵盖面也更广。增加了展示内容自然也是创新，但不应忽略的一点是，重大的历史事件不可缺少。展示内容的扩充也就迈出了内容设计创新的第一步。

在展览内容编排的创新方面，历史性的展览由其特性决定难有大的改观，不外乎为时序性（即按历史事件发生的时间顺序排列）、合并同类项以及两者相结合等编排方式。有更大创新空间的倒是文物的组合，在尊重科学的前提下，多动一些脑筋，多开拓一些思路，多下一些工夫，文物组合的创新还是大有可为的，只要是和展览内容相适应的就无可非议。创新需要探索，有探索才有创新，探索促进创新，创新推动探索。

文字方面的创新也是个难题。展陈框架不同，文字表述也会不同。什么风格的文字适合历史性的展览？首先应是严谨、准确，然后才是配以适当的文学意味，尽量把历史的沧桑感描述的感人肺腑，以此打动人心，吸引观众，却又不能一味求新。虽说中国的文字经过数千年的演变已非常丰富，但要想用十分贴切的词语表达厚重的历史，仍然是需要费一番心思的。恰到好处地运用文字是一门高深的学问，筹展人员应有目的地提高自身的文字水平，才能适应必要的创新。

在新的展览筹划过程中，充实新的文物是必须考虑的，也是必须做到的。新时期的展览决不能面孔依旧，毫无新意，与其如此，何来创新？没有新文物的展览既不能适应新时期的要求，也无法满足广大观众的需要。关键的问题是文物的征集，市场经济下的文物征集工作面对新的挑战和难题。中、小型展览相对还比较容易解决，大型展览如《中国近代史》要想有大的变化就不是轻而易举的了。仅靠少量新文物不足以使大型展览有较大的改观，而短期内增加大量文物又非易事。因此，文物征集工作的重要性不能等闲视之。实际上新文物的充实并不是只有征集一条路可走，挖潜也是应给予足够重视的方法。要知道迄今为止，近现代文物的展示量仅占全部藏量的很少一部分，大多数的文物被藏深闺，所以，挖潜并非不可行，原革博就是如此。所以，欲使像《中国近代史》这样的大型展览有较大的改观，就应两条腿走路，双管齐下，征集和挖潜并举，以便在现有条件下使大型展览的创新有尽可能好的效果。

展览中不可创新的有史实和文物的真实。史实不可创新指的是历史事实不可编造，编造不是创新；而科学地吸收新的史学成果是可以的和必须的（这点容后详述）。另一方面，展览中文物的真实必须保证，特别是像《中国近代史》这样有重大社会影响的大型展览更是如此。未来的展览应进一步加大展示原件的力度，《中国近代史》陈列有责任率先做到；复制品的使用只应是万般无奈下的不得已而为之，或作为与观众进行互动的触摸品。也就是说文物复制品要尽量少用甚至不用，不用不仅没有错，而且是未来发展的方向。文物的真实不可创新还指要避免赝品混上展台，此说并非耸人听闻，近现代文物也有赝品，同样会鱼目混珠，真假难辨。新征集和挖潜的文物都有必要注意这个问题，决不能掉以轻心。创新更要注重文物鉴定。

四、形式设计的突破

内容设计的变化必然影响形式设计。形式设计是展览的外观，是包装。形式设计的方案要根据展览内容的需要制定，它不是一成不变的，也不是随意变化的。好的内容需要好的形式加以烘托，即红花虽好还需绿叶扶持。然而，内容和形式要做到相互适应、和谐，进一步达到完美的统一不是一件容易的事。形式设计的创新有几个方面的问题需要注意。

首先要考虑的是，创新是适度性的还是全新性的。适度性的就是在过去的形式设计模式上做一些局部性的调整或改进，不动大手术，不伤筋动骨，适可而止。这种做法相对比较容易，不用下太多的工夫，不用动太多的脑筋，不用费太多的心血就能完成工作任务，但不易显现创新的力度。而全新性的则是大刀阔斧地一切从头开始，以完全与旧的不同的面貌向社会展示，以崭新的理念、崭新的视角诠释展览内容。这种做法当然是一种美好的追求，但难度很大，分寸不易把握。尤其是大型展览要做到形式设计的全面创新需有高深的功底。一个展览做何种创新需要全面斟酌和考量。

其次要考虑的是，创新对社会需求的适应。社会需求涉及的范围很广，简单地可以概括为专家的需求和观众的需求，这是一个问题的两个方面，本身存在着对立统一的关系。通常状况下，专家和观众看问题的角度是不同的，专家认为好的，观众不一定看好，反之亦然。展览的形式设计固然是由专家最后敲定的，但征求观众意见的做法并非不可取，大多数的观众对展览的形式设计可能都是外行，但对一些问题的看法却未必都没有高见，综合好双方的意见是必要的，只有这样才能最大限度地满足社会的需求。一个展览的形式设计最好是能做到雅俗共赏，过多地偏向专家或过多地取悦观众都是不可取的，因为过多地偏向专家可能会导致失去较多的观众，而过多地取悦观众很可能会降低展览的品位。科学地把握形式设计中的度虽难却是重要和必须的。

第三要考虑的是，展览中文物和展陈环境的表现手法。展览中注重了这个问题，会使展览增色不少。有独特构思的表现手法才会有良好的甚至是意想不到的效果。举几个例子来说明一下。在北欧国家丹麦有一个古代兵器展，其中投枪、梭标的布陈手法就比较独特。它们不是简单地摆放在展柜里或固定在展墙上，而是垂直地插在展墙上，利刃直对观众，给人一种震撼性的穿透感。笔者在全国各地看过不少展览，但如此表现武器还是头一回见到，确有与众不同之处；同样是在北欧国家的芬兰国立博物馆中，有一个艺术品展览，其中有一尊翩翩起舞的女舞者雕像，可以通电使其旋转，令观者从一个角度就能全面欣赏精美的雕刻技艺和优美的舞姿，这在国内也未曾见到。再说展陈环境的表现，在丹麦国立博物馆的儿童展厅里，展柜设计成家具式，带拉手的门内设一层玻璃，玻璃内侧放置文物，这种构思使儿童一拉开柜门就能看见文物又触摸不到文物，既适应了儿童的好奇和好动的特征，又有效地保护了文物，还恰到好处地解决了展览中的互动问题；另外，目前在中国国家博物馆展出的《百载香江风情展》中也有一独到的构思，即展厅的大玻璃全部被放大的香港老照片覆盖，利用自然光线增强展览的效果。在同一展厅展出过的展览可谓多矣，但从未利用过大玻璃来烘托气氛，实在是一种浪费。以上数例均不复杂却都独具匠心，必有可借鉴之处。

可见，一个展览的形式设计从整体到局部都有创新的可能和必要，只要开拓思路，多动脑筋，创新是可以实现的。

五、新观点、新技术的吸纳

展览对新观点、新技术的吸纳也是一种创新。前面已经提及历史性展览吸收史学新成果的问题，这里不妨多谈一些。

自从改革开放以来，我国的史学工作者在史学研究方面进行了许多拓展性的工作，前提是思想上的解放和宽松的环境创造了有利的条件。应该说，大多数史学研究的新成果都是遵循了一定的科学原理，依据可靠的史料，经过科学的分析得出的，因而对历史上的一些人和事都在重新认识。然而在这一过程中，也存在着一些分析不透，认识不清甚至是错误的观点和结论，其实这是正常的。俗话说，理不辩不明，人类对真理的认识从来就不是一蹴而就的，更多的是必经艰难坎坷之途才能达到。所以，旧不一定都错，新不一定都对，关键是能否吸取正确之新。从理论上说，新生事物一般是不成熟的，有的可能还是泡沫现象，盲目的吸取是不足取的。但是，从人类社会的发展史来看，是不能一概而论的，事实上，新生事物往往预示着一定的历史趋向，对它们的取舍都要进行一定的分析和判断。认可和接受一个新生事物重要的不在于要不要这样做，而在于怎样做，以史学论，一种新的观点产生了，重要的不在于要不要吸取，而在于怎样吸取，这就要靠我们去判断，这种观点是否具备科学的依据，所用史料是否翔实可靠，对问题的分析是否科学准确，进行完了这些活动才能促使我们做出决定。吸纳新观点不因其新而盲目地趋之若鹜，也不因其可能不成熟而轻易放弃，必须详加考察再做定夺，才是科学之举。对于新观点无论吸取与否，都应给予必要的重视，只有了解新观点是否适用于展览，才能决定取舍，发达国家丹麦、芬兰都是这么做的。

新观点的吸收固然重要，新技术的采用也不可轻视。一个好的、大型的、具有现代水平的展览不采用一定的科学技术是不可思议的。当今，科学领域里的新技术涌现、更新都很快，适当采用一些新技术是可以的，只要能有效地增强展示效果。正因为科技更新的速度很快，所以采用新技术的周期比采纳史学新观点的周期要短，对它们的采用往往很难等到其成熟再进行，因为一种技术的成熟可能意味着它的司空见惯，毫无新义，甚至已经快被淘汰，而有些技术在成熟之前就已被淘汰。显然，新技术的吸纳需要快速判断，快速抉择，当机立断，不失时机地进行，能用则用，不能用决不可惜。如此才会有创新，创新的真谛在于科学、准确、有效。错失良机只会有无穷的抱恨，“机不可失，时不再来”的千古名训在科技创新的过程中依然有不可低估的意义。

创新是现实的需要，创新是人类主观能动性发挥作用的产物。创新不是空谈，而是很实际的东西，创新要落在实处，要让与时俱进的口号具有真正的内容。创新就是不满足于现状，创新就是要打破旧框框，创新就是求变，创新就是追求进步。然而，所有的创新都不应忘记根本的一点——科学。

本文完稿于2004年5月，后因国博基本陈列奉上级指示改为《复兴之路》，思路有很大不同，故未能发表。

黄兴赠方声洞诗钩沉

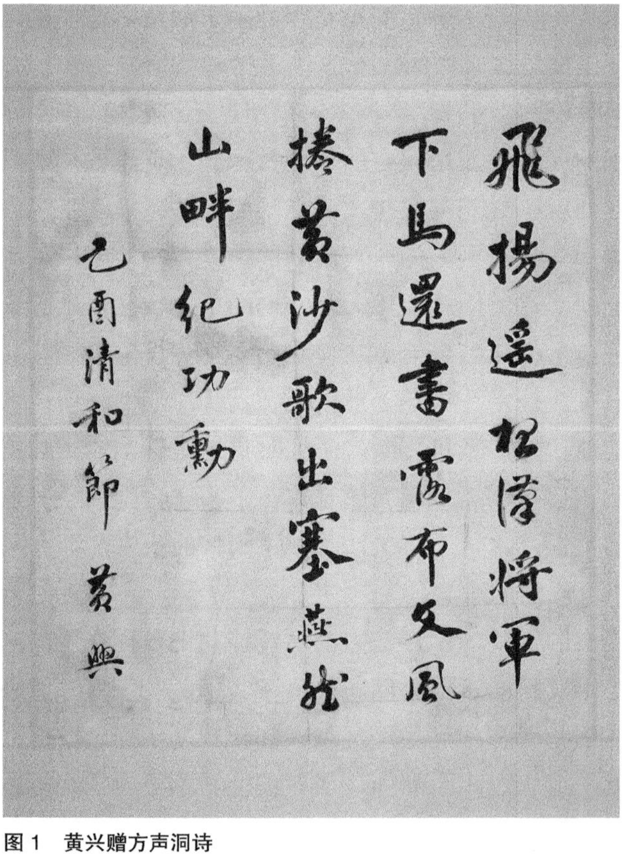

图 1　黄兴赠方声洞诗

上面这首七言诗是我国资产阶级民主革命家、文武兼备的军事家、辛亥革命时期极为重要的人物黄兴赠给资产阶级民主革命烈士方声洞的。该诗书写在绸布上。托裱尺寸纵 162 厘米、横 72 厘米。在诗中，黄兴以汉代将军抗击匈奴的事迹为内容，抒发推翻封建帝制，创建民主共和国，消除侵略，建功立业的志向，也含有与方声洞共勉之意，并且体现了两人肝胆相照的深厚友谊。此诗为中国近代辛亥革命时期的文物，读来确能朗朗上口，激发爱国豪情，但文中涉及了中国古代历史乃至世界历史及历史地理和民俗领域的一些内容，泛泛观之不易理解其内涵，有必要详加分析，以飨读者。

图 1　黄兴

此诗创作的历史背景是：1908 年 5 月云南河口起义失败后，黄兴于 8 月第七次赴日本，卧薪尝胆，继续积蓄革命力量，直至 1910 年 1 月才离开日本，是他十次赴日中居留时间最长的一次。[①]而方声洞于 1902 年赴日本，入成城学校学陆军。1905 年因母亲去世回乡奔丧。1906 年拟返日本继续学习军事，但由于清政府为防范革命党人活动，禁止自费留学生赴日学军事，愤慨之下，方声洞于是考入日本千叶医学校，开始勤奋学医，以为将来伤病的革命者服务做准备，此期间和黄兴过从甚密。[2]原诗没有断句，现断句如下："飞扬遥想汉将军，下马还书露布文。风捲黄沙歌出塞，燕然山畔纪功勋。"在四句诗中，以及落款的时间都有需要探究的内容。第一句中的"汉将军"指的是谁？是个人还是群体？由于中文里的名词和英文不一样，没有单数、复数的区别，所以仅就字面上看无法断定其为个人或是群体。第二句中的"露布文"是什么意思？现代汉语中已没有这种用法。第三句中的"歌出塞"怎么解释？第四句中的"燕然山"所指为何？坐落何处？属国内还是国外？落款中的"己酉清和节"指的是什么时间？不探究其缘由，就难以理解全诗的内容，也就难以明了诗作者的胸怀和抱负。

笔者认为，诗中第一句里的"汉将军" 应该指的是我国古代两汉时

图3 方声洞

期的将军，按两汉（含西汉、东汉）延续了四百多年（公元前202——公元220，此处含王莽在位的“新”朝），产生的将军众多，诗中所指不会是全体汉将军，那是无意义的，而应是最为历代称道的抗击匈奴的汉将军，为什么这么说？因为这些将军由于抗击匈奴的艰难战史（匈奴与两汉的战和交往长达三百年），较之其他将军群体有更高的知名度。他们主要应该包括西汉的李广、卫青、霍去病、李陵，东汉的窦固、耿恭、窦宪、耿秉等人。而在这些汉将军中，笔者认为黄兴所指的应是窦宪、耿秉为首的汉将军。根据可由这些将军的征战简况得到证明，这里涉及第四句“燕然山畔纪功勋”的史迹，结合起来更利于解读清楚。

要弄清“汉将军”指谁，重要的是弄清哪些将军的征战和诗中最后一句里“燕然山畔纪功勋”的“燕然山”有关系？

在班固所撰《汉书》之《李广苏建传》、《卫青霍去病传》及范晔所撰《后汉书》之《耿弇列传》对李广、李陵、卫青、霍去病、窦固、耿恭等汉将军的征战史都有较为详细的叙述，但是都没有提及他们和燕然山有什么关系。

唯独在范晔所撰《后汉书·窦融列传》中对窦宪的生平进行叙述时，对燕然山之战有如下记叙：

“宪性果急，睚眦之怨莫不报复。初，永平时，谒者韩纡尝考劾父勋狱，宪遂令客斩纡子，以首祭勋冢。齐殇王子都乡侯畅来吊国忧，畅素行邪僻，与步兵校尉邓叠亲属数往来京师，因叠母元自通长乐宫，得幸太后，被诏召诣上东门。宪惧见幸，分宫省之权，遣客刺杀畅于屯卫之中，而归罪于畅弟利侯刚，乃使侍御史与青州刺史杂考刚等。后事发觉，太后怒，闭宪于内宫。

宪惧诛，自求击匈奴以赎死。会南单于请兵北伐，乃拜宪车骑将军，金印紫绶，官属依司空，以执金吾耿秉为副，发北军五校、黎阳、雍营、缘边十二郡骑士，及羌胡兵出塞。明年，宪与秉各将四千骑及南匈奴左谷蠡王师子万骑出朔方鸡鹿塞，南单于屯屠河，将万余骑出满夷谷，度辽将军邓鸿及缘边义从羌胡八千骑，与左贤王安国万骑出稒阳塞，皆会涿邪山。宪分遣副校尉阎盘、司马耿夔、耿谭将左谷蠡王师子、右呼衍王须訾等，精骑万余，与北单于战于稽落山，大破之，虏众崩溃，单于遁走，追击诸部，遂临私渠比鞮海。斩名王以下万三千级，获生口马牛羊橐驼百余万头。于是温犊须、日逐、温吾、夫渠王柳鞮等八十一部率众降者，前后二十余万人。宪、秉遂登燕然山，去塞三千余里，刻石勒功，纪汉威德，令班固作铭曰：

惟永元元年秋七月，有汉元舅曰车骑将军窦宪，寅亮圣明，登翼王室，纳于大麓，惟清缉熙。乃与执金吾耿秉，述职巡御，理兵于朔方。鹰扬之校，螭虎之士，爰该六师，暨南单于、东乌桓、西戎氐羌侯王君长之群，骁骑三万。元戎轻武，长毂四分，云辎蔽路，万有三千余乘。勒以八阵，莅以威神，玄甲耀日，朱旗绛天。遂陵高阙，下鸡鹿，经碛卤，绝大漠，斩温禺以衅鼓，血尸逐以染锷。然后四校横徂，星流彗埽，萧条万里，野无遗寇。于是域灭区单，反旆而旋，考传验图，穷览其山川。遂逾涿邪，跨安侯，乘燕然，蹑冒顿之区落，焚老上之龙庭。上以摅高、文之宿愤，光祖宗之玄灵；下以安固后嗣，恢拓境宇，振大汉之天声。兹所谓一劳而久逸，暂费而永宁者也。乃遂封山刊石，昭铭上德。其辞曰：

铄王师兮征荒裔，剿凶虐兮截海外，夐其邈兮亘地界，封神丘兮建隆嵑，熙帝载兮振万世。”③

这段史料明确记载了窦宪、耿秉及其他汉将军和燕然山的关系。这场战争无论在当时和后世看来都是一场重要的战事，史学界有观点认为这场战争及两年后的金微山之战（今阿尔泰山，也是窦宪组织进行的）迫使北匈奴西迁，进而导致了后来欧亚大陆的民族大迁徙，最终造成了西罗马帝国的灭亡。但也有观点认为这两场战争为后来我国的“五胡乱华”埋下了隐患。对于窦宪的人品、是非功过的评判不是本文的考察内容，本文旨在解释清楚“汉将军”和“燕然山”之所指，及其相互之间的关系。还有“燕然山”今在何处？据林幹著《匈奴史》所叙：“宪、秉出塞三千余里，登燕然山（今蒙古国的杭爱山），刻石纪功而还。”④我们可知燕然山坐落何处。在汉朝和匈奴对抗的过程中，仅此一次和燕然山有关，也仅此一次“刻石勒功”，也即“燕然山畔纪功勋”。所以诗中“汉将军”所指必是窦宪与耿秉等无疑。而耿秉也是这场战争中的重要人物。

当然，黄兴当年在“飞扬遥想”的时候，应该不会只想到窦宪、耿秉，但是，其他抗击匈奴的汉将军虽然也进行过英勇的征战，毕竟没有做“刻石勒功”这样的事情，而且也没有起到改变世界进程的巨大作用，因而，黄兴将窦宪、耿秉等汉将军的战事写入诗中，以此为标志也是合情合理的。

随后需要弄清楚的就是“露布文”的意思，相对第一个问题这是比较简单的。根据有关史料，“露布”一词的解释主要有两种：①“露布”，亦称“露板”“露版”。古代指文书不加检封，公开宣布的意思。《后汉书·李云传》：“云素刚，忧国将危，心不能忍，乃露布上书。”唐代章怀太子李贤注：“露布，谓不封之也。”[⑤]唐代李延寿撰《南史·谢灵运传》说：孟顗“因灵运横恣，表其异志，发兵自防，露版上言。”[⑥]②古代用称檄文、捷报或其他紧急文书。南朝南齐时刘勰撰《文心雕龙·檄移》说：“张仪檄楚，书以尺二，明白之文，或称露布，播诸视听也。”[⑦]唐代封演撰《封氏闻见记》卷四说：“露布，捷书之别名也。诸军破贼，则以帛书建诸竿上，兵部谓之‘露布’。盖自汉以来有其名。所以名‘露布’者，谓不封检露而宣布，欲四方速知。亦谓之‘露版’。魏武奏事云：‘有警急，辄露版插羽’是也。”[⑧]这两种解释中，第二种更接近诗中意思，应可以解读为“将军们在戎马倥偬中经常还要发布檄文或捷报”。“露布”一词出现于汉代，黄兴引用古语亦属准确。

随后需要解读的是“歌出塞”。“塞”字在古汉语中有多种解释，其中符合本诗含义的应为下面这种解释：边界险要之处。西汉司马迁在《史记·苏秦列传》中说：“秦，四塞之国，被山带渭。”[⑨]东汉班固在《汉书·晁错传》中说：“守边备塞，劝农力本。”[⑩]现实生活中“塞”与“边”常连用，称“边塞”，即边界、边关的意思，诗中即指此。“出塞”即为出边关、边界之意。而“歌”应指“战歌”、“军歌”，诗中描写的是古代将士们顶着边关弥漫的风沙高唱军歌出征塞外抗击匈奴的雄壮场面。

接下来解读“己酉”的含义。“己酉”是我国古代纪年法干支纪年法中的一个年份组合名称。干支纪年的方法是以甲、乙、丙、丁、戊、己、庚、辛、壬、癸十天干和子、丑、寅、卯、辰、巳、午、未、申、酉、戌、亥十二地支按照顺序组合起来纪年。如甲子、乙丑等，经过六十年又回到甲子。周而复始，循环不已。根据万年历，黄兴书写此诗的时候，是干支纪年法在我国正式使用的最后几年，“己酉”年对应的是公历 1909 年。1911 年 10 月 10 日武昌起义爆发，最终推翻了清朝的腐朽统治，终结了封建帝制，中华民国成立后采用民国纪年法，即民国元年（1912 年）、民国二年（1913

年）……，台湾至今还在使用。中华人民共和国成立以后我国大陆开始使用公元纪年法，意在和国际接轨。

最后要解读的是“清和节”。要弄明白“清和节”的情况，就必须先搞清楚“清和”的意思。在中国古代“清和”一词主要有以下三种解释，①指国家升平的气象。《汉书·贾谊传》中说：“海内之气，清和咸理。”[11]②指性情清净平和。南朝宋刘义庆在《世说新语·赏誉下》中说：“世称荀子秀出，阿兴（王蕴）清和。”[12]③谓天气清明而和暖。南朝宋谢灵运《游赤石进帆海》诗曰：“首夏犹清和，芳草亦未歇。”[13]唐代白居易《初夏闲吟兼呈韦宾客》诗曰：“孟夏清和月，东都闲散官”。[14]后因以为夏历四月的别称。从该诗的落款看，这里的“清和”应与第三种解释一致，是表明季节的。而夏历是中国古六历之一（其他是黄帝、颛项、殷、周、鲁五历），现今我国同时使用公历和夏历。在我国古代和民间四月的别称有多种，如梅月、孟夏、余月、建巳等，“清和”则是其中之一。

而“清和节”并不是正规的节日，只是我国某些地区的民间习俗。如河南就有这方面的习俗：“四月初八，俗称‘四月八’，栾川人也称‘清和节’，河南民间多以是日为‘求子’的日子。民间要打楝花求子和治病。豫东一带这天早晨天不亮，新婚夫妇要光着身子起床，手执长杆去敲打院中的楝树。楝树花多、籽多，据说打了便可多子多福。打楝花时要口唱‘四月八打楝花，来年生个胖娃娃。’所打楝花多收藏起来，用酒泡制作药用，以治梅核气，所谓‘四月八，打楝花，男打七，女打八，打了楝花治梅花’。四月八日这一天，民间许多人还常到送子菩萨庙里烧香叩拜，祈求送子奶奶送一个孩子。拜奶奶时，要到奶奶庙中的娃娃殿娃娃山上抢娃娃，据说抢了娃娃者便可生子。在濮阳等地，四月八日不许媳妇尤其新媳妇外出走亲戚，一定要呆在家中过节。据说‘新媳妇过四月八发婆家’。四月初八日，传为佛祖释迦摩尼诞生之日。50年代前，河南民间信佛者多于此时做善事，诸如修路、补桥之类，许多人还买来活鱼再置入活水中放掉，‘以积阴德’，故此日也称‘放生节’。四月初八日临近麦收，是日民间集会颇多，人们多在此时购置夏收用具和生活用品，以为夏收做准备。50年代以后，四月八日求子之俗已渐摈弃，民间打楝花为药用者仍可得见。此时集、会热闹，尤其80年代后，更加兴盛。”[15]文中的栾川即今洛阳下属的栾川县。至于黄兴写此诗是否就是四月初八日，现在很难考证，如果按民间习俗定，应该就是这一天。假使就是这一天，那么按万年历查证，这一天对应的公历是 1909 年 5 月 26 日（星期三）。然而考察湖南民俗可以知道该省也有“四月八”的民俗活动，由于“四月八临近立夏，古称‘启夏日’。” 并无“清和节”的说法。[16] 书中所述的民俗活动也与河南的完全不同，但黄兴是湖南长沙人，不知为何要使用河南的民俗？在中国人民政治协商会议长沙市委员会文史资料委员会主编的《长沙文史资料》第 11 辑中王建宇撰《黄兴未刊遗墨》和刘泱泱编《黄兴集》里对此诗有记载和收录，但皆未对此诗有全面的解读，而前者仅注明此诗是 1909 年写，后者则注明是 1909 年 4 月写，但“4 月”应为“5、6 月间”，这里有农历和公历换算的误差。因为“清和”为农历四月，按万年历推算己酉年四月对应公历的日期为“四月初一日为公历 5 月 19 日，四月三十日为 6 月 17 日。”

笔者曾考虑黄兴是否会受其夫人的影响而采用其夫人籍贯的习俗用于诗的落款，但据有关资料显示，黄兴原配夫人廖淡如原籍湖南，而他的第二位夫人徐宗汉（辛亥时期女革命家）是广东人，黄兴和徐宗汉是在 1910 年的黄花岗起义期间才相识并结为夫妻的，所以黄兴不可能受她们的影响。笔者还曾考虑黄兴是否会受他的母亲影响而将其母籍贯的习俗用于落款，据《黄兴传》和黄氏家谱《经铿黄氏家谱》（《黄兴传》引用了一些《经铿黄氏家谱》的内容）记载，黄兴有三位母亲（一位生母，两位继母），《黄兴传》未说明其三位母亲的籍贯，而《经铿黄氏家谱》可能对此有记载，但由于国家图书馆所藏该家谱因在整理中不对外借阅，因知武汉辛亥革命纪念馆藏有另一套《经铿黄氏家谱》，笔者乃致信黄兴研究专家、《黄兴传》的作者、武汉大学历史系教授萧致治先生求教，萧教授亲赴辛亥革命纪念馆再次查阅《经铿黄氏家谱》，并复信告知笔者，黄兴的三位母亲皆为长沙人，与“清和节”挂不上钩，至此，黄兴不可能受其母影响是为定论。

此外，笔者还尝试从黄庭坚及其祖先的籍贯来探索清和节之谜。因为黄兴的祖上可以追溯到北宋时期的大文豪、著名诗词家、书法家黄庭坚，而黄庭坚的始祖黄瞻原居浙江金华，后移居江西修水。然而，笔者查阅了叶大兵主编的《浙江民俗》和余悦主编的《江西民俗》，两书尽管都有当地民众四月初八日要送毛娘、或过浴佛节、牛节等民间习俗，却没有“清和”

之说，此路也不通，无法解谜。

再者，若如萧教授在复信中认为"'清和节'说不定是'清明节'之笔误"，那么，此诗的写作时间当为己酉年二月十五日，也即1909年4月5日，和前文中提到的《黄兴集》所说的时间较吻合，但是，"二月"在古代不称"清和"。当然，这只是萧教授的推测，他本人也持待考态度。再有，笔者也曾考虑"清和节"是否是日本节日？因日本也有"清和"之说，但查阅了一些有关日本节日民俗的书籍，皆未见有"清和节"的记载。即便日本有此节日，黄兴又为何要用外国节日落款？因此，本文所存疑问谨在此就教于有识方家，期望此疑问不至于成为千古之谜。

以上是笔者对诗中难点的解读，除"清和节"也就是黄兴写诗的具体日期不敢绝对肯定外，其他都有真凭实据的史料、资料作依据。虽略有遗憾，但基本上对得起革命前辈，不至于遭到他们的谴责。

注释：

① 萧致治：《黄兴与日本》，载《武汉大学学报》（人文科学版），2011年5月第3期，第10－14页。

② 乐茝军著：《双杰传 方声洞、林觉民传》，台北，近代中国出版社，1979年版，第43－45页。

③ 范晔《后汉书·窦融列传》简体版，北京，中华书局出版，1999年，第543—545页。

④ 林幹著：《匈奴史》，北京，人民出版社，2010年1月第1版，第106页。

⑤ 范晔《后汉书》，虞山毛氏汲古阁刻本，明末清初版，第四十七卷，第七页。

⑥《二十五史》第19册《南史》，台湾艺文印书馆据清乾隆武英殿刊本影印，2007年版，第254页。

⑦ 刘勰著：《文心雕龙》卷四，粤东芸香堂刻本，清道光十三年「1833年」，第二十六页。

⑧ 封演著：《封氏闻见记》卷四，刻本，清乾隆二十一年「1756年」，第四页。

⑨ 班固原著、宋涛主编《史记》珍藏版第二册，沈阳，辽海出版社，2010年3月第1版，第664页。

⑩ 班固著、谢秉洪注评：《汉书》，南京，凤凰出版社，2011年1月第1版，第155页。

⑪ 班固著、谢秉洪注评：《汉书》，南京，凤凰出版社，2011年1月第1版，第132页。

⑫ 刘义庆著、丁玉柱等点评：《世说新语》，青岛，青岛出版社，2010年4月第1版，第195页。

⑬ 谢灵运诗《游赤石进帆海》，丁福林编选：《谢灵运鲍照集》，南京，凤凰出版社，2009年1月第1版，第44页。

⑭ 彭定求等编：《全唐诗》第三册，西安，三秦出版社，2008年6月第1版，第1837页。

⑮ 邵文杰总纂：《河南省志·第十卷 民俗志》第七章《岁时节日》第二节《传统节日》，郑州，

河南人民出版社，1995年版，第395—396页。

⑯ 龙海清主编：《湖南民俗》第八章《岁时节日民俗》，兰州，甘肃人民出版社，2003年版，第199页。

第一部分

从馆藏题词看孙中山思想的几个来源

孙中山，一代革命伟人。他领导了伟大的辛亥革命，推翻了腐朽没落的清朝政府，终结了在我国延续了两千多年的封建君主专制制度，建立了中国历史上第一个资产阶级共和政府，开创了中国历史的新篇章。在整个辛亥革命过程中，孙中山的思想不断发展、变化、更新、丰富、完善，形成了自己的体系。1923 年 1 月 29 日，他在《中国革命史》中写道："余之谋中国革命，其所持主义，有因袭吾国固有之思想者，有规抚欧洲之学说事迹者，有吾所独见而创获者。"[①]基于此，就有疑问产生：孙中山的思想源于什么"吾国固有之思想"？取之于什么"欧洲之学说事迹"？又有什么思想属于"吾所独见而创获者"？以往学者多从孙中山的文稿、信件、演讲词内容探讨其思想，而着眼于题词者尚不多见。中国国家博物馆收藏有一批孙中山在不同的场合、给不同的人的题词，为研究者从题词的角度探讨孙中山的思想来源提供了较为集中的实物基础。笔者撷取其中的几件，尝试对孙中山的思想来源作一初步的考察。

一、首先是《天下为公大道行》

（尺寸：纵 31 厘米，横 102 厘米）和《天下为公》（尺寸：纵 34.8 厘米，横 108.2 厘米）横幅。

图 1　孙中山题字横幅

图 2　孙中山书赠杨寿鹏的横幅

前者的题赠对象和时间、场合皆不详。后者根据馆藏文物档案可知题词对象是杨寿彭，时间及场合亦不详。杨寿彭（1882—1938） 广东五华人。1896 年前后，随父赴日本神户，不久，在英商轮船公司任买办。1905 年，加入中国同盟会。为革命筹款、接济、购械、联络，支持孙中山的革命活动。1912 年 1 月回广东，任琼州海口（今海南海口）交涉委员，后为琼山县县长，兼琼崖区总长。同年 5 月卸任，后改任国民党[②]神户支部执行委员长。1914 年，任神户华侨商业研究会会长。1926 年，任华强学校董事长。1937 年 9 月，被日本政府拘捕下狱。1938 年 1 月 2 日，被毒死狱中。时年 56 岁。遗体后由其子扶灵葬于香港华人坟场。

这两幅题词的原文均出自儒家经典《礼记》中的文章《礼运》篇。《礼记》传为西汉戴圣所编，亦称《小戴礼记》，该书本为解说古代《仪礼》的资料汇编，后经东汉郑玄作注，使它摆脱了从属于《仪礼》的地位而独立成书，成为今天的《礼记》。《礼运》是《礼记》四十九篇文章中的一篇，该篇记叙了孔子论述大同社会的思想。文曰：“大道之行也，天下为公，选贤与能，讲信修睦。故人不独亲其亲，不独子其子，使老有所终，壮有所用，幼有所长，矜寡孤独废疾者，皆有所养；男有分，女有归；货恶其弃于地也，不必藏于己；力恶其不出于身也，不必为己。是故谋闭而不兴，盗窃乱贼而不作，故外户而不闭，是谓大同。”[③]“大同”一词，最初见于《庄子·在宥》，原意谓与天地万物融合为一。说的是人要“养心”应当达到“忘物”这样的境界。而第一次用“大同”来论述“天下为公”这种理想社会的，则是这篇《礼运》，是孔子首创的。两千多年来众多仁人志士为了实现这

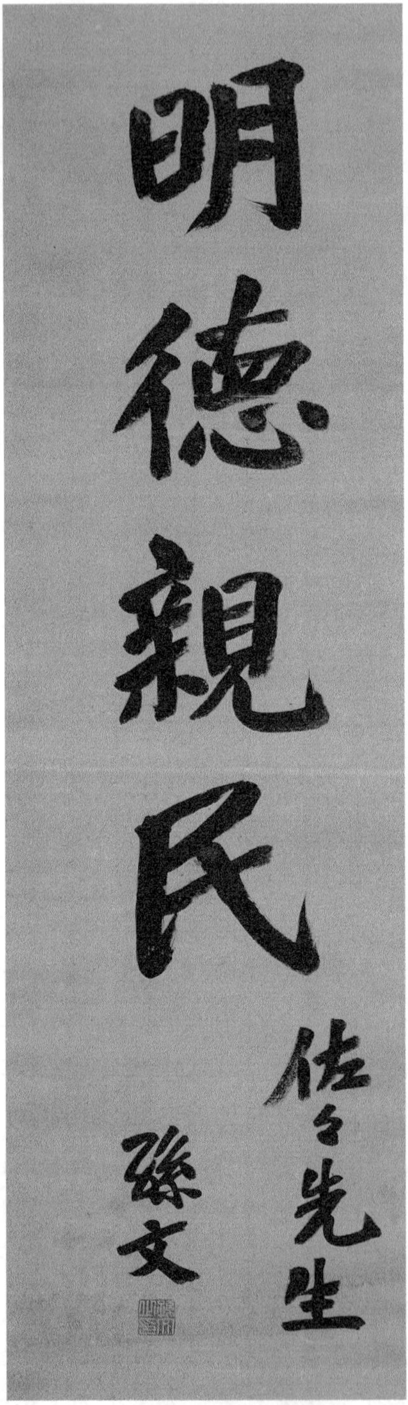

图 3　孙中山书赠左左先生的条幅

一理想社会，赴汤蹈火，前仆后继，不断努力，孙中山便是其中之一。这两幅题词表达了孙中山的宏伟抱负，应该也蕴含着与受赠者共勉之意，而孙中山为实现此远大抱负也始终是矢志不渝地去奋斗。《天下为公大道行》和《天下为公》两横幅的思想明显的来源于我国儒家学说思想，由于儒家思想是我国土生土长的思想体系，所以也即为“因袭吾国固有之思想者”。

二、其次是孙中山书赠佐佐先生的《明德亲民》

（尺寸：纵 139.5 厘米，横 40 厘米）条幅。

此条幅题写的时间、场合均不详，“佐佐先生”的情况也不清楚。[4]此条幅的原文出自儒家经典四书中的《大学》开篇，此文原为《礼记》中的一篇，传为孔子弟子曾参所作，一说约为秦汉时期儒家作品。文曰：“大学之道，在明明德，在亲民，在止于至善。”[5]意思是“大学的宗旨就在于彰显弘扬光明正大的品德，在于使人弃旧革新、除恶扬善，在于使人达到至善的境地。”[6]属于开宗明义的论述。孙中山将此题词赠送给佐佐先生应该是意在表达自己做人、乃至于改造社会的远大志向。

《明德亲民》条幅的思想同样是来源于我国儒家学说思想，因而也同为“因袭吾国固有之思想者”。实际上孙中山不仅是从儒家学说中汲取养分，而且他有着很浓厚的儒学情结。[7]

三、孙中山书赠萧萱（纫秋）的横幅“致虚守静”

（尺寸：纵 83 厘米，横 174 厘米）

图 4　孙中山书赠萧萱的横幅

此横幅书写的时间、地点及场合均不详。而题赠对象“纫秋”即萧萱。萧萱（1885—1955）湖北郧县人。字纫秋。中国同盟会会员。早年追随孙中山革命。1913 年任众议院议员。“二次革命”失败后亡命日本。1916 年随孙中山回上海。1923 年 3 月，任广州大本营秘书，旋任广东省长公署秘书长。1927 年 4 月，任武汉国民政府秘书。1929 年 5 月任湖北省政府委员兼秘书长。6 月，任湖北省政府建设厅厅长，1930 年 2 月去职。1931 年 2 月，任国民政府监察院监察委员。抗战胜利后，任总统府顾问。

“致虚守静”的原文出自道教经典老子的著作《道德真经》（即《道德经》、《老子》、《老子五千文》）第十六章：“致虚极，守静笃。”历代文人、学者对该经的注释有多种，今选几种如下，曰：“其性静而贞，其性清而远，守之厚者，可得虚极之道。”[8]其他的译文注释还有“让其心灵到达虚空极致，让心境全心全意守住静。”[9]“虚无达到极致，笃信恪守清净。”[10]表明孙中山的思想中也吸取了道教的精华。

“致虚守静”横幅显然来源于道家学说思想，而道家学说和儒家学说同为我国土生土长的思想体系，故此横幅的思想也属于“因袭吾国固有之思想者”。

至此，对以上四幅题字的解读解答了前文的第一个疑问。

四、孙中山题赠彭泽民的“博爱”横幅

（尺寸：纵 47 厘米，横 95 厘米）

此条幅书写的时间、地点及场合均不详。彭泽民（1877—1956）广

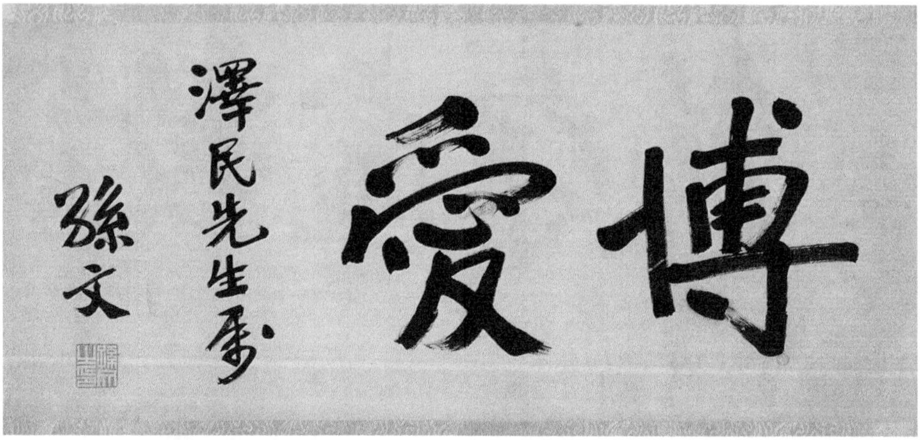

图 5　孙中山书赠彭泽敏的横幅

东四会县人。字锦泉，号镛希。早年侨居马来西亚。1906 年参加中国同盟会。任吉隆坡同盟会支部书记。1926 年回国，被选为中国国民党中央执行委员兼海外部长。1927 年，反对蒋介石、汪精卫的清党反共政变，参加八一南昌起义，任革命委员会委员。1930 年参加组织中国国民党临时行动委员会（农工民主党前身）。抗日战争时期，在海外进行民主救国活动。中华人民共和国成立后，历任中央人民政府委员、全国人大常委、全国政协常委、中国农工民主党中央副主席、中华全国归国华侨联合会副主席。

“自由、平等、博爱”是十八世纪法国资产阶级大革命时期著名的口号，对后来世界多国的社会变革曾产生极大的影响。而“博爱”的另一出处是佛教经典《无量寿经》（亦称《大无量寿经》、《大经》、《双卷经》）之《重重诲勉第三十六》：“汝等得佛经语，熟思惟之。各自端守，终身不怠，

尊圣敬善，仁慈博爱。”[11]大意是“你们得到佛的教诲，就应当深加思考，细心体会，各自端正心意，如教奉行，终身不得懈怠。应当尊重圣贤，敬重善知识，仁爱慈悲，博施济众。”[12]《无量寿经》是佛教重要的经书之一，而《重重诲勉第三十六》则是其中一篇劝人弃恶向善的重要经文。彭泽民是获得孙中山题赠“博爱”墨宝的许多人中的一个，孙中山意在通过这样的方式利用佛教教义的内容，广布“博爱”思想，为革命创造有利条件。

固然我们不知道孙中山是先接触佛教经文还是先了解法国大革命，但从他学识渊博的情况看，这两者都有可能对其产生影响，因为孙中山还曾这样表述过自己：“早岁志窥远大，性慕新奇，故所学多博杂不纯。于中学则独好三代两汉之文，于西学则雅癖达文之道(Darwinism)；而格致政事，亦常浏览。至于教则崇耶稣，于人则仰中华之汤武暨美国华盛顿焉。”[13]“所学多博杂不纯”说明他涉猎颇广，“格致政事，亦常浏览”说明他对政治大事也不陌生，“至于教则崇耶稣”，说明他对其他宗教也应有所了解，其中应该包括对佛教的了解，相互比较之后才达于崇尚基督教。支持这一结论的理由是，孙中山并不是一个人云亦云，对事物盲从偏信、不会独立思考分析的人。

五、孙中山书赠法国驻沪总巡费沃礼的“平等”横幅

（尺寸：纵 45.6 厘米，横 133 厘米）

此横幅的书写时间是中华民国十年元旦，即 1921 年元旦，但是地点、场合皆不详。如前所述，“平等”也是法国大革命时期提出的口号之一。

图 6　孙中山书赠费沃礼的横幅

其含义原有多种，如：指人们在社会、政治、经济、法律等方面享有相等待遇；泛指地位平等：平等互利、男女平等、师生平等、同性平等；“平等”也是一个佛教名词，意为无差别，等同。指一切现象在共性或空性、唯识性、心真如性等上没有差别。佛教经典《金刚经》（即《金刚般若波罗蜜经》）中就说：“是法平等，无有高下”。[14] 鉴于孙中山是一个职业革命家、政治家，所以可以认定他所指的“平等”应该主要属于第一种含义的范畴。

“平等”一词，虽然有多种含义，出处也非单一，不好简单定论孙中山受何种思想影响。不过根据现今学界研究，知道他对古今中外的历史发展曾做较深入的考察，因而判定孙中山的平等思想来源于历史上世界各地的人民反抗统治者的压迫和统治的各种起义和斗争，应该并非谬误。如公元前133年，小亚细亚拍加马王国亚里斯托尼哥奴隶起义，以“自由、平等、友爱”为口号，曾建立一个“太阳国”，反抗罗马统治者；中国封建社会的农民起义，也曾提出过“均贫富，等贵贱”等主张；基督教思想中也有对平等观念的阐述；十八世纪法国资产阶级革命，针对封建专制和等级制度，提出“平等”的口号，宣布在法律面前人人平等。这些都极有可能激发孙中山的平等意识，而当时他所处的中国社会现实对其刺激无疑是很大的，从事革命，争自由，求平等成为他的奋斗目标。而将这一“平等”横幅送给法国在中国的殖民统治代表之一费沃礼，不仅是给予提出了“平等”口号的法国一个讽刺，更重要的是直接表达了孙中山对于民族平等、国家平等的强烈愿望。

据此，这两个横幅的思想来源是多元的，国内外的都有，既有“因袭吾国固有之思想者”，又有“规抚欧洲之学说事迹者”，从而综合解答了前文中的第二个疑问。

六、孙中山书赠鹤皋的“行易知难”横幅

（尺寸：纵53厘米，横195厘米）（见图7）

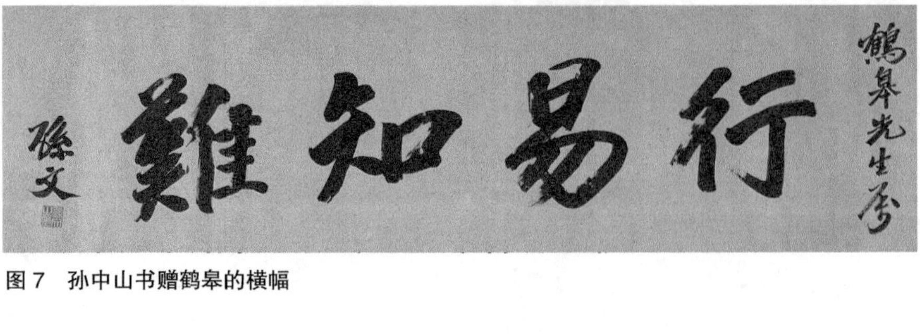

图7 孙中山书赠鹤皋的横幅

（尺寸：纵 44.5 厘米，横 89 厘米）（见图 8）

图 8　孙中山书赠李蟠的横幅

前者书写的时间、地点及场合均不详，鹤皋情况亦不详。后者的“仙根”即李蟠。李蟠（1893—1943）广东中山县人。字仙根。毕业于广东黄埔陆军小学堂。后留学日本，加入中国同盟会。曾参与辛亥武装起义准备工作。1923 年 2 月任孙中山广州大本营驻江门办事处秘书长，后任孙中山侍从秘书。1924 年春，任广东香山县县长。孙中山逝世后，任大本营驻江门政务专员、中山县县长等职。1928 年 11 月 8 日，被任命为国民政府文官处秘书，1931 年 8 月 10 日去职。1932 年 1 月 6 日，任西南政务委员会委员。1936 年 10 月任广东省政府政治设计委员会专门委员，期间担任粤汉铁路局局长。抗日战争中被聘为国民参政会第一、二届参政员。1943 年 6 月在重庆病逝。著有《秋波琴馆诗稿》。

这两件题词是同一种思想内容的两种说法。原文见孙中山著《建国方略》之《孙文学说》（又称《知难行易的学说》或《心理建设》），以十项通过实践证明的事例得出“行易知难”之结论，这十项被论证的事例是：饮食、用钱、作文、建屋、造船、筑城、开河、电学、化学、进化。[15] 也就是说做一件事情比较容易，但要明白、了解所做事情的道理、规律、奥秘是困难的。“行易知难”（知难行易）的论断是对中国传统学说“知易行难”的批判，认为源于傅说（yüè）对殷商王武丁说的“知之非艰，行之惟艰”的古训，和明代王阳明（守仁）的“知行合一”的理论，都可以从根本上予以推翻。用孙中山自己的话说就是：“总而论之，有此十证以为‘行易知难’之铁案，则‘知之非艰，行之惟艰’之古说，与阳明‘知行合一’之格言，皆可从根本上而推翻之矣。”[16] 这一论断的提出得自于对民国初年革命进程屡遭挫折的反思，认为“倘使我国之后知后觉者，能毅然打破‘知之非艰，行之惟艰’之迷信，而奋起仿效，推行革命之三民主义、五权宪法，而建设一世界最文明进步之中华民国，诚有如反掌之易也。”[17]“行易知难”和“知难行易”两横幅，它们是孙中山在考察了中外历史和思想发展状况后得出的结论。他在写作《建国方略》之前，购买、研读了大量各学科书籍，进行了扎实的准备。[18]所以说“孙中山读书异常勤奋，而所购的、所读的西文书籍，无论是政治方面的、经济方面的、社会方面的、历史方面的、哲学方面的，都有相当高的水准。他绝不是靠一些通俗读物来构建自己的理论，他非常敏锐地注意到国际上以上这些学科最新的研究成果和发展动向，他的藏书中绝大部分后来都成为世界名著，而他却是在这些著作刚出版时便购来阅读，证明了他确实有着相当渊博的知识和很高的鉴别能力。纵观整个二十世纪的中国，大概还找不出第二个人像孙中山那样以那么丰富的西文名著来构筑自己的知识基础，而又能融会贯通，形成自己的观点，并以浅显明白的语言表述出来。”[19]显然，“行易知难”的结论是孙中山进行了大量研究和思考后自己得出来的，也就是孙中山自己说的“有吾所独见而创获者。”此结果解答了前文说的第三个疑问。

七、孙中山书赠马湘（吉堂）的 “共和”条幅

（尺寸：纵 209 厘米，横 64 厘米）（ 见图 9）

图 9　孙中山书赠马湘的横幅

第一部分

此横幅书写的时间、地点及场合皆不详。而“吉堂”即马湘。（1889—1973） 广东新宁（今台山）人。原名马天相，又名马吉堂，号修钿。少年习武，早年随父亲到加拿大，后加入中华革命党。1915 年加入“华侨讨袁敢死队”。后任孙中山卫士。1922 年 6 月，陈炯明叛变，护卫宋庆龄有功，获孙中山手书“南方勇士”匾额。1923 年 3 月 15 日，升任大元帅府卫士队副队长。后任大本营参军处副官。1926 年 11 月 29 日任国民政府委员会高级副官。1931 年 1 月 7 日，任总理（孙中山）陵园管理委员会警卫处（后改称国父陵园管理委员会拱卫处）处长。1936 年 5 月 18 日授少将衔。1940 年 4 月 18 日任侨务委员会委员。1943 年 3 月 19 日，任侨务委员会常务委员。1946 年 7 月 31 日，晋中将衔。1948 年 5 月 19 日，任财政部稽核。中华人民共和国成立以后，自香港回广州定居，任广东省政协委员会委员、国务院华侨事务委员会参事。1973 年在香港病逝。撰有《跟随孙中山先生十余年的回忆》一文。

至于“共和”理念则完完全全是受了西方共和思想的影响。“共和”观念起源于西方社会，后来成为孙中山思想体系中的重要内容，也是他一生为之追求的奋斗目标。“共和“一词来源于拉丁语 respublica，意思是“人民的公共事务”， “共同的事业”、“共同的产业”。英文为 republic。共和思想源远流长，共和实践古已有之。古希腊的雅典（奴隶主民主共和制）、斯巴达（奴隶主贵族共和制）等城邦，古罗马（共和国时代），还有中世纪意大利的威尼斯、佛罗伦萨、热那亚等城市国家，都曾是著名的共和国。基于“共和”内涵形成的共和制是指国家的权力机关和国家元首由选举产生并有一定任期的政权组织形式，又称民主共和制。共和政体区别于君主政体，而且是作为君主政体的相对面而存在的。近代共和政体主要分为议会制共和制和总统制共和制。

尽管中国古代也有“共和”之说，如西周从厉王失政，至宣王执政，中间十四年，号共和。共和元年，即公元前 841 年，是中国历史有确切纪年的开始。而共和的由来，有两说：

1、因西周厉王出奔后召公、周公二相共同执政。

2、因由共伯和代理政事。

无论哪一说都和孙中山所认知的“共和”不相符，完全是风马牛不相及的事物。孙中山所认知的“共和”是旨在中国建立现代意义上的民主共和国，源于西方思想体系。所以说，“共和”条幅所含的思想正是孙中山所说的“规抚欧洲之学说事迹者”。

当然，由于馆藏文物有限，上述题词难以涵盖孙中山的所有思想来源，只能在现有情况的基础上作一简略且粗浅的归纳，只能说孙中山的思想来源至少有上述几种，不仅证明他自己的说法，也证明他的思想来源是多元的，而非单一的，还证明他具有非凡的人格特质，善于在实践的基础上博览群书并博采众长，既立足于本国思想文化的厚土，又吸纳外国文化框架内的有益成分，从而使之为革命所用。

注释：

① 孙中山：《中国革命史》，《孙中山全集》第七卷，广东省社会科学院历史研究所、中国社会科学院近代史研究所中华民国史研究室、中山大学历史系孙中山研究室合编，北京，中华书局，第60页。引文原载《申报五十周年纪念专刊》，1923年2月编印《中国之革命》。

② 此处国民党指1912年8月以同盟会为基础，联合统一共和党、国民共进会、共和实进会、国民公党等几个小党派组织而成的国民党。此国民党在1913年“二次革命”失败后，被袁世凯强行解散。其部分成员随孙中山于1914年组成中华革命党，但部分支部仍沿用国民党的名称。1919年10月统一改名为中国国民党，即今天所说的国民党。不是存在于1912年2–5月间由潘昌煦等人在上海成立的国民党。

③ 《礼运》，《礼记》第三册卷七，癸卯新正月题宋版，第一页。标点符号根据杨天宇注说《礼记》，开封，河南大学出版社，2010年11月第1版，第322页引文标定。

④ 据笔者查阅了《孙中山年谱长编》、《孙中山和日本》及《李仙根日记·诗歌》等资料，了解到在孙中山的革命生涯中，有佐佐木宪正、佐佐木安五郎和佐佐木照山等日本人与其有直接或间接的关系，但此条幅具体赠给谁待考。

⑤ 《大学》，孔丘原辑、曹金洪主编《四书五经》，国学经典第1辑，北京，燕山出版社，2010年12月，第1页。

⑥ 《大学》，孔丘原辑、曹金洪主编《四书五经》，国学经典第1辑，北京，燕山出版社，2010年12月，第1页译文。

⑦ 见黄明同、张冰、张树旺等著：《孙中山的儒学情结——中华文化的承传与超越》，北京，社

会科学文献出版社，2010 年 6 月第 1 版。

⑧ 《道德真经注》，上海涵芬楼影印正统道藏本，元天观道士李荣注。

⑨ 李湘雅解读《道德经》，北京，人民文学出版社，2006 年 5 月第 1 版，第 46 – 47 页。

⑩ 中和编著：《道德经注释》，北京，北京师范大学出版社，2010 年 7 月第 1 版，第 56 – 57 页。

⑪ 赖永海主编、陈林译注：《无量寿经》，北京，中华书局，2010 年 5 月第 1 版，第 203 页。

⑫ 赖永海主编、陈林译注：《无量寿经》，北京，中华书局，2010 年 5 月第 1 版，第 204 页。

⑬ 孙中山：《复翟斯理函》（一八九六年十一月），《孙中山全集》第一卷，广东省社会科学院历史研究所、中国社会科学院近代史研究所中华民国史研究室、中山大学历史系孙中山研究室合编，北京，中华书局，第 48 页。据佚名编《总理遗墨》（广东省社会科学院藏，出版时间不详）影印原函。

⑭ 《金刚经》之《净心行善分第二十三》，（后秦）鸠摩罗什译，王月清注评：《金刚经》（图文版），南京，凤凰出版社，2010 年 1 月第 1 版，第 57 页。

⑮ 孙中山撰：《孙文学说——行易知难（心理建设）》，孙中山著：《建国方略》，北京，中国长安出版社，2011 年 3 月第 1 版，第 3 – 79 页。

⑯ 孙中山：《孙文学说——行易知难（心理建设）》第五章《执行总论》，孙中山著：《建国方略》，北京，中国长安出版社，2011 年 3 月第 1 版，第 37 页。

⑰ 孙中山：《孙文学说——行易知难（心理建设）》第五章《执行总论》，孙中山著：《建国方略》，北京，中国长安出版社，2011 年 3 月第 1 版，第 41 页。

⑱ 姜义华：《孙中山思想发展学理上的重要准备——跋新发现的一份孙中山购书清单》、《论〈孙文学说〉人文精神的新构建》，姜义华论文集：《大道之行——孙中山思想发微》，广州，广东人民出版社，1996 年 10 月第 1 版，第 308 – 329 页，第 330 – 345 页。

⑲ 姜义华论文集序：《大道之行——孙中山思想发微》，广州，广东人民出版社，1996 年 10 月第 1 版，第 2 页。

重现江湖的宋版《凤墅法帖》残卷述略

——《凤墅法帖》前帖第三、五、十六、十七卷

一个偶然的机会得到宋版《凤墅法帖》四残卷的照片，经内行人告知有相当价值，则引起极大兴趣，虽然是个外行，而且未见原件，还是决心进行学习研讨。这些照片已由收藏者制作成光盘，并叙述了其来源和表达了制作光盘的初衷，笔者依其意愿，将这些碑帖照片奉呈社会，欢迎碑帖学界的专家学者、以及社会上的爱好者共同欣赏、研究，并给予指导。

鳳墅帖簡介

南宋盧陵郡（今江西吉安市）曾宏父字幼卿(其父任禮部尚書，賀金国使，刑部侍郎)自識略具當日廷試之概。憶少時目擊朝廷人事變遷（偏安江南與出兵北上之慘烈鬥爭），傷感流涕，乃匯集宋代自天聖至紹興末各方面知名人士墨跡，尤其是宋室南渡前後，上自帝王卿翰，下至名臣學者文士的公私信札，文章詩詞，翰苑制稿等等。古人書問不輕假手門客，行草大小疏密不拘。其中亦不敢削巨奸遺墨，原本上石。于嘉熙，淳祐間（1232—1252）在盧陵郡之鳳山別墅（鳳山書院），亳社張節摸丹上石，歐陽信明刻工，鳳墅帖二十卷，畫帖二卷，時賢提詠二卷，續帖二十卷，七年而成。刻工精細，工程浩大。故在完工當時就已獲得很高的評價。因爲是宋人集刻的本朝名人墨跡，而其書札内容又涉及文史各方面，不僅對欣賞，臨摹，研究宋時書法，宋史文學及對驗宋人筆跡等，都是有用及可靠的工具。如辛稼軒字跡僅在此帖出現，至清嘉慶年間原刻存十二卷。

我内人劉詠，其父劉仲嘉先生，于六零年左右，以四万元港幣，得鳳墅帖四卷（三卷，五卷，十六卷，十七卷），留下保存至今。

應好友王旭晨先生及北京首都圖書館馬文大先生之建議，于今年二月請巴西王本楨先生錄製光牒，分送同好欣賞研究。

庚寅正月初七　二零一零年二月二十日　巴西陳華洸 識

《凤墅法帖》的制作者是南宋时期的曾宏父，庐陵（今江西吉安）人。曾创凤山别墅（凤山书院），自号凤墅逸客，故该法帖得名于此。宋理宗嘉熙(1237—1240)、淳佑(1241—1252)年间曾宏父聘请亳社张节摹丹上石，

由欧阳信明、欧阳庚等刻工，历经七年，制成法帖前帖二十卷、续帖二十卷，画帖二卷，时贤题咏二卷，涵盖自天圣至绍兴末年各界知名人士墨迹，不拘善恶忠奸。经历七百多年的社会变迁，原《凤墅法帖》大部流散，现今仅上海图书馆存藏十二卷残卷，为孤本，此重新现世的四残卷应为原法帖的组成部分。

《凤墅法帖》是现存最重要的断代刻帖。[①] 此四残卷中的第三卷《东都南渡廷魁帖》缺帖首标题和前十一帖（原计二千六百六十六字，共九片，三十板），存十二帖，涉及的人物有马涓、毕渐、俞栗、沈晦、张九成、汪应辰、黄公度、王佐、董德元、赵逵、张孝祥、王十朋十二人；第五卷《清江三刘帖》有完整的帖首标题（计三千四百六十四字，共六片，二十四板），涉及的人物有刘敞、刘攽、刘奉世三人；第十六卷《绍兴正论帖　庆元正人帖》也有完整的帖首标题（计六千四百八十八字，共十片，四十板），涉及的人物有胡铨、张元幹、王庭珪、李光、张九成、释宗杲、芮烨、连南夫（连战先祖）、徐林、折彦质、张焘、李弥逊、彭龟年、孙逢吉、章颖、尤袤、郑湜、邓驲、徐谊、倪思二十人；第十七卷《南渡文艺贴》也是完整的（计四千一百四十二字，共七片，三十二板），涉及的人物有孙觌、汪藻、韩驹、陈与义、赵令畤、洪刍、向子諲、陈正同、洪尊、洪迈、章森、谢谔、杨万里、陆游、辛弃疾、何异十六人。每卷后都有曾宏父的跋。以上内容均和容庚著《丛目帖》第三册中所记《凤墅法帖》的内容相符。[②] 此外，第五卷有《续第五卷》四板，计四百八十一字，有任世英、吕祖俭等人的字，《丛目帖》中未见记载。四卷中除张九成是重复出现外，其他人都只出现一次，共五十三人。其中除少数（十五）人外，多数（三十六）人在《宋史》或《宋史翼》中有传，表明其中的大多数人在宋代都具有较高的知名度和影响。每卷卷尾都有鼎形“凤山”印和“清江开国”方形朱文印章。

每卷的卷首前和卷尾后都有名人题字和印鉴，而卷文首尾也有历代名人的印鉴。第三卷《东都南渡廷魁帖》的卷首前名人题识处有清代翁方纲、吴荣光、刘吉甫（应即为刘喜海）、 姚元之（伯昂）、姚晏等清代名士的题识，并有钤章六方，已识读的有“苏陆斋”、“杨彦起”、“翁方纲”、“吴荣光”。卷首有钤章十一方，除“翁方纲”外，其余皆未能识读。卷间有“姚晏”

钤章一方，另有未能识读的钤章一方。卷尾也有钤章十方，皆未能识读。卷尾后有“为弼”、“陈崇本”、“陈希曾”等人的题识。而钤章则有“为弼”的一方，但未能识读；另有“陈崇本”、“陈希曾”钤章二方和未能识读的钤章二方。《马涓与公谨贤甥书》末尾有“曾氏家藏” 钤章。

1. 第三卷《东都南渡廷魁帖》，制帖者曾宏父在卷尾的跋中写道：“右自天圣至绍兴末魁帖二十有三”，清代姚元之则在卷首前题识中说：“此册原刻廿三帖，今亡其十一，存十二帖。”除王佐、董德元外，对另外十人都有简单介绍，并给予相应评价。以下是第三卷十二个人物简介及十二帖名称。

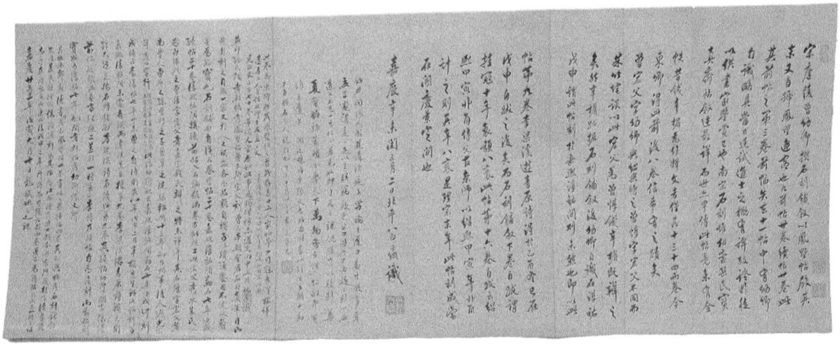

(1) 马涓，生卒年不详。四川南部人。字巨济。北宋哲宗元祐六年(1091)辛未科状元。授官雄武军节度判官。善书法。后因指斥蔡京等奸佞，被罢官回乡，不再出仕，后卒家中。

《与公瑾贤甥书》

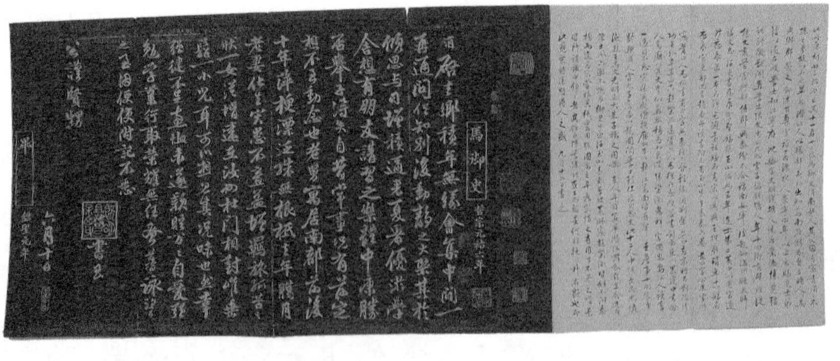

(2) 毕渐，生卒年不详。荆州潜江人。字之进。宋哲宗绍圣元年（1094）甲戌科状元。授官膳部员外郎，出知荆南府事。毕渐以文学致身，刚介自立，时人以之为榜样，乡郡以之为荣耀。

《书示帖》

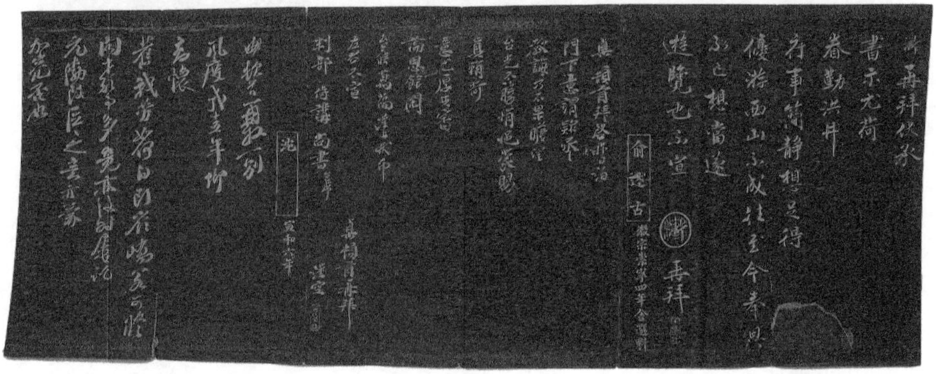

(3) 俞栗，生卒年不详。江苏江宁人，字祗若。宋徽宗崇宁四年（1105）以上舍生赐进士第。后为述古殿直学士、知江宁府。为官刚直不阿，曾因不满蔡京所为被贬职。《宋史》有传，卷三百五十四，列传第一百一十三。

《与判部侍讲书》

(4) 沈晦（1084—1149） 杭州钱塘人。字文明（一说元用），号胥山。宋徽宗宣和六年（1124）甲辰科状元。后为徽猷阁直学士。《宋史》有传，卷三百七十八，列传第一百三十七。

《风度帖》

(5) 张九成（1092—1159 年） 杭州钱塘人。字子韶，号横浦居士，无垢居士。宋高宗绍兴二年（1132）壬子科状元。历官著作郎、宗正少卿、权礼部侍郎。反对和议，为秦桧所贬十四年，桧死始得归。后赠太师，谥文忠。《宋史》有传，卷三百七十四，列传第一百三十三。

《万安帖》

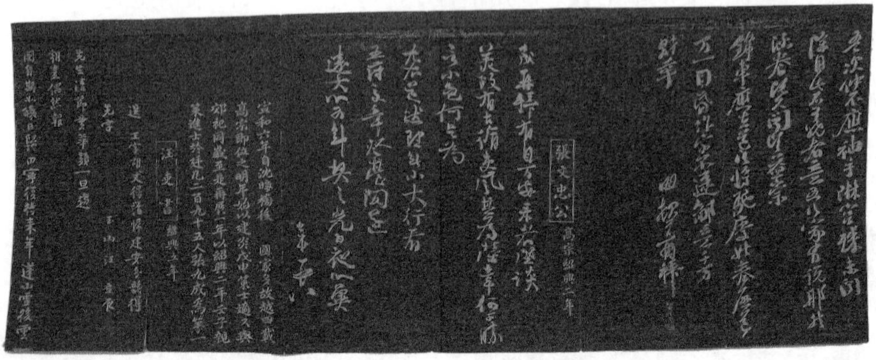

(6) 汪应辰（1117—1176） 信州玉山人。初名洋，字圣锡。南宋官吏、诗人、散文家。宋高宗绍兴五年（1135）乙卯科状元。主战，为秦桧所贬十七年，桧死方还朝。为人接物温逊，遇事刚方正直，敢言不避。曾搜集苏轼手迹辑刻成《西楼苏帖》。《宋史》有传，卷三百八十七，列传第一百四十六。

《分韵送胡丈归建安诗》

(7) 黄公度（1109—1156） 福建莆田人。字师宪，号知稼翁。宋高宗绍兴八年（1138）戊午科状元。授官秘书省正字等职。因得罪秦桧被贬，桧死始还朝。工词善文。著有《知稼翁集》十一卷，《知稼翁词》一卷。《宋史翼》有传，卷二十四。

《与朝吉解元书》

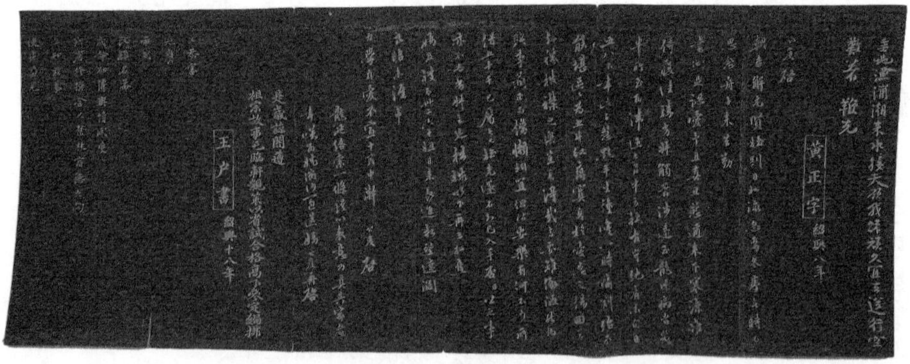

(8) 王佐（1126—1191） 山阴人。字宣子。宋高宗绍兴十八年（1148）戊辰科状元。因得罪秦桧被外放，桧死乃复官。后曾任户部尚书等职。为官之处，皆以德政著名。《宋史翼》有传，卷十三。

《光膺帖》

(9) 董德元（1096—1163） 江西乐安人。字体仁。曾历尽艰辛才考取宋高宗绍兴十八年（1148）戊辰科状元（因有官在身，降为第二名，王佐升为第一名）。后依附秦桧，任 ss 副相。后世以“秦桧同党”视之。

《与定功学正书》

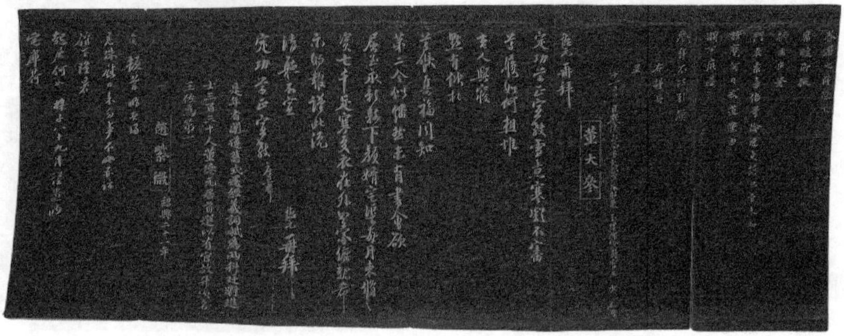

(10) 赵逵（1117—1157）。资州人。字庄叔。宋高宗绍兴二十一年（1151）辛未科状元。为秦桧所忌，被贬。桧死方受到重用。因文才佳，有“小东坡”之誉。《宋史》有传，卷三百八十一，列传第一百四十。

《与修武陈丈书》

(11) 张孝祥（1132—1170） 历阳乌江人。字安国，号于湖居士。宋高宗绍兴二十四年（1154）甲戌科状元。因为岳飞鸣冤，遭秦桧迫害，桧死乃复职，官集英殿修撰、中书舍人等。擅长作词及书法，与张元干合称南渡初期词坛双璧。《宋史》有传，卷三百八十九，列传第一百四十八。

《国史帖》

(12) 王十朋（1112—1171） 温州乐清人。字龟龄，号梅溪。秦桧死后应试，宋高宗绍兴二十七年（1157）丁丑科状元。历官国史院编修、起居舍人、侍御史等。力主恢复大业。为官颇有治绩。著有《梅溪集》。《宋史》有传，卷三百八十七，列传第一百四十六。

《与宫使舍人书》

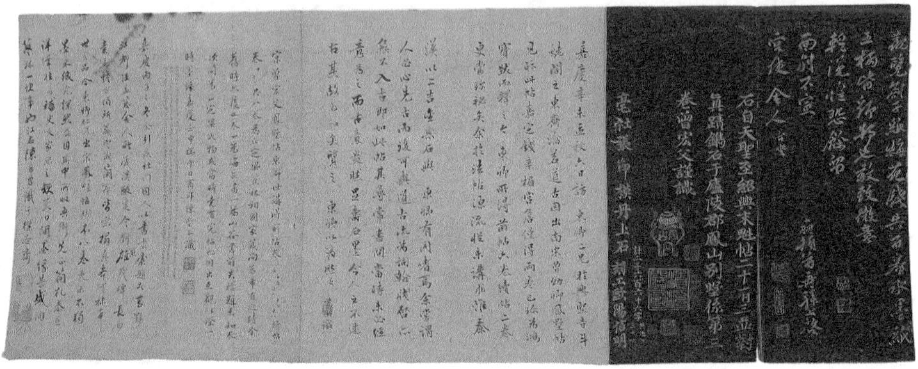

2. 第五卷《清江三刘帖》的卷首前有翁方纲的题识和签名，还有“铜雀真研之画”、“翁方纲”、“單溪”及未能识读的钤章四方。卷首有钤章九方，皆未能识读。在《刘奉世与持正主客书》的末尾也有“曾氏家藏”钤章。在《续第五卷》卷首下端有“苏　墨缘”的钤章。卷尾亦有钤章七方，除“翁方纲”、“杨守敬”、“星悟 **”之外，余皆未能识读。在任世英书后有“任世英印”的印章。卷尾后有姚远之跋和杨守敬的题记。最后有“杨守敬印”钤章和一方印文为“星悟 **”的钤章，应也是杨守敬的。

第五卷《清江三刘贴》，收入的是刘敞、刘攽、刘奉世的手迹。人物简介和各帖名称如下：

(1) 刘敞（1019—1068） 临江军新喻人。字原父，世称公是先生。官至吏部南曹，集贤院学士，判南京御史台。博学多才，长于经学、金石学等，为我国金石学的开山者。《宋史》有传，卷三百一十九，列传第七十八。

《与十四中舍书》

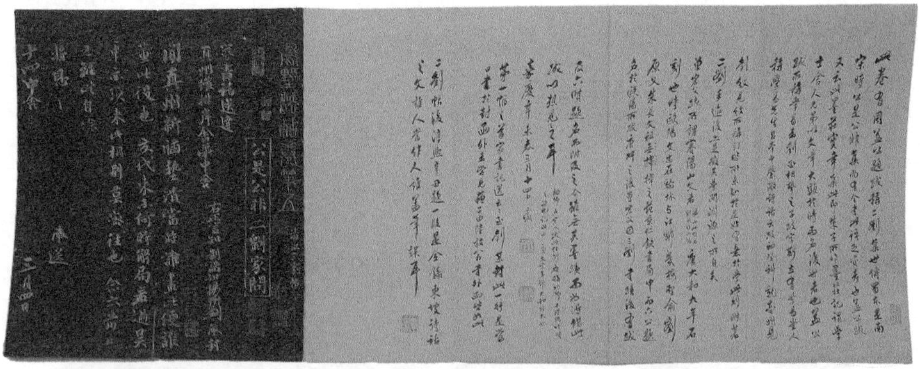

《与思贡书》

《与十四虞部诸弟书》

《与四叔大卿书》，后有宋人刘清之跋。

《与府推学士书》，后有宋人员兴宗跋。

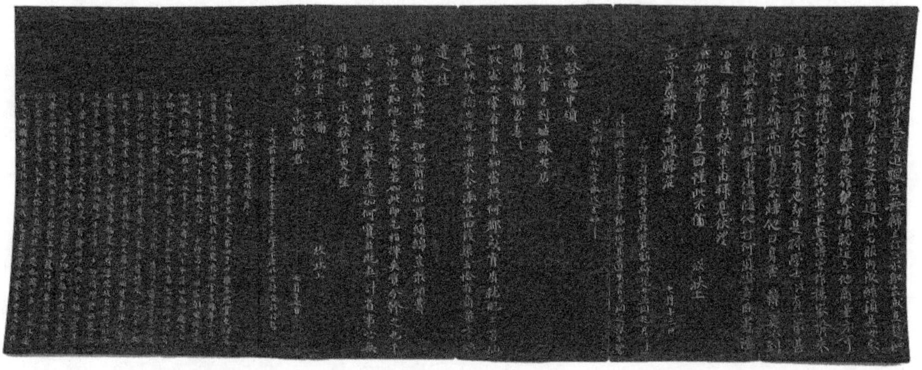

(2) 刘攽（1023—1089） 临江军新喻人。字贡父，号公非。刘敞弟。官至中书舍人。长于史学，助司马光修《资治通鉴》；亦善诗文。《宋史》有传，卷三百一十九，列传第七十八。

《与十四哥中舍书》，后有宋人刘淦、黄叔豹、李焘、王十朋、周必正、周必大、刘焞、洪迈、刘诚之跋。

《与君成学士书》

(3) 刘奉世（1041—1113） 临江军新喻人。字仲冯。刘敞二子，为四子中最优秀者，善文史。元祐党人。官至签书枢密院事。《宋史》有传，卷三百一十九，列传第七十八。

《与持正主客书》，后有周必大跋。

《与斯立宣德书》，后有周必大、洪迈、曾宏父跋。

3.《续第五卷》有任世英和吕祖俭等人的字。

(1) 任世英，生平不详。

(2) 吕祖俭（?—1200年）　浙江金华人。字子约。官至太府丞。因得罪权臣韩侂胄，被贬。《宋史》有传，卷四百五十五，列传第二百一十四，忠义十。

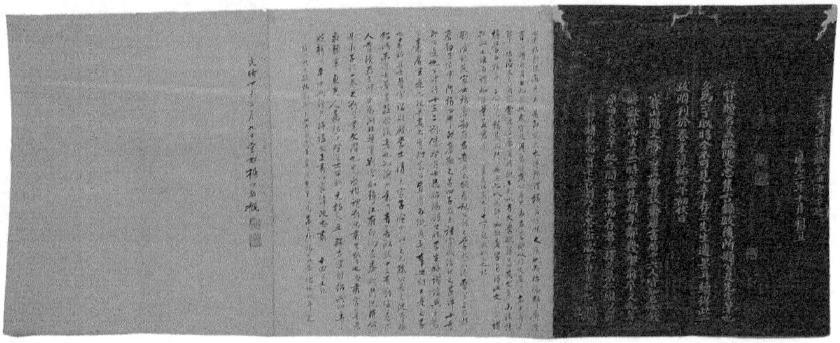

第十六卷《绍兴正论帖　庆元正人帖》的卷首前有吴荣光的题识，并有他的钤章。卷首有钤章九方，皆未能识别。此卷的中间部分有钤章十方，皆未能识读。卷尾有钤章7方，仅“翁方纲”可辨外，其余亦皆未能识读。另有“曾氏家藏”印8方。卷尾后有姚晏题字及钤章。另有他人题识和钤章，但未能识读是何人。

4. 第十六卷《绍兴正论帖　庆元正人帖》人物简介和各帖名称：

(1) 胡铨（1102—1180）　吉州庐陵人。字邦衡，号澹庵。官至国史院编修，权兵部侍郎。主战，反议和，以直言敢谏著称，得罪秦桧而被贬。

善文，且工书法。《宋史》有传，卷三百七十四，列传第一百三十三。

《论和议封氏并尺牍》，后有吕祖俭观款，胡栻跋。

胡栻生平不详。

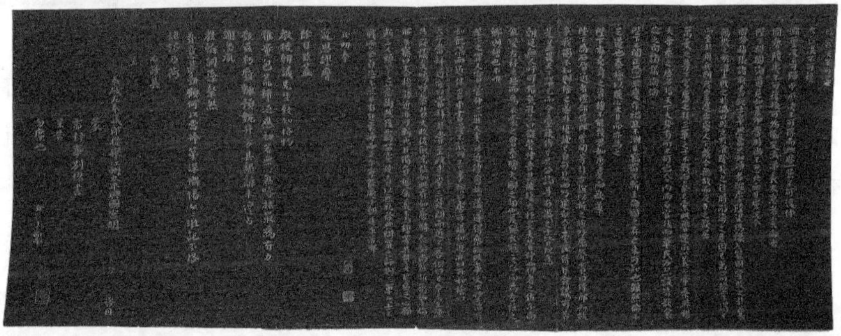

(2) 张元干（1091—约1170）长乐人。字仲宗，号芦川老隐，真隐山人。善词。官至将作少监。主战，被秦桧削职。诗词文俱佳，与张孝祥合称南渡初期词坛双璧。《宋史翼》有传，卷七。

《贺新郎词》，后有周必正、周必大、杨万里跋。

(3) 王庭珪（1080—1172） 吉州安福人。字民瞻，号卢溪。官至直敷文阁。工诗，尤精于《易》，著述甚丰。《宋史翼》有传，卷七。

《送邦衡编修之新州诗二首》，后有周必正、周必大、杨万里跋。

(4) 李光（1078—1159） 越州上虞人。字泰发，号转物居士。官拜参知政事。因与秦桧不和，遭贬。《宋史》有传，卷三百六十三，列传第一百二十二。

《与邦衡编修书》

《眷爱帖》

《幕官帖》

(5) 张九成（第三卷已有简历，此略），《与邦直权府书》。

(6) 释宗杲（1089—1163） 宋僧。俗姓奚。宣城人。字昙晦，号大慧禅师。以雄辩著名，声震京师。因与主战派相友善，遭秦桧忌，被剥夺僧籍并流谪。一生多行善事。

《需香帖》

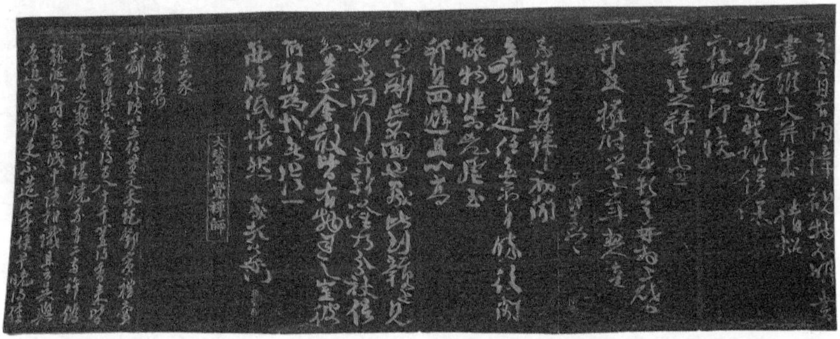

(7) 芮烨（1114—1172） 名或作煜。湖州乌程人。字仲蒙，一字国器。官至监察御史，国子司业、祭酒。《宋史翼》有传，卷十三。

《闽中帖》

(8) 连南夫（1086—1143） 安州应山人。字鹏举。官至宝文阁学士，知广州，兼广东经略安抚使。因得罪秦桧被贬。《宋史翼》有传，卷九。

《亲征帖》

(9) 徐林，生卒年不详。和州历阳人。字稚山，号砚山居士。历刑部、户部、吏部侍郎，龙图阁学士。工书，以篆名家。

《与新仲知府书》

(10) 折彦质，生卒年不详。云中人。字仲古，号葆真居士。官至签书枢密院事。曾因主战被秦桧贬谪。

《委谕帖》

(11) 张焘（1091—1165） 饶州德兴人。字子公。官至吏部尚书、参政知事。曾受李纲案牵连被贬。《宋史》有传，卷三百八十二，列传第一百四十一。

《宣城帖》

(12) 李弥逊（1089—1153） 苏州吴县人。字似之，号筠溪。以徽猷阁直学士知漳州。主战，反和议，后归隐。《宋史》有传，卷三百八十二，列传第一百四十一。

《迁居帖》，后有曾宏父跋。

(13) 彭龟年（1142—1206） 临江军清江人。字子寿，号止堂。官拜礼部侍郎兼侍读，集英殿修撰，提举冲佑观。为官直言敢谏。《宋史》有传，卷三百九十三，列传第一百五十二。

《雨湿帖》

(14) 孙逢吉（1135—1199） 吉州龙泉人。字从之，自号静阅先生。官至秘书监兼吏部侍郎。为官直言敢谏。《宋史》有传，卷四百零四，列传第一百六十三。

《与知府寺丞书》

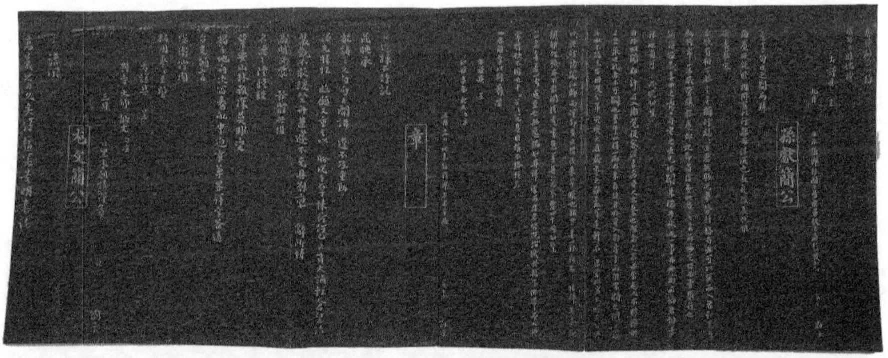

(15) 章颖（1141—1218） 临江军人。字茂献。除集英殿修撰，累官礼部尚书。曾因不依附韩侂胄被罢官。《宋史》有传，卷四百零四，列传第一百六十三。

《与判寺大卿书》

(16) 尤袤（1127—1194） 常州无锡人。字延之，号遂初居士。官至礼部尚书。工诗文，为“南宋四大家”之一。为官颇有政绩。为藏书大家，编写了中国最早的一部版本目录。《宋史》有传，卷三百八十九，列传第一百四十八。

《高义帖》

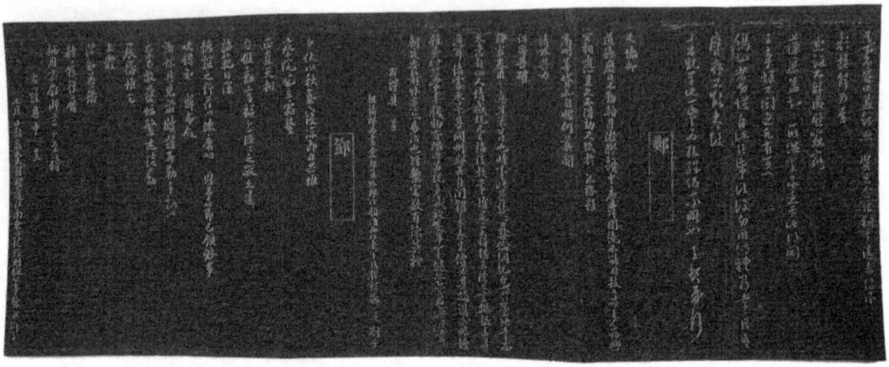

(17) 郑湜，生卒年不详。福州闽县人。字溥之，号补之。权直学士院，刑部侍郎。曾因得罪韩侂胄被贬。

《怀仰帖》

(18) 邓驲，生平不详。

《秋气帖》

(19) 徐谊（1144—1208） 阳州人。字子宜，一字宏父。官至知建康府兼江淮制置使。为官有政声，曾因得罪韩侂胄被贬。《宋史》有传，卷三百九十七，列传第一百五十六。

《与判府寺丞帖》

(20) 倪思（1147—1220） 湖州归安人。字正甫，号齐斋。官至礼部尚书。曾因得罪韩侂胄被革职。《宋史》有传，卷三百九十八，列传第一百五十七。

《光符帖》，后有曾宏父跋。

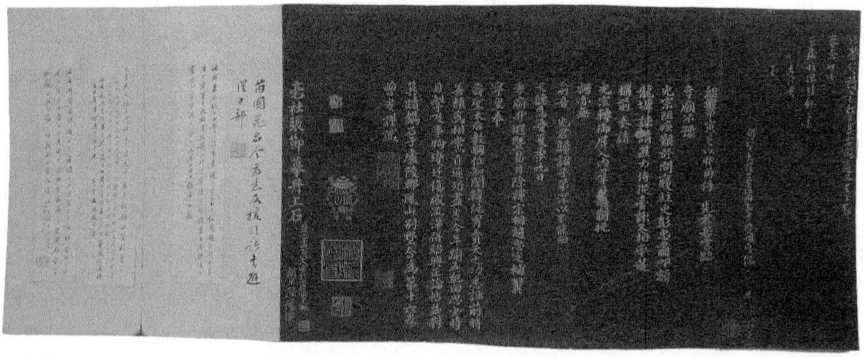

5. 第十七卷《南渡文艺帖》卷首前有“吴荣光伯荣甫”的题识和吴荣光的钤章。卷首有钤章七方，仅“翁方纲”可识别外，余皆未能识读。在卷中《向子諲（芗林）与茂德迪功书》末尾处有钤章一方，未能识读。在《洪尊与知府殿撰书》末尾也有钤章一方，亦未能识读。卷尾亦有钤章十三方，皆未能识。另有“曾氏家藏”钤章一方。卷尾后有“吴荣光伯荣甫”题识和吴荣光钤章。随后有姚元之的题识。随后有不知何人的题识及钤章。之后有刘绶元的题识和钤章。再后又有姚晏的题识及钤章“姚氏之印”。最后有“常”的题识和钤章。

第十七卷人物简介及各帖名称：

(1) 孙觌（1081—1169）　常州晋陵人。字仲益，号鸿庆居士。历户部尚书，知温州等职。曾草拟降金表。早年附汪伯彦、黄潜善，诋李纲，后复阿谀万俟卨，谤毁岳飞。

《与宫使资政书》

《涂宣干帖》

(2) 汪藻（1079—1154） 饶州德兴（今属江西）人。字彦章。善文。主张对金退让。《宋史》有传，卷四百四十五，列传第二百四，文苑七。

《桂兵帖》

(3) 韩驹（？—1135） 仙井监人。字子苍，号陵阳先生。官至中书舍人，兼权直学士院。善诗，倡导诗言志的理论。并善制曲。《宋史》有传，卷四百四十五，列传第二百四，文苑七。

《与提举承议书》

(4) 陈与义（1090—1139） 洛阳人。字去非，号简斋。官至参知政事。善诗词，江西诗派“三宗”之一。《宋史》有传，卷四百四十五，列传第二百四，文苑七。

《台眷帖》

(5) 赵令畤（1061—1134）宋宗室。字景贶，自号聊复翁。袭封安定郡王。元佑党人。

《与办道户曹书》

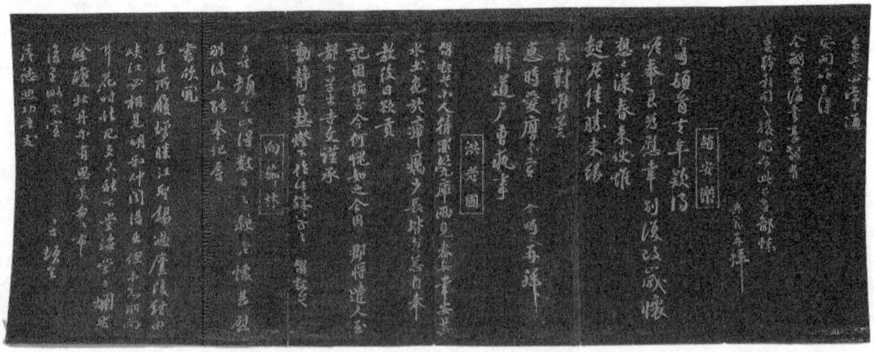

(6) 洪刍，生卒年不详。洪州南昌人。字驹父。元祐党人。官至谏议大夫。黄庭坚外甥，江西诗派重要诗人。

《箢库帖》

(7) 向子諲（1085—1152） 临江军清江人。字伯恭，号芗林居士。官至徽猷阁待制，除户部侍郎。主战，因反对秦桧议和，被贬。《宋史》有传，卷三百七十七，列传第一百三十六。

《与茂德迪功书》

《与茂德监祠书》

(8) 陈正同，生平不详。

《魏参帖》

(9) 洪遵（1120—1174） 鄱阳人。字景严。钱币学家。著《泉志》等。曾因不依附于秦桧势力而被压制。《宋史》有传，卷三百七十三，列传第一百三十二。

《与知府殿撰书》

(10) 洪迈（1123—1202） 鄱阳人。字景卢，别号野处。洪遵弟。官至端明殿学士。以文学见长。著《容斋随笔》等。《宋史》有传，卷三百七十三，列传第一百三十二。

《次韵周文直院诗二首》

(11) 章森，生平不详。

《南荆帖》

(12) 谢谔（1121—1194） 临江军新喻人。字昌国，人称艮斋先生，亦称桂山先生。官至御史中丞，权工部尚书。《宋史》有传，卷三百八十九，列传第一百四十。

《与无玷判台书》

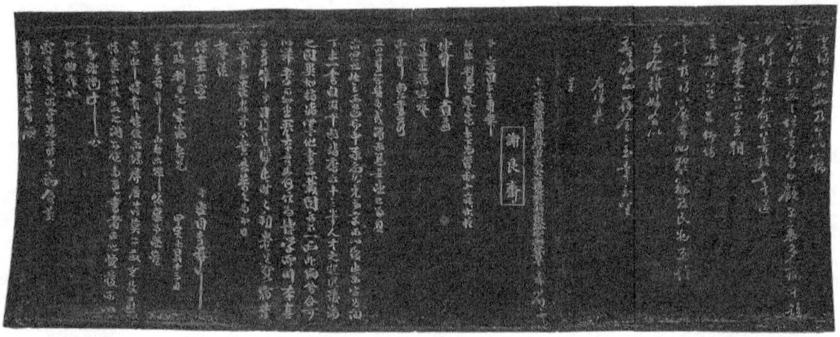

《小村帖》

《穷居帖》

《无玷判县之官南康诗》

(13) 杨万里（1127—1206） 吉水人。字廷秀，人称诚斋先生。善诗文，“南宋四大家”之一。一生力主抗金，为官不扰民，晚年拒不出仕。《宋史》有传，卷四百三十三，列传第一百九十二，儒林三。

《与知县朝议书》

《与无玷知县诗》，后有杨长孺跋。

杨长孺（1157-1236年）原名寿仁，字伯子，号东山，吉水（今属江西）人。杨万里子。

(14) 陆游（1125—1210） 越州山阴人。字务观，号放翁。官至宝章阁待制。一生力主抗金。为官有善政，受民爱戴。“南宋四大家”之一，以诗著称，亦善书法，精行草和楷书。又为藏书大家和烹饪大师。《宋史》有传，卷三百九十五，列传第一百五十四。

《与监丞契丈书》

(15) 辛弃疾（1140—1207） 历城人。字幼安，号稼轩。历任湖北、江西、湖南、福建、浙东安抚使等职。以词著称，一生力主抗金，文武兼备。《宋史》有传，卷四百零一，列传第一百六十。

《坎壈帖》

(16) 何异，生卒年不详。抚州崇仁人。字同书，号月湖。官至工部尚书，出知泉州。曾因与权臣韩侂胄意见不合被贬职。《宋史》有传，卷四百零一，列传第一百六十。

《与判府寺丞书》

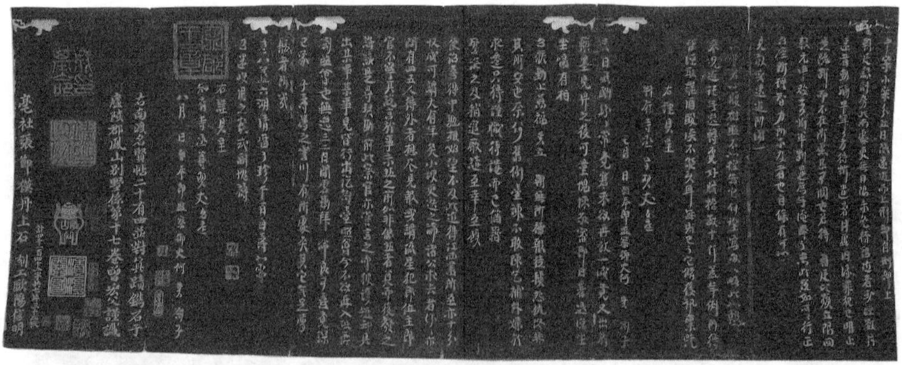

《与知府寺丞书》，后有曾宏父跋。

从这几卷《凤墅帖》残卷中，我们不仅能欣赏到古人的手迹、书法，还能了解到他们的人文情怀，友谊亲情，思想情操，以及对善恶忠奸的考

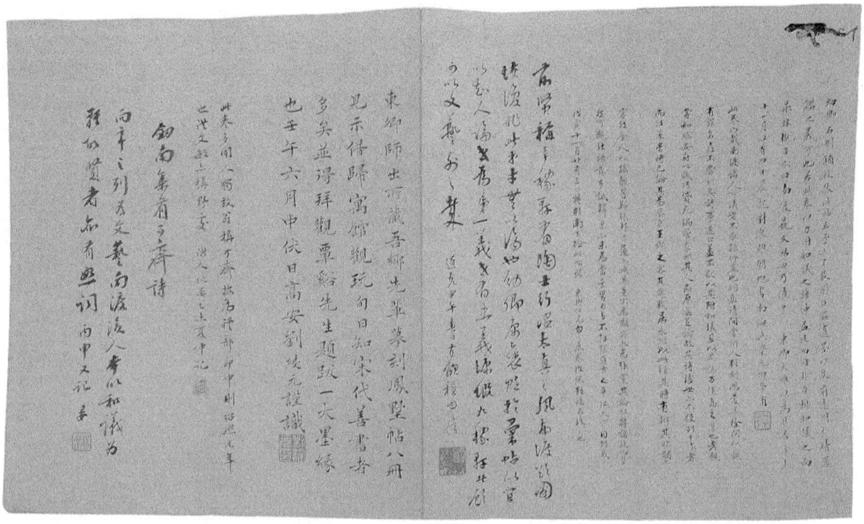

察等方面的情况，确为弥足珍贵之宋帖。

注释：

① 喻兰著：《碑帖学基础》，人民教育出版社，2011 年 5 月版，第 69 页。

② 容庚著：《丛目帖》第三册，中华书局香港分局，1982 年 9 月版，第 927 – 929 页，第 935 – 937 页。

近现代文物美的探考

一、美在何处

在许多人眼里，近现代文物无非是些破纸烂片、破刀烂枪、破衣烂鞋，毫无美感，也无美可言。甚至一些受过高等教育的群体，也持类似看法。局外人如此看待近现代文物，自有其情有可原之处，因为他们并不真正了解近现代文物的内涵。而有一些文博工作者同样持上述观点，就不能不引起我们的深思。近现代文物究竟美不美？或者说其中是否也有美的存在？近现代文物的美在何处？要解答这些问题决不是一两句话能说清楚的。美本身就是复杂的，美的载体同样是复杂的，需要我们多角度、多层次地去探求、审视。如果我们承认美是一种客观存在，那么在近现代文物中就肯定有美可寻，因为美的存在需要一定的载体，而一部分近现代文物有理由成为美的载体。如果我们也承认美是复杂的，那么近现代文物所承载的美就应该是多样化的，甚至是绚丽多彩的。

正因为如此，美才值得我们去寻找、去发现。对身边存在的美视而不见或熟视无睹，阻碍了我们对近现代文物中美的认识。的确，在近现代文物中有不少外观体现不出美。如此看来，近现代文物就无美可寻了吗？注意，这里仅指文物的外观，事实上，外观并不能说明全部问题，有许多内在的东西往往被外表的假象所掩盖。透过现象看本质，才是我们应该追求的。其实，近现代文物中的美比比皆是，举不胜举，关键在于如何看待和认识它们。要想正确地审视近现代文物中的美，就必须具备科学的思维和高雅的审美观。美就在文物中，请让文物说话吧！

二、美在文物中

近现代文物中的美不是简单的，而是纷繁的、多样的，这是近现代史及其遗留的文物之纷繁和多样决定的。其中的美有崇高美和壮美，有朴素美和典雅美，有外形美和内在美，有史诗美和悲壮美，有单一美和综合美等。让我们来一一浏览。

1、崇高美恐怕是近现代文物中最具代表性和最能说明近现代历史艰难曲折的一种美。中国近现代史是一部争取民族自由、独立、民主、富强直至建立人类最美好的社会的奋斗史，自然就遗留了大量能折射出崇高美的文物。从旧民主主义革命到新民主主义革命，再到社会主义建设时期无不如此。例如，林则徐、邓廷桢等合奏的“虎门硝烟完竣折”体现的是捍卫民族独立、国家尊严而献身于反侵略斗争的崇高精神境界，这是真正的爱国者才会具备的。又如抗日战争时期白求恩为八路军诊病用的 X 光机，不也凝聚着伟大的国际主义战士的崇高精神境界吗？这也是崇高美。再如抗美援朝战争中上甘岭战役的一铲土，外表看起来平淡无奇，实际上它的内涵不仅反映了战争的残酷，而且映射出志愿军战士崇高的爱国主义和国际主义精神，他们因之被称为最可爱的人。上述三件文物都属于反侵略战争的范畴，虽然时代不同，但有共同的精神主旨，因而同样具有不可磨灭的崇高美，这种美是永恒的，不随文物的消失而消失，它是支撑民族、国家及正义的最强大的力量。

壮美也大量存在于近现代文物中，它本身蕴藏着一种英勇伟大的力量。以洪秀全的玉玺、孙中山发布的《告陆海军士文》和毛泽东在天安门城楼升起的第一面五星红旗为例，前者除外观精美外，内里还蕴涵了和封建、专制、腐朽的清王朝分庭抗礼、势不两立的大无畏气概，尽管太平天国失败了，从玉玺中却仍能感受到震撼人心的壮美；二者的字里行间显示了清王朝的崩溃，资产阶级革命派在经历了不屈不挠的斗争后，终于迎来了资产阶级共和国的诞生，而埋葬了两千多年的专制制度的壮举，自然显示了一种前所未有的壮美；后者更向世人展示了中国人民历经几代人艰苦卓绝、前赴后继的英勇奋战，最终取得辉煌胜利，缔造了崭新的人民共和国，其壮美是无与伦比的，它昭示了一个新时代的到来。

2、在近现代文物中，朴素美和典雅美更多的体现在艺术品方面，或称艺术美。有一类艺术品，如鲁艺成员胡一川、古元、罗工柳等人创作的木刻画和一些战地宣传画，他们不具有绚丽的色彩和优美的线条，而只有洗练的笔触、粗犷的线条，手法简约，易于为大众认同、感知，不失为一种朴素美；另一类艺术品则是精美的，有的不仅有艳丽的色彩、优美的线条以及独特的造型，甚至镶金嵌银或饰以昂贵的珠宝，这类艺术品很多，有书法、绘画和工艺品等，它们能令人赏心悦目，进而如醉如痴，陶醉其中，融入高雅的艺术氛围，的确是高层次的典雅。前一类艺术品主要便于起宣传、鼓动作用，后一类艺术品主要在于陶冶性情，相互激励，提高艺术修养。两类艺术品的美各有千秋，是各自领域里的造物，无法相互替代。

3、说到文物的外形美和内在美，往往是和艺术美及崇高美、壮美紧密相连的。外形美的文物经常由于其外观突出的特征而让人们忽略其内在是否还蕴涵着其他美的成分，这类文物多是艺术品类文物，当然也有一部分文物特别是以书法形式存在的对联、诗歌等，比较容易令观者感受到除外形美之外的内在美的存在，如李大钊非常喜爱的明代杨继盛的对联："铁肩担道义，妙（辣）手著文章"，体现的是一种追求真理、勇于斗争的坚强意志，也正是伟大的共产主义先驱者本人的一生写照，当属崇高美一类。又如黄兴题赠方声洞的诗："飞扬遥想汉将军，下马还书露布文，风卷黄沙歌出塞，燕然山畔纪功勋。"不仅笔力遒劲，而且抒发了一代革命家的凌云壮志，其中的壮美不言自明。而许多具有内在美的文物往往外形一点也不美，或不太美，易于使人们漠视它们的价值，如中华革命党员的捐款单，其外观很不起眼，的确是一张普通的不能再普通的纸片，然而当我们了解了相关的史实后，就必然产生对捐款者的肃然起敬，因为正是先辈们一点一滴的无私奉献，才使中国社会一步步走到了今天，其中包含的同样是崇高美；又如抗日战争时期的爆炸大王李勇化装时穿的长袍，是他在对敌斗争时的工具，其外表毫无华丽之处，很难说有什么美，但当知悉了李勇的英勇事迹后，同样会从心底生出对英雄的敬佩之情，显然这件长袍凝聚的是壮美。外形美和内在美经常是不一致的，甚至是矛盾的，这自然是一种遗憾，不过内外都美的文物虽然难求，却越显得其珍贵。

4、中国近现代史本身就是一部波澜壮阔的史诗，也曾演奏出一曲曲悲壮之歌。在此过程中遗留下来的许多属于史诗美和悲壮美的文物，它们的外形不一定很美，有的甚至无美可言，但是其中却蕴涵着难以估价的史诗美，以红军长征留下的遗物为例，如木板标语，爬雪山的草鞋、脚马子，吃剩下的皮带等，都属此类文物，要想真正体会到其中的史诗美，就必须全面了解红军长征是怎么一回事，用心去感受其中的内涵。长征是中国近现代史上极具传奇色彩的史诗性重大事件之一，它不可避免地要赋予相关文物一定的史诗美，这种美是眼睛观察不到的，只有心灵才能感受其美的存在和价值。

至于悲壮美的存在同样也是不可否认的，具有悲壮美的文物为数也不少，像方声洞的致父、致妻绝笔书，叶挺的《囚诗》，方志敏的《可爱的中国》等等，无一不是饱含着真挚的赤子之心，拳拳爱国之情，又由于它们所产生的环境或是即将为革命事业英勇献身的时刻，或是身陷囹圄、失去自由仍继续为崇高的理想奋斗的时候，很自然地赋予了文物强烈的悲壮美。悲壮美往往是能够通过眼睛观察到的，原因是这类文物通常是以文字的形式出现的，其字里行间就会显现文学之美、诗之美，这是悲壮美的浅层次之美；同样，悲壮美也需要用心灵去感受，去接受革命豪情的撞击，升华自身的情操，这是悲壮美的深层次之美，其感人之处是绝难用语言表达的。

5、单一美和综合美也是近现代文物美的表现形式之一。单一美是指文物本身只承载某一类型的美，或外在或内在，或形式或内容，如一些绘画作品和工艺品主要展示的是外在和形式上的美，它们常以优美的画面和精美的造型使观赏者产生直观的视觉美；而一些名人或志士遗物及反映重大历史事件的文物（诸如前面第1小点提及的文物），则常以其内在或内容之美给人以震撼，它们主要是以崇高美和壮美的形式存在的。综合美是指文物本身承载了两种以上类型的美，仍以洪秀全的玉玺为例，它不仅有勇于和清廷抗衡的壮美，又有玉质本身的玲珑剔透美以及工艺上的雕琢美；又如抗战期间马相伯题赠李公朴的对联：“耻莫大于亡国，战虽死而犹生”，它集悲壮美、诗情美及书法美于一体，堪称上乘佳作。它们都从不同的角度使人们感受到美的力量，它们的美是双重或多重的，人们从中欣赏和感受到的美是更为丰富和深刻的。

三、如何看待美

美广泛存在于近现代文物中，尽管它们目前不被一般人看好。为什么会产生这种现象呢？笔者以为主要是由以下几种情况决定的：1、近现代历史的主流；2、近现代文物的特点；3、宣传者的侧重点；4、观赏者的层次。下面就此逐点分析，力求得出些许科学的认识，才有助于正确看待近现代文物中的美。

1、近现代历史的主流是什么？是反帝、反封建，是争取建立一个独立自主、繁荣富强的新中国而进行的奋斗。这一切最主要的表现形式是革命，其次才是建设和其他。在一个广大民众衣食无着且动荡不安的社会环境里，在一个需要汹涌澎湃的革命洪流推动历史前进的年代里，是不具备造就大量外观精美的物品之条件的，革命的本身是由崇高的精神推动并作用于物质社会的大规模活动，而且又是不追求奢华的，同时又不可避免地要造成相应的破坏，特别是要破坏甚至消灭一切被认为是腐朽的事物。革命就是破坏旧世界，创造新世界的过程。在整个过程中，又必然产生大量外观并不精美甚至极其一般的物品，但其内涵往往是深刻的，并非一眼就能看透的。正因为它们大多不是艺术品，也就不可能有精美的外观，每一件物品所承载的内在美都和相关的历史过程紧密相连，只有当它们和一定的艺术形式结合时，才具有相应的外观美，革命是政治行为的最高手段，超强的政治性特征自然要掩盖其他形式特征，在一定的阶段内令它们黯然失色。

2、近现代文物的特点是由近现代历史主流特征决定的。它们有如下几个特点：A、政治性的文物多，艺术性的文物少；B、相貌平凡的文物多，外观精美的文物少；C、纸质文物多，实体文物少；D、杂项文物多，系统文物少。正因为如此，近现代文物的美呈分散不突出、难以概括的状态，故不易被人们发现和认识。如果单从外观着眼，的确大多数文物很难给观众留下深刻的印象，所以就无从谈美，从而产生近现代文物美的贫乏之假象，使人们对近现代文物美的认识进入了误区。

3、近现代文物的宣传者在文物宣传方面的侧重行为也是造成近现代文物不美观念盛行的一个原因。长期以来，由于历史和政治的需要，在文物宣传方面偏重于革命性强的文物，这么做本来是符合近现代历史的主流特征的，并无可厚非。不过，在文物展出的过程中，宣传者实际上忽略了两个很重要的问题，一是文物展出时没能真正营造可使观众感受到文物具有的诸如崇高美、壮美、悲壮美、史诗美等内在美的氛围，只停留在为展出而展出的水准上，很难引起观众的真心共鸣；二是注重了文物的革命性，而忽略了文物的广泛性，即不注重展示方方面面的近现代文物，显然不利于观众全面了解近现代文物的总体情况。在近现代文物的展示中重基本陈列和人物专题陈列，轻文物分类性陈列的现象是突出的，难以展示近现代文物的广泛性，这一点在今后的文物展示中应引起足够的重视。革命性强的文物往往外观不美，其内在美又不易被感受。外观美的文物又往往革命性不够强，或较少革命性和不具有革命性，则得不到应有的重视，面对观众的机会很少，致使广大观众难识其“庐山真面目”，自然也就无从领略其光彩照人的外观美。只有全面展示近现代文物，才能有效地提高其社会地位，并发挥更积极的社会功效。

4、观赏者的层次在对美的认识上也是不可忽视的一个原因。展出的文物所面对的观众是各式各样的，其欣赏水平和感受力也各有千秋，相去甚远。在我们这样一个幅员辽阔、人口众多、且经济相对落后、总体文化水平不高的国度里，对一类事物产生不同的看法或存在观赏水平的差异是不足为奇的，即使在受过高等教育的群体里，因每个人的职业、嗜好、知识结构不同，也会形成观赏水平的差异。任何想绝对统一各类人的欣赏水平和感受力的想法都是不科学和不现实的。近现代文物涵盖的范围很广，可以说是包罗万象，只有适时地将它们分批分类地展示给观众，使观赏力和感受力各异的群体都能各取所需，得到感观的满足或是心灵的启迪，充实生活或陶冶性情，进而提高修养和使思想境界得到升华，才是收集、研究、宣传近现代文物的根本宗旨。近现代文物是中华民族的财富，也是全人类的财富，我们没有理由只向世人展示其中的一小部分，而将大多数文物束之高阁。当然，一些特殊文物的展示应极为慎重，如易损品。

通过上面四点的分析，基本上可以明确应如何看待近现代文物才是科学和客观的，即要全面了解这部分文物的主流特征，归纳出其规律性，并改变以往只注重展示某类文物的做法，尽可能向社会各个层次的群体全面展示它们，使社会易于接触它们，真正认识它们的价值所在。也就是说科学正确地看待近现代文物不单是文博工作者（甚至只是一部分）的职责，只有更多的社会人掌握了科学正确地看待近现代文物，才能证明文博工作者的工作是有成效的，也才能使近现代文物的工作长久不衰地进行下去。正因为近现代文物包含的范围很广，其文化底蕴也极为厚重，才使我们必须把它们全面推向社会，让社会和我们一道发展和繁荣近现代文物事业，使之更加兴旺发达。

四、美与丑的关系

近现代文物中存在着大量的美，已被众多事实所证明。另一方面，近现代文物中也存在着不少丑，美与丑自古以来就是一对对立统一的矛盾。在近现代文物中美与丑的共存记录了社会的发展进程，承载了方方面面的人与事，折射出色彩斑斓的历史画卷。在总体上，美是主流，代表着推动历史的根本力量；而丑是逆流，代表着阻碍历史前进的反动势力。在个体上，有的文物是纯美的，从内到外都演奏着美的旋律。例如，毛泽东在天安门城楼上升起的第一面五星红旗，它鲜艳的色彩象征着无数先烈抛洒热血才迎来了新中国的诞生，象征着青春活力，象征着美好进步，五颗星则象征着各族人民紧密团结在新中国的领导核心——中国共产党周围，达到了完美的统一。有的文物是纯丑的，如袁世凯手批的《二十一条》，无论从哪个角度看，都无美可言，从内到外都浸透着卖国求荣的丑恶，显示的是袁世凯肮脏的灵魂。有的文物则是美丑共存一体，又分两种情况，一是内美外丑，二是内丑外美，前者体现的是本质美外形丑，后者体现的是本质丑外形美。前者如毛泽东穿过的打了 72 个补丁的睡衣，从外表看，该睡衣绝无美可言，但其本质是美的，它从根本上展示了一代伟人艰苦朴素的高尚情操，其美是极其难能可贵的，也是前无古人的，美到了极致。后者如清朝末代皇帝溥仪的玉玺，从质地和外观看，确实是十分精美，有相当高的经济价值和艺术价值，然而，无论它的外表如何精美，都掩盖不了其极端丑恶的本质，该玉玺实际上象征着清王朝专制统治的权威，象征着封建、荒淫、腐朽、穷途末路的清王朝之终结，其本质是奇丑无比的。

近现代文物中的美与丑正是这样对立统一地共存着，尽管有些现象是多么地令人不可思议，但毕竟是事实。没有美就无所谓丑，没有丑也就无所谓美，美需要丑来衬托，丑也需要美来衬托，才能产生鲜明的对比。美和丑的相互依存和相互对立，正是唯物辩证法的精彩体现。这一现象仍将长期存在于人类社会中，但是作为社会主流的美终将战胜作为逆流的丑，把社会推向更高的阶段。

五、美的恒久性

关于美的恒久性可以从两个方面探讨。第一是外在美的恒久性，在这里，美的存在基于相关载体的存在，美的消失也基于相关载体的消失，显然，美的恒久性和相关载体的恒久性是密切相关的。载体存在一天，美就存在一天，载体的消失则意味着美的消亡，美的不复存在说明文物不可再造的原理是科学的，正确的，一切仿制品、照片、光盘影像统统都是通过仿造、复制等手段再现原有的美，其价值和原件是不可同日而语的；第二是内在美的恒久性，由于内在美展示的不是视觉感观所审视的美，而是一种只有心灵才能感受到的高尚情操和崇高的精神境界，因而其恒久性并不因相关载体的存在和消失而存在和消失，它可由文字记载于不同的时间、地点，去触动愿意追求内在美的人们的心灵，使美世世代代保存下去，与其说这是一种恒久性，不如说是永恒性。

美的恒久性需要刻意的保护，不能任其自生自灭。维护是通过两种途径进行的，一种是文物的保护，是博物馆的基础工作；另一种是对文物的宣传，是博物馆的社会工作。保护文物不是仅仅把文物放入库房就完事了，保护文物在理论上要讲科学，在实际中要采用科学手段，特别是现代化的高科技手段必须运用，才能更有效地延长文物和美的存在。文物宣传也不仅仅是把文物放进展柜就完事了，同样应采用科技手段必要时可用高科技手段烘托、渲染文物氛围，对不同的文物运用不同的方式去营造社会效果，使美在更广的范围内发挥应有的作用。

文博工作者的重要任务之一就是要想方设法最大限度地延长文物和美的寿命，从而最大限度地发挥文物和美的作用。

刊载于《中国博物馆》杂志 2002 年第 3 期。

第二部分

赤石暴动成因三议

发生在1942年6月17日的赤石暴动，是革命先辈们反抗国民党顽固派残酷镇压的一次壮举，也是中国共产党领导的反监狱斗争史上较典型的成功范例。更是革命志士们不畏强暴，忠贞报国精神的强烈体现。50年后的今天，我们纪念这一壮烈的事件，不能不思考一些问题：为什么在国民党顽固派的野蛮禁锢中，上饶集中营能够发生震动全国的大规模的越狱行动——赤石暴动（在此之前还发生了茅家岭暴动）？赤石暴动到底具备了哪些条件才得以成功？它对我们今天有何启示？现就所接触到的材料做些探讨，有不当的地方，请专家、学者予以批评指正。

一、政治条件（正面条件）

赤石暴动发生在上饶集中营内。上饶集中营和国民党建立的其他集中营如渣滓洞、白公馆及息烽监狱一样，是以血腥政策和残酷手段迫害革命者和爱国进步人士著称的。赤石暴动又发生在特定的条件下，即皖南事变发生后一年多和抗日战争进行到最艰苦的阶段，它又是在绝对的敌强我弱——赤手空拳对全副武装——和没有任何外界支援的情况下举行的，所以它有自身的鲜明特点和艰难性。

其特性是，赤石暴动和其他形式的暴动不同，也和中共早期领导的武装暴动不同，它是在极为特殊的环境中，由极为特殊的人员发动的。说它的环境特殊，是指在民族矛盾极端尖锐，阶级矛盾也激烈进行的历史背景下，在失去自由的有限空间——监狱。说它的人员特殊，是指参加暴动者同时具有几重身份：共产党员、新四军干部、抗日战士、革命的爱国者、无辜的被监禁者。他们信念统一，目标一致，紧密团结，面对任何艰难困苦都决不屈服。

其次是赤石暴动已不仅限于低层次的求生存、争自由，它有更高的目的，即只有冲出牢狱，才能最有效地揭露国民党顽固派残酷迫害革命者、进步人士的种种暴行和罪恶，才能进一步揭露国民党顽固派妄图消灭、瓦解中国共产党及其领导的军队的险恶阴谋，也只有这样才能获得重返抗日前线继续打击侵略者的自由。

基于上述特性和奋斗目标，赤石暴动的组织与参加者，经过了一个长时期的艰难斗争。首先达到了无单独越狱、麻痹了敌人的效果。而要做到这点是不容易的，它需要领导者和全体参加者步调一致，有坚定的信念，也需要必不可少的领导和组织才能。在当时，只要有一个人出点差错，暴动计划就可能流产，甚至造成巨大的牺牲。被敌人称为“顽固队”的上饶集中营第六中队，恰恰又聚集了一批具有优秀品质，特别能战斗的人。他们是真正的共产党员和革命志士，有无比坚强的党性和意志，对敌斗争特别坚决。其次是组织保证。在整个暴动酝酿、准备、发动的过程中，秘密党组织的领导又起了关键作用。这些由中共党员组成的核心成员，长期的铁窗生活不仅没能磨损他们的革命意志，反而使他们锻炼的更顽强，他们在“军官大队”和“特别训练班”合并后，原有的各个秘密党支部成员很快就组成了新的支部，担负起了对敌斗争的领导责任，发挥共产党员在任何条件下生根、发芽、开花、结果的坚强作用。第六中队秘密党支部的建立和发展，就是一个活生生的例子。

事实上，进行集体暴动的设想和准备在新四军的干部、战士被俘后不久就开始了，只是由于种种原因没有发动。据杨立平回忆，当皖南事变后被囚禁在皖南特训处时（1941 年 5 月中旬以前），他就和陈念棣等中共党员组建起临时支部，并决定待机夺取武器，实行暴动。这时距赤石暴动的发生还有一年多的时间。此后，暴动的准备工作一直在非常秘密的情况下进行，利用各种有利条件（恶劣天气、演出、赛球等）的个别及小规模越狱逃跑现象时有发生。这些小规模行动，直到茅家岭暴动，虽有成功，也有失败，实际上积累了越狱逃跑的各种经验教训。尤其是赤石暴动的参加者，都经历了几次重新编队，有总结这些经验和教训的时间，譬如，陈念棣就是这样，他实际上是赤石暴动最重要的领导人（在沈韬等5人被敌人秘密杀害后更是如此）。史实证明，上饶集中营里的秘密党组织是非常坚强的，他们克服了种种困难，戳穿敌人的“怀柔”骗局，顶住各种高压手段——酷刑、屠杀、以及叛徒的出卖。恶劣的环境，严酷的斗争都损伤不了秘密党组织的战斗力。这正是赤石暴动之所以能发动和成功，并沉重地打击了顽固派的首要原因。

二、自然条件（中性条件）

在构成赤石暴动成功的因素中，不可忽视自然条件的重要性。在这里，自然条件主要包括由历史发展形成的社会状态以及地理、地形、气象、时间和空间等方面的具体条件。

上饶集中营的位置靠近闽赣边界区，实际上，它的南部外限警戒区包含了武夷山，直到闽北的崇安县一带。无论是从历史沿革还是从地理概貌考虑，都存在着有利于暴动成功的因素。

首先，早在大革命时期的1926年10月，北伐军第二军六师由党代表肖劲光率领从江西进军闽北，消灭了福建军阀周荫人部，在浦城、崇安、建阳等地广泛开展革命活动，建立农会、工会等群众组织，点燃了革命火种。此后，该地区的革命斗争虽然几经波折（从蒋介石的叛变屠杀到崇浦农民暴动；从红军五十五团创建闽北革命根据地到方志敏、周建屏率红十军入闽，稳定和发展了闽北的革命形势；从三年游击战争到抗日战争），但始终在党的领导下坚持着。因此，这个地区有着深厚的革命基础和群众基础。

其次，复杂的武夷山地形又极利于进行游击战争。新四军的干部原本对游击战就不陌生，一旦暴动成功后进入高山峻岭，就进入了自由世界。这里将是暴动者的天下，如果再能与当地的游击队相结合，就可以进行有效的武装斗争了。赤石暴动的参加者们不仅估计到了这种状况将有利于暴动，而且实际上在暴动后，其中部分成员和茅家岭暴动的部分成员，都得到了地方党组织和群众的救护，并加入和壮大了地方游击队的队伍。

第三，崇安县的赤石镇紧靠着高大雄伟的武夷山的一脉，被选择的暴动地点又正好是在依山傍水的地方。据赤石暴动的总指挥王羲亭回忆，“崇溪河面较宽，但河水流速不大，对岸河滩约有一百米，越过五十米左右的稻田就可进入约五百米纵深的丘陵地带，再过去就是高山森林。”这种地形确实较利于暴动者最初的拼命奔跑。况且渡河工具又少，只有两只竹筏和一只小木船，“估计等前面一、二、三、五中队过河后轮到第六中队时，天将黄昏了，时机也有利于暴动。”再者，黄昏后夜幕即将降下，对于暴动者是绝好的掩护，不利于宪兵特务的放胆追捕。赤石暴动的参加者们出色地利用和把握了当时存在的这些有利因素，抓住了稍纵即逝的脱险时机，胜利地达到了预期的目的。

三、反面条件

除以上两个方面的条件外，赤石暴动的成功还有赖于第三方面的条件，即国民党顽固派和日本侵略者在他们的行动中不自觉地创造的条件。

1941 年 1 月皖南事变发生后，当时的国民政府军事委员会颁布的《新四军被俘官兵管训实施办法》明确规定了四点“管训方针”：“子，使其认识新四军叛变行为之错误；丑，使其正确明瞭中国抗战建国之真实意义；寅，使其认识中国国民党领导抗战之特殊使命与任务；卯，使其觉悟自新能为本党从事于抗战建国之工作。”一句话，就是要分化、瓦解新四军干部、战士以达到从政治上、思想上彻底改变他们的革命立场和倾向，从而为国民党反动政府效劳的罪恶目的。

上饶集中营的特务们起先采用“怀柔”方式，依据的就是这个《管训实施办法》。“怀柔”失败后，继而改用高压手段，同样是为了达到上述目的。要达到此目的，应需要有时间，也就不能把被囚禁的革命志士全部杀害。当然，上饶集中营的特务不是不残暴，也不是不能把集中营里的人都杀害，本质上他们都是一群杀人不眨眼的刽子手。他们之所以没有实行全体屠杀，还有两个原因：一是害怕社会舆论的进一步谴责，二是认为轻易的动用死刑是便宜了被囚禁者。特务们想运用一切骇人听闻的法西斯手段，在精神和肉体上摧残、折磨革命抗日志士，迫使这些人屈服。特务们深知面对的是一群“猛虎”，不能纵“虎”归山，却不懂得被囚禁的新四军干部、战士绝非简单的“猛虎”可比，他们忍受着人格侮辱和酷刑折磨，就是为了寻找机会冲出牢笼，继续在抗日战场报效祖国。特务们也不懂得压迫越厉害，反抗就越激烈的道理，不懂得高压政策只能激起坚强者高昂的反抗情绪，更加坚定他们越狱暴动的决心。因而特务们造成的这种逆反心理，实际上是在帮助反抗者做好暴动越狱的心理准备和精神动员。

此外，上饶集中营的特务们曾几次打乱编制，最后形成6个中队，其中第三、 第六中队被称为“顽固队”，他们原想对这些人进行更加严格的管制，但事与愿违，特务们料想不到他们的愚蠢行动，无形中把最具斗争性的革命志士集中到了一起，客观上为越狱、暴动造就了更为有利的条件。

1942年5月，日本侵略军加紧了对浙赣铁路沿线的进犯，国民党军不战自溃，金华、衢州相继沦陷。眼看上饶不保，国民党第三战区惊慌失措，一片混乱，各军政机关纷纷向闽北大山区撤退。在此情况下，他们决定集中营随部队机关迁移闽北。正是在这样的背景下，在不到一个月的时间里，抗日志士们先后举行了茅家岭暴动和赤石暴动。前者是在迁移前夕，利用敌人疏于防范的时机发动的；后者则是发生在迁移途中，利用敌人监视上首尾脱节的时机举行的。这两次暴动都成功地利用宪兵特务看押上的缺点，可见利用反面条件，也是取得暴动成功的一个因素。

当然，利用反面条件不等于缺乏主动斗争精神。恰恰相反，第六中队秘密党支部在策划暴动的时候，就考虑了在迁移途中寻机暴动的问题，并事先做了周密的部署。沿途由于敌人看守严密，一直没有机会。在赤石举行暴动，正是志士们主动斗争精神的总爆发。当时宪兵特务押着先渡河的几个中队都走了，原先每两队之间都有武装看押的严重局面出现了空当。第六中队一过河就面对着没有任何人为障碍的宽阔地带和巍峨的群山，而随后渡河的敌人又正在河中，从军事角度看，这正是变“邀敌半渡而击之”为“乘敌半渡而跑之”的最好时机，适合出其不意，攻敌不备战术的实施。另外，在长途行进后，敌我双方都极度疲劳，但在各自心中的信念却截然不同（我方抱着冲破囹圄，获取自由的必胜信念；敌方抱着平安无事，早些到达目的地的念头）的情况下，敌人的追击是不易奏效的。由于赤石暴动者适时地抓住这一时机，利用了敌方不自觉地造成的有利于我的因素，因此一举而成功。

收入论文集《赤石暴动研究》，冯奇主编，广东人民出版社，1993年9月。

试论东北军民抗日斗争的历史作用

“九一八”事变72周年纪念日即将到来，此时此刻，回顾当年东北军民在抗日斗争中所起的作用，无疑对进一步认清历史，增强民族自信心和凝聚力乃至提高对于新的侵略战争的警惕性都是有重大意义的。本文拟就三个方面试述东北军民在抗日斗争中的历史作用：一、牵制了日军大量兵力和迟滞了日军侵华的进程；二、丰富了游击战的经验宝库；三、是全国抗战和世界反法西斯战争的先锋和楷模。

一、牵制和迟滞作用

这个问题可以分三个阶段来考察，即1931年9月—1932年2月，1932年2月—1933年1月，1933年1月—1937年7月。这三个阶段各自的特点可大致概括为：以东北军为主体的抗战到哈尔滨的陷落；以东北义勇军为主体的抗战到日军进攻山海关；日军进攻山海关与中国共产党领导的抗日武装的逐步兴起、并成为东北抗日的主力。

1931年9月—1937年7月的东北军民抗日斗争，总的形势是敌强我弱，这不是一般意义上讲的强弱关系，实际上力量的对比是十分悬殊的。在战争中绝对不能单纯根据敌对双方兵力总数作出强弱关系的结论，而必须作综合考察，才能正确地得出整体实力对比的结论。整体实力除兵力总数外，还包括作战态度、作战信念、指挥技能、组织状况、备战状况、装备条件、兵员成分、作战地形及后援补给等内容。任何一点存在不足，都可能影响战争的胜负，在当时的历史条件下，其中最具影响力的是作战态度、作战信念、指挥技能、组织状况和兵员成分五大因素。本文所说的敌强我弱正是如此。在抗日斗争的前两个阶段中，日军在总体上占绝对优势，也就是说“九一八”事变是日军经长期精心策划发动的，日军有疯狂的侵略扩张心理，有统一的指挥，装备先进和训练有素，沿铁路线推进，后援补给充足等。反观抗日武装，日军的优势几乎就是他们的劣势，仓促应战，信念坚定程度不一，无统一指挥，成分复杂，装备低劣，缺乏训练，后援补给严重缺乏，战术欠灵活等，只在第二阶段里义勇军的人数一度远超日军。在第三阶段，中国共产党领导的抗日武装在最重要的五大因素方面得到极大的加强，因而能长久坚持斗争。

1、第一阶段（1931 年 9 月—1932 年 2 月）。先看牵制作用。自“九一八”事变的当天起，驻守北大营的东北军第七旅的广大爱国将士，就冒着“抗命不遵”和被“军法从事”的危险，奋起抗击日军的进攻，直到 1932 年 2 月上旬， 哈尔滨陷落。其时，东北军在东北的总兵力仅有十一个旅左右，分散驻防在东北地区的一百多万平方公里的土地上，加上新兴起的少量义勇军，要抗击数量也占优势的日军，总体上是这样，局部上更是这样。而且事变发生后，有一部分东北军很快投降了日军，使本已薄弱的东北军又遭削弱。即便是实行抵抗的东北军队伍，因受到上级不抵抗政策的影响，有些也是且战且退，以求保存实力。事变前驻东北的日军有关东军一个师团，外加六个守备大队。事变后，为了补充被消耗的兵力，增强对抵抗力量的作战实力及驻守占领区域之兵力（因战线拖长所致），并补充由日军扶植建立的傀儡伪政权协同作战不力的缺陷，自 1931 年 9 月 19 日起，日本军方多次经朝鲜向东北补充大量兵员。据不完全统计，在此期间，日军共增兵四个混成旅团中的七个联队，十一个大队，四个中队及一个小队，其中含步兵、骑兵、野炮兵、工兵、飞行队等多兵种。① 这一现象足以说明，东北军民在此阶段的斗争中，在一定程度上削弱了日军在日本本土和朝鲜的驻防兵力。

再看迟滞作用。日军费时四个多月，侵占了东三省沿铁路线的各大城镇及大片土地。以前面谈到的日军优势和当时东北交通便利状况在全国名列前茅两因素来看，日军的进展并非十分神速。若无以东北军爱国将士为主体的英勇抵抗，可以断言，日军的推进速度应该比这快的多。必须指出的是，该阶段的抗战实际上推迟了伪满洲国的建立，因为，1932 年的

“一二八”上海事变，正是日军为了配合伪满洲国的成立而发动的。[②] 因此，下面的说法恐不为过：从总体上说，东北早一天沦陷，伪满洲国就早一天建立，东北人民也就早一天沦为亡国奴，反之（迟一天）亦然。

2、第二阶段（1932 年 2 月—1933 年 1 月）。这一年以东北义勇军为主体的抗战如火如荼地开展起来，遍布东北三省。该阶段的抗战，敌我双方除作战人数有明显消长（到 1932 年夏，义勇军发展到了 30 多万人，超过了日军和伪军；到 1933 年初，大多数的义勇军被基本上消灭）、和中国共产党在义勇军中开始发挥作用（尽管还十分有限）外，总体情况没有大的变化。其间，在牵制日军方面，由于又消灭了日军一定数量的有生力量，迫使日军又向东北增派基本完整的三个师团（部分工兵、野炮兵、辎重兵不全），同样含多兵种，并增加了辎重兵这一新的兵种。[③] 如上情况，无疑再次削弱了日军在日本本土和朝鲜的驻守兵力。

在迟滞方面，东北义勇军除被动地进行防御性的反“讨伐”作战外，也采用了各种主动出击的游击战术，给日伪军造成有效性杀伤，例子不胜枚举。日伪的统治也因之难以迅速巩固，更无力分兵提前发动对山海关、热河省的进攻。要知道，当时的热河省也属东北的范围，在军事上是完全可以统一考虑的。只是到了 1933 年初，大部分东北义勇军被消灭，日伪的反动统治渐趋稳定时，日本军方才开始实施使热河“从速服从满洲国的统制”[④] 的计划，力图使热河成为伪满洲国的第一道防线。

3、第三阶段（1933 年 1 月—1937 年 7 月）。这一阶段是抗日战争全面爆发前，东北军民抗日斗争中最重要的阶段，坚持时间最长，成效也最大，盖因中国共产党领导的抗日武装成为此时的抗日主力，而且大大加强了战争中最具影响力的五大因素，使总体实力超过了前两个阶段。自 1932 年初，中共满洲省委派杨林、杨靖宇、冯仲云、赵尚志等人分头组建反日游击队起，到 1936 年 7 月，东北抗日联军第一路军组成，这支抗日力量在与日伪军进行艰苦卓绝的战斗中，不断给日伪军以沉重打击，与此同时，自身也不断发展壮大，最终汇入了全国抗战的巨涛洪流之中。面对他们的战绩，连日军也哀叹：“各兵团日夜忙于追击蜂起于各地、出没无常的匪群。”“要确保治安，前途还很渺茫。在广大地区进行的治安肃正战，按所用兵力和时间来计算，所付出的努力远比正规战为大，即使如此，还很难得到良好的成果。”[⑤]

在四年多的抗日斗争中，中共领导的抗日武装发挥了比前两个阶段更大的作用。在牵制日军方面，1933年1月，关东军在东北的兵力为4个师团，[⑥]到1936年，驻东北日军达4个师团，两个混成旅团，两个骑兵旅团，16个独立守备大队，约有12万以上兵力，外加十几万伪军和武装警察，[⑦]近30万人，而东北抗联仅有3万人左右，兵力对比近10:1。在这种形势下，东北抗联开辟了东南满、吉东和北满三大游击区。在迟滞方面，历史事实证明，从1933年5月《塘沽协定》签定后，到芦沟桥事变发生，日军在中国没有采取直接的大规模的军事行动，而改用策动、诱降为主的侵略方式，一个重要的原因就是，由于共产党领导的抗日武装所进行的卓有成效的斗争，致使伪满洲国内部长期无法确立根本的稳定。作为日本首要扶植的傀儡政权和日军全面侵华的总后方——伪满洲国，它的形势稳定与否，直接影响着日军是否对华采取大规模军事行动的决策，也关系到对华北、内蒙古的局势。这一因素还导致日军未能达到“将来，维持满蒙的治安及保护南满铁路以外的铁路，主要由新国家的警察或形式类似警察的军队来担任”[⑧]的目的。

根据以上事实，可以认定东北抗日军民对日军侵华战争的牵制和迟滞作用是明显的和不可低估的。

二、丰富游击战经验宝库的作用

战争中的战术是多种多样的，游击战，作为众多古老的战术之一起源于何时已难考证，但它经常为敌对双方中实力较弱的一方所采用，而且往往能够奏效，这已为古今中外许多战例所证实。

在二十世纪三十年代的中国历史大舞台上，游击战这一战术被运用的淋漓尽致，并且取得了惊人的成就。从地域上看，这场游击战分别先后存在于中国南方的苏区（以井冈山为代表）和东北地区。两个战场的战事都为丰富游击战的经验宝库作出了重大贡献。然而，从难度上说，后者所作贡献更非同一般。为了说明这个问题，有必要将两个战场之间的异同作一初步的比较、分析。

两战场之异：

1、南方游击战源于阶级矛盾，是中国共产党人和进步人士为推翻蒋介石国民党的统治发动的；东北游击战源于民族矛盾，是由不愿做亡国奴的爱国人士为反抗日本帝国主义的侵略发动的，领导和作战对象都不同。

2、南方游击战始于 1927 年，到“九一八”事变已具相当规模；东北游击战始于 1931 年的“九一八”事变，仅为发端。

3、根据第 2 点，三十年代南方的游击战已积累了比较丰富的经验；而东北游击战只是刚刚开始摸索经验。

4、南方游击战发端于军阀混战期间，蒋介石无暇顾及，反动统治相对薄弱的山区；东北游击战发端于日军经过长期准备，有严密组织的大规模军事进攻之际，而且最初多进行于铁路沿线，靠近主要城镇。

5、南方游击战从一开始就是在具有非常坚定的共产主义信念的共产党人领导下进行的，目的明确，作战也是有统一指挥、严密组织的，能够很好地协同作战，便于打开局面；东北游击战一开始是仓促的、自发的，领导者的世界观也不尽相同，虽都有比较明确的目的，但在对敌斗争的信念上有层次上的差别，其素质也远不如南方领导人。作战中各自为战多，配合作战少，缺乏强有力的统一指挥和严密组织。后期虽有坚定的共产主义者领导的抗日武装，但此时日伪的统治已相对稳定，局面很难在短期内得到根本扭转。

6、南方游击战领导层和作战主体未发生变化，始终由中国共产党领导和以及其领导下的人民武装进行；东北游击战的领导层和作战主体曾发生根本变化，第一、二阶段由非中共的各类爱国人士领导，主体是东北军和义勇军，第三阶段由中国共产党领导，主体是党领导下的东北人民革命军和东北抗日联军等。

7、与之作战的敌人自身特点也不同。①在南方，以蒋介石为首的国民党政府统一性不强，因而使其军队的作战能力大打折扣；在东北，日军内部的统一大大强于国民党政府，因而日军及其驱使下的伪军的统一性也相对完整。②在南方，与红军作战的多数为国民党军队中的杂牌军，其作战信念较弱，武器装备和训练水平也较差；在东北，与抗日武装作战的日军有疯狂的侵略野心，武器装备较好，训练也比较有素，这些都是和国民党军队相比而言，伪军相对较弱。

8、南方游击战所打击的对象主要是由中国人组成的国民党杂牌军队，本身又受嫡系部队的歧视，心怀不满，同时由于南方重视根据地的建设，根据地景象欣欣向荣，因而对敌军进行的政治上的分化瓦解易于起效果；东北游击战缺少强有力的根据地（后期虽有，但其规模和坚固程度难与南方根据地相比）作依托，其打击对象由日伪军组成，由于日军常年受法西斯武士道教育的灌输，分化瓦解很难，而伪军则大部分一时看不到抗战胜利的希望，又在日军的强力统治下，对其分化瓦解的难度也大于国民党的杂牌军队。

9、南方游击战依靠强有力的根据地作依托，可以充分发挥军民协同作战的优势，补给可基本做到自给自足；东北游击战无此条件，所得到的关内和当地民众的支援十分有限，虽存在国民党大量援助的潜在条件，但指望不上。

10、两战场面对的敌人的统治经验也不同。在南方，以蒋介石为首的国民党政府，是刚刚掌握了大部分中国政权的政府，还没形成系统的统治经验，其进攻易于被粉碎；在东北，日军不仅具有在本国的几十年统治经验，而且有在中国台湾（1895 年被日本霸占）和朝鲜（1910 年被日本侵吞）积累的二三十年的殖民统治的经验，可以实行国民党政府无法实行的保甲法、连坐法等高压手段，其建立的统治基础不易被摧毁。

11、两战场对复杂的成员消化解决的状况不同。在南方，红军、游击队、赤卫队为了补充兵员，必须大量吸收各阶层的人员入伍，甚至包括国民党军队的被俘人员、起义投诚人员，这些人员在人民军队这个大熔炉里，大多数得到了不同程度的改造，因而能够越战越强，不断壮大；在东北，第一、二阶段仓促起事的东北军和义勇军，虽也曾在一段时间内人数发展到三十多万人，但内在基础不坚固，且没有时间对所吸收的各类复杂人员加以改造，最终仍免不了被敌军各个击破。第三阶段，中国共产党领导的抗日武装的领导层绝对坚强，队伍成员相对纯洁，聚集了一大批信念坚定的爱国者，但吸收面偏窄，影响了迅速壮大。这是由当时的特定条件决定的，不可苛求。

12、地理位置的差异。在南方，苏区根据地所处的地理位置是中国腹地，条件许可时可向四面八方扩展，条件不利时可收缩战线，重点向某个方向发展或转移，回旋余地大，不易被困死；在东北，义勇军和共产党领导的抗日武装所处的地理位置是祖国的边陲，东、北、西三面为国界，唯一通向关内的南部已被日伪军卡断并封锁，回旋余地小，他们基本上是孤军作战，极易被困死。

13、南方游击战自 1934 年 10 月以后，大规模缩小；东北游击战则益加扩展，到 1936 年出现高潮。

两战场之同：

1、两个游击战场都是在中国境内兴起的。2、总体态势都是敌强我弱。3、都是为挽救民族危亡而进行的正义战争。4、主要都是在适于游击战的多山地区从事作战。5、两个战场都分阶段进行。

根据以上所列两个游击战场之异同，不难看出，东北战场的游击战实行起来比南方难度更大，任务更艰巨，责任也更重大。东北抗日武装位于抗日斗争的最前线，几乎所有的反侵略重担都压在他们肩上。在整个过程中，出现了一些新的游击战术。

如义勇军创造的地洞战，成为日后冀中平原地道战的先驱，有效地打击了侵略者。特别是游击战的第二阶段，中国共产党领导的抗日武装不仅率先把南方游击战中行之有效的战术、方法、手段运用于反侵略战争，而且深入总结了第一阶段中义勇军成功和失败的经验教训。更可贵的是，他们创造的反侵略经验和游击战术，有的弥补了南方游击战的不足。如同时建立根据地和游击区，就是既采用了南方游击战的一些方法、手段，又溶进了针对侵略者的内容和特点，为后来关内各抗日根据地的建立、生存、发展提供了样板。总之，东北抗日游击战是在更为艰难和特殊的环境中，丰富了军事史上游击战术的经验宝库的。

三、本文所要阐述的第三个作用

1931 年 9 月—1937 年 7 月间，东北军民的抗日斗争起了全国抗战和世界反法西斯战争的先锋和楷模作用。

长期以来，中国抗日战争的开端被认为起自芦沟桥事变，根据是全面抗战自此开始了，严格来说，这是对东北抗日斗争的轻视。但是，“开端”和“全面抗战”本身就是战争的两个不同的阶段，事实上，中国抗战的第一枪打响于“九一八”事变，已是不可否认的，也是抹杀不掉的。这里涉及到战争的定义问题，什么是战争？其内涵是很丰富的。仅就单纯的军事观点论，战争是交战双方由进攻和反击构成的，“九一八”事变时，日中军队的对抗行为并不违背上述基本点。另外，战争应是向纵深发展和持续一定量的时间的，“九一八”事变后，日军对东三省的侵占和东北抗日武装不间断的抵抗，也是符合这两条战争原则的。况且，“九一八”事变后，地处中国南方的苏区的中华苏维埃共和国中央临时政府，于1932年4月15日发布了《对日战争宣言》，正式对日宣战，标志着中国人民反抗日本侵略的民族战争开始了。还有，战争是可以分阶段进行的，各阶段之间有其内在的联系，“九一八”事变和芦沟桥事变的关系正是如此。战争的定义并不能仅由是局部还是全面来概括或界定，否则第二次世界大战的开端就很难界定了，因为这场战争的不同战场发生战事的时间、规模都不同，何时何地为局部，何时何地又为全面？

如果再进一步分析和研究日本侵略中国的动机和目的，很容易发现“九一八”事变的发动是完全符合马克思主义战争定义的，即“战争是解决阶级和阶级、民族和民族、国家和国家、政治集团和政治集团之间的矛盾的一种最高的斗争形式”。[9]因此，无论从哪个角度说，“九一八”事变都是中国抗日战争的开始。所以，此后展开的东北军民的抗日斗争无疑是中国抗日战争的先锋性行为。

让我们再从世界反法西斯战争的角度论证这一问题。众所周知，日本是第二次世界大战的三个策源地之一，也是极富于侵略性的轴心国的三个成员国之一。在第一次世界大战后，它是最早实行对外侵略的国家。1931年“九一八”事变时，另外两个战争策源地德国和意大利的情况是：德国的希特勒还没上台，其法西斯政权也未建立；意大利的墨索里尼虽已于1922年通过“进军罗马”的政变，攫取国家政权达九年，但主要是在国内加紧巩固法西斯统治，和进行侵略战争的准备，只是在1935年才发动对阿比西尼亚（今埃塞俄比亚）的侵略战争，这比“九一八”事变晚了四年。

假如“世界反法西斯战争或第二次世界大战始于‘九一八’事变”的观点（笔者是同意此观点的）成立的话，那么，东北军民的抗日斗争也是世界反法西斯战争的先锋性行为的说法，就毫无疑义了。

说到楷模作用，可以依据以下几点证明：1、抗日斗争从无到有，从自发到组织严密，从弱到强，虽几经挫折却顽强坚持，旗帜不倒，鼓舞了大多数中国人民的斗志；2、在极端艰苦的条件下，以弱抗强，逐步积累了丰富的斗争经验；3、虽未能独立彻底战胜侵略者，但英勇地向世人表明，只要勇敢地坚持爱国主义，不屈不挠地抗争，任何强大、疯狂的敌人都不能使我屈服；4、中华民族和自己的敌人血战到底的英雄气概是举世公认的，是万古长存的。

综上所述，“九一八”事变到芦沟桥事变之间的东北军民的抗战，确实发挥了不可低估的历史作用。一个事物的历史作用是不能单从某个角度去认识的，必须多角度、多方位地考察，才能力求准确、全面、科学地评价该事物。东北军民抗日斗争的独特性很值得深入探讨和总结，留诸后人。当然，出于对历史科学的负责，不能说影响这个时期中日关系的唯一因素就是东北军民的抗日斗争，应该承认，这个时期的抗日斗争是和其他多种因素共同影响着中日关系的演化的。但是，不顾历史事实的贬低这一因素在历史发展过程中的重要作用，是不可取的，也是对历史科学不负责任的。在本文即将结束时，有一点需要说明，即本文只谈了三个问题，还很不全面，未涉及此时期的抗日斗争对分化国民党军政人员和对世界反法西斯战争的贡献等问题，只得留待以后再撰文论述。

注释：

①《侵华日军序列沿革》，第 17 – 19 页；

②《日本帝国主义对外侵略史料选编》：1931—1945，第 49 页，〈装甲车和小河网—上海事变的真相〉；

③ 同注 ①，第 19 – 21 页；

④ 同注 ②，第 137 页；

⑤ 日本防卫厅战史室编：《中国事变陆军作战史》第一卷第一分册，第 12 页；

⑥ 同注 ② 第 19 – 21 页；

⑦《东北抗日联军史料》上册，第 187 页；

⑧ 同注 ②，第 64 页；

⑨《辞海》· 军事分册，第 1 页。

参考书目：

《东北抗日义勇军史》《东北抗日联军斗争史简编》《从九一八到七七事变》《日本军队研究》《日本军国主义》《中央革命根据地史稿》。

收入论文集《九·一八研究》第四辑，吉林文史出版社，2003年。

李大钊对真理的探索

不同的历史阶段有不同的真理，不同的阶级有不同的真理观，也就形成了对真理的不同理解和认识。社会越进步，人类对真理的认识也就越深刻、越科学。人类对真理的追求贯穿于整个社会的发展过程中，无论是和平时期还是动荡年代。前者固然为追求真理提供了较为祥和的环境，后者却更能激励探索者为追求真理而奋斗。李大钊生活的时代正是中国社会发生深刻巨变的时代，不同阶级的代表人物都在追求自己心目中的真理，各种新旧思潮在古老的中国大地上剧烈地碰撞，预示着新的一章将在中国的历史上被揭开。李大钊正是在这样的社会大背景下，在我国率先掌握了科学的真理——马克思主义。李大钊从探索真理到掌握真理，从掌握真理到传播真理，再从传播真理到实践真理，直至献身于真理，是一个完整的、艰辛的、复杂的、壮烈的过程，因而很值得探讨。限于水平和篇幅，本文只能以粗浅的认识对他探索真理的过程作一简要的论述。

一、探索的良好开端

真理是客观存在的。随着社会的进步，人类对真理的认识也在逐步地加深，不断地上升到新的高度。每一个探求真理的新进程，总离不开人类中杰出人物的努力，其发端也总是由那些杰出人物加以开拓的。李大钊作为中国历史上新旧社会形态接轨时期的优秀分子之一，勇敢地肩负起了历史赋予的重任——为造就一个国家富强、人民幸福的新中国而奋斗。

对真理的追求源于对社会现实的不满和深入思考。要想真正追求到真理，就要求追求者对劳苦大众有深厚的爱，对腐朽落后的事物深恶痛绝；

还要求其有对光明的渴望，对美好未来的憧憬；更要求其具有超人的胆略，勇于进取的精神，敏锐的洞察力，把握时代脉搏的高超技能。这一切李大钊都具备，因而他不愧为当时社会优秀群体中的佼佼者。从他不同时期的文章中，我们可以了解其认识真理的水平层次。

分别发表于1912年6月和1913年4月的《隐忧篇》《大哀篇》，是迄今所能见到的李大钊最早的文章。文中既充满了对民生艰辛、国家困苦的焦虑，又饱含了对祖国前途的忧思，反映了李大钊忧国忧民的意识，对现实问题的思索和探寻真理的开始。针对当时社会，无论是“边患、兵忧、财困、食艰、业敝、才难”[①]六弊端的阐发，还是“党私、省私、匪氛”[②]三痼疾的分析，也不论是“嗟呼！斯民何幸！天胡厄之数千年而至今犹未苏也”[③]的郁闷呼声，还是“然则所谓民政者，少数豪暴狡狯者之专政，非吾民自主之专政也；……幸福者，少数豪暴狡狯者掠夺之幸福，非吾民安享之幸福也”[④]的痛切抨击，都表达了青年李大钊关注世事，救国心切的真实思想。忧则思愈深，哀则心不死，心活则有望。面对支离的国土、艰难的国运，李大钊毫不掩饰内心的悲痛和愤懑，从中我们可以见到一个英豪欲待奋起的身影。这两篇文章发表的时候，中国正值民国初建，国不泰，民未安的年代，李大钊只有二十三、四岁，因而其内容仅反映了他探索真理的原始阶段，只能说在攀登真理高峰的崎岖路上，有了一个良好的开端。

二、探索层次的上升

在社会的黑暗和迷雾中，李大钊对真理孜孜以求，怀抱强烈的爱国热忱，继续朝向往的目标奋进。这是历史的召唤，也是时代的需要。新一代的民族精英，势必通过艰辛的努力求得拯救祖国的新方略。在布满荆棘的路上，李大钊以无畏摒弃了怯懦，以坚定战胜了彷徨，因而于1916年8月15日和9月1日，先后发表了《〈晨钟〉之使命——青春中华之创造》、《新生命诞孕之努力》和《青春》三篇充满朝气的佳作，令人耳目一新。

前两篇文章同发表于《晨钟报》创刊号上。1. 阐明《晨钟报》之使命，寄希望于青年。“吾侪振此‘晨钟’，期与我慷慨悲壮之青年，活泼泼地青年，日日迎黎明之朝气，尽二十稘黎明中当尽之努力，人人奋青春之元气，发新中华青春中应发之曙光，……急起直追，勇往奋进，径造自由神前，索我理想之中华，青春之中华。”[⑤] 多么振奋人心的呼声，它发自内心深处，源于对真理执著的追求。李大钊坚信，“未来之中华，青年所有之中华，理想之中华，胎孕中之中华也。”[⑥] 未来的中华大有希望，大有可为，为迎接新中华的到来，他进一步力主“厚青年之修养，畅青年之精神，壮青年之意志，砺青年之气节，鼓舞青年中华之运动，培植青春中华之根基。”[⑦] 在李大钊看来，这是当务之急，必须脚踏实地地去进行。而他自己则将“高撞自由之钟，以助其进行之勇气。”[⑧] 表明决不做旁观者的心声，一个可亲可敬的追求者、 奋斗者的形象跃然纸上。2. 指出“大凡一生命之诞孕，必历一番之辛苦，即必须一番之努力。”[⑨] 在此，李大钊已悟出，一切新生事物的诞生，都不是轻而易举的，真理的发现和实现也不例外。在这两篇文章里，我们可以看到，一方面他已不再是单纯的忧愤，而是为青春中华大声疾呼；另一方面，他的眼光也已不再局限于国内形势，而是致力于世界历史和各种学说的研究，并与中国的历史和现实相比较，这在文中都有具体表述。李大钊对真理的认识，已有了一个具体的目标，显然已上升到了较高的层次。

3.《青春》是李大钊这个时期最具代表性的文章。文中发出了震撼人心的呐喊，系统地表达了他对宇宙、对人生、对国家和民族前途的看法。全文贯穿了李大钊在这个时期的主导思想——进化论的发展观，同时也运用了朴素的唯物辩证观点论述了对宇宙、对青春中华的看法。在袁世凯死后的历史条件下，李大钊无疑认为有利于“青春中国之再生”，因为作为阻挡历史车轮前进的巨大障碍终于被历史唾弃了。而且，许多国家和民族都以青年为希望，所以，李大钊希望青年要抓住有利时机，把握今日，“冲决过去历史之网罗，破坏陈腐学说之囹圄，”[⑩]“冲决历史之桎梏，涤荡历史之积秽，新造民族之生命，挽回民族之青春”，[⑪] 为此要“近前而勿顾后，背黑暗而向光明，为世界造光明，为人类造幸福，以青春之我，创造青春之家庭，青春之国家，青春之民族，青春之人类，青春之地球，青春之宇宙，资以乐其无涯之生。”[⑫] 这不仅是富于叛逆性的宣言书，而且包含了李大钊这个阶段的真理观，即青年是这个时期的中坚，是祖国的希望，中国的未来握于青年之手，青年当以青春之活力，义无反顾地努力去创造理想中之新国家，表达了他迫切要求“青春中华”独立解放的强烈愿望和对祖国美好未来的坚定信念。

三、探索的进一步深化

在李大钊所著文章中，仅有三篇带着“真理”二字，这就是《真理》(1917年2月1日)《真理（二）》（1917年2月2日）和《真理之权威》（1917年4月17日），三篇文章一方面开诚布公地谈论真理，较全面地论述了对真理的认识，另一方面，三篇文章具有连贯性和渐进性，观点一篇比一篇鲜明。1. 在《真理》中，李大钊坦言道：“余信宇宙间有惟一无二之真理。此真理者，乃宇宙之本体，非一人一教所得而私也。”[13]在李大钊看来，真理在于能揭示宇宙的本质，因而不是某个人或某个宗教所能把持和控制的。这个真理“必能基于科学，循其逻辑之境，以表现于人类各个之智察，非传说之迷信所得而蔽也。”[14]此时李大钊论及的真理已是建立在一定的科学基础上的，有别于迷信等宣传了千百年的所谓真理，显然已有所指。2. 比之更鲜明的观点见于《真理（二）》，“真理乃自然的因果的，宗教传说乃神秘的迷信的。故吾人与其信孔子、信释迦、信耶稣，不如信真理。”[15]李大钊全盘否定了古今中外的宗教，认定宗教“传说中所含之真理，偏而不全，驳而不确。”[16]这是对世人诚心诚意的告诫，在当时确是醒世之言。

3. 李大钊当时对真理的认识不仅限于此，在两个多月后发表的《真理之权威》一文中，又提出了寻求真理的方法和态度。主张在对事物进行分析判断时应“尤以据乎事实为要”，“求其真实之境”，而不能只图“一时幻妄之象，虚伪之用。”[17]这已是一种尊重客观实际，讲求实事求是的态度。更值得注意的是，李大钊在文章中阐述了永世不朽的至理名言：“言论之挟有真理与否，在其言论本身之含有真理之质与否。苟其言之确合于真理，虽一时之社会不听吾说，且至不容吾身，吾为爱真理之故，而不敢有所逡巡嗫嚅以迎附此社会；苟其言之确背乎真理，虽一时之社会欢迎吾，而并重视吾身，吾为爱真理之故，而不敢有所附和唯阿，以趋承此社会。为其持诚以遭世厌绝，犹胜违心以博世优容。前者则幸免于自欺，后者则已陷于欺人。以言违时之蔽犹小，以言惑世之蔽乃无穷焉。”[18]这段话精辟之处在于，李大钊强调人要敢于坚持真理，要有为真理而献身的勇气，切不可因社会的非议而放弃或背逆真理。显而易见，李大钊此时已有了为坚持真理，乃至为真理牺牲的崇高思想境界。因为他进而很明确地表述了自己的见解："人生最高之理想，在求达于真理。"[19]尽管李大钊在三篇文章中都未明说他所谈的"真理"具体指什么，然而就当时的国内国际形势看，并联系他用于论述真理的言词，可以断定，此时的李大钊正处于由民主主义者转变为马克思主义者的前夜，这一点可由一年多后的事实所证明，只是当时还不具备公开表露的条件而已。

四、探索过程的新高度

1918年7月1日，也就是俄国十月革命爆发后仅半年多，《言治》季刊第三册发表了李大钊的《法俄革命之比较观》，旗帜鲜明地对十月革命大加赞赏，称之为"立于社会主义上之革命，是社会的革命而并着世界的革命之彩色者也"。[20]已经很明确地认识到十月革命的性质和意义，所以，"吾人对于俄罗斯今日之事变，惟有翘首以迎其世界的新文明曙光，倾耳以迎其建于自由、人道上之新俄罗斯之消息，而求所适应此世界的新潮流。"[21]该文不仅向社会直言宣告作者对俄国革命的鲜明态度，而且直书其名，在当时的现实环境下，更显出李大钊坚持真理、为真理献身的大无畏英雄气概，这是我国传统观念"敢为天下先"的科学性升华。文中观点代表了李大钊探索真理的最新成果，其时无出其右者。科学的真理已掌握在李大钊手中，显然，不懂得运用马克思主义理论研究问题，是不可能得出上述结论的。此后半年中，李大钊陆续发表了《庶民的胜利》、《Bolshevism胜利》和《新纪元》三篇文章，进一步和更广泛地宣传和讴歌了十月革命。而后，《新青年》在1919年5月、11月分两次刊载了李大钊的《我的马克思主义观》一文，该文更系统、完整地阐述了李大钊对马克思主义的认识，标志着李大钊对真理的探索达到了新的高度，并开始过渡到宣传真理、实践真理的阶段。

通过以上考察，并结合李大钊生平，可以看出，李大钊在探索真理时，有以下几个特点：1、置身现实，眼界开阔，观点尖锐。在探索中，李大钊没有脱离中国现实，时刻关注国事，同时还研究了世界历史和各种外来学说，导致他总能拓展思维，丰富知识，在对社会和真理的认识上得到不断的深化。2、冷静处事，独树一帜，决不盲从。在李大钊成为马克思主义者之前，所著文章不乏犀利言词。事实上，当时的社会现实教育了李大钊，他已认识到由于中国社会独特的复杂性，孙中山式的资产阶级民主共和国难以在我国实施，所以他处处保持自己鲜明的特性，而对社会主义学说情有独钟。3、勇往直前，不半途而废，终达目的。在李大钊探索真理时，虽然马克思主义在中国的影响微乎其微，但仍有不少有识之士接触和研究了马克思主义理论，遗憾的是有些人半途止步，前功尽弃，惟有李大钊等坚定的马克思主义者能锲而不舍，达到光辉的顶点。

注释：

①《李大钊文集》上，第1页。

② 同上，第1-3页。

③ 同上，第4页。

④ 同上，第6-7页。

⑤ 同上，第177页。

⑥ 同上，第178页。

⑦ 同上，第181页。

⑧ 同上，第181-182页。

⑨ 同上，第183页。

⑩ 同上，第204页。

⑪ 同上，第200页。

⑫ 同上，第205页。

⑬、⑭ 同上，第261页。

⑮、⑯ 同上，第262页。

⑰ 同上，第446页。

⑱ 同上，第445-446页。

⑲ 同上，第446页。

⑳ 同上，第573页。

㉑ 同上，第575页。

收入论文集《烈士与纪念馆研究》第十辑，龙华烈士纪念馆编，2006年10月。

辅仁文社性质之我见

2009年12月起，故事片《十月围城》在海内外的热映，把广大的观众带回了辛亥革命初起的严峻且残酷的年代，也让广大的观众知道了一个在那个时期曾经发挥过重要作用的人物及我国近代第一个资产阶级革命（有人说是爱国进步）团体，这就是为在我国创建共和国的斗争中而被暗杀的第一个革命志士杨衢云和他与谢缵泰等人创办的香港辅仁文社。长期以来杨衢云和他的战友们的英勇事迹几被湮灭，只是在改革开放以后，史学界才开始重视对这些早期的奋斗者及其团体的研究，但依旧是在学界圈内进行讨论，外界人士知之者甚少。

本文所要探讨的是辅仁文社的性质，这也涉及到辛亥革命最初的起始时间。辛亥革命是我国近代史上极为重大的历史事件，它的涉及面非常广泛，因而对它的研究也是非常复杂的工程。本来，如果从目前史学界的基本定论看，探讨辛亥革命最初兴起的时间并不是什么难题，也不是什么未解决的问题。因为辛亥革命的时间可以从狭义和广义两个方面来界定。狭义的辛亥革命即指的是1911年10月10日武昌起义爆发到1912年1月1日中华民国正式成立为止的这段时间内发生的革命过程，起止时间仅不到三个月，其命名正是由于1911年是阴历辛亥年，这是众所周知的。而广义的辛亥革命则指的是1894年11月24日孙中山在檀香山建立兴中会到1912年1月1日中华民国正式成立为止的这段时间内发生的革命过程（更严格的说，应该从兴中会成立的筹备阶段算起，但这种算法没有明确的标志性日期作为界限），跨越了十九个年头，这是由于一场重大的历史事件必然要经过酝酿、发展、产生结果这样的过程所决定的，应该说这是更为全面的界定。我们所说的辛亥革命应该是这个时间段里的革命过程，因为狭义的辛亥革命毕竟时间太短，涉及的人和事比较有限，很难全面揭示辛亥革命的深刻内涵。

然而，历史往往有更为复杂的一面，杨衢云、谢缵泰及辅仁文社的活动就使辛亥革命最初兴起的时间变得不简单了。当前海内外史学界对辛亥革命最初兴起的时间依然是各执一词，争论不休，未有极为令人信服的结论。那么，要确认辛亥革命最初兴起的时间是从什么时候开始的，就必须厘清下面三个问题：1、杨衢云、谢缵泰及辅仁文社成员在兴中会成立以前是否已是资产阶级革命者或说他们已具有反清革命思想？2、辅仁文社的性质是我国第一个资产阶级革命团体吗？3、一个革命组织成立后是否必须立即进行武装斗争？前两个问题的答案如果是肯定的，那么辛亥革命开始的时间应该比现在的基本说法早两年多或四年多，因为史学界对辅仁文社的成立时间是普遍认同的，它成立于1892年3月13日（另一说是1890年）。主要依据是辅仁文社的核心人物之一，著名的晚清政治漫画《时局图》的作者谢缵泰在他的日记体著作《中华民国革命秘史》中的记述："一八九二年三月十三日，我们在香港百子里第一号二楼设立我们的革命总部，……。"[①] 不过也有证据表明这个组织又称辅仁文社光复会，证据是该会会员于庚寅年（1890年）的合影。[②] 反之，辛亥革命最初兴起的时间就没有变化，1894年11月24日檀香山兴中会成立即为辛亥革命的开端。而后一个问题的答案则不一定非是肯定的不可，需视具体历史情况而定。要厘清上述三个问题，就必须尽可能科学地分析辅仁文社成员的身世和《辅仁文社序》及《纲》的内容，及有的学者认为革命组织一经成立就必须进行武装斗争的观点。

先看社员们的身世，由于史料有限，本文谨以该社核心人物杨衢云、谢缵泰为主要分析对象，其他成员从略。

杨衢云（1861—1901），原名合吉，又名飞鸿，字肇春，号衢云。福建海澄县霞阳村（今厦门杏林区霞阳村）人。杨衢云出生于香港的一个下级官吏家庭，其祖父曾做过清朝知县，后"因读史而悟种族压迫"，弃官出洋，侨居南洋槟榔屿。他的父亲出生于槟榔屿，后迁居香港，先为下级官吏，后以教书终老。杨衢云早年在香港圣保罗书院接受教育。1874年入香港一家英国海军船厂学习机械，因操作事故意外失去右手三指，于是改习英文，考试常名列前茅。同时习武，练就一身好武艺。1880 年毕业后，任香港圣约瑟书院教员，后改就香港招商局船务书记长，1884 年转任英商新沙宣洋行副经理。1890 年至 1892 年，和谢缵泰等人共同酝酿并创办辅仁文社，被推为社长。1892 年秋经尤列介绍和孙中山相识，二人相见恨晚，一见如故，情投意合，并共同商议反清大计。1895 年 1 月，杨衢云应自檀香山筹款后返香港的孙中山之邀，共组兴中会总会，经过竞争，并当选为第一任会长及起义成功建国后的第一任共和国总统候选人。会后杨衢云即负责在香港筹措反清起义的饷械和组织、运送起义人员，配合赴广东起事的孙中山等人。第一次广州起义失败后，被清廷通缉，乃远赴越南、新加坡、印度、南非等地，于所到之处积极宣传革命，建立兴中会分会。1898 年赴日本和孙中山再度会合。1900 年因会党共推孙中山为兴汉会会长，乃卸会长职，由孙中山继任。旋返香港积极筹备惠州起义。1901 年 1 月 10 日遭清廷刺客枪击致重伤，次日不治身亡，时年 40 岁。③

尽管杨衢云不幸地英年早逝，为共和国献身，也没有给我们留下什么文字材料，但从上述杨衢云的简略身世中依然可以看出，他自幼受家庭影响，很可能具有种族思想。同时长年身处西方生活氛围，受的是西式教育，又任职于西式行业，自然耳濡目染地接受了民主共和的思想。同时他生活于晚清一系列政事腐败、屈辱卖国事件频发的历史时期，颇受刺激，由此萌发反清革命的意识实属正常。否则不可能在与孙中山相识及后来被邀共组兴中会总会时那么义无反顾，一拍即合，顺利地达成共识。换句话说，正是由于孙、杨都具有反清革命、在中国建立共和国的志向，而这种志向成为他们通力合作、共举大义的良好基础，兴中会总会才能成功建立。从这点上说，杨衢云为兴中会总会在香港的建立做出了重要贡献，实在是功不可没。

此外，杨衢云的性格、情操等个人情况，也可说明他有条件成为中国最早的一批资产阶级革命者中的重要成员。如学习成绩优良，表明他聪明好学，且“为人仁厚和蔼，任侠好义，尤富于国家思想。尝习拳勇，见国人之受外人欺凌者，辄抱不平。”“衢云素有大志。”④ 而且“杨衢云是一个具有崇高思想的人。他忠实地热心于我们的事业。真可以说，他是我国为自由与独立的事业而殉难的最崇高的爱国者之一。”[⑤]孙派人物冯自由和杨派人物谢缵泰都对杨衢云有相当高的评介，可见杨属于当时中国人里的佼佼者。

对杨衢云身世等情况做了一定的分析后，让我们再来看看他的亲密战友、辅仁文社的另一个核心人物、兴中会早期重要骨干谢缵泰的身世。谢缵泰（1872—1938），字康如，广东开平县人。生于澳大利亚雪梨（今悉尼）一个华商家庭。父谢日昌，为中国独立党的领导人，具反清复明思想。谢缵泰十二岁时就听其父讲述满清残暴征服中国的历史，并许下诺言长大后必回中国从事驱除满洲鞑靼的事业。1887 年随母回香港。后就读香港皇仁书院，在学期间结识了杨衢云等有共同思想志向的人。1890 年至 1892 年，和杨衢云等人共同酝酿并创办辅仁文社，为核心人物之一。1895 年 1 月，和杨衢云等人一起加入兴中会，为重要骨干之一。后积极参加筹备广州起义和惠州起义。1903 年 1 月，因和孙中山不睦，单独和洪秀全从侄洪全福、李纪堂等发动“大明顺天国”起义，谋占广州失败。后即退出军事行动，专为《南华早报》撰文鼓吹改革。1938 年在香港病逝，终年 66 岁。[⑥]

谢缵泰的身世告诉我们，他有着和杨衢云非常相近的生活环境，教育背景，而且也具有很强烈的侠义气概，他曾运动在香港的社会关系解救被清廷囚禁虽素不相识但和兴中会有关系的经元善。并且在杨衢云遇害后，“募集义捐抚恤衢云遗族，复助香港警吏搜罗清吏派凶暗杀证据。粤吏李家焯等卒以此事免职。”[⑦]尽管两人相差十一岁，并不妨碍他成为杨衢云最亲密的战友，他之所以和杨衢云建立了特殊的关系也必然有其特殊的原因，很可能就是有共同的反清革命及共和思想做基础。其他有名字可考的辅仁文社成员如陈芬、周超岳、黄国瑜、罗文玉、刘燕宾和陈鏸勋（《香港杂记》的作者）的生活环境、教育背景及思想志向也类似杨、谢二人，他们具有比内地人便于接受民主共和思想的历史和社会条件，他们大多数人（陈鏸勋除外）和杨、谢二人关系密切，因而能走到一起，共襄义举，他们当属于我国最早的具有反清革命意识的资产阶级人士，谢缵泰的叙述说明了这一点：“在我的十六个友人中，为我信任并知道我的秘密的主要人物是杨衢云、陈芬、周超岳、黄国瑜、罗文玉、刘燕宾”。[⑧]依此，前述的第一个问题已有了基本肯定的答案。当然，这个问题的解决还不足以说明我们要探讨的问题，因此下面继续探讨第二个问题。

第二个需要厘清的问题更加关键，要解答这个问题，必须对《辅仁文社序》及《纲》详加考察。辅仁文社英文名为Chinese Patriotic Mutual Improvement Association（中华爱国互助改进会），如果单从名字上看，这个组织确实只能理解为是一个爱国进步团体，因为从字里行间并看不出暴力革命，推翻清朝，建立共和的丝毫意思。似乎第二个问题的答案已经轻易得出，答案是否定的。其实不然，辅仁文社是在香港公开注册建立的社会团体，在那个年代，假设有公开、鲜明的反清革命文字，还能在香港堂皇立足吗？要知道那时的香港是在英国殖民者的统治下，决不会允许中国人公然的以香港为依托发动反清革命，革命必然造成的巨大社会动荡是英国殖民者不愿意看到的。况且香港毗邻大陆，即使远离清朝统治中心，革命形势处于“太平天国留下的创痛渐被忘却”的低潮时期，⑨它受到清朝黑暗势力的染指肯定比遥远的檀香山容易的多。而兴中会的名字单从字面上说也看不出反清革命的内容，似乎也可以把它理解为一个旨在兴旺中国文化的团体而不是革命团体，兴中会之所以被学界认定为资产阶级革命团体，不是由于其章程的内容，而是由于它的秘密誓词或称为纲领的“驱除鞑虏，恢复中国，创立合众政府”。再比较一下檀香山兴中会章程和辅仁文社序，全文如下：

檀香山兴中会章程

（一八九四年十一月二十四日）

中国积弱，非一日矣！上则因循苟且，粉饰虚张；下则蒙昧无知，鲜能远虑。近之辱国丧师，剪藩压境，堂堂华夏不齿于邻邦，文物冠裳被轻于异族。有志之士，能无抚膺！夫以四百兆苍生之众，数万里土地之饶，固可发奋为雄，无敌于天下；乃以庸奴误国，涂［荼］毒苍生，一蹶不兴，如斯之极。方今强邻环列，虎视鹰瞵，久垂涎于中华五金之富、物产之饶。蚕食鲸吞，已效尤于接踵；瓜分豆剖，实堪虑于目前。有心人不禁大声疾呼，亟拯斯民于水火，切扶大厦之将倾。用特集会众以兴中，协贤豪而共济，抒此时限，奠我中夏。仰诸同志，盍自勉旃！谨订规条，胪列如下：

一、是会之设，专为振兴中华、维持国体起见。盖我中华，受外国欺凌，已非一日。皆由内外隔绝，上下之情罔通，国体抑损而不知，子民受制而无告。苦厄日深，为害何极！兹特联络中外华人，创兴是会，以申民志而扶国宗。

二、凡入会之人，每名捐会底银五元。另有义捐以助经费，随人惟力是视，务宜踊跃赴义。

三、本会公举正副主席各一位，正副文案各一位，管库一位，值理八位，差委二位，以专司理会中事务。

四、每逢礼拜四晚，本会集议一次。正副主席必要一位赴会，方能开议。

五、凡会中所收会底各银，必要由管库存贮妥当，或贮银行以备有事调用。惟管库须有殷商二名担保，以昭郑重。

六、凡会中捐助各银，皆为帮助国家之用，在此不得动支，以省浮费。如或会中偶遇别事要用小费者，可由会友集议妥允，然后支给。

七、凡新入会者，须要会友一位引荐担保，方得准他入会。

八、凡会内所议各事，当照舍少从多之例而行，以昭公允。

九、凡以上所订规条，各友须要恪守。倘有善法，亦可随时当众议订加增，以臻完美。⑩

再看《辅仁文社序》也将全文列于下面："六合以人为贵，而人之贵责明道也。道本无影无形，循乎道而事事悉归于正者则曰理。是则理之不可须臾离也明矣。人欲明道达理，必先内修心性，外尽伦常，而朋友乃五伦中之一，审是，友道其容缓乎？友道求则相与以成道者，友助其切切也。一曰扶危济困，异姓何殊同脉。二曰劝善规过，益不啻严师。三曰切磋琢磨，学识均能增益。能近乎此则声应气求，自当行乎道应乎理焉。兹我同志七人，以为此社名曰辅仁文社，但愿同心同德，有始有终，恪守社义，历久不谕其载，是为至要。"⑪ 两相比较，很容易看出，尽管前者的言词比之后者要激烈，但也没有使用鲜明的反清革命的词句，1894 年在地处遥远而且又是独立共和国夏威夷的州府檀香山建立的兴中会尚且不敢公然倡言革命，又何必苛求成立时间更早的、距中国大陆极近的香港辅仁文社非得有鲜明倡言革命的词句呢？况且，不仅檀香山兴中会没敢公开倡言革命，即使是 1895 年辅仁文社与兴中会合并后建立的总会制定的章程中，尽管言词比檀香山兴中会章程更激烈（总会章程因偏长从略），依然没有使用革命、暴力、反清等鲜明的词语，其实这是很好理解的，既然是秘密组织，就不可能什么都是公开的，否则何谈“秘密”？若全部都公开了只能是自取灭亡。这倒是可以印证谢缵泰所说的“因为在当时公开鼓吹革命是太危险了，而且在香港这块殖民地到处是广州清政府的谍探人员。”[⑫]还有一点值得注意，即檀香山兴中会章程和《辅仁文社序》中都使用了“同志”一词，这就很难仅用一般志趣相投（如喜欢文学、艺术、体育等）来解释和理解，在近代社会中，“同志”一词更多地使用于革命团体或政党内部，而革命团体或政党在成立初期往往是由一批抱有与众不同的追求特殊目标的人组成的，尽管我们还不能把檀香山兴中会和辅仁文社称为政党，但“同志”一词的使用就很难不让人联想到政党的因素，至少是都有革命的因素，更可以透视出辅仁文社成员和檀香山兴中会成员一样都是有特殊追求目标的人，而非仅仅一般志趣相投的人，称其为革命团体当不为过，应给予其和檀香山兴中会同等的待遇。下面的《辅仁文社社纲》更加支持了这一观点。

《辅仁文社纲》共有六条，英文如下：

1、To purify The Character in the highest possible degree.

2、To prohibit indulgence in the Vices of This World.

3、To set an Example for future young Chinese.

4、To improve in all possible ways Chinese, and Foreign knowledge both in a Civil,and a Military point of view.

5、To obtain a good knowledge of Western Science and Learning.

6、To learn how to be,and act as a Patriot,and how to wipe out the unjust wrongs Our Country has offered.[⑬]而中译文有如下两种：

第一种，1、磨砺人格，臻于至善；2、不得沉溺于当世之恶习；3、为未来中国青年作表率；4、以多途增进中外文、武两种学识；5、精通西学；6、以爱国者自励，努力扫除吾国出现之乖误。[⑭]

第二种，1、纯洁品性至最高程度；2、禁染社会恶习；3、为未来中国青年作表率；4、经种种可能途径，增进中外文、武两种学识；5、获得西方优秀科学文化；6、学习如何做爱国者，如何从事爱国活动和如何消除祖国所蒙受的屈辱。尽心爱国。[15]

根据上面的两种译文对比，可以看出几个特点，一是总体上两者没有大的差别；二是除第三条文字完全一样外，前者文字较精练、文学性强一些，后者文字较平白，直译性强一些；这两点不重要，关键是第三点，即第6条的两种译文意思出入较大，尤其是前者将“the unjust wrongs”翻译成“乖误”，使读者不易理解所指为何，有词不达意之嫌。而后者则翻译成“屈辱”，应该说更符合或接近英文原意，因为“unjust”的中文意思是“不公平的、不公正的、非正义的”。[16]

据此，笔者认为后一译文更为准确，进而有必要进一步分析社纲的第4条和第6条，以便最终厘清第二个问题。社纲的第4条说“经种种可能途径，增进中外文、武两种学识”，试想，以一“文社”不仅要增进“文”的学识，还要增进“武”的学识，着实让人费解；不仅要增进中国的“文、武”学识，还要增进外国的“文、武”学识，目的何在？肯定不会是因为杨衢云个人是个武林高手又是社长才这么定的，如果是这样就于理不通。其实深入思考一下，再结合社纲的第6条加以分析，不难得出这样的结论：辅仁文社最重要的一条宗旨就是，运用中外可用之文武知识、技能，以武装斗争的手段推翻清朝统治，进行资产阶级革命，只有这样才能“消除祖国所蒙受的屈辱”。社纲的其他四条是扫除屈辱的辅助条件，第4条和第6条才是根本条件。道理很简单，辅仁文社的成员虽然没有生活在太平天国时期，但他们的生活年代距这一时期并不遥远，他们所拥有的知识应该足以认定以太平天国那样的落后意识及以冷兵器为主的斗争工具不足以“消除祖国所蒙受的屈辱”，而只有同时掌握冷兵器和西方先进的热兵器的使用等相关军事知识，才可能达到“消除祖国所蒙受的屈辱”的最终目的。因为，祖国之所以长期蒙受屈辱，除了清政府的腐败外，武器落后也是一个重要的原因。使用较为隐晦的文字表达内心的真实思想，是在当时的历史条件下，辅仁文社的革命者采用的明智策略，是必要的和值得肯定及赞赏的。

第三个问题要探讨的是：一个革命组织是否必须一经成立就马上开展武装斗争？有学者认为兴中会之所以被认定为革命组织，不仅由于它的纲领，还在于它成立后就开始发动武装斗争，1895年就准备第一次广州起义，虽然由于各种原因该起义未发动就流产了，[18] 因此认定辅仁文社不是革命团体。要科学地解答这个问题，必须解决相关的三个问题，一是历史上有否什么权威部门或个人规定过革命团体一经成立就必须实施武装斗争？答案绝对是否定的，因为这是不可能的。既然答案是否定的，那么各个革命团体自然就应根据自身所处的历史、社会环境决定自己的行止，这才是符合实际的，不是盲目冒进的。通常，进行革命要有准备期、发动期等阶段，而不应是千篇一律的一成立就举行武装起义，条件不具备的时候就不能盲动。正是因为香港距清政府和港英当局统治的势力范围比檀香山近的多，所以辅仁文社的活动就必须更谨慎更稳妥，从而避免不必要的损失，才能保障还很弱小的革命力量的聚积。这里可以用比较史学的方法举例论证笔者的看法，比如中国共产党是比孙中山创立的资产阶级政党更先进的政治团体，其革命性质不言而喻，但是在它成立初期也只是发动罢工、游行示威等和平非暴力的斗争，而没有采取武装斗争的方式，其第一支工人武装——工人纠察队产生于 1925 年的省港大罢工中，不过其本身属于非主动攻击性组织，仅限于被动自卫的范畴内。能因此而认定中国共产党没有革命性质吗？当然不能！另外，1917 年的俄国十月革命也是在列宁领导下的多数派布尔什维克（1903 年产生）经过长期准备后才发动的，而非布尔什维克一产生就发动的，在 1912 年 1 月清除了少数派孟什维克后才成立了独立的布尔什维克党，而十月革命是五年多以后的事情，能说布尔什维克党也没有革命性质吗？当然也不能。这就是说，没有在组织成立后立即进行武装斗争的不等于不是革命团体或政党，政党都可以在组织成立后不立即进行武装斗争，一个革命团体就更不一定非这么做不可了。二是檀香山兴中会和辅仁文社有一个共同点，即只有少数核心力量具有明确的反清革命思想，大多数会员是游离性的。前者大多数会员的立场并不坚定，他们在梁启超后来到檀香山游说后都陆续加入了保皇会，对于革命起的作用并不大，只有极少数人随孙中山回到香港。辅仁文社的核心力量主要是本文前面提到的七个人（《香港杂记》的作者陈鏸勋除外），其他十人的作用不一，有的难以考证。冯自由说“辅仁文社加入兴中会者衢云以外尚有谢缵泰周昭岳等数人。”“及乙未正月，总理自檀岛归抵香港，谋扩大兴中会之组织，亲访衢云约其合作，衢云欣然从之。辅仁文社社员加入兴中会者衢云以外尚有谢缵泰周昭岳等数人。”[19] 冯自由说的“等数人”，很可能就是这七人。另外，冯自由还说过“甲午，孙总理在檀岛已极力筹饷，为革命进行之需，及归香港，即与郑士良、陆皓东、黄咏襄、陈少白、杨鹤龄、尤列诸人拟联络全省革命同志，扩大兴中会之组织，以利进行，因闻杨衢云、谢缵泰等所设辅仁文社宗旨相同，遂与接洽组党事件，杨、谢及文社社员周昭岳等赞成之，且愿取消旧社名义，为新团体之表示，于是孙、杨两派遂于乙未正月二十七日合并为一，仍定名曰兴中会……。”[20]他们如果不具有反清革命思想，能那么轻易地放弃辅仁文社的名号加入兴中会吗？冯自由已明确认定辅仁文社主要成员是“革命同志”，而且辅仁文社与兴中会“宗旨相同”，这里所说的“宗旨”自然是指反清革命的“宗旨”而不是其他别的什么“宗旨”，显然，辅仁文社就是一个革命团体。再说，孙、杨两派都曾尝试和康梁的保皇会联手革命，最终都没有结果，根本原因就在于宗旨不同。据此，产生一个问题，同样是只有少数核心力量具备反清革命思想，为什么檀香山兴中会就被认定是革命团体，辅仁文社仅被认定为爱国进步团体？仅根据在组织成立后是否立即举行武装斗争一点来判断某组织是否革命团体，实在是有失公允和科学。三是谈到孙中山在檀香山兴中会成立并筹到一笔经费后立即返回香港成立兴中会总会及筹划武装起义一事，就必须涉及前文提到的杨衢云和孙中山 1892 年秋的第一次会面，这次会面两人相见恨晚，一拍即合，共商反清革命大计，可以想见的是两人在反清革命、建立共和国的问题上必定是互相启发、互相激励的，这里姑且不谈史学界争论不休的谁是中国第一个具有共和国思想的人这个问题（孙、杨都有支持者）。另外，1893 年孙中山和尤列等人曾在广州商议成立反清组织，但未及确定组织名称，此事后经尤列到香港告知杨衢云，后者深表赞同。正是由于有了这些过程，两派力量的沟通，增强了革命势力合作的可能，才促使孙中山进一步坚定反清意志，也才会有 1894 年孙的上书李鸿章不成即赴檀香山组织兴中会一事，彻底抛弃了改良主义走上了武装斗争的革命道路。所以说把香港兴中会总会成立后立即准备广州起义的功劳完全归于孙中山是不公平的。虽然杨派和孙派的核心力量都不强，但杨派长期经营香港，在港有着比孙派更广泛的社会基础和关系，而且起义准备过程中杨派也进行了联络会党的大量工作，杨派联络的会党数量不比孙派联络的少，这是历史事实，也是学界内的常识，可见共谋武装起义时，杨派的实力即使不大于孙派，也应是基本上和孙派平分秋色，这是准备第一次广州起义极为重要的因素，否则杨不可能成为首任兴中会会长，孙中山也没必要让步而甘当秘书。辅仁文社之所以在和孙派联合之前没有急于从事武装斗争，最根本的原因很可能就是考虑到自身力量的弱小，条件不具备就冒然举义必然失败这一重大因素，一旦和孙派联手，实力增强，就义无反顾、全力以赴地投入起义的准备，正说明辅仁文社是一个具有务实思想基础的革命团体。是否在组织成立后就立即发动武装起义是要具备一定条件的，否则是不可取的。

根据上面的分析， 笔者认为广义的辛亥革命应该从辅仁文社成立的时间算起，即 1890 年或 1892 年为革命的开端。《辅仁文社序》及《纲》是最早的辛亥革命文献中极为重要的文件。这两份文件是现实存在的，它们是谢缵泰的遗物，美国著名华裔历史学家薛君度（黄兴的女婿）于 1963 年 12 月 29 日在香港访问谢缵泰的儿子时亲眼目睹过（“辅仁文社的英文原名和社纲六条均出自该社原始文件，系谢缵泰的遗物”）。[20]后来，薛君度又将这两份文件提供给学者贺跃夫作为撰写论文的依据（“这两份文件均为美国马里兰大学薛君度教授提供”）。[21]这两份文件为我们提供了解读真实历史的有力证据，是其他相关历史文件无法 s 替代的，也具有很重要的文物价值，有必要引起我们足够的重视。

注释：

① 谢缵泰：《中华民国革命秘史》，《孙中山与辛亥革命史料专辑》，中国人民政治协商会议广东省委员会文史资料研究委员会编，广东人民出版社出版，1981 年 8 月第 1 版，第 293 页。

② 《杏林文史资料——杨衢云研究文集》，中国人民政治协商会议、厦门市杏林区委员会文史资料委员会编。

③ 杨衢云身世参考了多种材料写成，如冯自由的《杨衢云事略》、《兴中会首任会长杨衢云补述》，厦门杏林区植德堂编印的《杨衢云》、《杏林文史资料——杨衢云研究文集》等。

④ 冯自由：《杨衢云事略》，《革命逸史》上，（一），新星出版社，2009 年 1 月版，第 15、16 页。

⑤ 谢缵泰：《中华民国革命秘史》，《孙中山与辛亥革命史料专辑》，中国人民政治协商会议广东省委员会文史资料研究委员会编，广东人民出版社出版，1981 年 8 月第 1 版，第 311 页。

⑥ 谢缵泰的身世主要依据冯自由：《老兴中会员谢缵泰》，《革命逸史》，和谢缵泰：《中华民

国革命秘史》，《孙中山与辛亥革命史料专辑》等资料写成。

⑦ 冯自由：《老兴中会员谢缵泰》，《革命逸史》上，（一），新星出版社，2009 年 1 月版，第 209 页。

⑧ 谢缵泰：《中华民国革命秘史》，《孙中山与辛亥革命史料专辑》，中国人民政治协商会议广东省委员会文史资料研究委员会编，广东人民出版社出版，1981 年 8 月第 1 版，第 311 页。

⑨ 贺跃夫：《辅仁文社与兴中会关系辨析》，中山大学历史系孙中山研究室、中山大学学报编辑部编《孙中山研究论丛》1984 年第二集，第 12 页。

⑩ 原载《孙中山选集》，人民出版社，一九八一年版，第 14 –15 页。

⑪ 贺跃夫：《辅仁文社与兴中会关系辨析》，中山大学历史系孙中山研究室、中山大学学报编辑部编《孙中山研究论丛》1984 年第二集，第 11 页。

⑫ 谢缵泰：《中华民国革命秘史》，《孙中山与辛亥革命史料专辑》，中国人民政治协商会议广东省委员会文史资料研究委员会编，广东人民出版社出版，1981 年 8 月第 1 版，第 292 页。

⑬ 贺跃夫：《辅仁文社与兴中会关系辨析》，中山大学历史系孙中山研究室、中山大学学报编辑部编《孙中山研究论丛》1984 年第二集，第 12 页。

⑭ 贺跃夫：《辅仁文社与兴中会关系辨析》，中山大学历史系孙中山研究室、中山大学学报编辑部编《孙中山研究论丛》1984 年第二集，第 12 页。

⑮ 袁鸿林：《兴中会时期的孙杨两派关系》，《辛亥革命七十周年青年学术讨论会论文选》上，中华书局，1983 年，第 4–5 页。

⑯ 根据《牛津高阶英汉双解词典》第 7 版，商务印书馆、牛津大学出版社，2009 年，第 2207 页“unjust”词条。

⑰ 贺跃夫：《辅仁文社与兴中会关系辨析》，中山大学历史系孙中山研究室、中山大学学报编辑部编《孙中山研究论丛》1984 年第二集，第 14 页。

⑱ 冯自由：《中国革命运动二十六年组织史》，上海，商务印书馆，1948 年，第 8 页。冯自由：《华侨革命开国史》，上海，商务印书馆，1947 年，第 3 页。

⑲ 冯自由：《中华民国开国前革命史》，重庆，中华文化服务社，第 6 页。

⑳ 袁鸿林：《兴中会时期的孙杨两派关系》，《辛亥革命七十周年青年学术讨论会论文选》上，中华书局，1983 年，第 5 页注释①。原始出处见薛君度：《孙中山、杨衢云与中国早期革命运动》（Chun–tu,Hstieh,Sun Yat–sen,Yang Ch'u–yun, and the Early Revolutionary Movement in Ghina），见薛君度：《中国近代革命领导人物》（Revolutionary Leaders of Modern China,New york,1973）。

㉑ 贺跃夫：《辅仁文社与兴中会关系辨析》，中山大学历史系孙中山研究室、中山大学学报编辑

部编《孙中山研究论丛》，1984年第二集，第11页注释⑤。

刊载于《中国国家博物馆馆刊》2011年第九期。

1927年国共合作破裂变数考

1927年的大革命是继辛亥革命后发生在中国大地上的又一场轰轰烈烈的群众性革命运动，对它遭受挫折的原因史学界历来有不同观点，不管是哪种观点都很难全面解释这场革命遭受挫折的根由，但革命过程中的变数却是不容忽视的，有必要探究一番。

所谓“变数”，即指不稳定因素。变数经常在历史发展的过程中起重要作用。在这场革命中应考虑到的变数有以下几个方面：

一、孙中山的思想及国共双方的状况

有必要先大致回顾一下孙中山联俄联共思想的发展轨迹。1917年俄国十月革命的爆发，对中国社会造成了一定的影响，社会各界人士对此有不同的看法，作为老练的民主政治家，孙中山在1918年初就敏锐地预感到：“此后我国形势，应注意于西北，若俄现在之革命政府能稳固，则我可于彼方大发展也”，[①] 显示出对俄国革命的关注。同年夏天，他又转托美洲华侨致电列宁及苏维埃政府：“中国革命党对贵国革命党所进行的艰苦斗争，表示十分的钦佩，并愿中俄两党团结共同斗争。”[②] 表达了携手共进的愿望。进而，孙中山于1921年8月在给苏俄政府外交委员契切林的复信中表达了如下的意愿：“我非常注意你们的事业，特别是你们苏维埃的组织、你们军队和教育的组织。我希望知道您和其他友人在这些事情方面、特别是在教育方面所能告诉我们的一切。像莫斯科一样，我希望在青年一代——明天的劳动者们的头脑中深深地打下中华民国的基础。”[③] 当然，愿意和苏俄建立友好关系且希冀获得帮助并不能表明孙中山对苏俄进行的共产主义事业持完全肯定的态度，他毕竟不是一个共产主义者，他曾不只一次地对苏俄将军波达波夫表露不相信苏俄政府能在俄国成功地实现共产主义的思想。[④] 而且他于 1921 年 12 月在桂林宣讲三民主义时曾说："俄国近来实行政治革命，同时又实行经济革命，一面把皇帝和贵族推翻，同时又把资本家推翻。现在俄国人民所受到的痛苦非常厉害，结果到底如何，今天还预料不到。"[⑤] 对苏俄革命同时抱有好感、希望和疑虑，表明孙中山思想上的矛盾，也就决定了联俄的主张不是自觉自愿和无条件的，而是一种政治上的需要，也就潜藏着不牢固和不长久的因素。孙中山对苏俄的疑虑还不止这些，他对苏俄实行的战时共产主义政策也不认同，担心苏俄在中国推行共产主义，1921 年他对苏俄政府委派的全权代表达林说的一番话反映了他在这方面的真实心态。他对达林提出了这样一个建议："我给你一个山区，一个最荒凉的没有被现代文明所教化的县。那儿住着苗族人。他们比我们的城里人更能接受共产主义，因为在城里，现代文明使城里人成了共产主义的反对者。你们就在这个县组织苏维埃政权吧，如果你们的经验是成功的，那么我一定在全国实行这个制度。"[⑥] 他这番话的含义是说贫穷的中国不能实行共产主义。对共产主义的恐惧和否定是孙中山制定联俄政策的最大障碍，只是在初步了解了苏俄的新经济政策后，他才多少消除了一些疑虑，因为他认为该政策和他自己提倡的民生主义有共同之处。他说："民生主义，即贫富均平，不能以富者压制贫者是也……亦即俄国之今日均产主义。"[⑦] 至此，孙中山联俄的思想框架初具雏形。促成其思想框架最终定型的是和陈炯明的决裂，孙陈分手使孙中山陷入极端孤立的危险境地。在孙中山最困难的时候，唯有苏俄政府向他发出了同情之声，苏俄代表达林曾请陈友仁转告孙中山："我祝愿他斗争成功。"这使孙中山十分感动和得到了极大的慰藉，对此，孙中山也先后两次请陈友仁向达林转告："在这些日子里，我对中国革命的命运想了很多，我对从前所信仰的一切几乎都失望了。而现在我深信，中国革命的唯一实际的真诚的朋友是苏俄"。"我决定赴上海继续斗争。倘若失败，我则去苏俄。"[⑧] 对于孙中山的表示，苏俄政府也给予了一定的回应，并根据当时中俄两国关系的实际情况确立了全面支持孙中山的政策，使孙中山联俄的战略构想能够得以实现，其具体表现为 1923 年 1 月 26 日签订的《孙文越飞宣言》。

孙中山联俄思想的产生到实现是沿着一条曲折的轨迹发展的，其中充满了希望和疑虑，但他从来没有真正认同过社会主义及共产主义。

联俄的过程可以看作是孙中山寻求中国革命新出路的努力过程，而《孙文越飞宣言》则是这一努力的结晶。该宣言的内容不仅反映了互利的一面，同时也透视出联合存在不牢固因素的一面。《孙文越飞宣言》中明确记载："孙逸仙博士以为共产组织，甚至苏维埃制度，事实均不能引用于中国。因中国并无使此项共产制度或苏维埃制度可以成功之情况也。"[⑨]即从根本上否定了在当时的中国进行社会主义性质的革命之可能。孙中山之所以主张联俄，主要在于他"以为中国最要最急之问题，乃在民国的统一之成功，与完全国家的独立之获得。关于此项大事业，越飞君并确告孙博士，中国当得俄国国民最挚热之同情，且可以俄国援助为依赖也。"[⑩]至于容共则是出于《孙文越飞宣言》发表之前的孙越会谈中对"越飞在会谈中告诉孙中山，俄国革命的胜利是由于有很好组织的红军和政党，因此，中国的主要任务是组织好革命的政党；越飞建议孙中山重新解释三民主义，改变三民主义的方向，使之具有反帝的内容、群众的路线，并建议同苏联和共产党合作"的考虑。[⑪]况且孙越会谈还涉及有关的军事问题，在当时属于绝密。联俄必然要容共，而联俄、容共对于孙中山领导的国民党及进一步的革命事业是有莫大好处的，对于这一点，作为一个精明的政治家，孙中山不会看不出来，也不会轻易放弃这一良机，也就是说孙中山之所以同意联俄、容共，主要在于为了实现自己的建国计划和能够得到苏俄的援助及使自己的政党在组织上有所改善，而不是其他。实际上孙中山对共产党始终保持着极大的戒心，他曾说"只要我还活着，共产党员就不敢胆大妄为。"[⑫]"共产党员加入了国民党，是真心诚意的吗？我知道，并不像他们所说的那样。"[⑬]孙中山对苏俄同样存有戒心，他说："……俄国给我派人来，还用重要物资支援我，这并不是俄国对我们特别好，它是想通过国民党贯彻它在中国的政策。……如果英、美、日改善同我们的外交关系，我们为什么只同俄国结盟呢？"[⑭]另外，孙中山曾给蒋介石复信时说："只有使共党分子能在本党的领导下，才能防其制造阶级斗争，如我们北伐军一旦胜利，纵使共产党想破坏我们，亦势所不能了。"[⑮]政治领域里互相借助的特性表露无遗，所有这一切都说明国民党和共产党的合作从一开始就是非长久和不彻底的，是总有一天要分手的，只是时间和需要问题。从这一点上说，国共破裂的种子是在两党联合之始就种下了的。

再来看一下国民党的情况，不要说改组前的国民党革命宗旨和共产党的革命宗旨有本质上的差别，即便是1923年11月孙中山在中国共产党的帮助下改组前夕的国民党，在重新解释了三民主义，倡导联俄、容共、扶助农工的主张，使国民党逐步成为一个工人、农民、小资产阶级、民族资产阶级的民主革命联盟时，它的党纲仍是这样叙述的："吾党之目的，在于中国领域之内，杨成一民有民治民享之国家，使全体国民得于国际上、政治上、经济上遂其有价值之生存。"[16] 明确表示了该党旨在建立一个自由独立的民主国家，仅此而已，而与社会主义及共产主义没有任何关系，这一点进一步证实了两党合作的基础是不牢固的，不具有长久性。再者，孙中山曾于1923年国共两党合作之初就对陈独秀等人在《向导》周报上批评国民党表示不能容忍，并表达了要开除共产党人出国民党的思想一事，[17] 也足以证明上述观点。另外，在国民党内部对国共两党合作的看法存在着分歧，只不过是在孙中山做了工作之后才勉强统一起来，暂时得以维持和共产党的合作，希图以此达到自己的建国目标。

此外，有必要再看一下共产党方面的情况。我们知道中国共产党于1921年7月23日至8月初召开了第一次全国代表大会，会上制定了党的纲领，指出：革命军队必须与无产阶级一起推翻资本家阶级的政权；承认无产阶级专政，直到阶级斗争结束，即直到消灭社会的阶级区分；消灭资本家私有制，没收机器、土地、厂房和半成品等生产资料。[18] 该纲领表明中国共产党从建党之始就旗帜鲜明地把实现社会主义、共产主义作为自己的奋斗目标。并且大会决定，在反对军阀官僚的斗争中，在争取言论、出版、集会自由的斗争中，党应该采取独立的政策以维护无产阶级的利益，不同其他党派建立任何联系。这些决定自然是和当时的社会环境及认识水平密切相关的，同时也可让人们清楚地看到，共产党和国民党奋斗的终极目标是根本不相同的，没有丝毫联合的基础，而且联合其他党派的主张在大会上被完全否定了，是准备孤军奋战的。是什么改变了中共的主张呢？中国共产党是在社会实践中逐步认识到联合其他党派的重要性的，特别是1922年召开的远东各国共产党及民族革命团体第一次代表大会，该大会遵循列宁在 1920 年共产国际第二次代表大会上有关“各国共产党必须帮助这些国家的资产阶级民主解放运动”的讲话，[19]阐明了被压迫民族所面临的反帝反封建的历史任务，讨论了共产党和民族革命政党进行合作的问题，对于帮助中国共产党认清中国国情和制定中国民主革命的纲领，起了很大的作用，促使中国共产党制定了更符合当时社会实际的民主革命纲领即最低纲领，其主旨集中体现在中国共产党第二次全国代表大会上发表的宣言中。宣言认为，在当时的历史条件下，党的奋斗目标是：消除内乱，打倒军阀，建设国内和平；推翻国际帝国主义的压迫，达到民族完全独立；统一中国为真正的民主共和国。[20]在这里才体现了和国民党纲领基本一致的内容，也才确定了合作的基点。有了相近的看法和观点才有可能联合，因此才有了中共主动向孙中山伸出友谊之手，倡议合作的举动。但是，国共两党的终极目标毕竟相距太远，两党所代表的阶级和集团利益也是根本不同的，这是合作的歧点，也就从根本上决定了联合只能是建立在不牢固的基础上且不可能长久的。这正符合马克思、恩格斯对无产阶级和资产阶级联合反对共同敌人的论述：“在反对共同敌人时，不需要特别的联合，既然必须进行反对共同敌人的直接斗争，两个党派双方的利益也就会暂时趋于一致……，自然会产生出适合一定时机需要的联盟。”此外，在列宁关于“共产国际应当同殖民地和落后国家的资产阶级民主派结成临时联盟，但是不要和他们融合，要绝对保持无产阶级运动的独立性，即使这一运动还处在最初的萌芽状态也应如此”的训导下，[21]共产国际“四大”进一步明确了“殖民地和半殖民地国家工人运动，首先应在整个反帝战线中，争取成为一个独立的因素，只有承认这种独立的作用，并保持它在政治上的完全自由，才有可能而且有必要同资产阶级民主派达成暂时的妥协。”[22]据此，从而决定了国共两党的联合绝无牢固和长久的基础可言。而当时的共产党人对于国共两党联合的具体方式也存在着巨大的分歧，陈独秀、李大钊、张国焘、蔡和森在最初都反对加入国民党，只是由于当时的中共在组织关系上隶属于共产国际，必须服从共产国际的决定，并经过陈独秀等人的斗争，中共最终才接受了孙中山提出的合作方式——共产党员以个人身份加入国民党，其中也就必然包含着不稳定的因素。1922 年 8 月，在马林的主持下，中共中央召开了西湖会议，讨论国共合作问题，陈独秀在会上发言认为，“党内联合乃混合了阶级组织和牵制了我们的独立政治。”[23]他甚至声言：如果这是共产国际的不可改变的决定，我们应当服从，至多只能申述我们不赞成的意见。”他进而阐述对共产国际的决定也“只能有条件的执行，……只有孙先生取消打模及宣誓服从他个人等原有入党办法，并根据民主主义的原则改组国民党，中共党员才能加入进去。否则，即使是共产国际的命令，他也要反对。”[24]政治集团的关系历来都是根据各自的实际需要遵循着分久必合，合久必分的规律的，这一点连国民党极右份子贺忠寒都明白，他曾说“一个革命政党内决不能允许两种不同主义长久共存、长久合作，与其将来分裂，不如尽早各走各的路。但国共两党可以联合对付敌人。”[25]

二、合作期间的变数

社会变革受到各种各样因素的左右，其中有稳定因素也有不稳定因素，两者相互交织在一起，深刻地影响着社会变革的进程。大革命时期的变数是多样化的，必须逐个地加以考察、分析。前面已提到一些不稳定因素，现在再来看看其他的不稳定因素。

1、国共分裂的开端——孙中山的逝世。由于长期为革命奔波，积劳成疾，孙中山于 1925 年 3 月 25 日不幸逝世，享年 58 岁。从当时中国人的平均寿命（30 多岁）看，58 岁似乎不算太短，但是如果从革命事业的角度看，58 岁是不能算长的，因为，当时国共两党合作刚刚开始，革命形势正显露出良好的局面，恰恰在这个时候，中国革命的最高领袖与世长辞了，对于大多数人来说是没有思想准备的，是突然的，对各界人士的影响也是巨大的，特别是在革命阵营内部造成了领袖人物的真空状态，必然导致各种势力、派别的重新分化、组合，尽管在最初的时候表露的还不是非常明显，但是有一点是肯定的，人们的思想在受到巨变冲击后产生了不同的变化。之所以说孙中山的逝世是一个变数，根本在于他于此时逝世并不是必然的。

2、国民党老右派的活动。早在 1924 年 6 月，国民党中央检察委员邓泽如、张继、谢持就曾向国民党中央执行委员会提交了《弹劾共产党案》，借共产党员在国民党内设有“党团”一事大做文章，声称共产党员和共青团员加入国民党，“确于本党之生存发展，有重大妨害”，主张“绝对不宜党中有党”。[26]只是在孙中山的反对下，国民党中央执行委员会才否决了该项弹劾案。到了8月，张继等并不死心，又抛出了《护党宣言》，公然反对反帝反军阀的政治纲领，叫嚷共产党员加入国民党的目的是要消灭国民党，并发出两党“好好的分家”等论调，再次发出了反对共产党的声浪。而8月21日召开的旨在讨论容共问题的国民党一届二中全会，无疑在一定程度上鼓舞了右派的反共情绪。另外，还发生了冯自由因煽动一些人反对国共合作而被开除出党的事件。在孙中山病危期间和逝世后，国民党右派加紧新的活动，先后出现了冯自由等人组成的“国民党同志俱乐部”和谢持、邹鲁为首的西山会议派，公开闹分裂，对抗广州革命政府，反对国共合作及共产党。表明国共两党分道扬镳过程的开始。国共两党联合之初就已存在的分离因素终于在孙中山逝世后呈现了公开的裂痕。这些事实首先证明了终极目标的差异最终将导致国共两党的离异。

3、国民党新右派的活动。作为国民党内的理论家的戴季陶，孙中山在世时，是表示拥护孙中山的，但孙中山逝世后不久，其真实面目就开始暴露出来，具体体现在1925年六、七月间发表的《孙文主义之哲学的基础》和《国民革命与中国国民党》等小册子里，戴季陶曾记述了在国民党第一次代表大会后发生的一件事，他写道：“比如有一个区党部的职员，因为他们那里生出这种暗潮，便写一封信给我和另外几个同志，要我们替他们解决。信上说，本处份子复杂无容讳言，驯至时有反共产言论发生。……近来公然有人组织中山主义研究会，若再放任，后患何堪设想。像这一种人，究竟在什么党部当职员，他都忘记了，岂不好呕煞人。”[27]字里行间表露出对反共的认同和对分裂国共合作活动的容忍，并且认定这封信的出现是由于“不明三民主义，不遵三民主义，不要三民主义”[28]而造成的。他认为国共合作“事实上以一个大团体当中，包着一个小团体，这个小团体，尽力地发挥他的组织力，和排他性，旧的细胞是失了生活力，新的营养又被小团体尽量地吸去。这样一个畸形的团体，真有无从整理之苦”，[29]体现了他对国共合作时期共产党组织蓬勃发展的不满和仇视，很自然地要进一步表露出反共的意识，“所以我认为CP的人，既然已经加进了中国国民党做同志，至少在中国国民党里面，应该要停止他为CP或CY吸收党员的工作。”[30]公然要求共产党停止革命活动。此外，他较系统地阐述了他反对国共合作的理论，认为国民党的生存必须具备独占性、排他性、统一性、支配性，主张在对待共产党的行动上采取缓和态度，不公开同共产党决裂，而是要加入国民党的共产党员、共青团员“脱离一切党派，作单纯的国民党党员”。这种手法看起来似乎较老右派“仁慈”一些，实际上是要从组织上彻底消灭共产党，本质上更阴险、更狡猾，更毒辣，彻底抛弃了伪装。因为老右派的做法充其量是摒弃合作，实行各干各的，还没有把消灭共产党提上议事日程。

4、蒋介石的态度。尽管蒋介石在孙中山逝世后的最初一段时间里，出于政治利益的需要，还没有公然表露什么反共的言行，而是继续高唱革命的调子，但从他 1924 年 1 月呈交孙中山的《游俄报告书》及 3 月分别致孙中山、廖仲恺的信中，把苏联的对外政策称为“恺撒之帝国主义”，骂共产党是“俄奴”，其真实心声昭然若揭，只不过竭力隐藏而已。他的这种思想是终生不变的，到了台湾后，他仍认为：“苏联的政治制度，乃是专制和恐怖的组织，与我们中国国民党的三民主义的政治制度，是根本不相容的。”[31]更有甚者，他把苏联英法美日等国视为同物，“所谓俄与英法美日者，以弟视之，其利于本国而损坏他国之心，则五十步与百步之分耳。”[32]这些思想是导致他在创建黄埔军校的过程中公然背离国共合作的思想轨道的根源。他借反对个人崇拜表达反俄、反共之目的，他在一次对黄埔学生的讲话时说：“我们革命是以主义为中心，跟着这个主义来革命，认识这个主义来革命的，决不是跟着一个人，或是认识一个人来革命的。如其跟着一个人，或是认识一个人来革命，那就不能叫做革命，那就叫做盲从，那就叫做私党，那就叫做他人的奴才、走狗了。”[33]很显然，凡是“盲从”孙中山的，都被其视为“奴才、走狗”，而只有根本背离孙中山的思想主旨，才能达到彻底反共的目的。正是这种思想指导蒋介石一步步揭掉自身的假面具，最终彻底地实行反共。

5、共产国际和中共对于孙中山逝世的反应。共产国际和中共的反应除了表示哀悼和悲痛之外，还表现出了对革命前途的忧虑，共产国际对于国民党内部的派别存在是有认识和警觉的。孙中山逝世后，中共在致中国人民大众书中呼吁道：“共产国际号召你们，要像你们的领袖那样，坚定不移地同蓄谋歪曲孙中山立场的人、同蓄谋让他的党向帝国主义者妥协的人作斗争。”[34] 维经斯基写到：“孙中山逝世了。国民党前途如何？中国革命运动前途如何？”[35] 不仅如此，维经斯基也已经意识到中国革命面临新的危险，他说：“孙中山尚未故去时，国民党右派就组织了一个叫做国民党俱乐部的反国民党组织。参加这个组织和猬集在这个组织周围的人并不能遵照孙中山的最后宣言和号召推进中国的解放运动，他们只能与世界帝国主义妥协，同中国军阀结盟。”[36] 其他共产党人对此也有类似表现，以蔡和森为例，早在 1924 年 10 月广州商团事件时他就曾撰文阐述自己的看法，并对国民党内部左中右派的存在有一定程度的认识，他认为在这次事件过程中“勾结于帝国主义、买办阶级、雇佣军阀之间的是国民党右派分子。”[37] 而“中派诸要人在这次事变中的态度，可以忧柔妥协，居中取巧八大字包括之。”[38]“左派始终忠于群众的利益，反抗帝国主义到底。”[39] 在当时扑朔迷离的社会状态下，能有这样的认识是不容易的，孙中山在世时尚且如此，在孙中山去世后自然不会糊涂。他一方面明确指出孙中山后的国民革命仍将继续进行是必然趋势，[40] 同时又清醒地认识到，冯自由等人的活动“决不是一件偶然的事情，也决不是一部分老党员知识落伍的问题，乃是民族运动中阶级争斗的问题。”[41] 既然国民党右派的活动是“阶级争斗的问题”，那么也就是不可调和的问题，而“一个革命党若任许多反革命的派别同时并存，是决不能成功其革命使命的。”[42] 上述引文统统说明无论在孙中山生前还是身后，早期共产党内都有人对国民革命的复杂性始终保持着清醒的头脑。对不同国民党右派的认识也是逐步达到的。在国民党右派不断进行分裂活动、共产党人则不断对这些活动进行批评和抨击的时候，国共合作本身就处于不稳定的状态中，量变是在不断地进行着的，在基础不牢固且孙中山逝世的情况下，维护合作变得越来越困难，共产党对国民党的信任度也逐渐下降，预示着两党彻底分手的日子也日趋逼近。

三、工农阶级的状态

1927 年的大革命是国民革命运动，广大的工农群众在革命形势的推动下，也积极的投身其中，没有他们的参与，便没有真正意义上的国民革命，因为，他们的人数占全国民众的绝大多数。共产党在革命的最初几年里，主要从事的是工人运动，对农民运动注意较少，然而，“二七”斗争的失败使共产党人进一步认识到：应该“把工人阶级组成一个极大极强的团体，再联合农民商界学界，同心努力，打倒大家的公共敌人军阀，建设真正的民主共和政治来代替军阀政治。”[43]在五卅运动后期，由于资产阶级的动摇、妥协，造成了工人阶级的孤立，农民运动的兴起就日益显得迫切和重要了。当时的共产党人进一步认识到了这点，李大钊认为：“中国浩大的农民群众，如果能够组织起来，参加国民革命，中国国民革命的成功就不远了。”[44]陈独秀也说：“中国工人不但要扩大及巩固自己阶级的联合战线，且急需工农联合之成立，……如此才能够得工人阶级在政治争斗上和经济争斗上的初步胜利。”[45]那么，当时工农阶级的情况又如何呢？众所周知，当时的工农处于中国社会的最底层，受压迫最深，权力最小，最重要的是没有受教育的权力，绝大多数目不识丁，这不是他们的责任，是封建旧制度造成的。从成分上看还是比较复杂的，根据毛泽东的分析，把农村居民分为大地主、小地主、自耕农、半自耕农、半益农、贫农、雇农及乡村手工业者、游民八类人，愿意参加革命的主要是后六类人。而工人和农民又有天然的联系，在基本情况方面会相互影响。所以，在革命的大潮中，他们虽然初步了解了一些革命的道理，但在急风暴雨式的革命形势中和抱着对生产资料或土地迫切需求的状态下，要在短期内迅速地从根本上提高他们的文化素质、理论水平、斗争技巧是不可能的，结果促成了革命的大好形势却也出现了一些过火行为，不幸地给国共合作的统一战线增添了不和谐的音符，客观上扩大了国共两党之间的裂痕，历史地看不应苛求他们，但毕竟产生了不良后果且被别有用心的国民党新老右派所利用也是事实，成为导致国共合作破裂的因素之一。

而当革命处于危急关头的时刻，他们又是一种什么状态呢？仅从两湖地区看，虽然有组织的工人有 20 万—40 万，农民协会会员有 600 万—700 万，但维经斯基向莫斯科报告说：“关于武装城市工人的问题，情况很不好，因为没有武器，也无从获得武器。汉口的纠察队几乎没有武器。”而且纠察队一般“是使用棍棒”等非正规武器，“在农村，很难说究竟有什么样的武装力量。”[46]即使有少量掌握了一些武器的农民武装，在质量上、训练上、理论指导上均无法与正规军队相提并论。另据湖北省农民协会执行委员会统计：“到1927年5月15日，全省农民协会会员共二百二十万。……在农民运动开展的最好的县里，农民协会最多只有二百支新式步枪。农民主要是使用梭标或老式火枪。……全省各级农民协会总共拥有步枪三千支……。”㊼从数字可以计算出，当时农协会员的人数和枪支的比例是733：1，以这样的武装去对抗占绝对优势的敌人，无异于以卵击石。莫斯科向国民政府提供的大量金钱、武器装备的是国民党控制的军队而非工农武装。㊽以此状态要想有效地对抗各方面都占优势的正规军是很困难的，而要把数量如此庞大的工农队伍在短期内全部带上山，在严重缺乏经费、武器、粮食、根据地的情况下，同样是难以想象的。

1927年4月中共五大召开时，全国党员人数为57967人，其中工人成分占党员总人数的50.8%(29447人)，农民为18.7%(10840人)，知识分子为19.1%(11072人)，军人为3.1%(1797人)，中小商人为0.5%(290人)，其他成分为7.8%(4521人)。这组数据说明三个问题：1、即使仅在两湖地区，中共党员的总人数也只占620万工农民众（下限）的0.9%强，何况全国的党员并不全都集中在两湖地区，两湖地区的党员实际所占比例就更低了，要领导和掌控规模宏大的工农运动，其难度可想而知；2、在一年半的时间里，中共党员总数从1925年10月的3000人增加到57967人，增加了54967人，比中共一大到1925年10月的4年多时间里党员增加数多了18倍。在数量迅速扩大的同时，质量是否也成正比上升呢？这是很难考证的；3、农民党员的比例较低，对于农运是不足以发挥强有力的领导作用的，出现过火行为是正常的。毛泽东在中共七大上说过：“从前我在六中全会上讲过，我们党的理论水平是很底的，现在比较过去是高了一些，但是还不够。”㊾这里说的“六中全会”指中共六届六中全会，召开时间是1938年，抗战时期尚且如此，那么，1927年的中共党员又有多少领导工农运动的经验和科学的理论水平呢？作为一个在革命道路上摸索的幼年的政党，无力领导当时的革命达到成功是很正常的历史现象，社会实践从来都不是一番风顺的。正如毛泽东后来总结说：“这时的党终究还是幼年的党，是在统一战线、武装斗争和党的建设三个基本问题上都没有经验的党，是对于中国的历史状况、中国革命的特点、中国革命的规律都懂得不多的党。”㊿

精辟见解，发人深省。基于这点，当时的革命不足以成功也就不奇怪了。

四、资产阶级的状态

资产阶级是中国社会中存在历史较短的阶级，尽管如此，却是国民革命运动中的一支重要力量，由于它自身的特点，对革命的成败起着举足轻重的作用。中共在四大上认定中国资产阶级由反革命的“大商买办阶级”和“新兴的民族工业资产阶级”两部分组成，后者对于革命有两面性，正如毛泽东所说的：中产阶级对革命持有“矛盾的态度”，在“受外资打击、军阀压迫感觉痛苦时，需要革命，赞成反帝国主义反军阀的革命运动”。但是，当革命“在国内有本国无产阶级的勇猛参加，在国外有国际无产阶级的积极援助，对于其欲达到大资产阶级地位的阶级发展感到威胁时，他们又怀疑革命。”[51]因而造成他的右翼在革命斗争加紧时会很快地加入帝国主义和军阀的队伍，和买办阶级成为很好的伙伴；它的左翼在某种时候有相当的革命性，但很容易妥协，难以持久。在革命的各个紧要关头，该阶级的表现都如出一辙。以上海总商会的情况为例，在五卅运动初期，拒绝参加工商学联合会，还以第三者的身份出面调停，甚至删去了上海工商学联合会提出的“十七条”交涉条件中四条最重要的内容，进而在帝国主义拒绝了“十三条”交涉条件后，上海总商会仍持妥协态度以至屈服，在6月26日无条件结束总罢市。并终止了对罢工工人的经济援助，而且扣压各地支援罢工的捐款，使罢工工人生活陷于困境，以逼迫他们复工。在“四一二大屠杀”期间也是这样，1926年11月28日的《国闻周报》上就曾表露了资产阶级对工人运动的恐惧：“国民党自民国十三年改组以来，容纳共产党分子，于是劳工运动，占党中工作之最大部分。广东工潮，日不绝书。……党军入湘入鄂，所谓工潮者亦随其势力以蔓延。于是社会骚然，人人危惧，惴惴于无产阶级独裁制之将施行于中国。”[52]无独有偶，同日的北京《晨报》也表露了资产阶级对于工人运动的看法：“今日我国工人知识程度，尚不足以言组织，无可讳饰。工潮发动之内幕，必有人焉，为之操纵，亦难掩盖。吾人所欲正告若辈者，指导工人可也，利用工人则不可也。”[53]言外之意是说当时的中国工人素质低，不可搞工运，工运是被人利用，其所指是很明显的，倾向性也是十分鲜明的。此外，

1927 年 4 月 16 日上海商业联合会就曾致电蒋介石庆贺并表示支持清党："南京蒋总司令并转中央执行监察委员会诸公钧鉴：窃维革命告成，建设随之。不图共产党只知破坏，阴谋暴露，事实俱在；幸当局未雨绸缪，俾免亦祸蔓延，此商民所感慰者也。……敝会一致议决愿与三民主义相始终，对于当局清党主张愿为后盾。谨此电闻。"[54] 以骑墙的态度对待革命，则革命运动本身就潜在着危机，因而也就难有成功之可能。

五、共产国际的作用

共产国际（1919 年—1943 年），列宁创建、斯大林继承并控制的国际共产党组织，在中国共产党的建立和发展过程中曾经起过极为重要的、甚至是决定性的作用，而在 1927 年中国大革命遭受挫折中所起的作用又怎样呢？应该说是非常关键而恶劣的。这可以从上个世纪九十年代俄罗斯公布的联共和共产国际绝密档案[55] 和其他史料中得到确定。这些史料有利地证明了共产国际在大革命过程中的几个关键性阶段作出的决策是导致革命失败的重要因素。我们不仿看一看：

1、1925 年 8 月 21 日，出于对国际形势的估计，联共政治局会议决定：指示中共必须对国民党"避免加剧关系"，标志着苏联指导中国革命的路线出现了重大变化。根据这个决定，共产国际东方部出台了《共产国际执委会给中共中央的指示》，即"九·二八"指示，规定了中共和国民党维持关系的几项原则：①"对国民党工作的领导应当非常谨慎地进行"；共产党的"党团不应发号施令"；②"共产党不应要求必须由自己党员担任国家和军队的领导职位"；③"相反，共产党应当竭力广泛吸引（未加入共产党的）国民党员……参加本国民族解放斗争事业的领导工作。"[56] 很明显，该指示的主旨就是命令中共放弃在国民党、国民政府和军队中的领导岗位，也就是放弃革命领导权。致使中共在 1926 年接连被迫作出了三大让步，标志性事件是国民党二大选举、"三·二〇"中山舰事件、"五·一五"党务整理案，导致中共原先在各个领域掌握的来之不易的领导权丧失殆尽，进而在日后面对大屠杀时难以组织有效地反击行动。

2、1925 年初，为了研究共产党在国民党二大上应提出的人选名额，鲍罗廷和中共中央在上海专门召开了会议，经过激烈争论，最后，鲍罗廷以“不吓跑中派和不无谓地刺激右派”为理由，[57]并以共产国际的纪律强行否决了陈独秀提出的7人为宜的意见，通过了折中的妥协人数——4人，陈独秀被迫违心地作出了让步。随后，为了完成联共政治局交给中共的任务：“强调作为民族解放思想最彻底最可靠的捍卫者国民党的作用，并将其提到首要地位”，[58]受了莫斯科严令的维经斯基让陈独秀等在苏联驻上海领事馆内与孙科、叶楚伧等人谈判，导致中共再次被迫让步：在扩大了的36名中央委员中，中共党员仅为7人，未实现理想中的三分之一。

3、对于蒋介石制造的“三·二〇”中山舰事件，原先不明真相、并说了错话、做了错事的陈独秀，在了解了原委后，立即主持中共中央作出了反击蒋介石的三点计划：①尽力团结国民党左派，以便对抗蒋介石，并孤立他；②在物质上和人力上加强国民革命军二、六两军及其他左派队伍，以便必要时打击蒋介石；③尽可能扩充叶挺的部队、省港罢工委指挥下的纠察队和各地农民武装，使其成为革命的基本队伍。[59]同时派彭述之迅即赶赴广州贯彻执行。只是在布勃诺夫对事件的处理已成事实后，再加上先彭到达广州的鲍罗廷的强行压制，中共想要挽回损失的努力只能落得徒劳无功的结局。基于“有四十万党员的国民党，历史的明天将使它在全中国掌权”的认识，[60]鲍罗廷等人的所作所为就丝毫不奇怪了，既然“历史的明天将属于国民党”，共产国际实行“扶国抑共”的政策也就是顺理成章的了。

4、进而，鲍罗廷全盘接受了蒋介石在国民党二届二中全会上提出的共产党员在国民党高级党部执行委员的人数不得超过三分之一，不得担任国民政府中央部长，交出加入国民党的共产党员的全部名单的条件，即“五·一五”党务整理案。对于此举，连最有资格、最敢于向共产国际说“不”的陈独秀都无能为力，何况他人。至此，共产国际的政策已接二连三地迫使中共陷于任人宰割的境地中，局面非常被动。通过牺牲中共，鲍罗廷从蒋介石处换得了回报：蒋同意打击国民党右派，赶走了孙科等右派人物（实为蒋自己搞独裁扫清障碍），而鲍却自鸣得意地认为这是“使右派蒙受了比共产党人更大的损失，……从右派手里夺走了他们用来反对我们的武器。”[61]何等的厚颜无耻，殊不知削弱中共的力量，就是削弱了当时的世界革命力量，实为愚蠢之举，根本不可能阻止蒋的独裁步伐和国民党新老右派最终同流合污的进程，也没有为苏联带来任何有价值的利益。更有甚者，莫斯科制定的妥协退让政策甚至提出“万不得已将武器藏起来”，只在群众中开展反对蒋介石政变的群众运动的荒唐主张，[62]以赤手空拳的群众对付全副武装的军队，其结局如何是可想而知的。

5、武装国民党的措施强化了蒋介石的军事力量。国共合作中共产国际的军事政策是，重点武装国民党，漠视共产党，大量的军事装备都给了蒋介石，共产党想要点却很困难。如1925年5—6月，联共政治局中国委员会先后决定给广州“配备带子弹的步枪9000支、机枪100挺、手榴弹1万枚、一些掷弹炮、飞机6架和无烟火药等。给冯玉祥和岳维峻配备带子弹的步枪5万支……”，向“国民党将领补充提供”带子弹的步枪5000支、带炮弹的炮12门、机枪50挺等。[63]而在“三·二〇”事件后不久，有一批苏联军火运抵广州，陈独秀曾向鲍罗廷提出要求分配一部分给农民，被鲍罗廷拒绝了，理由是，“武装农民不能去打陈炯明和北伐，而且要惹起国民党的疑忌及农民反抗国民党。”并竭力主张“我们应将所有的力量拥护蒋介石的军事独裁来巩固广州国民政府和进行北伐。”[64]重国轻共的倾向何等鲜明，革命能不遭受挫折吗？据此可以说那种认为“在革命武装问题上，中央始终没有想着武装工农的必要，没有想着造成真正革命的工农军队，甚至主动下令解散工人纠察队”[65]的观点是根本站不住脚的。

6、充满幻想的“紧急指示”和“蠢货”罗易最终断送了合作。“紧急指示”指的是1927年6月2日莫斯科发给鲍罗廷、罗易、柳克斯三人的最后挽救革命的文件，其内容为：①“不进行土地革命就不可能取得胜利，不进行土地革命，国民党中央就会变成不可靠将领手中可怜的玩物，必须同过火行为做斗争，但不能用军队，而要通过农会。”②“对手工业者、商人和小地主作出让步是必要的，同这些阶层联合是必要的。只应没收大、中地主的土地。不要触及军官和士兵的土地。如果形势需要，暂时可以不没收中地主的土地”。③“应从下面多吸收一些新的工农领导人入国民党中央。他们的大胆意见会使老头们坚决起来，或者使他们变成废物。”④“必须消除对不可靠将军的依赖。要动员两万共产党员，再加上来自湖南、湖北的五万革命工农，组建几个新军，要利用军校学员做指挥人员，组建自己可靠的军队。”⑤“要成立以著名国民党人和非共产党人为首的革命军事法庭，惩办和蒋介石保持联系或唆使士兵迫害人民、迫害工农的军官。不能只是说服教育。到采取行动的时候了。”[66]该指示虽比原先的妥协政策有所改进，但根本无法实行。根本困难在于如前所述无权、少枪、缺钱的共产党怎样才能去实行土地革命，又怎样才能进入国民党的领导层，又怎样才能组建7万人的军队，在大屠杀面前，又有多少著名人士和非共产党人敢于参加革命军事法庭呢？即使成立这样一个法庭，又以什么做后盾呢？终极目标和共产党截然不同、但暂时与共产党维持貌合神离状态的汪精卫所把持的武汉国民政府和唐生智的军队会答应吗？其他土地和权利的把持者会无条件地将既得利益拱手相让并坐视共产党人贯彻这个指示吗？遥控性的指示令当时以陈独秀为首的中共中央无所适从：巧妇难为无米之炊和怎样执行共产国际指示，执行指示是不可能的，而不执行指示又是违抗共产国际命令的。连周恩来都认为共产国际的指示经常让人难以抉择。更恶劣的是后来被毛泽东称之为“蠢货”的罗易，竟然把“只发给鲍、罗、柳三同志而无论如何不能给其他人看的电报”[67]让汪精卫看了，结果加速了汪的叛变。另据周恩来的回忆：“共产国际第八次全体执行委员会议对中国问题的决议包括这四点：改造国民党，使工农分子大批参加进去，这就是争取党权；把农民协会变成乡村政权，这就是争取政权；组织七万军队，其中要包括二万共产党员，这就是争取军权；再就是没收土地，搞土地革命。共产国际没有把这个决议送来之前，先用电报把这四点告诉了共产国际驻中国代表罗易，罗易收到这个电报后，不给我们中央看，却拿给了汪精卫。 汪精卫看了后大怒，骂共产国际有阴谋。”[68]显然，汪精卫先于中共中央知悉了“紧急指示”的内容，也就开始加紧防范中共及进行叛变的准备，实力远远不如汪精卫、唐生智的中共，实际上无力完成共产国际交给的任务，也不可能逾越仍对汪精卫存有幻想的共产国际的控制而自行其是。事实上是，汪精卫以“紧急指示”的内容为资本，运用反革命两手的伎俩，既挑动反共，又要挟斯大林、莫斯科向他提供大量的金钱、武器，为武汉分共做了充分的准备，最终制造了“七一五”大屠杀。维经斯基后来承认：“对中国共产党所犯错误我要承担很大的责任，要承担比中国共产党领导更大的责任。”[69]这是比较坦率和诚恳的。

六、帝国主义在华势力

自1840年鸦片战争后，帝国主义势力即大规模侵入中国，到1927年大革命时期，各帝国主义国家早已完成了在中国进行的瓜分势力范围的活动，并根据各自国家的利益继续勾心斗角，试图进一步扩大在华势力，阻碍中国人民争取独立、自由、解放的斗争。他们对于国民革命始终取敌视态度，不断变化，先肆意挑衅，后又采取直接干涉的方式打击革命力量，帮助蒋介石绞杀共产党人，尽管规模有限，却掩盖不了狼子野心。以万县事件为例：

第二部分

“1926年8月29日，英舰万龙号欲以武力出口，川军第四师派兵四十五名，乘船往阻，被撞沉没，万龙号在万县入口后，杨森派兵前往质问，英舰当时开机关枪，并勒使船中军士，一律离船。万龙号旋溯江而去，杨森于河岸密布军队并备火炮四门，将万流万通（29日由上流进口）两船扣留。并传令阻止万龙号于上流各地行驶。英舰以炮对准街市，准备开战。”[70]

“1926年9月5日，万县案重庆英领事与杨森之间交涉无结果，英商太古公司之万流、万通两轮驶过万县，杨森欲将其扣留，该两轮快驶，又撞沉小划十余只，死官兵五十余人，惟两轮卒被扣留。英舰由宜昌重庆开来，即以机关炮轰城，约开六十响，因所用为硫磺弹，着物发火，万县城大半焚毁，损失达数千万元，死伤人民数千余人。杨军还炮抵抗，亦死英兵五人，伤二人。”[71]以上两条表明帝国主义已开始初步的赤裸裸干涉。

进而，1926年9月9日，《泰晤士报》社论称，“中国内乱蔓延或将促成列强之共同政策，英国定将加倍出力，以‘保卫’其在华人民之‘权力与安全’。”[72]帝国主义欲扩大干涉规模以保障其在华侵略权益之心昭然若揭。

同日，英国每日邮报社论，谓“在此紊乱时局中，如以压力施诸北京之无助政府，殆无实效可言，惟中国军阀与共产党，对外人与友邦之行动，亦须有一定限制，若逾此限制，则非可容许……单独的干涉苟能避免，则以避免为是，但东西文明国在辅助中国以拔出之于‘暴乱’之中一举，有共同关系者未尝不可协定一种共同政策也。”[73]想干涉又有所顾忌却仍不甘心，是当时帝国主义的丑恶心态。

1926年9月12日，英公使对于外交部关于万县事件之抗议业已驳复。且声称：“中国政府若无制止中国军队暴行之能力，英国只可取自由行动。”[74]态度极为强硬，气焰十分嚣张。这说明帝国主义不会轻易坐视中国革命的发展。

再看汉口和九江事件：“1927年1月3日，汉口各工团举行新年庆祝，在英租界附近讲演，与上陆戒备之英水兵冲突。英水兵施用武器，死伤民众数人，激动全市公愤，群众集英租界。经党军当局声明负责与领事交涉，群众始散。”[75]

“1927年1月6日，九江亦有群众与英租界兵巡因细故冲突，英舰及岸上英兵于发空炮及实弹枪后，鉴于事势严重，即将租界交中国宪兵，警权亦暂交出，英侨多退居舰中，惟地方秩序稍乱，中国兵及纠察队入租界维持。”[76]以上两条再次证明帝国主义对中国革命的阻挠和干涉是血淋淋的事实。

再看帝国主义侵略者以保护本国在华利益为由而对干涉中国革命做的准备，1927年1月11日《大陆报》云：“英美法日四国政府陆海态度，渐趋重要。据昨日（10日）所闻：（一）美国亚细亚联队海军司令威廉，已奉令自马尼剌来沪，率同战舰几艘，尚不知确数；（二）美国亚细亚舰队全部（自苏彝士至檀香山止）均已奉到十二小时内准备动员的训令；……（三）美政府已训令海军司令威廉，保护美国利益，如中国境内不拘何处事态有重要发展危及美国人生命财产时，得用武力；（四）英国亚细亚联队海军司令蒂里特昨日到沪，亲自用无线电与各海军官吏通话，商议军事，……（五）据联合通信所得巴黎消息，法政府已训令驻华各处法领事，竭力保持法租界，任何牺牲，均所不惜；（六）日政府尚在严密观察时局之发展，唯决定如日人利益受侵犯时，准备执机宜之应付云。”[77]各国无不虎视眈眈、居心叵测。

帝国主义对革命是敌视和恐惧的，因而当上海工人第三次起义胜利后，各帝国主义者急忙调来大批军队。当时的《泰晤士报》登载的消息说，上海驻守有英军一万二千七百余人，美海军约三千五百余人，日海军四千余人，法国海、陆军二千五百余人，共计二万三千多人，再加上“万国商团”和巡捕，全部侵略军约三万余人。同时，帝国主义认定蒋介石是“唯一有武力进攻激烈分子，维持这里（指上海）局面的人物。”[78]同时又担心他力量不足，决心不大，“他是否有足够忠实于他的部队来执行这项任务，同时，他是否能立刻见之于坚决的行动以控制这里的情况呢？”[79]出于对蒋介石的放心不下，帝国主义者索性直接采取行动，于1927年3月24日夜，英、美、日、法、意等国驻下关江面的军舰突然对南京的北伐军与和平居民进行猛烈轰击，制造了杀伤两千多人的“南京事件”，妄图以此阻吓住中国革命的进程。由于担心革命更多地损害自己的在华利益，帝国主义还不断地向蒋介石施加压力并发出威胁。1927年4月初，美国国务卿凯洛格指示美国驻华公使说：“告诉蒋介石，除非他能表示可以满足我们要求的行动，列强各国将采取认为适当的措施。”[80]而日本外相币原表示，要蒋介石来“维持秩序，压平暴乱。”并且说：“我们（日本）的意见，是诱使蒋介石有创举，决定方案，由蒋介石及其健康分子来安排。”[81]名目张胆地干涉中国内政。

1927年4月11日，美、英、法、意、日五国代表向陈友仁蒋介石提出之条件及声明书。其中三项条件如下：

（一）对于杀戮伤害侮辱及物质上之损害负责任之军队指挥官及关系者全部之适当处罚；

（二）民军总司令应以书面道歉，书中应含有将来对于外人生命财产，无论以任何形式均不为侵害骚扰之明白约定；

（三）杀伤及损害之完全赔偿。

民党当局，应速表示对于前项条件之允诺之意，非使关系国政府满足，则前记各国政府，将至不得不执取认为适当之手段。[82]

次日，蒋介石就应约开始了清党反共的大屠杀。

至此，1927年大革命遭受挫折的根由已经很清楚了，各种变数汇集在这一时期，构成了巨大的、无法抗拒的合力，造成了这场悲剧。历史进程中发生的每一件事都不是由单一因素决定的，重大事件尤其如此，单一因素决定论是完全错误的，绝对不科学的，运用多因素论分析历史会更为科学和可靠。大革命尽管遭受了挫折，但这次革命依然为日后新的革命运动提供了丰富的经验教训。

注释：

① 《建国月刊》第 12 卷第 6 期；

② 《孙中山全集》第 4 卷，中华书局，1985 年版，第 500 页；

③ 《孙中山全集》第 5 卷，中华书局，1985 年版，第 593 页；

④ 《联共（布）、共产国际与中国国民革命运动 1920 – 1925》（1），北京图书馆出版社，1997 年版，第 47– 49 页；

⑤ 《孙中山全集》第 6 卷，中华书局，1985 年版，第 5 – 6 页；

⑥ 达林著：《中国回忆录》，中国社会科学出版社，1981 年版，第 103 页；

⑦ 《孙中山全集》第 6 卷，中华书局，1985 年版，第 56 页；

⑧ 达林著：《中国回忆录》，中国社会科学出版社，1981 年版，第 124、126 页；

⑨ 《孙越宣言全文与国共联合》《外交月报》第 2 卷第 1 期，1923 年；

⑩ 同前注；

⑪ 霍罗布尼奇《米哈伊尔·鲍罗廷与中国革命（1923 –1925）》，美国密西根大学 1979 年版，第 202 页；

⑫ 李云汉：《从容共到清共》，台北 1966 年版第 1 卷，第 332 页，转引自（德）郭恒钰：《共产国际和中国革命》，三联书店，1985 年版，第 78 页；

⑬ 刘成禺：《先总理久德录》，南京 1947 年 12 月《国事观刊》，第 1 期，第 53 页，转引自（德）郭恒钰：《共产国际和中国革命》，三联书店，1985 年版，第 61 页；

⑭ 刘成禺：《先总理久德录》，南京 1947 年 12 月《国事观刊》，第 1 期，第 53 页，转引自（德）郭恒钰：《共产国际和中国革命》，三联书店，1985 年版，第 61 页；

⑮ 蒋中正:《苏俄在中国》，第 1 卷注 209 第 25 页，转引自（德）郭恒钰:《共产国际和中国革命》，三联书店，1985 年版，第 139 页；

⑯ 《国民党周刊》第 1 期，1923 年 11 月 25 日版；

⑰ 《共产国际、联共（布）与中国革命文献资料选辑（1917–1925）》（2），北京图书馆出版社，1997 年版，第 423 页；

⑱ 中共中央党史研究室著：《中国共产党历史（1921–1949）》第一卷，上册，中共党史出版社，2002 年版，第 86 页；

⑲ 《共产国际、联共（布）与中国革命文献资料选辑（1917–1925）》（2），北京图书馆出版社，1997 年版，第 117 页；

⑳ 中共中央党史研究室著：《中国共产党历史（1921–1949）》第一卷，上册，中共党史出版社，2002 年版，第 100 页；

㉑《共产国际、联共（布）与中国革命文献资料选辑（1917–1925）》（2）北京图书馆出版社，1997 年版，第 118 页；

㉒ 《档案》第 1 辑，第 72 –73 页。

㉓ 陈独秀：《告全党同志书》，1929 年 12 月 10 日；

㉔ 张国焘：《我的回忆》第一册，东方出版社，1998 年版，第 242 – 243 页；

㉕ 刘美炎：《贺衷寒其人其事》，《传记文学》1996 年第 6 期；

㉖ 罗家伦主编：《革命文献》第 9 辑，中国国民党中央委员会党史史料编纂委员会 1955 年版，总第 1283 页；

㉗ 中国人民大学中共党史系中国近现代政治思想史教研室编:《戴季陶主义资料选编》, 1983 年版，第 74 页；

㉘ 同前注；

㉙ 同前注，第 87 页；

㉚ 同前注；

㉛ 蒋介石：《苏俄在中国》（1956 年 12 月），第 28 页，转引自王俯民：《蒋介石详传》上册，中国广播电视出版社 ,1993 年版 , 第 91 页；

㉜ 蒋介石：《复廖仲恺书》（1924 年 3 月 12 日），见蒋手订《革命书简》，文史研究会 ,1946 年 6 月上海版，第 31 页；

㉝ 毛思诚：《民国十五年以前之蒋介石先生》下辑，第 286 –287 页，转引自王俯民：《蒋介石详传》上册，中国广播电视出版社 ,1993 年版 , 第 109–110 页；

㉞《共产国际有关中国革命的文献资料(1919–1928)》, 中国社会科学出版社, 1981 年版, 第 100 页;

㉟ 维经斯基：《孙中山与中国的解放运动》，《共产国际、联共（布）与中国革命文献资料选辑》（1917–1925）（2），北京图书馆出版社，第 723 页；

㊱ 同前注；

㊲ 蔡和森 :《商团事件的教训》，《蔡和森文集》，湖南省人民出版社，1979 年版 , 第 308 页；

㊳ 蔡和森 :《警告国民党中派诸领袖》,《蔡和森文集》, 湖南省人民出版社, 1979 年版 , 第 312 页;

㊴ 蔡和森 :《警告国民党中派诸领袖》,《蔡和森文集》, 湖南省人民出版社, 1979 年版 , 第 312 页;

㊵ 蔡和森 :《孙中山逝世与国民革命》,《蔡和森文集》, 湖南省人民出版社, 1979 年版 , 第 364 页;

㊶ 蔡和森 :《冯自由派反革命运动的解剖》，《蔡和森文集》，湖南省人民出版社，1979 年版 ,

第379页；

㊷ 蔡和森：《何谓国民党左派》，《蔡和森文集》，湖南省人民出版社，1979年版，第402页；

㊸ 1923年2月7日，《中国劳动组合书记部为“二七”惨案告全国工人书》，解放军政治学院党史教研室编印《中共党史参考资料》第2册，第388页；

㊹ 守常：《土地与农民》，《政治生活》第62－67期，1925年12月30日—1926年2月3日，《李大钊选集》，人民出版社，1978年版，第535页；

㊺《第二次和第三次劳动大会之间的中国劳工运动》，《向导》第151期，1926年5月1日；

㊻《档案》第4辑，第326、339、341、310页；

㊼《一九二七年五月十五日前的湖北省农民运动》，彭明主编：《中国现代史资料选辑》第二册（1924－1927），中国人民大学出版社，1988年版，第356、357页；

㊽ 参见本文第五大问题中的第5小点；

㊾ 毛泽东：《在中国共产党第七次全国代表大会上的口头政治报告》，引自《毛泽东在七大的报告和讲话集》，中央文献出版社，1995年版，第147页；

㊿ 毛泽东：《（共产党人）发刊词》（1939年10月4日），《毛泽东选集》第2卷，人民出版社，1991年版，第610页；

51 毛泽东：《中国社会各阶级的分析》，《毛泽东选集》第1卷，人民出版社，1991年版，第4页；

52 1926年11月28日《国民周报》3卷46期。转引自中国人民解放军政治学院党史教研室编：《中共党史参考资料》第四册，第343页；

53 1926年11月28日北京《晨报》。转引自中国人民解放军政治学院党史教研室编：《中共党史参考资料》第四册，第345页；

54 中国人民大学中国革命史教研室编：《第一次国内革命战争时期的统一战线》，高等教育出版社，1957年版第345－346页；

55 参见《共产国际、联共（布）与中国革命档案资料丛书》第1—6辑，中共中央党史研究室第一研究部译，北京图书馆出版社，1997、1998年版；

56《档案》第1辑，第665、695页；

57《档案》第1辑，第613页；

58《档案》第1辑，第730页；

59 彭述之：《评张国焘的〈我的回忆〉——中国第二次革命失败的前因后果和教训》，香港前卫出版社，1975年版，第5－6页；

60《共产国际有关中国革命的文献资料（1919–1928）》，中国社会科学出版社，1981年版，第117页；

⑥1 《档案》第 3 辑，第 273 页；

⑥2 《档案》第 4 辑，第 167、169 页；

⑥3 《档案》第 1 辑，第 623、632 页；

⑥4 陈独秀：《告全党同志书》（1929 年 12 月 10 日）；

⑥5 中共中央党史研究室著：《中国共产党历史（1921—1949）》第一卷上册，中共党史出版社，2002 年版，第 301 页；

⑥6 《档案》第 4 辑，第 298 – 299 页；

⑥7 《档案》第 4 辑，第 344 页；

⑥8 周恩来:《关于"六大"研究》，中共中央文献编辑委员会:《周恩来选集》上册，人民出版社,1980 年版，第 169 页；

⑥9 维经斯基：《关于中国共产党在 1925 年 1927 年革命中的错误问题》，《维经斯基在中国的有关资料》，中国社会科学出版社，1982 年版，第 159 页。转引自《中国共产党历史 1921—1949》第一卷上册，中共党史出版社，2002 年版，第 281 页；

⑦0 1926 年 9 月 4 日《民国日报》。转引自彭明主编：《中国现代史资料选辑》第二册，中国人民大学出版社，1988 年版，第 362 页；

⑦1 《东方杂志》：国内外大事志。转引自彭明主编：《中国现代史资料选辑》第二册，中国人民大学出版社，1988 年版，第 362 页；

⑦2 1926 年 9 月 10 日《申报》。转引自彭明主编：《中国现代史资料选辑》第二册，中国人民大学出版社，1988 年版，第 362 – 363 页；

⑦3 1926 年 9 月 10 日《申报》。转引自彭明主编：《中国现代史资料选辑》第二册，中国人民大学出版社，1988 年版，第 363 页；

⑦4 1926 年 9 月 13 日《申报》。转引自彭明主编：《中国现代史资料选辑》第二册，中国人民大学出版社，1988 年版，第 363 页；

⑦5 《东方杂志》第 24 卷第 5 号时事日志。转引自彭明主编：《中国现代史资料选辑》第二册，中国人民大学出版社，1988 年版，第 364 页；

⑦6 《东方杂志》第 24 卷第 5 号时事日志。转引自彭明主编：《中国现代史资料选辑》第二册，中国人民大学出版社，1988 年版，第 364 页；

⑦7 《向导》周报第 5 集第 183 期第 1932 页。转引自彭明主编 :《中国现代史资料选辑》第二册，中国人民大学出版社，1988 年版，第 366 页；

⑦8 《美国外交文件》〔Foreign Relations of the U.S〕一九二七年，卷二，九四页。转引自中国人民

解放军政治学院党史研究室编:《中共党史参考资料》第四册，第 270 页;

⑲《美国外交文件》〔Foreign Relations of the U.S〕一九二七年，卷二，九四页。转引自中国人民解放军政治学院党史研究室编:《中共党史参考资料》第四册，第 270 页;

⑳《美国外交文件》1927 年第 2 卷，第 177 页。转引自彭明主编:《中国现代史资料选辑》第二册，中国人民大学出版社，1988 年版，第 369 页;

㉑《美国外交文件》1927 年第 2 卷第 164 页。转引自彭明主编:《中国现代史资料选辑》第二册，中国人民大学出版社，1988 年版，第 369 页;

㉒《东方杂志》第 24 卷第 7 号。转引自彭明主编:《中国现代史资料选辑》第二册，中国人民大学出版社，1988 年版，第 367－368 页。

试析陈炯明的统一观

纵览上、下两卷的《陈炯明集》，《中国统一刍议》无疑是最能全面体现陈炯明思想主旨——以联省自治的方式统一中国的重要文章。该文完成于 1927 年冬，正是中国处于四分五裂、依旧笼罩在血雨腥风之中的时期。那么，《中国统一刍议》到底勾勒了怎样的统一方案，我们应该怎样看待这个统一方案？本文试析如下。

一、源于忧国情怀的政治产物

何以肯定《中国统一刍议》是陈炯明忧国情怀的产物呢？论据如下：

1、写作背景。《陈炯明文集》中虽只标明《中国统一刍议》作于 1927 年冬，没有更精确的日期，但和陈炯明持有相同中国统一观的章炳麟在《中国统一刍议题辞》中，明确指出：“海丰陈炯明竞存为中国统一刍议，盖在民国十六年冬，时济南事犹未起。”[①] 也就是说，《刍议》一文作于济南事件发生前。理由是，济南事件当指日军侵入济南，蔡公时和数千中国民众被日军惨杀的事件，发生在 1928 年 4—5 月间，即表明《刍议》写于 1928 年 4—5 月之前；再准确一点，冬天的开始应以每年的“立冬”为起点，而冬天的结束应以次年的立春为止。按 1927 年的立冬为 11 月 8 日，立春则为 1928 年 2 月 5 日，《刍议》应写于此期间。此时正是蒋介石、汪精卫在屠杀了大批的共产党员和革命志士后，进行巩固其专制政权又筹划二期北伐的时期。面对这一现实，寓居香港的陈炯明并没有欢呼雀跃，也没有为蒋、汪大唱赞歌。不盲从且有鲜明的独立性，是陈炯明性格的突出特征。尽管此时此刻的陈炯明不属于任何政治势力和派别，也没有自己的军队和政权，但他仍始终不渝地坚持自己的理想，主张以联省自治的方式统一中国，反对军事武力统一，并依此撰写了《中国统一刍议》，表达了对统一中国的渴望，实际上是公然和蒋介石的武力统一中国唱反调。《刍议》一文比之成文于 1922 年 5 月的《联省自治运动》（又称《建设方略》或《建国计划》）更全面、更系统、更严谨地阐述了陈的自身主张和理想。一个对祖国从分裂走向统一进而繁荣富强充满热望的人，同时又希望通过不流血的和平方式统一中国的人，必定是一个忧国者和忧民者，这一点应是毫无疑问的。

2、字里行间的忧国情怀。陈炯明在《中国统一刍议》开篇时这样叙述到："中国为东亚一大古国，经五千年历史之演进，构成民族的统一国家，其基础早已巩固。自西历一九一二年推翻帝制，创建共和，因一时成功之速，国宪尚未制定，临时约法粗具规模，且多缺点。新旧各派只知争握政权，未知运用宪政。南北各军仍皆分隶各省，未及收归中央。加以当时元首托付非人，国会又多捣乱，军人乘机干政，民政弗克举实。坐是之故，民权不能监督政权，政权不能统辖军权，共和徒具虚名，约法等诸弁髦，遂酿成十六年来纷乱破裂之局。"[②] 从这段开场白中可以看到，陈炯明对当时中国的分裂局面做了初步分析，尽管可能不是很全面和很准确的，但对分裂局面的形成并延续了十六年是非常痛心的，渴望中国早日统一的心情跃然纸上。

能反映陈炯明按照理想统一中国之迫切心情的言词还有不少，现试摘二例以证之。"原来中国富有天然大国的资格，若其内部组织完善，发挥其固有的力量，本可雄视东方。今反积弱不振，陷于凌夷，一切不良的现状，其总因无非缺乏国家组织之固。今日欲图生存及发展，自非彻底改造，从国家组织上先行着手不可。"[③] 在陈炯明看来，彻底改造国家组织是统一中国的首要之举，实在是勿庸置疑的。再请看"如庚子赔款实为财政致命之伤。自西历一九零一年起，截至今年已偿还二十七年，为数不为不巨。此种分赃式不公道之债款，各国分得之，不足以增富；中国保有之，则足以救贫。此次恢复国内和平，非款不办，应以无条件完全退还，赞助中国办理统一，增进友谊之关系。"[④] 这段话语再次显示了陈炯明的忧国情怀。

3、撰写《中国统一刍议》的本意。就通篇文章来看，陈炯明的写作完全是围绕着“中国统一”的主题进行的，依此全面、系统、详尽地阐述他所主张的以联省自治、和平统一中国的方式消除国家分裂局面的构想，分别从理论、办法和忠告三方面加以论述，尽管其中有些观点、立场不正确，但不难看出，其总体构思没有脱离忧国情怀的范畴。

二、不现实的和平统一构想

以联省自治的方式实现中国的统一，是陈炯明一生中最重要的思想，第一次较为完整的表述体现在《联省自治运动》一文中，该文撰写于1922年5月，对整体思想的表述尚嫌过简，篇幅也过短；而《中国统一刍议》则达到了相当完善的程度，篇幅也大大加长了，《刍议》篇是《运动》篇的继续和完善。联省自治的根本内涵在于：谋求各省的妥协，组成联省政府，以达成中国的统一。“组织中华民国联省政府，以实行统一”[⑤]就言简意赅地表达了联省自治的思想主旨。这种思想和政治方案可以说是美国政治体制模式在中国的翻版，具体实行方法是和平的，不流血的，应该说愿望是好的，在陈炯明生活的时代有这样的想法也不是孤立的。陈炯明确认“今日中国的现状，表面虽属四分五裂，但从实际观察，亦不过军人一部分互为纷扰而已。最大多数的国民，绝无南北之争，分离之势，其为无害于整个的民族国家，已可概见。善医者只就患处加以手术，便可奏效。民国统一问题，只从根本上加以救正，不难反手而收永久统一之效。”[⑥]在他看来，中国的统一实属易如反掌之事。然而，果真如此吗？之所以说在陈炯明所处的时代要以联省自治的方式实现中国的统一是不现实的，不仅仅是历史已经证明中国的基本统一已是必须经过武力，非流血不可才能实现的，还在于以下理由：

1、陈炯明认为国家政治组织的“规定之形式，古今万国，不外中央集权与地方分权两种。大抵国小民寡，集权之制容或可行，否则无不用分权者。美之合众，德之联邦，皆分权制。英之帝国，其属地如澳洲、坎拿大等，皆完全自治，实为分权之尤。”[⑦]从中可以看出，陈炯明所赞赏的政治组织首推美国和德国的形式，其热衷程度不可低估，而且看似有理，其实不然。世界历史中的一些事情陈炯明未能深究，也不可能深究。可以看一下美国和德国的情况：

①美国所谓的分权制——合众模式在美国的全面实行，表面上看是妥协的结果，实际上是在林肯打赢了摧毁美国南方奴隶制的战争后才出现的局面。在这里，林肯发布的《解放黑奴宣言》和美国北方的军事胜利起了决定性的作用，这是历史事实，不是一般的和平会议或妥协能够实现的。南北战争的最终结果奠定了美国合众模式普及的基础，武力、流血都未能避免。

②德国的联邦制是在第一次世界大战结束后极为特殊的历史背景下初步建立的，而1933年希特勒在德国建立了纳粹集权式专制政权后，被陈炯明所津津乐道的德国联邦制就不复存在了，这是陈炯明无法预料的。直到1945年，第二次世界大战结束，德国法西斯政权覆灭后，德国才再次建立了局部联邦制，而且是在国际压力下实现的，世界反法西斯阵营的军事胜利同样起了决定性的作用，武力、流血照样没能避免，这也是历史事实。这表明，有着很强集权传统的德国要完全确立分权制，必须经过非常曲折的过程。

2、1927年的中国，存在了十六年而且是徒具虚名的共和制，和有着两千多年漫长历史的集权制相比，不过是短短的插曲而已。尽管陈炯明主张联省自治的社会基础在于广泛地实行民主，这是一种美好的愿望，但又简单地认为“世界任何政治都由领袖所创造，群众的理解及习惯，均可随领导为转移。”[8]似乎要建立中国的民主政治是很容易的事情。事实上，在当时的中国，真正懂得民主深刻内涵的中国民众又有几何？孙中山是辛亥革命的领袖，但民国史的发展并没像他设想的那样进行；袁世凯窃权后，也曾当了一阵中国的“领袖”，风光一时，但历史也没按照他的意愿发展；蒋介石在大陆当“领袖”的时间比袁世凯长多了，但最终也没实现其梦想。这些都说明陈炯明之谬误。袁世凯、段祺瑞、张作霖、蒋介石等人能在当时的中国实行真正的民主是难以想象的。和他们妥协要么是丧失原则要么是异想天开。毛泽东说的“一切反动派你不打他就不倒”和“扫帚不到，灰尘照例不会自己跑掉”已是被众多历史事实证明了的至理名言。况且，要在短期内抹去长期积淀在大多数中国人身上的权威意识决不是轻而易举的，权利至高无尚的观念还将长期存在于许多人们的脑海中，并发挥着不可替代的作用。在当时的中国是否能有效地实行民主，同样不是简单地取决于领导的意愿。对于这一点，陈炯明显然是认识不足的，因而，必然导致他在国家统一问题上的认识偏差。相比之下，美国这种没有丝毫集权历史的国家，要实行民主式的统一，尚且要以军事实力为后盾，并通过流血的南北战争才能取得，何况中国？

陈炯明对极为复杂的中国社会认识不深，对世界历史分析不透，是导致他力主在中国实行联省自治式的统一的根本原因，理想和幻想脱离实际地杂合在一起，也就决定了其理论的不现实性。

三、相对完善的政治构思

尽管陈炯明的和平统一中国的理论在当时是不现实的，但在他所倡导建立的国家组织结构方面仍有相对完善之处。前面已经提到《中国统一刍议》由理论、办法和忠告三部分组成，其中第二部分的“办法”主要谈的是构建国家组织问题，可以说是全文最主要的内容。健全国家组织是和国家统一密不可分的，在陈炯明看来，“建设统一不能求之泛论，须有切实办法以资进行。办法亦不限定一途，惟以实际可行为归。”[⑨] 以陈炯明的思路，他自行设计了一套“实际可行”的国家组织机构和实施方案，即“办法”。该“办法”共分四节：统一方案、南北妥协运动、外交赞助运动和舆论一致运动。其中第一节“统一方案”分甲、乙、丙三部分，“甲”之中又含四个纲领：统一国军、建立联治、解决财政及恢复主权；“乙”之中含有两个程序：联立事实的中央统一政府和产生合法的中央联治政府；“丙”之中主要谈协约大纲，并附中央统一政府组织大纲草案，草案含五章二十九条：中央政治委员会、参议院、法院、行政各院部（九部）和附则。[⑩] 从结构上看还是较为完善的，尤其是以一人之力能构思到如此程度实属不易，陈炯明对国家组织还是颇有研究的。此外，陈炯明认为再配合以“南北妥协”、“外交赞助”和“舆论一致”三项运动，[⑪] 就足以使中国达成完美的统一。陈的构思是当时中国社会中探求中国前途多种方案中的一种，在那个年代，想有所作为才会有所思和有所行，而谋求中国的统一更是无可非议。但是，之所以说陈的构思是相对完善的，首先在于这一构思是建立在不现实的基础上的，在当时的中国无法实现，这一点在前面已经提及，不再多说；其次是陈炯明对问题的论述没能解决根本问题，仍试举两例说明。

1、军事和政治的关系密切，要解决中国的社会问题必须解决军事问题，陈炯明对此显然是很清楚的，而且，他把“统一国军”的问题置于四个纲领之首，视其份量为重中之重。他坦言“军事扰攘为破坏统一之主要问题。此问题一日不得解决，即统一问题一日不得着手。世界立国，无论任何国体，未有海陆军队不统属国家者。近则人自为军，军自为帅，帅自为饷，欲其不各树一帜，割据地盘，干涉民财各政，攘夺中央政府，蹂躏地方自治区，其可得乎？国人深知其害，嫉之曰军阀，但苦无善法使之归于国防地位，永不为患耳。”[12]上面一段话，表明陈炯明深感军阀割据对中国的危害之痛，是他想先解决军事问题的思想基础。在他看来，解决军事问题就是使所有的军队“归于国防地位”，归属国家，本意是不错的，但是，没有统一的国家，哪来统一的军队，哪来统一的国防？分裂的国家必然只能有分裂的军队、分裂的国防。陈炯明关于“军事、政治、财政、外交……四大问题必得相当解决，而后乃有真正统一之可言”[13]的观点，实际上是本末倒置的。国家是高于四大问题的，它包含了四大问题，先解决国家的统一，再解决四大问题的统一，才是顺理成章的事，才是可能的。进而陈炯明述及了以和平方式改编各路军队的设想，依然是属于脱离实际的美好幻想，也没有解决在没有统一国家的前提下，军队统一在什么旗帜下的问题。在当时的中国，“有枪便是草头王”的想法在不少人头脑中都有，有枪就有权力，就可拥兵自保，就可指挥一方。在战争中，中、小军阀尚可以威逼利诱招降之，大军阀不到面对兵临城下、玉石俱焚的最后境地是不会缴械的。以张作霖为例，1928 年 5 月，在蒋介石军队的大举进攻下，张作霖采取的是退回关外，据守抵抗的方针，并未轻言投降或接受改编。同年 7 月，张学良搞的“东北易帜”行动，若不是因其父张作霖被炸死（苏联、日本，谁人为之？），恐怕就不会轻易实现。历史事实胜于雄辩，本末倒置加浮于幻想的思维方式是不可能解决统一问题的。

2、在“建立联治”的问题上，陈炯明主张国家组织应采取民主政治的组织方式，也就是所谓的良民政治。什么是良民？陈炯明自有解释：“夫所谓良民者，非道德观也，非人才观也，亦非贤人政治之类。乃第一别于官僚，第二别于暴民，第三廓清一切之流氓地痞、土豪劣绅、政客党棍之谓也。”[14] 此等“良民”有别于后三类人还可理解，令人费解的是此等“良民”不从道德角度考虑，不从是否人才角度考虑，也不问是否贤明人士，这是一种什么样的“良民”？这三个角度都不加考虑而选出来的人能称得上是“良民”吗？良民的问题都说不清楚，组织问题谈之何益？再说，资本主义政坛中能绝对“廓清一切之流氓地痞、土豪劣绅、政客党棍”吗？另外，陈炯明还认为中国需要通过自治的方式进行治理，因为“自治为民主国的基础。民主精义须分配政治权力于国民全体，而国民尤须善于行使权力，乃不失为民主的国民。”[15] 而国民要达到“善于行使权力”的水平，“自非组织普遍的政治小单位，以共国民之训练不可。国民获得训练的机会，而后服务之责任与参政之经验，乃得亲切而纯熟，此自治组织所以为民主国之最良学校及其成功之最妥保证也。”[16] 国民需要培训的理由还在于“我国虽为东方古国，然以君政及放任之故，从未经过近代法治国之组织。入民国以来，虽有一部粉饰外观之设备，然其不完全不适宜，流为政弊，酿成内乱，已属有目共睹。”[17] 陈炯明很清楚，中国社会没有民主基础，国民也缺乏民主素养，所以才要培训，固然有一定道理。但他并未明言由谁来培训国民，是“良民”吗？“良民”是否也要培训？或者“良民”天生具备民主素养？陈炯明也没有说以何种方式培训国民，更没有说需要培训多久，大多数食不裹腹、衣不蔽体的国民可能旷日持久地参加培训吗？况且，没有一个安定的社会环境，培训效果能好吗？还有一点陈炯明没有涉及，就是无论以何种方式统一、治理国家，都要最高的国家首脑，但他在1922 年撰写的《联省自治运动》中倒是有明确的人选，他认为“今日忠于民国之人为天下所知而有领袖之资格及有解决时局之力者，惟中山、合肥两公。”[18] 即孙中山和段祺瑞。是陈炯明认识问题的能力下降了还是 1927 年的中国已不需要最高首脑？或者中国不存在合适的人选？不得而知。但有一点是可以肯定的，蒋介石、汪精卫、张作霖是不在陈炯明的政治视野之内的。以上各项漏洞足以说明陈炯明的联治构想是不完善的，只能是不切实际的空中楼阁。

通观《中国统一刍议》，可做一简单的概述：该文基于忧国情怀撰写，不能说一点道理没有，但论据多不切实际，纸上谈兵的成分大，且整体构思漏洞颇多，存在不完善之处，因而不可能付诸实践。实事求是地看待一个历史人物及其思想是历史研究的根本原则。

注释：

① 段云章、倪俊明编《陈炯明集》下卷第 969 页，中山大学出版社 1998 年版；

② 同前，第 970 – 971 页；

③ 同前，第 986 – 987 页；

④ 同前，第 1033 – 1034 页；

⑤ 同前，第 873 页；

⑥ 同前，第 971 页；

⑦ 同前，第 872 页；

⑧ 同前，第 971 页；

⑨ 同前，第 978 页；

⑩ 同前，第 978 – 1027 页；

⑪ 同前，第 1027 – 1038 页；

⑫ 同前，第 979 页；

⑬ 同前，第 978 页；

⑭ 同前，第 987 页；

⑮ 同前，第 991 页；

⑯ 同前，第 991 页；

⑰ 同前，第 986 页；

⑱ 同前，第 875 页。

《黄埔名人图鉴》前言[①]

“怒涛澎湃，党旗飞舞，这是革命的黄埔！主义需贯彻，纪律莫放松，预备做奋斗的先锋！打条血路，引导被压迫民众，携着手，向前行；路不远，莫要惊。亲爱精诚，继续永守，发扬吾校精神，发扬吾校精神。”

一曲豪迈校歌，唱响黄埔之声。

1924年，风云际会时代里一个普通的年份，因为国共两党第一次合作的达成而光耀青史；黄埔长洲岛，位于广州东南的一个茄形小岛，由于黄埔军校的建立而名声大振。黄埔军校，曾跻身于世界四大著名军事学院之列的中国军校，在中国近现代史尤其是军事史上占据重要地位并扬名四海。新型革命军队的建立，开创了新时代的军事征程，也预示着中国历史的新走向——国共两党必将成为左右中国未来社会的主角。

“以俄为师”，历尽挫折的孙中山终于领悟到了这重要的思想，也认识到创建革命军队的重要意义，“在中国，单凭革命党而没有革命军的奋斗，革命是难以成功的。”基于国共两党实现了第一次合作的前提，在苏联顾问和共产党人的帮助下，经过周密的筹划和准备，黄埔军校，中国第一所具有革命性质的新型军事学校在这一年的6月16日正式成立，全称“中国国民党陆军军官学校”，简称“陆军军官学校”。反帝反封建的革命军队在这里诞生。

革命的军旗高高飘扬，召唤着全国各地的热血儿女、爱国青年聚集旗下，“到黄埔去”成为当时最时髦的口号。怀抱着救国真情和追求理想主义的大批青年纷纷涌向黄埔，誓将青春和前途与革命的军校紧密结合在一起。他们是开动和驾驭新型革命军事机器的特殊群体，从此，为了祖国的前途，为了民族的自由和解放，浴血奋战，献身疆场，英雄辈出，将星频升，谱写了不朽的军事篇章。

黄埔军校产生于中国社会大变革的时代，是为了造就新中国而创办的。

黄埔军校之新在于，它是中外革命力量结合的产物，是国共两党合作的产物，它效仿苏联军校而创办，有着崭新的办校理念和宗旨。它是为了劳苦大众的利益而建立的军事机构，是为天下的百姓安居乐业而培养军事骨干的学校，“生官发财请往他处，贪生畏死勿入斯门”，孙中山的对联就说明黄埔军校完全有别于旧式军校。其办校理念和框架开创了中国军校史和军事史的新纪元。

黄埔军校之新在于，引进政治教育的方式、方法和手段，政治教育和军事教育并重，政治教育甚至更重于军事教育，从而成为军校工作的灵魂，以此打造新型革命军队。党代表和政治部并存的新型体制长期影响着国共两军的军队建制。尤其是中国人民解放军至今基本保持了这种体制。毛泽东说过“那时军队设立了党代表和政治部，这种制度是中国历史上没有的，靠了这种制度使军队一新其面目，1927 年的红军以至今日的八路军，是继承了这种制度而加以发展的。”

黄埔军校之新在于，本着兼容并包的精神，在兼顾宣传孙中山的新三民主义和马克思的社会主义、共产主义的同时，也让学员了解不同党派、不同学派的思想。军校所设课程多达 43 门，涉及领域广泛，重在使学员了解世界形势，中国社会和国情，培养的是具有真才实学并懂得救国救民道理和为什么而战的军事人才，而不是单纯培养只知服从命令和打仗的驯服工具。

黄埔军校之新在于，制定了严格的革命军纪，突出报国爱民的特点，“不要钱，不要命，爱国家，爱百姓”的精神深入人心，学生军所到之处爱民如子，秋毫无犯。严明的纪律增强了军队的战斗力，维护了军校的声誉，壮大了革命的军威，也博得了社会的广泛赞誉，因而获得民众箪食壶浆般的爱戴和支持，从巩固广东革命根据地到北伐，再到后来的中国人民解放军都是如此。

黄埔军校之新在于，在招生时即制定严格标准和考核程序，从政治思想到学历要求，从年龄限制到身体健康状况，从笔试考核到面试考核，择优录取，优中选优，并设有严格的淘汰机制。高标准严要求，为日后的人才培养打下良好的先决条件，为军校的良性发展奠定扎实的基础。因此，出类拔萃的精英云集黄埔，将才、帅才不断涌现。精选人才，是黄埔军校的办校宗旨。

黄埔军校之新在于，早期军校因地制宜、因时制宜、因需制宜，学制大大短于当时的其他旧式军校。为适应革命战争的需要，多出人才，快出人才，出好人才的办学思维指导着办学方针。重视理论与实践的相结合，学生军边学习边战斗，在学习中提高，在战火中历炼，在战斗中成长，在残酷的现实社会中锻炼成新一代定国安邦的军事干才。

黄埔军校之新在于，开创了中国军事院校招收女生之先河，此创举比美国西点军校早了50年，为妇女解放运动做出了特殊贡献。培养了一批新型的革命女军人、女军官，女英雄，完全有别于中国古代乃至太平天国时期的女兵，她们是新时代有追求、有理想、有革命精神的女兵，她们奋战在革命战场和抗日战场上，在革命和中华民族自由独立解放的道路上建立了不可磨灭的功勋，为后世妇女树立了光辉的典范，因此而彪柄史册。

黄埔军校之新在于，在极为艰苦的环境下，在极为朴素的氛围中，培育了史无前例的黄埔精神。这种精神可以理解为爱国的革命军人，本着孙中山制定的“亲爱精诚”的校训，团结合作，为了挽救中华民族的危亡而英勇无畏地奋斗牺牲。这一精神深深影响了众多黄埔师生，因而造就了许多动人的历史传奇。这一精神延续了近一个世纪，长期植根于黄埔师生心中，至今仍存，黄埔军校同学会的建立即是明证。

黄埔军校在大陆曾四迁校址，屡更校名，总校共办23期，毕业生52371人，此外，黄埔军校还开办过12所分校，培养毕业生15万2千多人，合计20万4千多人。1927年，蒋介石清党反共后，黄埔军校为国民党单独掌控。1949年，蒋介石国民党政府退踞台湾后，即着手恢复黄埔军校建制，在高雄建立凤山军校，延续大陆期数序号招收第24期生，至2006年，第75期生毕业。随着历史的变迁，黄埔军校已渐行渐远，凤山军校与黄埔军校仅存在名义上的联系。

国共两党共同培育的黄埔将士，兼具政治头脑和军事素养，并肩战斗，英勇无畏，果敢善战，为革命献身，为主义牺牲。在巩固广东革命根据地和统一广东的血战中，创下以少胜多的罕见战例，为奠定北伐基础立下汗马功劳。在统一中国的北伐进军中，绝大多数黄埔将士更是以一当百，一往无前，军官身先士卒，士兵浴血奋战，各路队伍进军神速，无坚不摧，所向披靡。战场上方显好男儿英雄本色！抗日战争时期，分属国共阵营的黄埔将士，摒弃前嫌，再次携手作战，共御外侮，在不同的战场上大显身手，各领风骚，血染沙场，马革裹尸，谱写中华好儿女慷慨悲歌，共赴国难，挽狂澜于既倒，拯乾坤于倒悬的不朽史诗。

勿庸讳言，由于主义的差异，政治的歧见，历史的扑朔迷离，在军校建立之初，就存在着党争，国共两党为了未来的发展和生存都展开了势力的培养和对师生的争取。在1927——1937年的十年间，以及抗日战争胜利后到中华人民共和国建立前的时间里，黄埔将士分为截然两个不同的阵营，从过去的同窗校友瞬间反目成仇，由曾经的并肩作战变为兵戈相向，上演了惨烈搏杀、同室操戈的历史悲剧。友谊遭受血与火的荼毒，仇恨却在枪与炮间增长。悲乎！中华民族何需遭此惨痛？哀哉！中华儿女何需如此敌对？

一部黄埔历史，叙说多少故事。抚今追昔，黄埔军校虽已成过去，但在逝去的岁月中演绎出的诸多恩怨情仇依然能打动后人。在国家统一大业亟待完成的今天，黄埔军人又共同参与了反台独、促统一的历史活动，两岸沟通也浸透着黄埔人的心血，两岸和解也承载着黄埔人的希冀。“冤家宜解不宜结”，“化干戈为玉帛”，“度尽劫波兄弟在，相逢一笑泯恩仇”，名言应为吾侪鉴，复兴大业需共图。本图鉴收录黄埔人物1557位，旨在记录真历史，书写真历史，传承真历史，守望真历史，让真历史成为人类的共同财富而传之亘古。

注释：

① 本前言原为《黄埔名人图鉴》的出版而撰，写于2012年，是在研读了大量黄埔军校资料、并审阅了百万字的《黄埔名人图鉴》文字后写成的，后因故该书未能出版，乃收入此论文集。

洋务运动是改良而不是革命新论

近年来学界和社会上有观点认为洋务运动是革命，其依据是洋务运动中的军事工业建设使中国经济社会的生产方式从手工业生产转变成了大机器生产，其作用和西方的工业革命如出一辙，改变了中国的社会。事实果真如此吗？如果确实如此，应该说是史学界的一大研究成果，原来的史学结论就彻底被推翻了。但是，以笔者所见，给这一历史事件下这样的结论恐怕不能这么简单。

要弄清楚洋务运动到底是不是革命，首先就必须弄清楚什么是革命？根据《辞海》，“革命”条目是这样写的：“①古代以为王者受命于天，故称王者易姓，改朝换代为‘革命’。②人们在改造自然和改造社会中所进行的重大变革。人们改造自然的重大变革，有技术革命、产业革命等。人们改造社会的重大变革，即社会革命。社会革命是历史发展的火车头。它最深刻的根源是生产关系和生产力的矛盾。当现存的生产关系成为生产力继续发展的严重障碍时，就要求通过革命，改变旧的生产关系以及维护这种生产关系的旧的上层建筑，即改变社会制度，解放被束缚的生产力，推动社会进一步向前发展。在阶级社会里，社会革命是阶级斗争的必然趋势和集中表现，通常要使用暴力。历史上有过奴隶反对奴隶主的革命、农民反对地主阶级的革命、资产阶级革命和无产阶级革命。”①

另据《简明政治学辞典》“革命”条：“事物的根本变革，即人们在改造自然和改造社会过程中所进行的重大变革。人们改造自然的重大变革，有技术革命、产业革命等。人们改造社会的重大变革，即社会革命。”②

对照这两条说明，了解这个历史事件的人都知道，进行洋务运动的宗旨显然不是为了“改朝换代”，也不是为了“改变旧的生产关系以及维护这种生产关系的旧的上层建筑，即改变社会制度，解放被束缚的生产力，推动社会进一步向前发展”，更不是对“事物的根本变革”。事实上，清末洋务派之所以进行所谓的洋务运动，其思想发端首先产生于镇压太平天国农民战争，作为洋务运动最早的发起人奕䜣，在 1860 年 11 月（咸丰十年十月）即曾奏请引进俄国武器，借师助剿，并提出自行制造枪炮及炸炮、水雷、地雷、火药的建议。[③] 随后又于 1861 年 1 月 11 日（咸丰十年十二月初一日），与桂良、文祥共同提出《统计全局酌拟章程六条呈览请议遵行折》，率先提出了“自图振兴”的口号；[④] 接着又在《奏请八旗禁军训练枪炮片》中提出了“自强”这一洋务运动的宗旨。[⑤] 可见，洋务运动的兴起是为了自保和自救，只有自强才能自保、自救，因为这个时候清政府的统治已是日趋腐朽和没落了。

这个运动的性质不是革命，那应该是什么呢？是改革吗？我们看看《辞海》是怎么解释“改革”的：“改去，革除。现常指改变旧制度，旧事物。”[⑥] 显然《辞海》对改革的解释过于简单，没能较全面地说明其内涵。再看看《行政学词典》对“改革”的解释：“改革和革新。一般地指革命阶级在取得政权后，对不适应生产力发展的生产关系、不适应经济基础发展的上层建筑的某些环节和方面，进行有领导、有步骤、有明确目的的改进。从一定意义上说，它也是一场革命。但所采取的手段是缓和的，它是在承认原有的社会结构，而不是推翻原来的社会制度的基础上来改变社会现状的，是个弃旧汲新，对原有社会制度不断改进和完善的过程。改革在社会发展过程中起积极作用，它是推动社会向前发展的动力之一。”[⑦] 这一解释相对全面多了。不过，是否可以就此认为洋务运动是一场改革呢？当然不能，因为尽管洋务运动也是在社会层面上进行了“某些环节和方面，进行有领导、有步骤、有明确目的的改进。”虽然采取的手段也是“缓和的”，也是“在承认原有的社会结构，而不是推翻原来的社会制度的基础上来改变社会现状的。”然而，这些并不能改变下面两个根本性的事实：

1、洋务运动的领导集团不是革命阶级；2、这个领导集团并不是要“对不适应生产力发展的生产关系、不适应经济基础发展的上层建筑”进行相应的变革，事实上他们根本没有认识到这种变革的必要性。准确地说他们是对百孔千疮的旧制度进行一定的修补，充其量是资本主义制度建立前的旧式改良，固然，这种改良是在一定程度上汲取了西方先进思想和技术的改良，有其客观进步性。

既然可以认定洋务运动是改良，也就有必要了解一下何为改良？据《行政学词典》“改良”条目：“用局部的、个别的某些现状的改善、以渐进的斗争形式来推动和促进旧事物向新事物转化，但仍然保持原制度的一种改造社会的办法。马克思主义者主张革命但并不笼统地排斥改良，而只是反对改良主义。改良主义口头上也承认社会主义，但是认为不必通过无产阶级革命和无产阶级专政，而只需通过议会道路，资本主义就可以“和平长入”社会主义。马克思主义对待改良的态度是：在夺取政权的革命形势未成熟之前，支持、赞同任何有益于社会的点滴改善，因为这种改善是推动历史前进的。在资本主义制度下，无产阶级政党为改善工人群众的经济、政治和文化现状而进行的改良斗争是必要的。当革命形势已成熟，胜利在望的时候，反对醉心于个别改良而对抗革命的政治势力和行动。马克思主义者同改良主义者的区别，在于后者只在于改良，把改良当做唯一宗旨。”⑧纵观此“改良”的内容，显然，改良和革命有着本质上的区别，和改革也有着一定程度上的差别。笔者之所以认为洋务运动是“资本主义制度建立前的旧式改良，”概因我们今天所说的改良和改良主义，一般是指资本主义制度下的一种变革及思维方式，和洋务运动的指导思想及宗旨是有着相当大的差距的。

以上已根据“革命”、“改革”、“改良”等术语的解释证明了洋务运动不是一场革命，除此之外，我们还可以从其他一些方面得出洋务运动不是一场革命的结论：

1、洋务运动涉及的方面很多，仅从其总机构——总理各国事务衙门——的名称看，就可以明了这一历史事件的内容不是单一的，而这个机构的名称最初被清廷批准时叫“总理各国通商事务衙门”，⑨显然是看不出来和军工有什么关系的。它后来虽然以发展军工企业为先、为主，但并不局限于军工和民用企业，实际上它还包括了政治、外交、经济、科学技术，文化教育等各种活动，所有这些并不都和大机器生产有直接关系。更为重要的是，这些内容都属于局部性变革，不仅没有呈现什么疾风暴雨般的方式，也没有造成翻天覆地的根本性变化，这一点也不符合革命的特点。

2、事实上熟悉中国近代史的人都清楚，中国的大机器生产最初并不是产生于洋务运动的军工企业中，而是产生于外国人创办的工厂中，如广州黄埔地区的柯拜、录顺、于仁等船坞，与其说是洋务运动的军工企业带来了生产方式的革命，不如说是外资企业把具有革命性的生产方式带到了中国更为准确，尽管这种形式带有侵略的特点。洋务运动的军工企业只能说是学习、借鉴、模仿外资企业而已，根本谈不上是什么革命。

3、洋务运动是清末统治集团中具有开明思想的人士发起的，是一场自上而下的变革过程，不符合革命一般是自下而上地开展的模式；而工业革命是发生自民间的，没有受到官方的指示、指导和影响，其日后所引发的政治革命、社会革命也多是自下而上地进行的，符合革命的一般模式。两者没有任何本质上的一致性，是不能相提并论的。

4、工业革命是一场旷世持久的革命毋庸置疑，洋务运动只是一场有限的改良也不可否认。如果非要说洋务运动有什么革命性的话，充其量是它在改良过程中移植资本主义生产方式的同时，把这种生产方式原本具有的革命性有限地安置在了中国，而不具有特殊的创造意义。革命就是革命，改良就是改良，两者是本质根本不同的事物，是绝对不能等量齐观的，也是不能相互混淆的。

其次，既然认为洋务运动是革命的观点其依据是“洋务运动中的军事工业建设使中国经济社会的生产方式从手工业生产转变成了大机器生产，其作用和西方的工业革命如出一辙，改变了中国的社会。”那就有必要考察一下“工业革命”的情况是否足以说明它是一场革命。了解世界近代史的人都知道，工业革命是世界近代史上的重大事件，“工业革命”亦作“产业革命”（Industrial revolution），一般指18世纪60年代起，英国哈格里夫斯发明珍妮纺纱机、卡特莱特发明织布机、瓦特改良纽康门蒸汽机及制成实用蒸汽机等一系列科技发明而引起的英国工业领域各行业的巨大变革，其标志是机器大工业的建立。这一巨大变革日后影响了世界多国，改变了世界，有学者认为一直延续到今天。[⑩]“工业革命”这一”术语最早为谁所用，争论颇多，但最早载入经济史文献的权威说法是，1837年法国经济学家杰罗姆·阿道夫·布朗基（1798—1854，革命家、空想社会主义者路易·奥古斯特·布朗基的哥哥）在《欧洲政治经济学史》中正式使用。[11]

如果仅根据上面所述，自然应该认为工业革命（产业革命）就是一场革命。然而，事物往往是复杂的，这样一个历史大事件自然也不例外。系统关注工业革命的人们都基本知道对于工业革命的争论，南京大学教授舒小昀在《工业革命定义之争》一文中，就展示了历史上一些学者对工业革命的不同看法，“‘工业革命’一词并非一开始就被人接受，即使一流的历史学家也完全否认这个术语。”[12]该文的研究表明，长期以来对于以“工业革命”一词来约定这样一个历经近三个世纪的历史事件是否准确、恰当、科学存在的争论颇多。无独有偶，美国著名国际科学史专家科恩在其名著《科学中的革命》一书中也阐述了这方面的争论。其中作者这样写道：“当G. N. 克拉克1952年在格拉斯哥就产业革命概念进行讲演时，他不禁断言，‘从历史编纂学的观点看，产业革命的思想已经衰颓了’：我们不得不承认，这个名称通常所限定的那个短暂的时期，是一个迅速变革的时期……产生了令人惊奇的新的机器；人口的大规模增长和流动；一种新的社会不满。然而，这些都不是可以用一句话的公式来概括的经济生活中一个独特的突变和盛衰的方面。特别是，克拉克发现，产业革命是有先例的，所以它并没有什么明显的开端。而且，实际的时间表在不同的——虽然是相近的——地点或场合也是不一样的。最后，他问，什么革命可能从17世纪开始，而到20世纪仍然尚未完成？我们将会看到，当20世纪的历史学家深入研究科学革命的时候，这些同样的考虑几乎都会出现。”[13]另一方面，作者也提及另一种观点，即1845年恩格斯在《英国工人阶级状况》（1845年，英译本）中明确地支持革命说，高度赞扬了产业革命的世界意义：“英国工人阶级的历史是从18世纪后半期，从蒸汽机和棉花加工机的发明开始的。大家知道，这些发明推动了产业革命，产业革命［既是一场社会革命，也是一场经济革命］，因为它同时又引起了市民社会中的全面变革，而它的世界历史意义只是在现在才开始被认识清楚。”[14]上面的两种观点应该说都有一定的道理，同意前一种观点自然就会否认工业革命是一场革命，赞成后一种观点就自然会认为工业革命是一场革命。但是，这样一来就会谁也说服不了谁，依然无法达成一致，因此，工业革命到底是不是一场革命的问题还是无法解决，所以依旧不能证明洋务运动是否一场革命。

笔者的看法是，后者也就是恩格斯的观点是更接近科学的（这和恩格斯是否是革命导师毫无关系），根据是以今天我们所处的人类历史位置和现状看，工业革命的过程依然没有结束，我们知道工业革命虽然是发生在经济领域里的事件，是以缓慢、渐进的积累方式进行的，但它不仅在经济、科学技术领域造成了重大变革，也在日后引发了一些国家的政治革命和社会革命，根本性地改变了世界的面貌，这一事实和恩格斯的预见并不相悖。至于这一过程延续了近三百年的时间，恰恰说明资本主义世界性体系的建立不是一件简单的事情，相反它是异常复杂的，它不仅仅是经济领域里的事，也是政治领域里的事，同样是社会领域里的事，它们之间的关系已然是密不可分的，因而形成了不同领域的事物交替进行的漫长过程。这和马克思对资本主义世界性体系的论述也是一致的。马克思说："资产阶级既然榨取全世界的市场，这就使一切国家的生产和消费都成为世界性的了。"[15]工业革命的过程是以世界性封建主义为主的制度向资本主义制度转化的过程，所以马克思还说："一旦这一转化过程使旧社会在深度和广度上充分瓦解，一旦劳动者转化为无产者，他们的劳动条件转化为资本，一旦资本主义生产方式站稳脚跟，劳动的进一步社会化，土地和其他生产资料的进一步转化为社会地使用的即公共的生产资料，从而对私有者的进一步剥夺，就会采取新的形式。现在要剥夺的已经不再是独立经营的劳动者，而是剥削许多人的资本家了。""这种剥夺是通过资本主义生产本身的内在规律的作用，即通过资本的集中进行的。一个资本家打倒许多资本家。随着这种集中或少数资本家对多数资本家的剥夺，规模不断扩大的劳动过程的协作形式日益发展，科学日益被自觉地应用于技术方面，土地日益被有计划地利用，劳动资料日益转化为只能共同使用的劳动资料，一切生产资料因作为结合的、社会的劳动的生产资料使用而日益节省，各国人民日益被卷入世界市场网，从而资本主义制度日益具有国际的性质。"[16]或许有观点会认为，以"革命"一词的词源来看，工业革命不能算是一场革命，因为"有据可查的资料表明，'revolution'这个词最初是作为一个精密科学的专门术语流行于世的，长期以来，它在这个领域中曾经有过（而且现在仍然有着）一种与'突然的戏剧性变化'截然不同的含义。revolution这个词的意思是重复（如一年四季那样的循环运动），或者涨落（例如潮汐的运动)。因而在科学中，revolution 意指所有永恒的变化，无休无止的重复，以及可作为完全重新开始的起点的终点。”[17] 以此看来，工业革命作为经济和科技领域中的事件，并不具有我们今天理解的一般意义上的“革命”内涵。其实不然，由于“‘革命(revolution)’这个概念和名词源于科学(天文学和几何学)，转而又进入了论述政治变化和社会变化的领域，从而经历了一场很有意义的初始变化。”[18] 因此导致经济领域、科学领域、政治领域乃至社会领域的革命既有差异又有共性。美国著名科学史家和科学哲学家托马斯·库恩认为：“面对政治发展和科学发展之间的众多根本不同之处，有什么类似的特征能表明两者的历程中均有可称之为革命的事件发生呢？这种类似的一个极为明显的方面是，政治革命通常是由于政治共同体中某一些人逐渐感到现存制度已无法有效应付当时环境中的问题而引发的，这些制度也构成当时环境的一部分。同样，科学革命也起源于科学共同体中某一小部分人逐渐感觉到：他们无法利用现有范式有效地探究自然界的某一方面，而以前范式在这方面的研究是起引导作用的。在政治发展和科学发展中，那种能导致危机的机能失灵的感觉都是造成革命的先决条件。”[19] 同理，经济领域的产业革命也必然是经济共同体中某一小部分人对当时的生产力中以生产工具为主的劳动资料的状况产生了不满而引起的。不同领域中的革命还有这样的共性：“不论是一个发现还是一个理论，任何对自然的新诠释都首先浮现于一个或少数几个人的心中。是他们首先学会以不同的眼光去看科学和看这个世界；而他们这种转换眼光的能力，则得之于他们在各自专业中常人所不具备的条件。绝无例外地，他们的注意力都全部集中于那些产生危机的问题上；此外，通常他们都非常年轻，或踏入深受危机困扰的领域才不久，因此比起大部分同时代的同行而言，他们对由老范式决定的世界观和各种规则的信奉就没有那么深。”[20] 这种对不同领域中产生革命的情境的概括性阐述，是精辟的和不可否定的。托马斯·库恩在探讨科学革命的问题时还提出了他的名言：“革命是世界观的改变。”[21] 而工业革命的发展极大地改变了人们的世界观是绝对不可否认的，工业革命就是一场地地道道的革命。洋务运动则没有这样的功效，事实说明它根本就不可能是一场革命。

发起洋务运动的成员们和马克思、恩格斯应该说是同时代的人，可是他们并没有也不可能有马克思、恩格斯那样的预见，尽管他们有一定的开明眼光，但完全不具备马、恩那样的敏锐洞察力，从他们把自己要做的事情命名为“自强”来看，就可以证明他们根本没有一丁点的革命意识，历史已经证明，在那个时代的中国，欲图保持原有的封建专制旧体制而达到真正的自强是行不通的。毋庸讳言，旧式统治者的一切所作所为的出发点都是基于对自身利益是否有利，幻想他们革自己的命是完全不可能的。过去曾经完全否定洋务运动，今天又有人要全面肯定它，这都是不恰当的，盲目贬低是不科学的，过度拔高也是不科学的。对于历史事件还应客观分析，才有利于科学地认识历史事件，以避免走进历史误区，也才是对史学研究负责任的态度。

注释：

① 《辞海》，上海辞书出版社出版，2000 年，第 2436 页。

② 《简明政治学辞典》，《简明政治学辞典》编辑组编、吉林人民出版社出版，长春，1985 年，第 477 页。

③ 虞和平、谢放：《早期现代化的尝试（1865—1895）》，中国社会科学院近代史研究所编、张海鹏主编：《中国近代通史》第三卷，凤凰出版传媒集团、江苏人民出版社，南京，2007 年 1 月第 1 版，第 35－36 页。

④《钦差大臣恭亲王奕䜣大学士桂良户部左侍郎文祥奏统计全局酌拟章程六条呈览请议遵行折》，贾桢等:《筹办夷务始末（咸丰朝）》第八册，卷七十一，中华书局，北京，1979 年，第 2674 页。

⑤ 《恭亲王奕䜣等又奏请八旗禁军训练枪炮片》，贾桢等：《筹办夷务始末（咸丰朝）》第八册，卷七十二，中华书局，北京，1979 年，第 2700 页。

⑥ 《辞海》，上海辞书出版社，2000 年，第 1305 页。

⑦ 张光博主编：《行政学词典》，吉林人民出版社，长春，1988 年，第 505 页。

⑧ 张光博主编：《行政学词典》，吉林人民出版社，长春，1988 年，第 505 页。

⑨ 夏东元著：《洋务运动史》，华东师范大学出版社，上海，1992 年 5 月第一版，第 29 页。

⑩ （美）伯纳德·科恩著、鲁旭东、赵培杰、宋振山等译：《科学中的革命》，商务印书馆，北京，1999 年 10 月北京第二次印刷，第 337 页。原文：“产业革命与科学革命的相似之处还在于这样一个方面，即一些历史学家倾向于把这两种革命看作是连续的过程，一直延续到 20 世纪，甚至延续至今。”

⑪ 王觉非主编：《欧洲历史大词典》，上海辞书出版社，2007年，第706页。（美）伯纳德·科恩著、鲁旭东、赵培杰、宋振山等译:《科学中的革命》，商务印书馆，北京，1998年，第334页。

⑫ 舒小昀：《工业革命定义之争》，原刊《史学理论研究》2006年第3期。

⑬ （美）伯纳德·科恩著、鲁旭东、赵培杰、宋振山等译:《科学中的革命》，商务印书馆，北京，1998年，第17章，第338－339页。

⑭ （美）伯纳德·科恩著、鲁旭东、赵培杰、宋振山等译:《科学中的革命》，商务印书馆，北京，1998年，第17章，第334页。)（另据中译本原文：“英国工人阶级的历史是从18世纪后半期，从蒸汽机和棉花加工机的发明开始的。大家知道，这些发明推动了产业革命，产业革命同时又引起了市民社会中的全面变革，而他的世界历史意义只是在现时才开始被认识清楚。”恩格斯著：《英国工人阶级状况》，人民出版社，1956年，北京，《导言》，第35页。)

⑮ 马克思、恩格斯著：《共产党宣言》，《马克思恩格斯全集》第四卷，人民出版社，1958年8月第1版，1965年10月北京第三次印刷，第469页。

⑯ 马克思著、中共中央马克思恩格斯列宁斯大林著作编译局译：《资本论》第一卷，人民出版社，2004年1月第2版，北京，第874页。

⑰ （美）伯纳德·科恩著、鲁旭东、赵培杰、宋振山等译:《科学中的革命》，商务印书馆，北京，1998年，第一章《导论》，第5页。

⑱ （美）伯纳德·科恩著、鲁旭东、赵培杰、宋振山等译:《科学中的革命》，商务印书馆，北京，1998年，《前言》，第Ⅸ页。

⑲ （美）托马斯·库恩著、金吾伦、胡新和译:《科学革命的结构》，北京大学出版社，2003年1月，第85页。

⑳ （美）托马斯·库恩著、金吾伦、胡新和译：《科学革命的结构》，北京大学出版社，2003年1月，第130页。

㉑ （美）托马斯·库恩著、金吾伦、胡新和译:《科学革命的结构》，北京大学出版社，2003年1月，第101页。

承前启后话国魂

——从黄宾虹看南社精神

笔者和南社结缘是在1990年调入中国革命博物馆（2003年与历史博物馆合并为国家博物馆）后，至今已近四分之一个世纪了。当时我的同事，北京南社与柳亚子研究会元老成员周永珍女士介绍我入会，惭愧的是，由于南社史迹曾长期被掩盖，虽为历史专业的大学毕业生却不知南社为何物，而在大学又学的是世界历史专业，我以为这是历史造成的“悲剧”，好在还知道柳亚子，算是可以聊以自慰吧！此后的时日里，虽也为研究会做了些力所能及的事情，了解了一些南社的人和事，却始终由于工作的关系而对南社的研究未能深入，至今未写出一篇较像样的文章，同样是惭愧的。笔者既不是诗人，对诗没有研究，可以说不懂诗；也不是画家，对画同样没有研究，也可以说不懂画，今撰此有关黄宾虹的文章，主要是作为一个史学工作者有感于宾老的追求和人品，又逢中华南社学坛给予的撰稿机会，乃斗胆撰文如下，以为弘扬南社精神及南社事业的可持续发展略尽绵薄。

黄宾虹（1865—1955），山水画大师，金石学大师，学术大师。是南社第一次雅集即成立大会的参加者，入社号96号（入社号是在第一次雅集后重新填写的）。这次雅集是有开拓性和创新性的，在15年后的1924年，黄宾虹重游虎丘时作了《金松岑招饮虎丘冷香阁用刘龙堪原韵》七古一首，诗中缅怀了这次集会：“金阊虎丘前联骑，爪痕踏雪寻鸿泥……。俛仰兴亡十余载，长廊杰阁萦高低……。”①可见其深深铭刻宾老心中。作为比孙中山年龄还大一岁的早期革命者，在南社中绝对是长者，以三个最重要的南社创始人陈去病（1874—1933，入社号1号）、高旭（1877—1925，入社号2号）、柳亚子（1887—1958，入社号3号）为例就可看出。黄宾虹分别比陈去病年长9岁，比高旭年长12岁，比柳亚子更是年长了22岁，可以说是大了一代人的年龄（那时人们的结婚年龄都比较早），应该说忘年交的成分比较大。以今天的眼光看，如此大的年龄差距应该是有相当深的代沟的，然而，事实并非如此。以较大的年龄差距能共同走进南社，在那个时代绝不是仅仅靠旧文人共有的吟诗作画的爱好或气质就能轻易造成的，也不是单纯都主张保存国粹就能使他们聚集到一起的，仅有前两点因素是不会加入南社的，而最重要的肯定是反满爱国的革命思想才把他们维系在一起，这一点从南社的根本性质是可以看得出来的，至少在1912年中华民国建立前是如此。尽管南社不是一个具有严密体制的革命组织，但从南社人以诗文宣传革命及部分成员身体力行地为革命做具体的工作中也是能够确认这一点的，黄宾虹就曾为同盟会秘制钱币而遭到通缉，不得不逃往他乡。黄宾虹是革命者，这一点是确凿无疑的。当然，奠定其思想基石的应是他“受到祖先黄生（白山）的爱国主义和民族主义思想中的影响，以及书不可不尽读，友不可不尽交，天下名山大川，不可不尽游”的观点。②

南社人的思想和主张曾被认为是保守的，和新文化运动的倡导者们格格不入，显得落伍。其实不然，作为史学工作者，在研究历史时应把握好两点，一是不脱离当时具体的历史环境考察史事，二是要站在历史的高度考察史事。从当时的历史环境看，南社产生的时候，中国正处于内忧外患的严峻关头，也是反满爱国革命的前夜，在诗史上是我国封建时代最后一个旧体诗团体，而把革命思想植入旧体诗的做法，又是封建时代最终消亡前和新时代开启前的创新之举，南社人终结了封建时代的旧体诗历史，而启动了新时代诗歌的历史锁钥，而其核心思想就是爱国，保存国粹的行为正是具体的实践。保存国粹绝不仅限于诗歌的范畴，国画、金石学的延续发展也是重要的内容之一，黄宾虹在这个时期的探求过程中扮演了一个极为重要的角色，取得了辉煌的成就。从历史的高度看，我们今天从事民族复兴的伟大事业，其中就包含了传承优秀民族文化的重要内容，国画、金石学也是不可或缺的，自然诗歌也不例外。因而南社人的求索完全可以视为承前启后的壮举，在历史长河中定然是不可漠视和磨灭的。

黄宾虹作为南社的一员，也有着承前启后的作用。他在早期未能较快速地认识西洋绘画的价值不难理解，在当时，西洋画对于国人是新事物，接受新事物总要有一个过程，而且从不同的角度、立场审视新事物并做出自己的判断和选择也是正常的。况且那时的西方列强对我国的主要态势是侵略、掠夺和征服，在那种有可能亡国灭种的历史大背景下，部分国人因之对舶来文化产生抵触意识，或者说不轻易认同异国文化，且对国粹能否保存和延续忧心忡忡并非不正常。此外，考虑到一般情况下，一个人年纪越轻越有利于接受新事物，而南社成立时的黄宾虹已 44 岁（按他自己的计龄方法则是 46 岁），是奔五的人了，在那个五十岁已可称为老年人的时代（清代国人平均寿命为 33 岁，民国时期国人平均寿命为 35 岁，五十岁者即可称“大寿”），接受新事物自然不可能一蹴而就。不过我们决不可小看了这位大师，在到了人生的后期，对于一般人来说已很难接受新事物，可是黄宾虹却对西洋绘画的技法做了有益的借鉴，特别是对于印象派画技的重视，给予了他对国画创新的动力。因此可以说黄宾虹坚持保存国粹，弘扬民族精神并非是无端的、盲目的，而是有自己独到选择的。有论者认为：“黄宾虹先生的绘画脉起传统又拓新时代，其绘画艺术的本体价值正在于在中国山水画的古典美与现代性之间构建了一座桥梁，这无疑是一种民族性与时代性相融生发的文化感悟，对中国画在当代语境下的创新发展着实具有深刻绵长的启发意义。”③

笔者不太认同胡朴安和柳亚子二位先生认为的南社的第三个时期是“堕落”时期，④民国建立后，由于国家和社会形势发生了变化，本来就不是铁板一块的松散社团南社，其成员产生分化是必然和正常的，每个人都选择了自己认为适合而应走的路，有真正的堕落者如汪精卫，也有和堕落根本沾不上边的如黄宾虹。笔者没有能够考察所有南社人的生平，不知道在所谓的“堕落期”到底有多少人真正地“堕落”了，又有多少人根本谈不上“堕落”，或者是部分的“堕落”，不过，简单地一概而论肯定是有其片面性的，称其为“衰落期”应是比较合适的。如果单纯从政治的角度说“堕落期”，似乎有一定道理，毕竟那个时代革命是主流，在一些人眼中，没有在政治上继续前行即可视为堕落，“沉迷”于琴棋书画这类“玩物丧志”的事物也不例外。然而，南社成员并非在政治上都是与时俱进的，就第一次雅集的参加者看，南社成员中有柳亚子那样在政治上的爱国者，也有如赵正平（1878—1945，字厚生，入社号 30 号，后为汉奸）那样的卖国者，也有黄宾虹那样以保存国粹的精神为动力，不断进取从而终达艺术高峰，荣获“中国人民的优秀画家”称号的爱国者。显而易见，仅以政治标准衡量南社人是否“堕落”是不够科学、合理的。爱国有多种渠道和方式，谨慎地审视历史现象是史学工作者应有的态度。

黄宾虹本来有两条不同的路可以走，一是从政，二是经商。可是，黄宾虹和许多南社人一样，有着不为官、不从政的思想理念，这种思想理念其实和后来的黄埔军校的建校初衷是一致的，“生官发财请往他处，贪生畏死勿入斯门”，孙中山的对联曾经激励了不少爱国的中华儿女。其实，职业和人生目标本来就是多种多样的，选择一种自己最喜欢、最适合、最擅长的职业作为终生奋斗目标本是无可非议的，不一定非得从事某种职业不可。就黄宾虹终其一生看，他没有丝毫的升官发财的意念，婉拒安徽同乡柏文蔚的约请就是明证；他也不是贪生畏死之辈，为了保存和发扬国粹——山水画，从爱国粹转而爱祖国的大好河山，他走遍了众多名山大川和景色宜人的地方，仅黄山一地就登上过九次，不仅师古人、师今人，更注重师造化，留下了大量用心血倾注而成的绘画佳作，堪称上乘艺术品，一腔爱国情尽显其中，在艺术理论研究方面也有很高的成就，这在当今已是定论。在那个兵荒马乱的动荡年代，这一切对于贪生畏死之辈来说是绝对不可能做到的，这是其一。其二，本来从家族渊源说，黄宾虹有可能经商，其父即为商人，不过经商的细胞没有大量地传给黄宾虹，反而将喜好绘画艺术的细胞超量地传给了他，令其在绘画领域成就大业。准确地说，黄宾虹是一个艺术和学术细胞发达程度远超从政、经商细胞的人，假设他从政为官，以他的人品肯定能成为好官，但未必能在复杂的官场中纵横捭阖、如鱼得水、运作自如。同样可以假设黄宾虹进入商界，他会成为一个巨贾吗？要知道商场如战场，在暗流汹涌的商海中，他能否成功地搏击风浪、大显身手？如此看来，他给自己的定位是非常合适的、是明智的、是理性的。显然黄宾虹对于自己最适合干什么是非常有自知之明的。正因为如此，黄宾虹才能够成为中国近代画坛上的大师级人物。

人品这个词语不说久违了，起码也可以说现在是鲜有人提及。研究黄宾虹不仅要研究其绘画作品，也不仅要研究其学术成果，还应该研究其品格。社会上的不良现象都和品格良好与否有关。说到黄宾虹的人品，综观其一生，为人低调，不追求名利，其作品馈赠亲友者颇多，很少出售，即使出售也是由于时局动荡，生活拮据。1916年他重订《宾虹草堂山水画格》，

“因为他深知流俗所好，识者不多，所以他的润格定的比较低：扇册每件二元，青绿、双款加倍。”[⑤]不以挣钱牟利致富为宗旨，尽管那时谨以出售绘画作品就可能发财。有论为证：“今之鬻画者，可得多金，而黄宾虹乃无润格，惟作画以赠戚友。人品之高，一如其画也。”[⑥]而且他平生只办了两场画展，第一次画展是在他八十大寿的1943年举办的（按黄宾虹自己的计龄方法虚两岁计算），第二次是1954年的“黄宾虹先生作品观摩会”，两次展览都不是由他自己提出举办的。特别是第一次，由在上海的傅雷等人倡导和主持举办，困居日占北平的黄宾虹仅表赞成。显示了其不张扬、不浮夸的品格。而且他提出部分出售的画作应估以低价，使更多的人能享有国画精粹，而不是以营利为目的。当时，他为出售的画作价时说：“拙画订价，鄙意还分三种，四尺以上为一种，三尺以下为一种，花卉篆书，择交而赠。第一种以一千为最高，第二种七百，第三种五百。其中仍有交情特殊，不克铢锱而较，因时制宜可耳。”[⑦]在他心中，艺术是至高无上的，而不是随便玩玩的，也不是用来牟取厚利的工具。这是他弘扬国粹的一面。另一方面，这一年日本人曾要为他举办祝寿仪式，被他严词拒绝，尽管这个仪式在他缺席的情况下举办了。这是他展示民族气节的一面。用今天的词语说，他的人品是属于“高端”层面的，不是所有人都能达到的，也不是轻易就能达到的。八十余年的孜孜以求，持之以恒，鲜明地展示了黄宾虹执着、刚毅的性格，在这样的性格伴随下，脚踏实地，不随波逐流，不迎合世俗，不图虚名地沿着既定目标前进，坚守一生，终于铸就辉煌。这可能就是黄宾虹所认为的“精神重于物质”思想的最高体现，他曾专门写过一篇题为《精神重于物质说》的文章加以论述，谈及精神文明和物质文明的问题，“且谓物质文明之极，其弊至于人欲横流，可酿残杀诸祸，惟精神之文明，得以调剂而消弭之。”[⑧]这正是他崇尚内美的原因所在，内美就包括品德、学养和胸怀等内容。正因为如此，他才能终生视浮华为烟云，奉淡泊为圭臬。真正做到了富贵不能淫，贫贱不能移，威武不能屈。这些正是那个时代精神文明的体现。不仅如此，黄宾虹在从事艺术探索、创作及保存国粹的活动中，总以救国思想为激励，有诗为证：“道咸世险无康衢，内忧外患民嗟吁。画学复兴思救国，特健药可百病苏。”[⑨]希冀复兴画学的行为能够实现救国的崇高理想，这正是被柳亚子誉为“诗才不亚于画才”的黄宾虹终生追求的。[10]他一生除了南社外，参与的爱国活动不少，在安徽公学，在国粹学报社，在神州日报社，在真相画报社都是如此。这种追求和他主张的“精神重于物质说”的本质是一致的，关于黄氏的“精神重于物质说”，学界已有探讨，本文不再赘述。[11]黄宾虹人品的高尚，还可从他把大多数的收入用于购买文物，并在日后将其所藏文物和画作一万余件悉数捐给国家看出，而不是用以换取巨额钱财及富贵或遗之子孙。他曾一再强调：屡变者面貌，不变者精神，画如其人，无论是画风从“白宾虹”转向“黑宾虹”，还是历尽生活坎坷的黄宾虹本人，其一生精神不变，可贵之处正在于此。黄宾虹作为卓越的山水画家，“他的笔有深情，墨有深意，他的国画艺术，就是他对伟大的祖国河山的歌颂，就是他一往情深的艺术表现。”[12]这就是楷模，这就是典范，这就是学习的榜样。净化心灵，扩大净土，提升人品，这就是正能量。心有大爱，终创大美。英国诗人雪莱有名言曰：“浅水是喧哗的，深水是沉默的”。无论是黄宾虹的画还是黄宾虹的人，都是雪莱所说的“深水”。

我很赞同卢文芸女士说的“南社成员弘扬国学，不只是作为沟通之具。南社人欲以国学召唤国魂，拯救民族危亡。国魂也称作民族精神，是一个民族所表现出来的积极向上的共同精神面貌和强烈的民族认同。”[13]从黄宾虹的身上可以归结出南社精神的精髓：爱国、进取。今天，我们如何理解爱国？笔者以为，至少可以认定：专事贪污腐化不是爱国，放纵猖狂特权不是爱国，倾心骄奢淫逸不是爱国，醉心奢侈糜烂不是爱国，痴迷沽名钓誉不是爱国，肆意弄虚作假不是爱国，大肆坑蒙拐骗不是爱国，钟爱物欲横流不是爱国，纵情声色犬马不是爱国，沉湎纸醉金迷不是爱国，浸淫灯红酒绿不是爱国，耽于花天酒地不是爱国，专注追名逐利不是爱国，公款吃喝玩乐不是爱国，假大空套低粗不是爱国，践踏公平正义也不是爱国，潜规则的泛滥更不是爱国……。所有这些，都和黄宾虹不沾边，黄宾虹是真正的爱国者！今天，我们又如何看待进取？笔者还认为，像黄宾虹那样，在自己从事的正当职业内，踏踏实实，兢兢业业，坚持不懈，做真事，做好事，做善事，能做多少事就做多少事，尽力而为，不求都达到黄宾虹那样的成就，毕竟人的能力有大小，只求为民族复兴大业略尽绵薄。只有进取才有发展，只有发展才会进步，只有进步才可能接近民族复兴实现的伟大日子。人人像黄宾虹那样自觉努力地打造高端层面的品格，拒绝不良和丑恶，坚持良善和美好，才能真正体现爱国，才能保证有效地进取，才能最大限度地弘扬南社精神。人是要有精神的，没有精神无从谈爱国，也无从论进取。像黄宾虹那样坚定人生目标，坚守人生底线，倡导国魂，弘扬民族精神，锐意进取才是真爱国，也只有真爱国才能保证南社事业的可持续发展，也才能对中华民族的伟大复兴做出贡献。

注释：

① 裘柱常著：《黄宾虹传记年谱合编》，人民美术出版社，北京，1985 年，第 154 – 155 页。

② 裘柱常著：《黄宾虹传记年谱合编》，人民美术出版社，北京，1985 年，第 36 页。

③ 潘军:《脉起传统 拓新时代——刍议黄宾虹画作中的“印象感”》, 杭州黄宾虹学术研究会组编:《黄宾虹艺术研究论文集》，杭州出版社，2011 年 12 月，第 179 页。

④ 卢文芸著：《中国近代文化变革与南社》，社会科学文献出版社，北京，2008 年 8 月，第 21 页。

⑤ 裘柱常著：《黄宾虹传记年谱合编》，人民美术出版社，北京，1985 年，第 39 页。

⑥ 徐珂:《可言》, 裘柱常著:《黄宾虹传记年谱合编》, 人民美术出版社, 北京, 1985 年, 第 43 页。

⑦ 裘柱常著：《黄宾虹传记年谱合编》，人民美术出版社，北京，1985 年，第 203 页。

⑧ 黄宾虹：《精神重于物质说》，黄宾虹著、文明国编：《黄宾虹自述》，时代出版传媒股份有限公司、安徽文艺出版社，合肥，2013 年 9 月，第 19 页。

⑨ 孙晓泉：《黄诗浅析三题》，杭州黄宾虹学术研究会组编：《黄宾虹艺术研究论文集》，杭州出版社，2011 年 12 月，第 3 页。

⑩ 孙晓泉：《黄诗浅析三题》，杭州黄宾虹学术研究会组编：《黄宾虹艺术研究论文集》，杭州出版社，2011 年 12 月，第 5 页。

⑪ 杨成寅：《黄宾虹国学十大命题》，杭州黄宾虹学术研究会组编：《黄宾虹艺术研究论文集》，杭州出版社，2011 年 12 月；何海锋：《传统的守护 精神的回归》，《艺苑》2010 年第 4 期。

⑫ 裘柱常著：《黄宾虹传记年谱合编》，人民美术出版社，北京，1985 年，第 69 页。

⑬ 卢文芸著：《中国近代文化变革与南社》，社会科学文献出版社，北京，2008 年 8 月，第 4 页。

本文收入《启蒙 · 革命与现代性的追寻——第二届中华南社学坛论文集》，团结出版社，2014 年 9 月版。

也论辛亥革命领导者的性质

——和杨天石先生商榷

一、问题的提出

辛亥革命的性质本是早有定论的——资产阶级领导的革命。不过近些年来以杨天石先生为代表的学术精英却提出了新的观点，认为过去的定论不准确，辛亥革命不是资产阶级领导的，而是“共和知识分子”或“平民知识分子”领导的，也就是说以孙中山为代表的辛亥革命领导者的阶级属性不是资产阶级。这一观点不仅体现在杨先生在各地举办的相关讲座中，尤其是集中体现在其大作《辛亥，把权力关进牢笼的有益尝试——帝制的终结》一书中，见该书《序·辛亥革命的特点与领导力量》。[①]笔者对此观点不敢苟同，特撰此文求教之，有不当之处还请杨先生批评指正。笔者是后学，学术水平远不能和杨先生相提并论，因而对杨先生的批评指正定当洗耳恭听，合理、科学者也定当虚心采纳。

二、史情分析

杨先生的《序》粗读时颇觉新颖、独到，似乎相当合理，但细细品后，便觉有些地方禁不起推敲。下面就相关问题一一述之。

1、说到辛亥革命领导者的性质自然不能回避资产阶级这个概念。那么，什么是资产阶级？在此有必要了解一下：按照马克思的观点，从西欧“中世纪的农奴中产生了初期城市的城关市民；从这个市民等级中发展出最初的资产阶级分子。”[②]而这个阶级在不同的时期有不同的具体对象，在马克思、恩格斯生活的年代，他们认为：“资产阶级是指占有社会生产资料并使用雇佣劳动的现代资本家阶级。”③孙中山生活的年代和马、恩基本上是同一个时代，上述定义基本适用。所以说，根据这个定义，杨先生意指资产阶级革命应由“占有社会生产资料并使用雇佣劳动的现代资本家阶级”的成员来领导，才能称之为资产阶级革命，否则就不是。也就是说，杨先生是单纯以革命领导者的身份、职业来确认一场革命的阶级属性的。可是，这种确认方法显然缺乏科学合理性。这里就牵涉到下面的第2个问题。

2、身份（以出身作参考）、职业能否作为人物阶级属性重要的乃至根本的决定因素？

这个问题本来不是问题，但是杨先生在《序》中有这样一段文字：“辛亥革命的领导者实际上是一批青年学生，包括留学生或者国内新式学堂的学生，也就是19世纪末至20世纪初在中国出现的新型知识分子……在他们的思想、文化结构里，既增加了声、光、化、电等近代自然科学知识，也增加了西方17世纪以来逐渐发展起来的民主主义以至社会主义的成份。他们在校或者离开学校后就成了职业革命家，或者投笔从戎，成为‘混’进军队的职业军官和职业士兵，有的则‘拿起笔，做刀枪’，成为投身新兴文化事业的脑力劳动者，办报，办学堂，办出版社，当记者，教师，文人。”④杨先生的意思是说这些学生没有从事资本主义企业的，和资产阶级不沾边，因而辛亥革命不是资产阶级领导的革命。

在这里，有几个问题需要解决。第一，有必要问一下，所谓“声、光、化、电等近代自然科学知识”是产生在什么时代里的？这个时代是什么时代？应该说这个时代正是马克思所说的“资产阶级在它的不到一百年的阶级统治中所创造的生产力，比过去一切世代创造的全部生产力还要多、还要大”的时代。⑤固然，自然科学知识是不带阶级属性的，但必定带有历史烙印，那个时代产生的“自然科学知识”不能称之为奴隶时代的产物，也不能称之为封建时代的产物，更不能称之为社会主义时代或共产主义时代的产物，而只能称之为资本主义时代的产物，这和资产阶级有脱不开的密切关系。资产阶级在人类历史长河的发展中既有大罪也有大功，回避资产阶级的功过不能解决问题。恰恰是那些留学生和新学堂的学生们在了解了资产阶级统治下的资本主义世界较之中国发达和先进，才会激发他们去变革中国。

事实上，马克思、恩格斯写作《共产党宣言》时，欧美主要国家的资产阶级革命已完成，资产阶级已成为统治阶级，而孙中山及其他辛亥革命的参加者还未出生，中国的资产阶级刚刚产生，中国的辛亥革命更没有开始，这是世界历史发展不平衡造成的。正是由于那时中国的资产阶级还很弱小，也未取得统治权力，所以才会有革命的要求，这些要求则是通过有新思想、有新知识的学生率先表达的。

第二，杨先生在此提到的“民主主义”也是含混不清的，他将其和社会主义并列阐述，表明其不是社会主义的民主主义，但又不敢说明其阶级属性，不知为何？一种主义是上层建筑的意识形态，是必然有阶级属性的，这与自然科学知识虽然是不一样的，却同样有时代烙印。我们知道，古代雅典就有民主制度存在，近代西方民主与其有渊源，但却是在新的历史条件下具有了新的内涵，这就是资产阶级民主，而英国是最早实现资产阶级民主制度的国家。杨先生所提“民主主义”难道绝对与此无关吗？研究历史不能随意超越历史的时代性，罔顾那个时代的具体情况而谈论“民主主义”也是不可取的。

第三，那些参与革命活动的学生是生活在什么时代里呢？可以肯定地说，他们生活在资本主义已有了较长实践的帝国主义阶段形成的时代，而社会主义的实践却还较少，所有的是空想社会主义者们的一些实验、巴黎公社（这里指的是1871年的巴黎公社，不是法国大革命时期的巴黎公社）和第一国际及第二国际的有关活动，这在规模和程度上都还比较有限。当然，那时的中国社会落后于欧洲远未达到帝国主义的阶段，但深受帝国主义形成的影响，无论如何也抹不去资本主义时代的色彩。

第四，欧美近代革命的主要领导者和参加者也并不从事资本主义企业，他们的身份更复杂，尽管他们不是学生，但以杨先生所认为的学生还没进入社会经济结构，就不足以认定他们的阶级属性的逻辑看，似乎进入了社会经济结构就可以很容易的认定其阶级属性了。其实不然，以法国大革命为例，因为这场革命是史学界公认的彻底的资产阶级革命，这里连带出身一并考察。法国大革命主要过程历时十年（1789—1799），以1789年7月14日巴黎人民起义，攻克象征封建专制的巴士底狱为起点，到1799年11月9日拿破仑发动“雾月十八日政变”，推翻督政府，建立大资产阶级军事独裁政权为止，产生了许多派别，也涌现了众多领导人及重要人物。这里以主要派别更替的时间顺序一一查验有关主要人物的出身、职业。1、斐扬派（君主立宪派）。①西哀士（1748—1836），出身公证人家庭，职业代理主教。②拉法耶特（1757—1834），一译拉斐德，出身贵族，职业军人，将军。③巴纳夫（1761—1793），出身不详，职业律师。④迪波尔（1759—1798），出身贵族，职业法官。⑤拉梅特（1760—1829），出身贵族，职业政治家，曾参加北美独立战争。⑥米拉波（1749—1791），出身贵族，职业军人。2、吉伦特派（布里索派，大工商业资产阶级利益的政治集团）。①布里索（1754—1793），出身平民，职业法院书记员。②孔多塞（1743—1794），出身贵族，职业启蒙思想家、数学家。③罗兰（1734—1793），出身王室官员家庭，职业工厂监察员。④罗兰夫人（1754—1793），出身雕刻师家庭，职业政治家。⑤韦尼奥（1753—1793），出身不详，职业律师。⑥佩蒂翁（1756—1794），出身检察官家庭，职业律师。3、雅各宾派（山岳派、民主派）。①罗伯斯比尔（1758—1794），出身律师世家，职业律师、法官。②丹东（1759—1794），一译丹敦，出身法院检察官家庭，职业律师。③马拉（1743—1793），出身新教徒家庭，职业医生、物理学家和新闻工作者。④圣茹斯特（1767—1794），出身骑兵上尉家庭，职业检察官的秘书。⑤库通（1755—1794），出身公证人家庭，职业律师、法庭庭长。⑥德穆兰（1760—1794），出身法官家庭，职业律师。4、忿激派（一译疯人派，革命左派，代表城市平民利益）。雅克·鲁（1752—1794），一译札克·鲁，出身不详，职业神职人员。5、埃贝尔派（一译阿贝尔派，雅各宾左派，城市平民利益的政治集团）。①埃贝尔（1757—1794），一译阿贝尔，出身珠宝商家庭，职业剧院收票人和仆人。②肖梅特（1763—1794），出身鞋匠家庭，职业水手。6、拿破仑（1769—1821），出身破落贵族家庭，职业军人。[⑥] 以上列出法国大革命时期的重要人物 22 人，从出身看，公证人家庭二人：斐扬派的西哀士和雅各宾派的库通；贵族家庭六人：斐扬派的拉法耶特、迪波尔、拉梅特、米拉波，吉伦特派的孔多塞，以及拿破仑；平民家庭一人：吉伦特派的布里索；王室家庭官员一人：吉伦特派的罗兰；雕刻师家庭（也应该算平民）一人：吉伦特派的罗兰夫人；出身不详二人：吉伦特派的韦尼奥，忿激派的雅克·鲁；检察官家庭二人：吉伦特派的佩蒂翁、雅各宾派的丹东；新教徒家庭一人：雅各宾派的马拉；骑兵上尉家庭一人：雅各宾派的圣茹斯特；法官家庭一人：雅各宾派的德穆兰；珠宝商家庭一人：埃贝尔派的埃贝尔；鞋匠家庭一人：埃贝尔派的肖梅特。从中我们看不到一个资产阶级家庭出身的人。从职业看，神职人员（含代理主教）二人：斐扬派的西哀士，忿激派的雅克·鲁；军人三人：斐扬派的拉法耶特和米拉波，拿破仑；司法人员（含律师、法官、法院书记员、检察官的秘书、庭长）十人：斐扬派的巴纳夫、迪波尔，吉伦特派的布里索、韦尼奥、佩蒂翁，雅各宾派的罗伯斯庇尔、丹东、圣茹斯特、库通、德穆兰；启蒙思想家、数学家一人：吉伦特派的孔多塞；工厂监察员一人：吉伦特派的罗兰；职业政治家二人：斐扬派的拉梅特，吉伦特派的罗兰夫人；医生、物理学家和新闻工作者一人：雅各宾派的马拉；剧院收票人和仆人一人：埃贝尔派的埃贝尔；水手一人：埃贝尔派的肖梅特。从职业中我们同样看不到一个资产阶级行业的人。即便如此，史学界也未见有人否定这次革命的资产阶级性质。由此可见，出身或者说身份和职业并不是决定革命者阶级属性的根本因素，因而不能将其作为判定革命者阶级属性的先决条件，判定其阶级属性应看其要开创的是什么社会形态，要建立的是什么政权，要实行的是什么社会制度。仍以法国大革命为例，其主要阶段结束于拿破仑的执政，而《拿破仑法典》（即《法国民法典》）则是极典型的资产阶级法典，它固定了资产阶级社会秩序，为日后世界各国资产阶级健全法制提供了范本。要知道这部法典是拿破仑治国的根本大法，相当于我们现在所说的宪法，而中华民国宪法中也能看到其相关内容的影子，如法律面前人人平等，私有财产不可侵犯等。这同样无法证明孙中山是社会主义者或是无产阶级的代表。还有很重要的一点是，在中华民国成立时，也就是说，在孙中山等人从事中国革命的时候，苏俄的无产阶级政权和社会主义国家还没有建立，列宁等俄国革命者的活动还处于秘密状态中，孙中山等人不可能参考其根本大法来制定中华民国宪法，这是一个很浅显的道理。实际上，辛亥革命的大目标、大方向和法国大革命并无二致，它是当时世界范围内资产阶级革命时代的产物，而宋教仁主张的宪政也证明了这一点，因此，辛亥革命的性质无疑是资产阶级的。更何况参加一场大规模革命的人，涉及的身份、职业相当广泛，决不能简单地以身份或职业来划定该革命的阶级属性。基于此，笔者认为杨先生犯了对复杂的历史简单化分析的错误，以杨先生这样的大家似乎不应该犯这样的低级错误。

第五，基于上述四点，这些从事革命的学生聚集在反满的旗帜下，原本想要开拓的时代应是中国的资本主义时代，然而由于有些人的思想中夹杂了各种各样包括共和（近代共和思想有资本主义的共和与社会主义的共和）及社会主义的内容，必然产生分化，造成追求的目标并不单一。而他们所倡言的共和应该认定为是资本主义的共和，这从中华民国的国体——民主共和制及政体——责任内阁制（同时包含总统制的一些内容）可以得到印证，无论是内阁制还是总统制都是资本主义共和制度的表现形式，显然和后来的社会主义国家的国体及政体有本质的区别。因而不能简单地把辛亥革命的领导者称之为“共和知识分子”或“平民知识分子”。

3、资产阶级和资产阶级思想家及资产阶级革命家或革命者的关系。上面已经证明一场革命的阶级属性不能简单地由其领导人或参与者的身份、职业来确定，因而也就必然涉及到第 3 个问题。可以说，一场革命的领导人基本上是那个时代的最先觉醒者，他们代表的是历史趋势，也就是代表某个阶级的利益和未来发展方向，其中有思想家也有革命家，或者兼而有之。他们并非一定要是某个阶级的实际成员，他们只是起代表作用，是先行者，是一种新制度的创造者和实践者。革命本身是政治行为，是上层建筑领域里的事情，不是某个具体以从事经济行为为主的阶级成员所能完全包揽的。正因为政治和经济是两个不同的领域，所以相关行为需要由不同的人群来完成，有经济头脑的人不一定适合或擅长从事政治行为，尽管他们可以有某些政治思想和诉求，因此，这些政治思想和诉求，就理所当然地要由代表他们利益的、有胆量、有魄力的政治人物来出面争取。一个阶级中从事经济活动的群体以经济手段、方式促进社会进步，推动历史前进，这个阶级中从事政治活动的群体以政治乃至军事（军事是政治的延伸）手段促进社会进步，推动历史前进，客观地说，正是这两部分人相辅相成地共同推进一场革命，尽管这两个群体中存在着不同利益集团，他们之间的争斗有时也会很激烈。

4、关于社会主义。社会主义是一个相当复杂的问题，如果从 1516 年英国托马斯·莫尔的《乌托邦》一书出版算起，社会主义思想的发展已近

500年了。中央电视台曾播出专题节目《社会主义500年》，500年间产生的相关人物和思想论著数量庞大，不是轻而易举就能阐述清楚的。当然，如果想简便地了解社会主义的简况，也有捷径。马克思和恩格斯在《共产党宣言》中把社会主义派别归纳为：反动的社会主义（包括封建社会主义、小资产阶级的社会主义、“真正的”社会主义）、保守的或资产阶级的社会主义、批判的空想的社会主义或共产主义。[⑦] 杨先生在《序》中意指孙中山是社会主义者，根据是他曾大骂资产阶级，并且曾于1915年邀请第二国际帮助他在中国建设第一个社会主义国家。然而，如果我们多了解一些第二国际的发展史，就会知道，1915年的第二国际已蜕变为帝国主义的走狗和帮凶。因为当1914年8月4日德国社会民主党议员在德国国会投票通过军事预算案（即赞成战争拨款）后不久，列宁就宣告：“第二国际死亡了，它已被机会主义所战胜。打倒机会主义！不仅清除了‘变节分子’（就像《呼声报》所希望的那样）而且清除了机会主义的第三国际万岁！”[⑧] 随着德国社民党的背叛，第二国际的大多数各国社会党也纷纷投向本国资产阶级统治集团的怀抱，支持帝国主义战争，促成了第二国际的大叛卖，长期宣传反对帝国主义战争的努力也前功尽弃。对于这些背叛，列宁曾撰写不少文章给予批判和谴责，也就是说1915年的第二国际已经不能称之为社会主义的代表了，按列宁的说法是机会主义或沙文主义。孙中山向非社会主义代表的第二国际请求指导和帮助，至少说明孙中山对第二国际的发展变化了解认识得并不透彻，也很难由此证明孙中山有社会主义思想或是社会主义者。

杨先生以孙中山生前曾表示要当“工人总统”来暗示孙中山有可能是无产阶级革命家。然而，孙中山最崇尚的社会制度是美利坚合众国的制度，而且他在创建中华民国的过程中，主要师法美国的经验、模式等事实是不可否认的，这在其名作《建国方略》中多有叙述，而且对华盛顿也推崇备至。众所周知，至今没有一个美国领导人承认过美国是社会主义制度的国家，也没有外界的人认为美国是社会主义国家，社科院世界历史研究所的刘军先生曾撰文《美国为什么没有社会主义》一文，足证美国和社会主义不沾边，那美国是什么社会制度呢？以一国两制的理论来看，美国自然只能是资产阶级治理下的国度，社会制度自然就是资本主义性质的。以此无论如何也无法证明孙中山是社会主义者或是无产阶级的一份子。再者，孙中山的五权宪法说，分明是综合了资产阶级的三权分立说和中国古代的考试、监察权两方面内容创制的，也可以说是以资产阶级的三权分立说为主，以中国古代的考试、监察权为辅而形成的，和各种社会主义学说及马克思、列宁倡导的无产阶级专政学说都是风马牛不相及的，依此，同样也无法证明孙中山的社会主义者和无产阶级属性。

杨先生在1987年撰文也承认："孙中山的社会主义思想有其独特的个性，就其批判资产阶级，抗议资本主义的分配制度，同情工人阶级，赞赏公有制等理论原则看，它接近于空想社会主义，但是，就其实践纲领看，则是一个以发展国家资本主义为主的方案。"⑨ 显然，所谓孙中山的社会主义思想只是"接近"而不是等同于空想社会主义，更不是科学社会主义；而实践纲领则主要是发展国家资本主义，这也说不上是社会主义，想的和做的本身不一致，恰使孙中山陷入了自相矛盾的境地。究其根本，孙中山并不是反对资本主义在中国发展，而只是在看到欧美国家那时的社会弊端，才想避开自由资本主义的发展阶段，一步达到国家资本主义的发展阶段。想在中国发展资本主义的人，不是资产阶级的思想家、革命家、政治家，难道会是无产阶级思想家、革命家、政治家？果真如此，岂不是咄咄怪事！

其实，熟悉中国近代史的人都大体知道，由于多种思想的共存，那时有不少人的头脑里吸收了各种各样的思想，具有社会主义的某些思想片段并不奇怪。以陈炯明为例，他也曾大谈社会主义，并在广东推动其主张，在一段时间里搞得颇有声色，孙中山也曾给予支持，甚至吸引了当时中共的重要人物陈独秀参与之，使广州的共产党组织得以有效发展。但是，至今主流史学界也未把他视为社会主义者或无产阶级的代表，相反，依然视其为军阀。吴佩孚也曾高喊"保护劳工"，据说是受李大钊影响而提出，似乎也有社会主义的意思，可是，吴佩孚的定论今天同样是军阀。要知道此二人是共产国际、苏俄曾经力求联合的中国政治势力代表人物，时间早于联合孙中山，这其中和社会主义有关联吗？孙中山在陈炯明叛变后才决定联俄，是经过一段时间犹豫后才下决心这么做的。一般来说，看一个人是什么样的人，不能仅观其言，更重要的应观其行，陈炯明这样一个曾经具体尝试过社会主义实践的人尚且不被看做社会主义者或无产阶级的代表；那么，孙中山的社会主义思想充其量是停留在口头上，并没有真正的实践活动，怎么就可以视其为社会主义者或无产阶级的代表呢？我们当然可以说，陈炯明、吴佩孚是打着社会主义旗号或以“保护劳工”为名进行政治欺骗；但我们也不应该轻易地根据孙中山的“言”断定他是社会主义者或无产阶级的代表。事实上，共产国际、苏俄联合孙中山并不是因为他有社会主义思想或是认为他是社会主义者、无产阶级的代表，甚至一度将其视为脱离实际的空想家，而是因为想在中国寻找政治上的同盟者，根本上是以苏俄的利益为出发点的，最终实现联合也是基于陈、吴的背叛使原有的幻想破灭。此外，孙中山在改造中国的方式上也不是社会主义的，辛亥革命前他主要依靠的是会党力量，革命后变为利用一派军阀打击另一派军阀，而不是深入广大的劳苦大众中去做艰苦细致的工作，去发动群众推翻那时的反动统治政权。众所周知的事实说明孙中山对什么是社会主义了解的不多、不深，也不知道如何运用相关知识、方式去改变社会，实现自己的理想和目标。这也证明孙中山不是中国社会主义、更不是无产阶级的代表人物。还有，从兴中会的纲领也可以知道，孙中山等人要建立的是合众国，而合众国的属性就是资本主义的，美国是最典型的合众国国家，至此，无需再赘言了。

三、结论

综上所述，可以得出下面的结论：

1、一场革命属于什么性质，决不能简单地由其领导人或参加者的身份、职业来确定，而应看其处于什么时代，代表的是什么样的历史趋势，要建立的是什么政权，要开创的是什么社会制度。众所周知，辛亥革命以后，资本主义经济在中国大地比之前有了更大规模、更广泛的发展，因为封建桎梏被打碎，一个维护资产阶级利益的政权建立了，即使是袁世凯这样的专制主义者、强权人物也无力阻止新时代的到来。

2、在东西方社会中，都长期存在着贵族和平民的对立，资产阶级在掌握政权之前也被视为平民阶层，而“平民”一词所涵盖的身份、职业相当广泛，是不能简单地将其作为判定哪类人属于哪个阶级或阶层之标准的。一种标准的使用应有相应的科学性，否则就容易造成混乱。孙中山等人在革命成功前以平民的身份出现是因为国际社会发展不平衡造成的，并不能说明其不代表资产阶级的利益。在其革命成功以后，他的身份是临时大总统，绝不是什么平民，其他一些重要的革命领导人的身份也变为国家或其他领域里的领导人，而非平民。

3、孙中山虽然在欧洲逗留过，对社会主义理论也有一定研究，但是对社会主义的了解并不够深入，这是十分遗憾的。假如孙中山只是一个思想家，我们或许可以视其为社会主义者，可是他同时又是一个革命家，问题就变得复杂了。看一个历史人物尤其是有具体革命实践活动的历史人物属于什么阶级，必须首先观其行，其次才是观其言，否则就是本末倒置，其他辛亥革命的参加者也应以此标准来划定。尽管孙中山有不少关于社会主义的思想和言论，但落实到“行”上的却基本没有。然而，“行”是根本，“言”是表面，重根本，轻表面才能透析事物的真谛；重表面，轻根本，有时会产生误导作用，有时甚至会混淆视听。本来，透过现象看本质是研究历史的一大利器，而杨先生恰恰忽略了这一点，只看到辛亥革命领导者或参加者的身份、职业，而没有重视时代的需求，历史的趋势，才会出现不应有的重大失误。

注释：

① 杨天石：《辛亥，把权力关进牢笼的有益尝试——帝制的终结》，长沙，岳麓书社，2013年7月第一版。

② 马克思、恩格斯著：《共产党宣言》，《马克思恩格斯选集》第一卷，中共中央马克思、恩格斯、列宁、斯大林著作编译局编译、人民出版社出版，北京，2012年9月第3版，第401页。

③ 恩格斯:《共产党宣言》1888年英文版注，《马克思恩格斯选集》第一卷，北京，中共中央马克思、恩格斯、列宁、斯大林著作编译局编译、人民出版社出版，1995年版，第272页。

④ 杨天石：《辛亥，把权力关进牢笼的有益尝试——帝制的终结》，长沙，岳麓书社，2013年7月第一版，第7－8页。

⑤ 马克思、恩格斯著：《共产党宣言》，《马克思恩格斯选集》第一卷，中共中央马克思、恩格斯、列宁、斯大林著作编译局编译、人民出版社出版，北京，2012年9月第3版，405页。

⑥ 以上人物的出身及职业参考了王觉非主编、上海辞书出版社出版的《欧洲历史大词典》，2007年12月第1版。

⑦ 马克思、恩格斯著：《共产党宣言》，《马克思恩格斯选集》第一卷，北京，中共中央马克思、恩格斯、列宁、斯大林著作编译局编译、人民出版社出版，2012 年 9 月第 3 版，第 423 – 433 页。

⑧ 列宁：《社会党国际的状况和任务》，《列宁全集》第 26 卷，北京，中共中央马克思、恩格斯、列宁、斯大林著作编译局编译、人民出版社出版，1988 年第 2 版，第 45 页。

⑨ 杨天石：《孙中山与中国革命的前途——兼论清末民初对孙中山民生主义的批评》，《北京社会科学》杂志，1987 年第 1 期，第 73 页。

第三部分

重写音乐史及李抱忱研究杂谈

作为音乐的门外汉本不该在音乐大师们面前班门弄斧，但是，在拜读了戴鹏海、汪毓和、陈聆群、梁茂春等大师们关于重写音乐史尤其是重写中国近现代音乐史的大作后，总觉得有话不吐不快。

一、关于重写音乐史

首先，“中国近现代”指的是哪段时期应该弄清楚，它的上限和下限是从什么时候到什么时候？如果说“中国近现代”指的是1840年——1949年，那么，这种观点实在是落伍了，史学界至少在十年前就已经基本达成一致的看法（可能还有少数史学界人士不认同）：1840年——1949年为中国近代史，根据是在这一时期里，中国的社会性质没有变，都是半殖民地半封建社会。尽管汪毓和先生最新的著作《中国近现代音乐史（近代部分）》（2005年版）已采用了这一观点，但毕竟不算早，尽管有了进步，因为至少在该书出版之前，汪先生的落伍观点已影响了许多人，是否可以说是误人子弟呢？而他最新采用的观点并非他自己创造的，不能算是他的成果，而且还没有被太多的人所了解，因而影响不大。一部中国近现代音乐史或者说一部中国近代音乐史究竟应该怎么写，至今似乎还没有定论，争论也还没有完结，但是，学术自由的风气确实较过去有了更多的体现，应该说总比一言堂好得多！假使我们先抛开政治因素不提，从纯音乐的角度看中国近（现）代音乐史，也可以看出汪毓和先生的音乐史范畴还是不够全面的，尽管是有变化和扩展的。即便有高洪波先生为我们分析了汪毓和先生四部音乐史写作的演变（还未来得及分析2005年的最新版本），但是仍然无法证明汪毓和先生的音乐史写作是全面的。至少在声乐史方面几乎没有提及歌唱家们的业绩，虽然在2005年版中简单罗列了一些歌唱家的名单，但他们是什么音部（高、中、低）、做了哪些事情、擅长演唱那些声乐作品不得而知。歌曲创作出来了，没有歌唱家们的推广是没有什么意义的。声乐史中的合唱发展史也叙述的很少，在中国，合唱这样一种重要的歌唱形式是怎样从教堂走向社会的？李抱忱先生在这方面的作用怎样？都不得而知。然而，李抱忱先生是中国近代合唱运动的先驱这一身份应是没什么疑义的，他首先在当时的北平用白话推广合唱，令时人耳目一新。与合唱史密切相关的指挥史更是不见踪迹，似乎中国根本不存在指挥这样一种行业！李抱忱先生这样一个杰出的指挥家（而且是左手执棒指挥）竟然被无端地忽视了！而在中国近现代音乐史上有哪些重要的合唱团体、成就怎样？涉及的也还很少，难道学生们就不应该了解吗？西洋音乐的传入也不见乐器及其演奏法的介绍，实际上西洋音乐的传入决非单纯的作曲法的传入，西洋乐器的传入极大地改变了中国乐器的结构框架，在演奏法上也使中国人大开了眼界。重要的交响乐团同样被忽视了，像著名的交响乐团指挥家金律声也不见踪影。此外，教会学校的音乐教育在传授音乐知识方面的作用提及的仍显简单。李抱忱先生音乐素养的培育就是和教会学校的音乐教育密切相关的。在旧中国，教会学校的音乐教育在社会上是一个重要的方面。乐器的制作（李抱忱先生在抗战时期就曾推动重庆地区的钢琴制造）、器乐演奏的发展演变、有哪些著名的乐器演奏家、音乐出版物（仅抗战时期就有很多）及编辑者如编辑了多种音乐书籍的柯政和先生的状况等，本是高等院校的学生也有必要了解的，却少见叙述，凡此种种，表明中国近现代音乐史还有进一步重写的必要，如果说汪毓和先生一直是在重写音乐史的话。

高洪波先生在为汪毓和先生辩解时认为，提出重写音乐史的人是忽略了汪毓和先生的著作是一本教材，不可能方方面面都写全，必须有选择地写，这种说法固然不无道理，不过据笔者的经验看，教材内容和讲课内容不必绝对一致，教材完全可以写的全面一些，讲课则可择其内容重要与否可繁可简地讲，否则，教材和讲课内容完全一致岂不是照本宣科，难免枯燥乏味，如此授课的教师确实也算不得好教师。况且，高等院校的学生绝大多数都是求知欲很强的，在课堂上往往吃不饱，教材写的全面一些，恰恰能够弥补学生们听课的不足，使学生们能够通过课余读书方便地多了解课堂上未能学到的知识。反观汪先生的四个版本的音乐史是不断的与时俱进地扩展的（奇怪的是第五版倒比第四版薄了一些，不知何故，是与时俱进还是与时俱退？）其授课课时自然也应是不断的与时俱进地增加的，内容少课时则少，内容多课时则多，如此看来，是否全面重写音乐史，关键不在于是否教材，而在于是否确有一个科学的写作框架！一部音乐史到底应该基本包括哪些内容，在50年里还没有建立一条较为科学的思路，其中存在的问题难道不值得深思吗？显然，那种归责于教材的限制，需要有选择地写书的说法不过是不能自圆其说的托词而已。当然，有选择地写是必要的，任何一本书都不可能把有关内容毫无遗漏地写全，但是如何选择却是需要周全考虑的，如果是因为政治因素而不选择写，那不是在写历史，而是在写政治，这是不可取的，因为毕竟不是在写政治史，即便是写政治史也应该是各方面都写才正确。如果只是因为不了解而不写，那么这种现象是不应该令其长久地存在的，不了解而应写的就要积极地去了解才能写，还要争取早日写出来。比如说李抱忱先生，在2002年汪先生的第四个版本的音乐史面世前，伍雍谊先生的《中国近现代学校音乐教育》早已于1999年出版，想必当时的汪先生没有读过该书，所以说不了解李抱忱先生，可见汪先生对最新的科研成果不够重视，至少不如戴鹏海先生重视，但愿不是存心不重视。就目前可以见到的材料看，李抱忱先生曾经翻译过一些著名的外国歌曲的歌词向国人介绍传唱，还用外国歌曲填过词，创作过一些歌曲，从事过音乐教育，推动过我国的合唱运动，是著名的指挥家，另外，也是第一个将《义勇军进行曲》的歌词翻译成英文的中国人，还是著名的语言学家（在美国的大学任中文系主任并教授中文二十年），像他这样有多方面作为的人，这样一个多面手和重要的音乐家，难道在中国近现代音乐史上不应占有一席之地吗？

是否重写音乐史的争论还没有结束，想重写音乐史的人不妨提出一个重写的框架并尝试着写一下，不想重写音乐史的人大可不必找出种种理由加以阻挠，重要的是看看自己的音乐史框架是否已足够科学，是否还有待完善之处，应如何完善才是正理。先撇开重写音乐史的问题不谈，只说一部较为完善的近（现）代音乐史是否由一个人就能完成？汪先生也坦言有些音乐内容自己无力撰写，那么，在长达半个世纪的时间里音乐界为什么就没想到组成一个专门的写作班子来从事这项工作呢？特别是改革开放后是有条件这么做的。陈聆群先生在《中国近现代音乐史研究在20世纪》一文中曾认为是“大跃进”和“左”的思潮迟滞了音乐史的写作，似乎有一定道理，但各自为战显然没有集体的力量大，文学史的写作已做出了榜样，就是电影史也早在1963年就出版了两卷本的《中国电影发展史》，作者是程季华、李少白、邢祖文，是合作成书的，总页数达1215页，字数511000字，不仅有大量的电影剧照（不占总页数），而且还有四项附录：影片目录、片名索引、人名索引、插图索引，整个体例显得比较完整，是面向全社会的，而非教材，尽管以今天的眼光看并不那么令人满意，但毕竟是在新中国成立后的最初15年里取得的成绩，不能不令人刮目相看！1980年又出了新版。相比之下，音乐史的研究显然是太落后了，汪先生改写了四次的近现代音乐史仍局限于教材的范畴内，1984年版为269页，1994年版为331页，2002年版也只有377页，2005年版（近代部分）仅291页，甚至比1994年版还少，历史前进了十年，出版的书却少了40页，难道说这也是与时俱进吗？而徐士家先生编著的《中国近现代音乐史纲》1997年版也仍然是一本教材，含曲谱也只有564页，体例上似乎和汪版教材没有太大的差别。而伍雍谊先生的《中国近现代学校音乐教育》则有408页，要知道该书只是叙述了近代音乐史的一个方面！以教材方式写作的音乐史终究是有较大局限性的，除了内容无法较全面地展示近现代中国音乐的发展过程外，所面对的读者也较狭窄，很难满足更广大人群的需要。至今我国大陆还没有一部体例比较完整、能让读者比较满意的近代音乐史著作问世，的确是一大憾事！急起直追、迎头赶上应是刻不容缓的。顺便说句题外话，如今电影博物馆已建成，很快就要正式对外开放，可是音乐博物馆的踪影还无处可寻，要知道，中国的近代音乐史可是比近代电影史长半个多世纪！

二、关于李抱忱先生的研究

以下谈谈李抱忱研究的问题。

1、不够重视。前面已经说过李抱忱先生是个多面手，现在对他的研究还很欠缺，尽管戴鹏海先生在《重写音乐史》一文中对李抱忱先生做了重点介绍，但毕竟还是粗线条的，大框架的，还不是专门的、很细致的；而伍雍谊先生在专著中虽然用了约五千字叙述了李抱忱先生的业绩，但只是局限于音乐教育方面，研究面还嫌偏窄，而且是专著中的一小部分，不是专门研究李抱忱先生的，因而显得分量不够。从2001年戴鹏海先生的文章发表后，五年过去了，还未见一篇专门研究李抱忱先生的论文出现，音乐界对此不够重视的态度是显而易见的。先不说别的，单说李抱忱先生的大众乐教思想就很值得研究，他一生最爱音乐，而合唱又是音乐中的最爱，其中就体现了他的大众乐教思想，因为合唱是最典型的群体音乐教育形式，较其它音乐教育形式更能广泛影响和聚集大众。他在美国曾想让他改行专门深造钢琴（可见他的钢琴水平也是相当高的），但被他婉言谢绝，并向他的钢琴教师表达了立志祖国的大众乐教的思想，体现了他爱国之深、爱大众乐教之切的情怀。只是由于历史的原因他未能回大陆，但推广大众乐教的思想支持着他的一生，才促使他在晚年去了台湾继续实践他的大众乐教思想。如果是考虑到政治因素而不愿或不敢研究李抱忱先生，其实大可不必，去年曾被认为是反动政党的国民党主席连战已回大陆访问，曾是国民党党员的亲民党主席宋楚瑜也随后访问了大陆，政治形势已是相当宽松，研究李抱忱先生不应有什么禁区。况且，蒋介石、汪精卫、袁世凯这些双手曾经沾满过人民鲜血的人物都可以研究，像李抱忱先生这样没有任何血债、最多思想上有所倾向的音乐家有什么不可以研究的呢？信仰自由也是我国政府所倡导的。李抱忱先生的挚友胡适先生、赵元任先生也是有思想倾向的，但在大陆研究的很多，这说明了什么呢？说明李抱忱先生同样是可以研究的。胡、赵、李三先生还有一首共同的声乐作品，这就是胡适先生作词、赵元任先生作曲、李抱忱先生改编为合唱的《上山》，可说是三杰的珠联璧合之作，要了解这首歌曲也必须研究李抱忱先生。

再从别的角度探讨一下研究李抱忱先生的必要性。文学史研究中对鸳鸯蝴蝶派的研究并不因为该流派的品位不高而拒绝研究；音乐界对黎锦晖的研究并不因为他创作过《毛毛雨》、《桃花江》等低俗歌曲而停止；对比李抱忱先生早几年毕业于美国欧柏林大学音乐院的黄自先生也并没有因为他创作过《青天白日满地红》这首政治倾向极为鲜明的歌曲而不研究他。为日本人工作过的李惟宁也并未因这一历史问题而被摒弃于研究领域之外。爵士乐、摇滚乐、迪斯科这些产生于资本主义社会并曾经被认为是资本主义颓废乐派而拒之于国门外的音乐形式不也被汪先生热衷地研究着吗？李抱忱先生终生对待音乐都是很严肃的，尽管在美国长住二十多年，也没有融入美国的音乐氛围，而是不改初衷地热爱着本国的大众乐教，这难道不值得赞扬和推崇吗？中国的一流音乐史学家不研究这样的中国音乐家而去研究什么爵士乐之类的音乐是不是有点俗气？那怕研究一下李抱忱先生仅有的三首爱情歌曲也要显得高雅得多！这三首爱情歌曲是：

（1）《誓约之歌》

著名歌唱家张权和莫桂新夫妇成名于抗战时期演出黄源洛创作的反日歌剧《秋子》，分演剧中的男、女主角，当时他们都就学于重庆国立音乐院，是该院的高材生，虽然还没有结为连理，但已互相倾慕。在她们演出歌剧《秋子》的时候，有当时的一些名人作顾问，其中就有时任国立音乐院教务主任的音乐教育家、指挥家李抱忱先生，师生情谊可见一斑。

后来，张权、莫桂新新婚时，李抱忱先生特意为他们谱写了一首男、女声二重唱歌曲，这就是方殷作词、李抱忱先生作曲的《誓约之歌》。这首二重唱始作于 1944 年李抱忱先生二度赴美国研读音乐之前，完成于赴美途中滞留印度孟买的五个星期中。这首歌曲词句动人，曲调优美动听，和声严谨，演唱效果生动，不仅如此，它还凝结着深厚的师生情谊。李抱忱先生在回忆创作歌曲时亲切地称莫桂新为“弟”，称张权为“女弟”，并称这对佳偶为“贤伉俪”，可见师生情谊非同一般。后来，李抱忱先生将这首二重唱改编为混声四部合唱曲，使该曲的演唱效果更为动人。这首《誓约之歌》是李抱忱先生音乐创作生涯中仅有的三首情歌之一，也是李抱忱先生的第一首情歌。

（2）《请相信我》

《请相信我》是李抱忱先生创作的另一首情歌，它的产生确属偶然，经过是这样的：1953 年 7 月，李抱忱先生只身驾车开始了一次长途跋涉的千里走单骑的活动，从美国东岸的耶鲁大学到西岸的国防语言学院就任中文系主任新职，行程三千五百英里（约合 5631.5 公里，难怪李抱忱先生自称进行了一次万里长征）。在旅途中，为了排遣难耐的寂寞，李抱忱先生以我国宋元时期的女词人管道升（管夫人）给其夫君赵孟頫的一首词为基础，自己增写了部分歌词（全部用英文），并配以自己作的曲，完成了《请相信我》的创作。

这首歌曲后更名为《你侬我侬》，在诞生后的几年里，曾面世过几次，但没有掀起大的波澜。过了二十多年，在上个世纪七十年代，只是在一个偶然的机会，此曲被李抱忱先生的朋友王大空（《人生如蜜》的词作者）推荐给台湾新闻局，从此这首李抱忱先生原本不想发表、被其称为“小家碧玉”的游戏之作，受到“豪门”的瞩目后，竟然红极一时，流行了一年多，成为当时台湾流行歌曲中的长寿者（台湾的一般流行歌曲只有三个多月的寿命）。据说当时在台湾，不仅青少年爱唱，就连老太太也拉着菜车边走边哼。说是“偶然”走红，其实也不尽然，这首歌曲的歌词清雅，旋律优美应是其走红的一个必然因素。这首歌曲后被作者自行改编为四部合唱，尽量保持了原曲的本色。

（3）《人生如蜜》

李抱忱先生的第三首情歌是《人生如蜜》，词作者是王大空。李抱忱先生是因为喜欢歌词而为之谱曲的。用李抱忱先生自己的话说：“在这首歌曲里，我用了些甜蜜的和弦来烘托这首甜蜜的歌词——就是那些用变化音的和弦。这些变化音一定要把高音唱的非常正确，才能把和弦的甜美表现出来。练习时，负责唱变化音的声部要一部一部地练，必要时一个人一个人的练，务必使每人都对正确音高有新的觉醒。非要如此练习，才能使每人唱时，都在贡献和谐而不是破坏和谐。”

也许正是因为这首歌曲具备了甜美的和弦，以及需要高难度的练习才能达到完美的和谐，使它身价倍增，所以才会在上个世纪 90 年代初被由中华民族文化促进会主办的“二十世纪华人经典音乐”系列活动选为经典音乐作品。这是李抱忱先生的音乐作品在中华人民共和国成立后第一次被承认并得到的最高荣誉。

李抱忱先生可研究的方面还有不少，除了前面提到的他的多方面的才华和音乐活动外，他的音乐思想、他的整个音乐生涯、他的指挥水准、他的作品中所包含的情感、他和众多名人的交往及友谊、他的家庭等。以他这样一个成长于大陆、讲学和传播中国语言、音乐文化于美国、最后到台湾执着地实践初衷——大众乐教的不懈耕耘者，是完全有资格占据中国近现代音乐史上的一个席位的，可喜的是汪毓和先生的《中国近现代音乐史》（中国文库2005年1月版）中已经多处提到李抱忱先生，尽管还远远不够！而台湾的赵琴女士等人则对李抱忱先生的研究倾注了许多心血，是值得我们学习的。

2、李抱忱先生研究中存在的问题

（1）籍贯问题。李抱忱先生的籍贯到底是什么地方？北京第二十五中（原北平育英中学）即李抱忱先生曾经任教的学校，出版的《育英史鉴》说李抱忱先生是保定人，汪毓和先生也说他是保定人；戴鹏海先生说他是河北通县，台湾的传记作家刘绍唐说他是北平人；伍雍谊先生说他出生在保定，索性回避了籍贯，以出生地代之；李抱忱先生自己是这样回忆的："始祖国泰，明末避乱，携三子迎春、遇春、探春，自山西洪洞县迁至河北通县……。"由于祖父入了基督教，被时人称为"二毛子"并被驱逐出宗族，"祖父遂携子女迁到北平。"后来其父被长老会派至保定任牧师，李抱忱先生于是降生在保定，"作者的生身之处是河北保定西关外的长老会福音园。那时先父被派在该地任牧师"。由此看来，李抱忱先生的真正原籍应是山西洪洞县，但是由于其家族已离开山西三百年之久，不以此为原籍也说的过去；以河北通县为原籍还说的过去，因为李家在该地已生活了三百年；而以出生地保定作为李抱忱先生的原籍，那肯定是很不恰当的，因为按中国的传统习惯，一个人的家族至少应在一地居住三代，此地才能作为此人的籍贯，而李家自李抱忱先生的祖父举家迁至北平，到李抱忱恰恰是第三代，所以说，以北平即今北京作为李抱忱先生的原籍也是可以的，这是以历史的眼光看这个问题；如果以今天的眼光看，李抱忱先生的原籍也可以说是北京，因为河北通县即现在的北京通州区。如果为李抱忱先生作传的话，是可以说清楚这个问题的，但在一般的文章或非个人传记中就难以说清楚，不过在此以出生地作为籍贯是绝对错误的。既然是研究历史，就要尽可能地准确。

（2）身份的归属问题。李抱忱先生的身份究竟应该是什么？梁茂春先生在《回首百年》一书中的《从台湾作曲家入选曲目谈起》一文把李抱忱先生作为台湾作曲家，虽然他也觉的创作《人生如蜜》时李抱忱先生还定居美国，似乎不应将其归为台湾作曲家，显然梁先生处于矛盾之中；陈聆群先生也在《台湾省近现代音乐管窥》一文中把李抱忱先生作为台湾作曲家论述，显然也是不恰当的。关于这个问题，戴鹏海先生早在《重写音乐史》一文中提出，但没有给出合适的答案。李抱忱先生的身份究竟应该是什么？从他的一生看，他出生在保定，长在北平，音乐生涯也起于北平，后活跃在重庆，两度赴美，最后归根台湾。在72年里，1907—1935年在保定和北平，1935—1937年在美国，1937—1944年在北平和重庆，1944—1974年在美国，1974—1979年在台湾，在大陆的时间是35年，在美国的时间是30年，而在台湾的时间仅5年，只是在大陆的七分之一，在美国的六分之一，而他的音乐生涯中最辉煌的阶段——抗日战争时期是在大陆，据此怎么能说李抱忱先生是台湾作曲家呢？虽然他也作过曲，但他自己却是至死未承认过自己是作曲家。从他一生看，称其为华人音乐家似乎更合适，戴鹏海先生赠予他的“指挥家、作曲家、理论家和音乐教育家”是比较恰当的，之所以不能明确地称其为中国音乐家，完全是政治因素造成的。

（3）其他问题。A、伍雍谊先生说李抱忱先生是1927年入燕京大学音乐教育系的，但李抱忱先生自己回忆是1926年，不知伍先生根据的是什么资料？伍先生还说李先生“自1929年秋至1935年夏任北平育英中学主任音乐教师”，而李先生自己回忆则是1929年只是在育英中学实习，1930年才正式就任该校音乐教师，任育英中学主任音乐教师则是在1931年（育英年鉴），不知伍先生又是根据的什么材料？伍先生还说李先生第一次从美国回国是1938年秋，而李先生自己回忆是在1937年秋天回国的，而1938年秋李先生早已在重庆了，伍先生根据的又是何种材料呢？

B、《中国抗战歌曲集》这本集子应是一本极为珍贵的文物，无论从抗战音乐史、中国音乐译介史还是中国音乐出版史来看都是如此。如果还有存世品应该妥善保存，如果现在还没发现则应积极寻找，使之传诸后世。希望音乐大师们和音乐界的朋友们多多关注，如果有存世品也希望能告知笔者其下落。

C、戴鹏海先生说李抱忱先生率领的北平育英中学合唱团“每年都沿京沪线南下，到天津、南京、上海、杭州演出”，这是不对的。仅1934年一次，无论是李抱忱先生的回忆还是育英中学年鉴都能证明这点。赵广晖先生说李抱忱先生“1934年”发动了北平十四所大、中学校在故宫太和殿前的联合大合唱也是不对的，应是1935年，这一点同样可以由李抱忱先生的回忆和育英中学年鉴证明。

D、汪毓和先生及陈志昂先生都在专著中以不屑的口气写国民党搞“什么‘千人大合唱’、‘万人大合唱’”，一笔否定这种合唱形式，笔者以为不妥。如果单纯从政治角度谈论此事，似乎还有些道理，不过这些事情都是历史事件，不应单纯从政治角度谈论此事，客观地看，这类大合唱是在日寇对重庆狂轰滥炸后举行的，客观上唱出了中华民族不屈的意志，简单的否定之就是对包括李抱忱先生在内的指挥家及参加合唱者的侮辱和不公！在那样险恶的环境下，大合唱的参与者们冒着生命危险勇敢地高歌，难道不值得钦佩和赞誉吗？不加分析地否定不正是“左”的思维在作怪吗？

E、李抱忱先生的文章现在分散登载于各种刊物中，也需要搜集，尽管台湾出版了一本《李抱忱音乐论文集》，但还不全面，该集收的仅为他在台湾讲学的文章，上世纪三、四十年代发表的文章一篇也没有，这方面的工作应是大陆音乐工作者来做才对。如果在他诞辰一百周年时出一本文集是最好的，假使不行，在2009年即他逝世三十周年时出也不错。

以上是我对重写音乐史和李抱忱先生研究的粗浅认识和看法，有不当之处敬请音乐大师们和音乐界的朋友们批评指正。对于历史人物及其史迹的研究都应力求准确，是研究历史必须追求的，马克思主义史学工作者更应如此。去年（2005年）大陆音乐界邀请了台湾的赵琴女士来参加刘雪庵先生的百年诞辰纪念活动，并请她进行了讲学，而明年即2007年，是李抱忱先生诞辰一百周年，大陆音乐界也应该邀请赵琴女士来参加李抱忱先生的纪念活动，以推动大陆对李抱忱先生的了解和研究，大陆音乐界是否会举行这样的活动，就看音乐界如何看待这个问题了。

本文写于2006年，曾有音乐专家建议发表，但笔者当时考虑再三未采纳，仅将此文放在网上，现收入此论文集。

抗战时期《义勇军进行曲》的海外传播

《义勇军进行曲》从诞生到今天，已有75年的历史（曲作者聂耳离我们而去也75年了，词作者田汉离我们而去也40多年了），在这期间，中国社会经历了从旧到新且翻天覆地的变化，它也从一首普通的抗战电影《风云儿女》的主题歌演变为中华人民共和国的国歌，几十年来，这首历尽考验、经久不衰的战歌一直激励着国人奋进。今天，在国际国内的许多重要场合都要演奏或演唱这首世界名曲，已不是什么新鲜事了。然而，《义勇军进行曲》流传到海外还有一段绝大多数国人不知道的历史。

抗日战争是伟大的民族解放战争，它不仅塑造出众多威武不屈的民族英雄，演绎出众多可歌可泣的不朽业绩，而且造就了众多优秀的民族战歌，《义勇军进行曲》就是其中的佼佼者。1939年，是抗日战争全面爆发的第三个年头，这一年，中日战事进入整体的战略相持阶段。为了向国际社会宣传中国优秀的抗战歌曲，让国际社会了解中国军民的抗战精神，国民党中宣部国际宣传处决定编辑一本中英文对照的抗战歌曲集发行海外，他们找到了时任国民政府教育部音乐教育委员会教育组主任、重庆音乐界名人、著名指挥家、音乐家李抱忱，向他说明中宣部的意图和计划，尽管深感难度巨大和责任重大，但是，从美国留学归来投身抗战事业的李抱忱还是毅然接受了这一重要任务。①

李抱忱（1907.7.18—1979.4.8）指挥家、音乐教育家、音乐理论家、作曲家。河北通县（今北京通州区）人。出生于保定，父亲为牧师，自幼受教会音乐熏陶。1919年随父母迁返北京，插班就读于基督新教长老会②学校崇实中学（今北京第21中学），并随詹牧师太太（Mrs. E. L. Johnson）

学钢琴六年。1926年中学毕业，被保送至燕京大学，主修化学，后改教育，副修音乐，随美国音乐教育家范天祥[③](Bliss Mitchell wiant,1895.2.1—1975.10.1)博士等学习钢琴、声乐和音乐理论。1930年自燕大毕业，在北平育英中学（今北京第25中学）任教。1932年3月，组织和指挥了育英中学以爱国音乐为内容的家长恳亲会暨援助抗日前敌将士募捐音乐会，为最早在中国北方开展救亡歌咏活动的音乐家。[④]1934年4月，率育英中学歌咏队自平津南下杭州、上海、南京、济南做爱国巡回演唱音乐会，为中国近代第一次中学生歌咏队全国性巡回演出。1935年5月，发起和组织故宫太和殿露天大合唱，北平十四所大中院校的540名学生参加，为当时国内规模最大的爱国合唱活动。1935年8月，赴美国俄亥俄州欧柏林大学音乐院[⑤]主修音乐教育。后获音乐教育硕士学位。1937年7月回北平再赴上海。1938年秋转赴重庆，经谢冰心推荐，聘为教育部音乐教育委员会委员。次年任教育组主任。1941年3月，在日机频繁轰炸下的重庆夫子池，策划和筹办了我国第一次爱国千人大合唱，并参与指挥。7月，任国立音乐院[⑥]教务主任。1944年8月，二次赴美，考察音乐教育。抗战期间，发表多篇合唱指挥方面的文章，数量和全面性为时人之冠，对我国社会传播合唱指挥知识及理论做出了重要贡献。1945年秋，入哥伦比亚大学攻读博士学位。1948年6月，获音乐教育博士学位。1949年任耶鲁大学远东语文学院主任。1953年7月，改任加州蒙特瑞陆军语言学校（后改国防语言学院）中文系主任。1968年8月，任美国爱我华大学（即艾奥瓦大学，也有译成依阿华大学、爱荷华大学的）中文及远东研究所主任兼教授。在美期间，利用业余时间组织外国学生演唱中国歌曲，传播中国文化。曾多次赴台推动合唱事业。1972年退休。1974年9月定居台湾。1975年受聘台湾师范大学音乐系及台北女师专音乐科教授，继续推动台湾的合唱运动。1979年病逝于台北。作为中国合唱运动的先驱，李抱忱一生创作、改编有200多首音乐作品（多为合唱作品），借用外国曲调填词的《我所爱的大中华》、《唱啊，同胞》、《念故乡》、《风吼雷鸣》，以及《出征歌》（朱偰词）、《农歌》（田汉词）等，在抗战时期传唱甚广。上世纪70年代创作的《人生如蜜》（王大空词），入选“20世纪华人音乐经典”。[⑦]

李抱忱接受了编辑抗战歌曲集的任务后，即着手进行，计划分四步走，

“第一是选曲，第二是为没有伴奏的入选曲写伴奏，第三是将歌词译为能唱的英文歌词，第四是做一篇英文短序并简单的介绍这些歌曲及其作者。”首先，考虑到当时社会上流传的抗战歌曲数以千计，又鉴于当时社会存在的流行不一定优良、优良不一定流行的音乐状况，针对哪些歌曲可以入选，拟定了编辑原则：“选择的条件有两个，第一，必须流行，第二，必须优良”，[8]绝不滥竽充数，而且在可能的范围内，包罗的作者越多越好，以达到对外宣传中国抗战音乐创作的群体效果。选曲的方式是自下而上，先由社会上的音乐界人士、学生、民众歌咏团体推荐他们认为最流行最优良的抗战歌曲，再聘请刘雪庵[9]、贺绿汀[10]、陈田鹤[11]等著名音乐家进行评估、筛选。由于时间和篇幅的限制，最终确定了11首入选歌曲，它们是：

1.《中华民国国歌》　孙逸仙词　程懋筠[12]曲
2.《国旗歌》　戴季陶词　杜庭修曲
3.《义勇军进行曲》　田　汉词　聂　耳曲
4.《自卫》　马祖武词　赵元任曲
5.《救国军歌》　塞　克词　冼星海曲
6.《牺牲已到最后关头》　麦　新词　孟　波曲
7.《长城谣》　潘孑农[13]词　刘雪庵曲
8.《大刀进行曲》　麦新词曲
9.《出发》　劳景贤词曲
10.《中华民族不会亡》　柳　倩[14]词　吕　骥曲
11.《抗敌歌》　韦瀚章[15]、黄　自[16]词　黄　自曲

从11首歌曲的排序来看，前两首歌曲自然不属于抗战歌曲，而是当时特定历史背景下的必选歌曲。接下来，《义勇军进行曲》高居9首抗战歌曲的榜首，显然，该曲是当时词曲皆佳的最流行、最优良的抗战歌曲，这一点得到了社会的一致认同，已不是最初问世时只注聂耳名不注田汉名的状态了。确定了入选歌曲，写伴奏是最简单的工作，李抱忱亲自为《义勇军进行曲》写了伴奏。其后的工作就是李抱忱认为最艰难的翻译工作，因为歌词的翻译不同于一般文章的翻译，即要合乎英语的习惯，又要适应节拍、韵律，还要注意抑扬、顿挫，做到和谐顺口，便于演唱。李抱忱深感自己一人难以完成全部的翻译工作，于是邀请了几位英国和美国友人一

起翻译，其中有马彬和、梅克敌、戴爱士[17]等，可见这本抗战歌曲集是以李抱忱为核心的中外反法西斯人士共同的智慧结晶。而李抱忱又亲自翻译了《义勇军进行曲》的歌词，可见他是多么地喜爱这首歌曲，他也因此有幸成为第一个正式将这首未来的中华人民共和国国歌歌词译成英文的中国人，这一点是当时所有的参与者始料不及的。至于英文短序则由李抱忱自己撰写，对入选歌曲和作者的简单介绍则得到了贺绿汀、刘雪庵两位音乐家的大力帮助，他们提供了许多有用的素材。对《义勇军进行曲》和田汉、聂耳的介绍是这样说的："《义勇军进行曲》：田汉作词，聂耳作曲。田汉为著名剧作家，聂耳亦以其动人的抗战歌曲和电影插曲闻名。此歌原用于电影片《风云儿女》的主题歌。这激动人心的'痛苦和愤怒的呐喊'像大火席卷全国，现在仍是中国最流行的抗战歌曲。聂耳几年前在日本溺水身亡"。[18]

这本抗战歌曲集的英文名称定为"China's Patriots Sing"，第一版本为香港版本，1939 年由中国信息公司在香港出版，[19]这样，《义勇军进行曲》和其他中国著名歌曲带着中外反侵略正义人士的期望和心血正式漂洋过海，传播到世界各地。

1940 年，由印度加尔各答彩印有限公司再版了这本中英文对照的《中国抗战歌曲集》，增加了贺绿汀的《游击队歌》，共收入 12 首歌曲，为第二版本。[20]

1944 年，由于受到海外各界人士的普遍欢迎，美国纽约出版了这本歌集的修订本，改名为"Songs of Fighting China"，补收了 10 首抗战时期广为传唱的著名歌曲，曲名如下：[21]

1.《出征歌》	朱　偰[22]词	李抱忱曲
2.《嘉陵江上》	端木蕻良词	贺绿汀曲
3.《兵农对》	卢冀野[23]词	陈田鹤曲
4.《我们是民族的歌手》	冰　心词	吴伯超[24]曲
5.《农歌》	田　汉词	李抱忱曲
6.《热血歌》	吴宗海词	黄　自曲
7.《国殇》	卢冀野词	江定仙[25]曲
8.《自由的号手》	克　锋词	马思聪曲

9.《开荒》　　　　　　　　　　杨白华词　　吕　骥曲

10.《满江红》㉖　　　　　　　　岳　飞词　　古　调

这本歌集是打破政治阻隔、弥合思想歧见的产物，突显出抗日战争时期国共合作氛围下的开明思维。这本歌集是迄今大陆编辑的唯一一本中英文对照的抗战歌曲集[27]经过三个版本的传播，包括《义勇军进行曲》在内的反映中华民族顽强意志和不屈精神的著名歌曲被国际社会更广泛的认识了。如果说刘良模[28]在美国教唱《义勇军进行曲》，是出于强烈的爱国主义情怀和反侵略的正义感而进行的个人行为，那么，李抱忱主编《中国抗战歌曲集》则是强烈的爱国主义情怀和反侵略的正义感以物质载体的形式得到集中体现的行为。两种不同的方式和渠道各自为中国的抗战歌声传播海外做出了相应的贡献。

注释：

① 参见李抱忱:《编辑英文版中国抗战歌曲集的经过》,1940年4月桂林版《新音乐》第一卷第4期,李凌、赵沨主编，读书生活出版社。

② 长老教会(Presbyterian church)是基督新教的一派，其根源可以追溯到十六世纪约翰·诺克斯领导的苏格兰改革，由于这个背景,长老会主要存在于英国以前的殖民地如美国、加拿大、澳大利亚、新西兰、印度等地。这个教派的名字来自希腊文词“π ρ ε σ β · τ ε ρ ο ·”(Presbyteros),就是“长老”的意思。

③ 范天祥（1895.2.1—1975.10.1）生于美国俄亥俄州中部小镇德拉瓦(Delaware)。1920年毕业于俄亥俄威斯里安（Ohio Wesleyan）大学。1923年8月到中国，在燕京大学教音乐选修课，1927年开设音乐主修课，1929年12月，任文学院音乐学系主任。他对于合唱活动、培养音乐人才做出很大贡献。1951年4月离开“第二故乡”中国，返回美国。

④ 刘志毅主编：《育英史鉴》，北京市第二十五中学校史编委会编辑，2004年初版，第58页。戴鹏海：《“重写音乐史”：一个敏感而又不得不说的话题——从第一本国人编、海外版的抗战歌曲集及其编者说起》，上海音乐学院学报《音乐艺术》2001年第1期，第62页。

⑤ 欧柏林大学（Oberlin College）：位于美国俄亥俄州的欧柏林镇，1833年建校，含文理学院、音乐学院、宗教学院（李抱忱在校时有）。是美国最早录取黑人学生的大学，也是美国最早实行男女同校的大学。孔祥熙、蒋廷黻、梅贻宝等都毕业于此。该校音乐学院（Oberlin Conservatory of Music）是世界著名音乐学院之一，黄自是毕业于此的最著名的中国音乐家。

⑥ 国立音乐院：民国时期的音乐高等学府。1927 年 11 月在上海建院，蔡元培兼院长，萧友梅任教务主任，后萧友梅任代理院长、院长。1929 年 7 月更名为国立音乐专科学校。1942 年 6 月，汪伪政府接收该校，改名国立音乐院，史称伪国立音乐院。1940 年 11 月，民国政府教育部在陪都重庆的青木关成立新的国立音乐院。1946 年夏迁往南京，1949 年 12 月并入现在的中央音乐学院。

⑦ 李抱忱简介根据台湾出版的李抱忱回忆录《山木斋话当年》、文集《炉边闲话》、赵琴：《李抱忱——余音嘹亮尚飘空》、刘志毅主编：《育英史鉴》归纳。《山木斋话当年》，台湾传记文学出版社出版，1979 年 6 月 1 日再版；《炉边闲话》，台湾东大图书有限公司出版，1975 年 7 月初版；《李抱忱——余音嘹亮尚飘空》，台湾时报文化出版企业股份公司出版，2003 年 12 月 20 日初版；《育英史鉴》，北京市第二十五中学校史编委会编辑，2004 年初版。

⑧ 李抱忱：《编辑英文版中国抗战歌曲集的经过》，1940 年 4 月桂林版《新音乐》第一卷第 4 期，李凌、赵沨主编，读书生活出版社。第 17 页。

⑨ 刘雪庵（1905—1985）作曲家、音乐教育家，黄自四大弟子之一。四川铜梁人。幼年随兄学昆曲。1930 年考入国立音乐专科学校，师从萧友梅、黄自，抗战期间作有《出发》、《前进曲》、《前线去》、《长城谣》、《离家》、《上前线》等抗日歌曲，并创作了《中华儿女》、《保家乡》等电影插曲，同时为军队创作了《海军军歌》、《空军之歌》。1957 年被错划“右派”。“文革”中倍受磨难致双目失明，中风瘫痪，后病逝于北京。

⑩ 贺绿汀（1903—1999）音乐家、教育家，黄自四大弟子之一。湖南邵阳人。幼年接受民歌与戏曲熏陶。1926 年加入中国共产党。1927 年参加广州起义。1931 年 2 月考入国立音乐专科学校，选修理论与钢琴。1933 年随黄自攻读作曲。作品以《游击队歌》、《嘉陵江上》等抗日歌曲、电影插曲《春天里》、《天涯歌女》、《四季歌》及器乐曲《牧童短笛》、《森吉德玛》、《晚会》等著称于世。“文革”中遭迫害，被囚五年。后在上海逝世。

⑪ 陈田鹤（1911—1955）作曲家、音乐教育家，黄自四大弟子之一。浙江永嘉人。1928 年考入温州私立艺术专科学校。1930 年考入国立音乐专科学校，随黄自选修理论作曲。抗战中创作有《巷战》、《制寒衣》、《还我河山》、《满江红》、《民族至上歌》、《空军颂》、《火线下之歌》等歌曲。还为悼念鲁迅作有《哀悼一位民族解放的战士》。曾继李抱忱之后任重庆青木关国立音乐院教务主任。

⑫ 程懋筠（1900—1957）音乐家。江西新建人。1921 年考入日本东洋音乐学院，主修声乐，兼修作曲。1929 年因为孙中山的《黄埔军校训词》谱曲作《中国国民党党歌》（后改名《中华民国国歌》）获奖而名噪一时，但终生未入国民党。抗战中创作有《救国义勇军军歌》、《救国歌》、《复

兴歌》、《抗日军歌》、《全靠俺自己》、《打游击去》、《再牺牲！再前进！》、《锄奸谣》、《打铁歌》等歌曲。

⑬ 潘孑农（1909—1993）浙江湖州人。话剧编剧和导演。1929 一 1931 年历任南京《新京日报》编辑、《矛盾》月刊社社长兼总编辑，出版《戏剧专号》。1935 年 参加田汉、阳翰笙组织的舞台协会，进行抗日演剧活动。1936 年任上海艺华影片公司编导，执导了《花开花落》、《关山万里》等影片，1937~1946 年任中央电影摄影厂编导，先后主持公演《阿 Q 正传》、《正气歌》等剧。抗战胜利后到 1949 年从事戏剧教育工作，编导了《街头巷尾》、《大户人家》等影片。1954 年调入上海淮剧团任导演。

⑭ 柳倩（1911—2004） 原名刘智明，当代著名诗人，学者，书法家。四川荣县人。1933 年参加左联。1932 年参与发起成立中国诗歌会，创办《新诗歌》杂志。抗战中，参加中华文艺界抗敌协会。1949 年后，历任上海诗歌工作者协会副主席、中国书协两届常务理事和中国书协北京分会副主席、中国书法家协会顾问，中国书法艺术研究院院长等职。主编过《新诗歌》月刊等刊物。出版有《柳倩诗词选》一，二辑，《柳倩草书千子问文》等。

⑮ 韦瀚章 (1905 – 1993) 歌词大师。广东香山县人。1929 年起担任过上海国立音专注册主任，商务印书馆编辑，上海沪江大学秘书、教授。韦瀚章不仅从事歌词创作，还率先进行歌词创作的理论研究。上世纪 30 年代，提出“歌与乐”的结合，首先提出“歌词”这一专用术语。一生共创作了 500 多首歌词，其中包括了抗日歌曲《旗正飘飘》、《白云故乡》、艺术歌曲《采莲谣》、《五月蔷薇处处开》、清唱剧《长恨歌》等。后定居香港。

⑯ 黄自（1904—1938）江苏川沙人。和萧友梅同为中国近代音乐史的领军人物，又都是抗日救亡歌曲的最早创作者。被誉为“20 世纪前半叶中国最著名、最有影响力的作曲家和音乐教育家。”《抗日歌》（《抗敌歌》）、《旗正飘飘》是救亡歌曲的经典之作。对艺术音乐作品的创作有高超的驾驭能力。培养了贺绿汀、刘雪庵、江定仙、陈田鹤四大弟子，对民国乐坛有重大影响。因感染伤寒病逝于上海。

⑰ 这三位外国友人的原名和生平现未见可供查证的史料。

⑱ 向延生《李抱忱与英文版〈中国抗战歌曲集〉》,《中央音乐学院学报》, 2007 年第 4 期, 第 53 页。

⑲ 李抱忱：《抗战期间从事音乐的回忆（1937—1944）》，李抱忱著：《山木斋话当年》，台湾传记文学出版社出版，1979 年 6 月 1 日再版，第 97—98 页。

《中国抗战歌曲集》（China’s Patriots Sing），中国信息出版公司香港分公司出版，1940 年 5 月 20 日李抱忱赠缪天瑞，为中国艺术研究院现藏大陆唯一发现版本。山东师范大学刘再生教授复印后赠送笔者。

⑳ 李抱忱：《抗战期间从事音乐的回忆（1937—1944）》，李抱忱著：《山木斋话当年》，台湾传记文学出版社出版，1979 年 6 月 1 日再版，第 98 页。

赵琴：《李抱忱年表》，赵琴主编：《李抱忱——余音嘹亮尚飘空》，台湾时报文化出版企业股份公司出版，2003 年 12 月 20 日初版，第 169 页。

㉑ 戴鹏海：《“重写音乐史”：一个敏感而又不得不说的话题——从第一本国人编、海外版的抗战歌曲集及其编者说起》，上海音乐学院学报《音乐艺术》2001 年第 1 期，第 62 页。

赵琴：《李抱忱词曲作品一览表》，赵琴主编：《李抱忱——余音嘹亮尚飘空》，台湾时报文化出版企业股份公司出版，2003 年 12 月 20 日录初版，第 183 页。

㉒ 朱偰（1907—1968）浙江海盐人。经济学家、文物专家。其父为北京大学历史系首任系主任、著名教授朱希祖。他早年毕业于北京大学，后留学德国，获柏林大学经济学哲学博士学位。1932 年回国，历任中央大学经济系教授、系主任。新中国成立后，历任南京大学经济系教授、系主任，江苏省文化局副局长、省文物管理委员会副主任、省图书馆委员会副主任等职，“文革”中被迫害致死。

㉓ 卢冀野（1905—1951）即卢前。江苏南京人。诗人、剧作家。原名正坤，字冀野。有名诗作《本事》广为流传。被称为“是严格按照古典戏剧格律创作作品的最后一位剧作家。”创作有《琵琶赚蒋檀青落魂》等剧本。抗战中撰《中兴鼓吹》，宣传抗日，陈立夫、郭沫若皆大加赞赏。并据英译本翻译印度名剧《沙恭达罗》（即《孔雀女》）。曾大力抢救古籍和积极整理乡土文献。擅饮，后伤身而殁。

㉔ 吴伯超（1903—1949）作曲家、指挥家、音乐教育家。江苏武进人。中学、大学皆师从刘天华学习民族乐器演奏。1931 年赴比利时布鲁塞尔学习理论做曲和指挥。抗战中曾任励志社管弦乐团指挥、重庆国立音乐院院长等职。1941 年 3 月，参与指挥重庆千人大合唱。1942 年 3 月，在重庆白沙指挥了中国近代音乐史上第一次万人大合唱。创作有最早的救亡歌曲之一《“五三”国耻歌》。还作有著名抗战歌曲《中国人》、《祭阵亡将士诔乐》、《冲锋歌》等。1949 年 1 月，乘太平轮赴台湾途中遇海难身亡。

㉕ 江定仙（1912—2000）湖北汉口人。1928 年入上海新华艺术大学音乐系，后转入上海美专音乐系。1930 年考入上海国立音乐专科学校，师从黄自学习理论作曲。抗战中创作有《新中华进行曲》、《岁月悠悠》、《打杀汉奸》、《焦土抗战》、《为了祖国的缘故》、《国殇》、《碧血》等作品。曾任重庆青木关国立音乐院理论作曲组主任兼教授。1950 年后历任中央音乐学院作曲系教授兼系主任、副院长。

㉖ 《满江红》是国难当头时期广为传唱的爱国历史歌曲，曲调由著名音乐家杨荫浏取元朝萨都喇

作《满江红·金陵怀古》曲调，配上岳飞《满江红·怒发冲冠》词。

㉗ 向延生《李抱忱与英文版〈中国抗战歌曲集〉》，《中央音乐学院学报》，2007年第4期，第52页。

㉘ 刘良模（1909—1988）浙江镇海（今宁波）人。1937年抗日战争全面爆发，率中华基督教青年会组织军人服务部和合唱团赴浙江宣传抗日和慰问抗日部队，得到周恩来的赞赏。1941年夏，被基督教青年会派赴美国求学。太平洋战争爆发后，在美国介绍中国人民的抗日战争。1949年应邀回国参加第一届中国人民政治协商会议。新中国成立后，历任中华基督教青年会全国协会事工部主任，全国青联副主席，中国基督教三自爱国运动委员会副主席。

刊载于中国国家博物馆《近代中国与文物》2010年第二期。

中国合唱运动先驱李抱忱年表

今年是指挥家、音乐教育家、理论家、作曲家、中国合唱运动的先驱李抱忱先生逝世三十周年，特编此年表以缅怀先贤并就教于社会上关注李抱忱及中国合唱运动发展史研究的人们。在搜集材料和年表编撰过程中，得到上海音乐学院教授戴鹏海先生、李抱忱先生的义女、台湾著名女作家、台湾“历史文学学会”前秘书长刘明仪（朴月）女士、山东师范大学教授刘再生先生和北京第25中学退休教师李天赏（已故）先生的大力支持，特在此致以衷心的感谢！

1907年

7月18日，生于保定一基督教家庭。原名宝珍、后改保真。李家祖籍山西洪洞县，明末家族迁至河北通县（今北京通州区），其本家后又迁至北平（今北京）城内。父亲李本根是牧师，被长老会派至保定任职。母亲薛氏。宝珍有五兄、一姐一妹，排行老七。[1]（第1-5页）

①天生惯用左手，日后成长为少见的左手指挥家。[1]（第122页）

1914年（7岁）

因母亲认为男校的学生太野并怕他学坏，于是入协志女塾插班读二年级，其妹读一年级。入学前已能读《圣经》故事和商务印书馆出版的童话。约在此时和胞妹一起随苏教士开始学钢琴。[1]（第5-12页）

1916年（9岁）

转入男校烈士田小学，该校是为纪念义和团运动中殉难的教徒而设立

的。[1]（第 12 页）

1919 年（12 岁）

其父调回北平工作，举家回迁，住北平王府井东边的大鹁鸽胡同。插班入位于北平大三条胡同（今北京东城区交道口北三条）的长老会学校崇实中学（今北京第 21 中学）高小三年级。因钢琴已有一定功底，被校长来牧师约请为教会和学校的琴师，弹了六年，免了六年学费。并随教会里的詹太太继续深造钢琴。六年里，学习刻苦用功，成绩总位居第一、二名。在校期间，第一次指挥了崇实、崇慈（今北京第 165 中学）两校的合唱音乐会。[1]（第 12-17 页）

1925 年（18 岁）

在崇实读高二，历"五卅惨案"。秋，升入高三，任学生会会长。多次参加北平各校沪案后援会会议，和带领全校同学参加反军阀的游行。[1]（第 17-18 页）

1926 年（19 岁）

历"三·一八惨案"，继续带领全校同学参加反军阀的游行。[1]（第 17-18 页）中学毕业，被保送到燕京大学。该年燕京大学海淀新校址落成，成为最先享受新校园的学生之一，任班上的交际股长。

因受中学化学老师科学救国思想的影响，大一时主修化学，副修音乐。受教于范天祥、苏路得和魏德邻，打下扎实的音乐基础。大学四年经常参加各种声乐活动。[1]（第 21、23-24、28-29、31 页）

作班歌《和谐的一九三零》，为作曲的开端。[1]（第 23 页），[2]（第 114 页）

1927 年（20 岁）

5 月，在跨百米高栏时不慎摔断左大腿骨，住协和医院，休学五个月，其间，任崇慈中学教务主任的母亲在协和医院病逝。[1]（第 24-27 页）因无法做化学实验而改修教育。又因父亲退休费太少，靠给教授子女补课和为团契抄写圣经挣一些生活费，虽有奖学金，但此后仍过了几年节衣缩食的有钱吃饭，没钱不吃饭的穷学生日子。[1]（第 28、36-38 页）参加燕大合唱团和燕大团契圣歌团。[3]（第 168 页）

1928 年（21 岁）

骨折痊愈，参加校网球队选拔赛，取得第三名的成绩，位于高惠民、金惠生之后。[1]（第 34-35 页）

组织燕大男声四重唱，发动四重唱、八重唱的比赛。[2]（第 168 页）

1929 年（22 岁）

参加在沈阳举行的华北地区运动会期间，与高惠民陪张学良打过一场网球。[1]（第 35 页）

大四，写毕业论文《中学音乐欣赏教材》。[1]（第 30 页）

开始在北平育英中学（今北京第 25 中学）实习兼教音乐课，为期一年，并自编音乐教材。[1]（第 43-44 页）

1930 年（23 岁）

1 月，在刘天华主持的国乐改进社编的《音乐杂志》第一卷第 9 期以“饱尘”为笔名发表《介绍寿磬》和《管弦乐队里的弦乐族》。[4]②父病故。改名李抱忱。[1]（第 38、4 页）秋，大学毕业后在育英中学任音乐教员及音乐主任，并自制乐器。兼育英中学歌咏队导师和贝满（今北京第 166 中学）育英两校联合合唱团指挥。[1]（第 45-46 页），[5]（第 42 页）

1931 年（24 岁）

6 月 25 日，和崔瑰珍结婚。[1]（第 42 页）

“九•一八”后，填词与编辑歌曲《凯旋》（古诺曲）、《为国奋战》（佚名曲）、《我所爱的大中华》（董尼采第曲）等歌曲。[1]（第 52 页），[2]（第 388-396 页）指导育英中学乐队、歌咏队及钢琴班，并带领学生自制乐器。[5]（第 50-51 页）和杨荫浏、周淑安、范天祥等人一起参与编辑中华基督教会等六公会组织编订的统一圣歌集——《普天颂赞》。[6]

1932 年（25 岁）

以“饱尘”的笔名重新选谱制词作育英《校歌》。[5]（第 55 页）据中国民歌改编《锄头歌》（后改名《田家早》）为四部合唱。[2]（第 179-191、384 页）3 月，组织和指挥了育英中学以爱国音乐为内容的家长恳亲会暨援助抗日前敌将士募捐音乐会。同时指导育英中学唱歌队、弹琴乐队及口琴乐队。[5]（第58-59页）8月，中华乐社出版了他编辑的《混声合唱曲集》第一集。[7]兼北平师范大学讲师。[3]（第168页）乐友社出版《普天同唱集》。[8]

1933年（26岁）

开始构思和筹划南下举办抗日爱国音乐会，得到校长李鹤朝的大力支持。[1]（第53页）被聘为南京戏曲研究院北平分院研究所研究员，与程砚秋、曹心泉、萧长华研究改进京剧。[1]（第58页）

3月，中华乐社出版所编的《混声合唱曲集》第二集。[9]

5月，中华乐社出版所编的《独唱曲选》第一集。[10]

6月，指挥北平育英、贝满、通州潞河、富育四校联合合唱团演出，纪念美国公理会华北传教75周年。[1]（第51页）

10月，代表北平队参加在南京举行的中华民国第五届全国运动会，进入网球团体半决赛。[1]（第66页），[11]

中华乐社出版《普天同唱集》第二集。[12]

1934年（27岁）

3月底，分别在北平中华基督教会、真光电影院（今中国儿童剧场）指挥育英中学歌咏队举行爱国音乐演唱会的末次彩排及首场演出。[1]（第55页），[5]（第130页），[13]

4月1—19日，以团长和指挥的身份率育英中学歌咏队自平津南下赴济南、南京、上海、杭州等地举行抗日救亡歌曲演唱会，为我国第一次中学生巡回演唱会，夫人崔瑰珍为钢琴伴奏。在济南，得到老舍的热情接待。在上海，金焰、王人美曾出席演唱会。天一电影公司为合唱团拍摄音乐电影。聂耳代表百代唱片公司为音乐会专门灌制了唱片。在南京，演出得到唐学咏的赞赏。在演出现场都布置了振奋人心的对联："用慷慨的歌声咏唱出中华青年的奋发，籍雄壮的音乐表现出中华民族的伟大。"十九天共演出27场。[1]（第55-56页），[5]（第128-135页）返京后，为还学校的垫款，和程砚秋等人合办合唱、京剧《荒山泪》演唱会。[1]（第58-59页，第131页）后又为清华大学、燕京大学师生分别举办二次和一次音乐会。[5]（第131页）《育英年刊》上刊载所撰《歌咏队南下旅行表演报告书》。[5]（第128-135页）编辑《南下巡演纪念册》。[3]（第169页）为张逢源作词的《归家喜乐》谱曲。[14]

7月，作《悼刘半农先生哀歌》，并指挥育英中学歌咏队在刘半农追悼会上唱哀歌，颂哀词。[15]（第315页）

9月，在江西推行音乐教育委员会编《音乐教育》第二卷第9期发表《北平市的合唱团》。[16]编辑《合唱歌集》。[3]（第169页）在育英任职期间，编写了包括《乐理教科书》在内的多本音乐教材。改编器乐曲《多年以前》。[1]（第54、62页）③

1935年（28岁）

女儿李朴虹出生，初为人父，作《安眠歌》歌词（司密兹曲）和《我爱爸爸》。[1]（第48页）

5月12日，在故宫太和殿指挥了十四所大中学校共540人的爱国大合唱（参加学校有北平师范大学、燕京大学、清华大学、协和医学院、京华美专、志诚中学、汇文中学、慕贞女中、崇实中学、崇慈女中、育英中学、贝满女中，另两校待考），是当时国内规模最大的合唱音乐会，当时的《北平晨报》做了报导。[1]（第60页）

作《同唱中华》歌词（威尔第曲）。[2]（第392-394页）

《育英年刊》上刊载所撰《两年来本校音乐概况》。[5]（第139页）在育中期间，还兼任北平师范大学音乐讲师、京华美专音乐系主任和华光女中音乐教员。[1]（第64页）

8月12日，和妻叔崔峙如离开北平赴美国留学，14日，经上海，乘杰克逊总统号轮船，先后抵日本的神户、京都、奈良、东京，横滨、美国的西雅图、芝加哥。[1]（第70-71页）

9月入欧柏林大学音乐院，主修音乐教育。[1]（第72、74页）中华乐社再版所编《普天同唱集》第二集。[17]据《孔庙大成乐》的第二章〈秩平之章〉创作《孔庙大成乐》四部合唱。[2]（第334-335页）为唐朝贺知章《回乡偶书》第一首谱曲。[2]（第115、347-349页）为宋朝辛弃疾《丑奴儿》谱曲。[2]（第115、354-355页）

1936年（29岁）

4月，在江西推行音乐教育委员会编《音乐教育》第四卷第4期发表《美国通信[2]》。[18]随盖肯斯博士学习指挥，康立德教授学习声乐。[1]（第

79-80页）荣获全校网球单打冠军。[1]（第83页）参与编辑的圣歌集——《普天颂赞》由上海广学会出版。[6]

1937年（30岁）

在欧大期间，创作木管四重奏《老八板》，管弦乐曲《在拉克伍德教授门下一年》。[2]（第115页）

6月，获音乐教育学士学位，修完硕士课程。[1]（第82、90页）

7月，闻抗战全面爆发，急离欧柏林回国，月杪，抵上海，面晤欧柏林音乐院学长黄自，后者向萧友梅推荐其继任上海音专教务主任未成。[1]（第81、93页）

9月初，经天津回北平。因不愿为日本人做事，就仍在育英中学教课，并到燕京大学和汇文神学院兼课。[1]（第93-94页）

1938年（31岁）

5月，拒绝日本人约请为中日亲善进行音乐活动。[1]（第94页）

7月，和古琴名家郑颖孙一起离北平赴天津，乘船抵达香港，再转海防至昆明。[1]（第94页）

9月，到重庆，经谢冰心推荐，被国民政府教育部聘为音乐教育委员会委员，和应尚能、杨仲子、唐学泳、郑颖孙及杨荫浏等人共事。[1]（第95-96页）

同月，向教育部呈《抗战期间音乐教育工作计划书》。[19]④为国民政府军事委员会第三厅（周恩来、郭沫若领导）撰写《怎样指挥歌咏》。[20]（第10页）

1939年（32岁）

任音乐教育委员会教育组主任，主管全国音乐教育的推动工作。教育部批准该委员会的建议：每年4月5日为音乐节。[1]（第96页）主编大陆迄今唯一的一本中英文对照版《中国抗战歌曲集》（China’s Patriots Sing），亲自翻译《义勇军进行曲》和《自卫》两首歌词，并为《义勇军进行曲》、《自卫》和《中华民族不会亡》编配伴奏，由中国信息出版公司香港分公司出版。[21]，[22]，[1]（第97-98页）⑤

1940年（33岁）

1月，在重庆乐风社编、大东书局发行的《乐风》第一卷第1期发表《战时全国中小学音乐教学情形调查摘要》。[23]

4月，在李凌、赵沨主编，读书生活出版社出版的桂林版《新音乐》发表《编辑英文版中国抗战歌曲集的经过》。[22]与教育部国民和中等教育司共同拟定中小学音乐课程标准。[1]（第97页）由印度加尔各答彩印有限公司再版《中国抗战歌曲集》。[1]（第98页），[3]（第169页）儿子朴辰出生。[1]（第136页）

1941年（34岁）

1月，在《乐风》新一卷第1期发表《农歌》（《恳春泥》田汉词）。[24]同月，在《乐风》新一卷第1期发表《抗战期间的乐器问题》。[24]

1月，8月，9月，在李凌、赵沨主编，读书生活出版社及立体出版社出版的桂林版《新音乐》第二卷第4期、第三卷第1期、第三卷第2期发表连载文章《歌咏指挥讲话》。[25]

2月，3月，4月，6月，8月，在《乐风》新一卷第2期、第3期、第4期、第5、6期合刊、第7、8期合刊发表连载文章《歌咏指挥的应用》。[26]

3月12日，在日机频繁轰炸下的重庆筹办并与吴伯超、郑志声、金律声指挥了中国近代音乐史上第一次千人爱国大合唱，共有二十一个单位参加演出。[27]

7月，任重庆青木关国立音乐院教授兼教务主任，为音乐院制定五年课程标准。和张洪岛、陈田鹤、杨荫浏、易开基、黄友葵、胡然、江定仙、陈振铎、曹安和、储师竹、刘北茂、蔡绍序、刘雪庵等共事。[1]（第103、106页）

8月，在《乐风》新一卷第7、8合刊发表《万年歌》（于右任词）。[28]

10月、11月，在《乐风》第一卷第10期、第11期发表连载文章《音阶的科学》。[29]

12月，在《乐风》新一卷第12期发表《唱名法检讨》，同时发表作词的《戏谑曲》（萨利厄瑞曲）。[30]谱《中央政治学校新闻系系歌》（马星野词）。[1]（第112页）由国民政府教育部核准为正教授。[1]（第129页）

1942年（35岁）

1月，黄源洛的抗日歌剧《秋子》在重庆排演时，被邀请为顾问之一。[31]（第242页）因国立音乐院院长杨仲子调任教育部音乐教育委员会主任，继续任教务主任并兼代理院务。[1]（第107页）

4月，以总团长兼指挥的身份率重庆五大学（中央大学、重庆大学、中央政治学校、国立音乐院和国立艺术专科学校）歌咏团访问成都。[1]（第108-110页），[32]

7月，在缪天瑞、刘雪庵、陈田鹤主编、重庆中国音乐研究会出版的《音乐月刊》第一卷第4、5期发表《美国的学校音乐教育》。[33]桂林立体出版社发行了李抱忱、李凌、赵沨、甄伯蔚、薛良和联抗执笔、薛良编的《新音乐手册》，收有所撰《歌咏指挥法讲话》。[34]（第99-120页）同月，在《乐风》第二卷第4期发表《重庆五大学歌咏团访蓉经过》。[32]

9月，在缪天瑞、刘雪庵、陈田鹤主编、重庆中国音乐研究会出版的《音乐月刊》第一卷第6期发表《汨罗江上》（方殷词）。[35]将胡适作词、赵元任作曲的《上山》改编为四部合唱。[2]（第336-339页）作《唱啊同胞》歌词（卡本特曲）。[2]（第394-397页）

1944年（37岁）

1月，筹备国立音乐院劳军音乐会并参与相关的指挥活动。[36]

2月，在《乐风》第16号发表《中美携手歌》（陈立夫集毛诗）和《海外乐闻》。[37]

4月，在《乐风》第17号发表另一篇《海外乐闻》和《建国的乐教》。[38]同月，在《乐风》第三卷第2期发表《国立音乐院劳军音乐会记》。[39]与查阜西合作，一人弹琴一人记谱，记录了古曲"潇湘水云"、"鸥鹭忘机"、"普庵咒"、"慨古吟"和"梅花三弄"的谱音。[2]（第126页）谱《中央政治学校校歌》。[3]（第183页）

6月，在《乐风》第18号上发表《旅人的心》（方殷词）。[40]

8月，离重庆，经昆明、印度加尔各答、孟买赴美国第二次深造。[1]（第111页）美国纽约出版《中国抗战歌曲集》(Songs of Fighting China)。[41]［3］（第183页）

9月19日，在孟买饭店撰自著《合唱指挥》手稿序。[2]（第324-329页），[42]（第9-11页）在孟买候船时完成为张权、莫桂新夫妇作《誓约之歌》（方殷词），后收入台湾四海出版社出版的《李抱忱歌曲集》。[1]（第112页）还完成《插秧歌》（陈果夫词）、《离别歌》（陈果夫词）的伴奏。[1]（第112页），[1]（第118页）完成《歌咏指挥法》手稿。[1]（第112页）

10月从孟买乘美国军舰赴美国。[1]（第112页）

11 月，到达母校欧柏林音乐院。[1]（第 113-114 页）

1945 年（38 岁）

2—6 月，到美国各地考察音乐教育，包括哥伦比亚大学、茱丽亚德音乐学院、寇蒂斯音乐院、西敏寺合唱学院、耶鲁大学音乐学院、新英格兰音乐院及哈佛大学音乐系。[1]（第 114-120 页）

5 月，在波士顿首晤赵元任夫妇。[1]（第 120 页）

6 月，获欧柏林大学音乐教育硕士学位并领 Pi Kappa Lambda 金钥匙。[1]（第 114 页）

秋，入哥伦比亚大学攻读博士学位。[1]（第 120 页）

1946 年（39 岁）

到耶鲁大学兼课教中文一年，同时撰写博士论文。[1]（第 124-125 页）

1947 年（40 岁）

5 月，在《中国口琴界》第十三年第四期上发表《漫谈口琴乐谱记号》。[43]（第 79 页）暑期完成博士论文《北平国立师范大学音乐师资的训练》。[1]（第 126 页）妻儿到美国团聚，迁居到耶鲁大学校址新港。[1]（第 128 页）

1948 年（41 岁）

6 月，获音乐教育博士学位。获 Kappa Delta Pi 和 Phi Delta Kappa 两荣誉学会的金钥匙。[1]（第 127 页）取夫妇二人姓氏的上半部，将新住宅命名为“山木斋”，由甲骨学四大家（四堂）之一的董作宾题写斋名。[1]（第 140-142 页）在耶鲁大学兼课两年后，受胡适的影响，最终决定改行教中文，促进中美文化交流。[1]（第 129-130 页）老舍访问美国期间，常到寓所拜访。在耶鲁大学的几年中，和董作宾、罗莘田、孔德成、王方宇、傅斯年、李方桂、项馨吾等过从甚密。张大千、汪亚尘、胡适和于斌也曾为座上客。[1]（第 140-144 页）因学生减员，涉及教师减员，被裁一年。到“美国之音”主编音乐广播节目，到国务院国际电影处兼翻译录音工作，在联合国广播处负责周末广播节目。[1]（第 144-145 页）

1949 年（42 岁）

重新被耶鲁大学聘任，任远东语文学院主任编辑。[1]（第 145 页）在离开

耶鲁大学之前，经常组织合唱团活动，并改编《佛曲》（昆曲《思凡》）为四部合唱。[1]（第147页）

1950年（43岁）

编辑出版王方宇写的《华文读本》（Reed Chinese）和《华语对话》(Chinese Dialogues)。[1]（第145页），[3]（第170页）

1951年（44岁）

耶鲁大学出版社出版与王方宇、朱继荣合著的空军教材《青天霹雳》(Out of the Blue)。[1]（第145页），[3]（第170页）

开始给亲友写圣诞信，报告全家一年的情况。本年发出二百多封。[1]（第133、137-138页）

1952年（45岁）

耶鲁大学出版社出版所著《无线电通讯》(Radio Communications)。[1]（第145页），[3]（第170页）香港圣书公会出版译著《神学福音丛书》，含《耶稣是生命之光》、《 传福音的保罗 》、《神圣的救主耶稣》、《 救主降临的准备》。[44]给亲友写圣诞信。[1]（第138-140页）

1953年（46岁）

独自驱车六天从美国东海岸到西海岸，行程五千多公里到达蒙特瑞，任美国陆军语言学校（后改名国防语言学院）中文国语系主任，为排遣途中寂寞，改元朝管道升词作英文歌曲《请相信我》（Believe Me），后改名《你侬我侬》，曾在台湾风靡一时。[1]（第148-149页）耶鲁大学出版社出版《漫谈中国》(Read About China)。[1]（第145页），[3]（第171页）给亲友写圣诞信。[1]（第216-217页）

1954年（47岁）

5月，妻儿至西部团聚。夫人崔瑰珍在家中办了一个养老院。[3]（第171页），[1]（第318-319页）

6月，女儿李朴虹与蔡维崘（耶鲁工程机械博士）结婚。[1]（第318页）

9月，在风光旖旎的海滨城市佳美城(Carmel)购房。[1]（第318页）组建亲自训练和指挥的外国学生演唱中国歌曲的合唱团，经常组织外国学生演唱中国歌曲。[1]（第177页）编古曲《满江红》及民歌《紫竹调》为四部合唱。[2]（第352、384页）据古文《礼运大同篇》创作独唱曲《天下为公》。[2]（第333页）给亲友写圣诞信。[1]（第318页）

1955年（48岁）

夫妇同时加入美国籍。[1]（第220页）

暑假中，全家到美国各地旅游。[1]（第219页）

给亲友写圣诞信。[1]（第219-220页）

1956年（49岁）

6月25日，和夫人崔瑰珍在美国陆军语言学校举行银婚庆祝仪式。[1]（第154-159页）

给亲友写圣诞信。[1]（第221页）

1957年（50岁）

11月17日，为胡然编《中国歌丛》作题为《中国歌曲与四声》的代序。[2]（第271页）应台湾国防部和教育部联合邀请，12月25日（圣诞节），首次赴台湾，27日抵台北，进行为期三周的观光。[1]（第160页）

获台湾教育部颁赠金质学术奖章。[1]（第160页）

给亲友写圣诞信。[1]（第223-225页）

1958年（51岁）

1月中，在台北国立艺术馆做专题演讲“音乐的炉边闲话”。同月，返回美国。[1]（第161页）

2月，以“访国观感”为题，在旧金山扶轮社、建社（Kiwanis Club）、美生社（Masoniv　Lodge）及美国陆军语言学校演讲。[1]（第209页）

9月，以美国在台湾基金会第一位傅尔布莱德学人的身份，第二次赴台湾推动乐教，为期二十一周，足迹遍及台北、台中、台东、花莲、台南、高雄和屏东。参观了40多所中小学的音乐教学及设备；为当地音乐教员举行了40多次专题演讲和座谈会，有620多位中小学教员参加；为各校及社会人士举行了70多次专题演讲，听众近10万人；联合当地合唱团举行合唱练习，指挥了43个合唱团，团员2700多人，练习了75次；为音乐教员示范合唱指挥并准备联合音乐会的大合唱节目，在各地的最后一天举行联合音乐会，举行了八次联合合唱音乐会。参加了与工作有关和无关的应酬150多次。[1]（第162-163、214页）

10月，在台湾艺术馆、省交响乐团、国立音乐研究所、师范大学、政工干校、台北师范作《美国音乐及学校音乐教育的演进》专题演讲。[3]（第171页），[45]（第17-39页）

11月1日，在《文星》杂志发表《怎样推动乐教》。[45]（第79-82页）

10日，指挥台中市八校联合合唱团演唱《常常在静夜里》、《唱啊同胞》等歌曲。[3]（第171页）

12日，在孙中山诞辰纪念大会上演讲。[45]（第151页）

13日，在台北社教运动周做题为《谈谈给中文歌词作曲》的演讲。[45]（第1-6页）

14日，为台东中小学音乐教员举行音乐讲座并指挥台东合唱观摩会联合大合唱。[3]（第171页）

18日，在花莲师范学校作题为《音乐教学问题》的演讲。[45]（第146页）

19日，在花莲女中作题为《女子音乐教育问题》。[45]（第146页）

20日，为台湾国立艺校音乐科做题为《合唱八要》的演讲。[45]（第7-16页）

22日，参加花莲中小学音乐教师座谈会。[3]（第171页）

12月20日，为台湾国立艺校音乐科做题为《乐人守则》的演讲。[45]（第67-70页）

12月21日，十五院校在台同学，举行欢迎李抱忱博士合唱联欢会。（北平师大、育英中学、贝满女中、华光女中、京华美专、通县潞河中学、富育女中、重庆中央大学、重庆大学、南开中学、国立药专、国立音乐院、中央政治学校、国立艺专及教育部音乐教导员训练班。）[3]（第171页）

27日，为国立艺校音乐科做题为《和声史话》的演讲。[45]（第53—65页）为于右任词谱曲作《歌声》。谱《东海大学校歌》（孙克宽词，徐复观修订）。[3]（第183页）认郑琼珠为义女。[2]（第91页）给亲友写圣诞信。[1]（第25-227页）

1959 年（52 岁）

1 月 7 日，在成功大学演讲《语言学与音乐》。[3]（第 171 页）

9 日，指挥台南市中小学合唱音乐会。[3]（第 171 页）

17 日，在“北一女”欢迎赵元任音乐会中指挥合唱并亲自伴奏。[45]（第 177 页）

19—23 日，在屏东县参观中等学校五所，小学三所，示范指挥合唱练习四次，参加音乐会四次，主持中小学音乐教师研习会四次，参加音乐汇报一次。[45]（第 131 页）

31 日，在中山堂指挥五校联合大合唱演唱《自由神歌》、《夜尽天明》、《上山》、《海韵》，由台湾著名声乐家申学庸担任女高音独唱。胡适、赵元任应邀上台致词，规模盛大。[3]（第 171 页）

2 月 9 日，离台返美，途经香港、曼谷、开罗、罗马、日内瓦、巴黎、阿姆斯特丹、伦敦和纽约旅行两星期，28 日抵达旧金山。[1]（第 211 页）

台湾四海出版社出版《李抱忱歌曲集》。[3]（第 185 页）

3 月 6 日，为张人模编著《音乐手册》作序。[2]（第 279-280 页）

4 月 5 日在《联合报》发表《音乐节写给音乐同工》，在《中央日报》发表《音乐节谈音乐教育》。[45]（第 71、75 页）

6 月 19 日，为林海音主编《李抱忱博士回国讲学纪念集》撰《写给读者，作者和编者》。[2]（第 283-303 页）

7 月 19 日，为《于右任诗歌曲集》作题为《禁唱坏歌与产生好歌》的代序。[2]（第 275-278 页）为美国国防语言学院中文系合唱团将中国古调《满江红》改编为男声四部合唱。[2]（第 121、252-253 页），[2]（第 182 页）宋寿桐委作《台东商职校歌》。王琇委作《高雄国光中学校歌》。[2]（第 121 页）

给亲友写圣诞信。[1]（第 228-230 页）

1960 年（53 岁）

1 月 15 日，台湾文星书店出版《李抱忱音乐论文集》。[45]（版权页）

3 月 14 日，续完《写给读者，作者和编者》。[2]（第 301-302 页）

5 月，出席美国政府组织的“中美文化圆桌会议”。[2]（第 172 页）台湾文星书店出版林海音主编《李抱忱博士回国讲学纪念集》。[3]（第 185 页）

10 月 10 日，为康讴编著《基础和声学》作序。[2]（第 309-311 页）出席纽约“中国语文会议”。[3]（第 172 页）给亲友写圣诞信。[1]（第 230-232 页）

1961 年（54 岁）

10 月 12 日，女朴虹诞子蔡明曦，为第一个外孙，做外祖父。[1]（第 233 页）给亲友写圣诞信。[1]（第 233-234 页）

1962 年（55 岁）

作四部合唱《闻笛》（唐·赵嘏词）。[2]（第 350-351 页），[3]（第 179 页）指挥美国陆军语言学校中文系合唱团灌制唱片，录制了十三首中文合唱曲。[3]（第 172 页）

10 月 1 日，撰《李抱忱诗歌曲集自序》。[2]（第 307-308 页）

12 月，香港《中外画报》刊登美国陆军语言学校中文系合唱团演出报导。[3]（第 172 页）为中国儿歌《雁群》谱曲。[3]（第 179 页）给亲友写圣诞信。[1]（第 230-231 页）

1963 年（56 岁）

1 月，为王沛纶编《音乐辞典》作序。[2]（第 305-306 页）

2 月，台湾正中书局出版《李抱忱诗歌曲集》。[3]（第 172 页）美国陆军语言学校改名为国防语言学院。[1]（第 151 页）被授予美国陆军语言学校服务十年纪念章。指挥国防语言学院中文系合唱团灌制唱片，录制十一首中文合唱曲。[1]（第 238 页）任道格拉斯超时代研究所咨询，与戴湛勤合著论文两篇：《国语单调复词之语言实验研究》、《国语与英语使用效率之比较研究》。[1]（第 172 页）作《安睡歌》歌词（勃拉姆斯曲）。[3]（第 176 页）给亲友写圣诞信，本年发出八百多封。[1]（第 134 页）

1964 年（57 岁）

夏，在印第安纳大学暑期学校任教授，为该校音乐教授考夫曼（Walter Kauffmann）校改学术论著《东洋记谱法》（Oriental Musical Notations）。[2]（第 2 页）

10 月 20 日，为康讴编著《键盘和声学》作序。[2]（第 309-311 页）女朴虹

诞子蔡明昊，为第二个外孙。[1]（第247页）

1965年（58岁）

开始为台湾《传记文学》、《中外杂志》等刊物撰写文章，后分别收入《山木斋话当年》和《炉边闲话》。[1]，[2]

1966年（59岁）

2月15日，撰《山木斋随笔》自序。[2]（第312页）

香港新闻天地出版社出版《山木斋随笔》。[3]（第185页）

闻老舍含冤去世，深感悲愤。[1]（第141页）

11月，携夫人崔瑰珍第三次赴台湾观光、讲学，为期五周半。积极进行或参与演讲、座谈、指挥、评论活动。[1]（第240-248、170—171页）结识后成为台湾著名音乐人的赵琴。[2]（第39页）

19日，指挥康讴组织的乐牧合唱团，演唱个人作品。[3]（第172页）

12月10日，指挥林宽组织的“中广”及“琴瑟”合唱团，演唱个人作品于惜别演唱会。[3]（第172页）撰《五十五年音乐节贺词》。[2]（第244-246页）

1967年（60岁）

4月23日，致函逃到美国的马思聪，表示慰问。[2]（第25-26页）

5月24日，收到马思聪回复的致谢信。[2]（第27页）在美国国防语言学院期间宣读三篇论文：《中国音乐和语言的几个特色》（马利兰大学）、《中国语言里的音乐》（印地安那大学）、《美国对中国在语言方面的影响》（印地安那大学）。[1]（第172页）

6月1日，撰《山木斋话当年》自序。[2]（第313-314页）

7月，举行庆贺六十寿诞活动，张大千夫妇等嘉宾到场，并尽力协助张大千办画展。[2]（第14、27-33页）到香港、曼谷、印度、约旦和欧洲观光游览。[1]（第170—171页）

9月，台湾传记文学出版社出版自传《山木斋话当年》。[3]（第185页）撰《音乐教育月刊创刊祝词》。[2]（第249-251页）为台湾荣星儿童合唱团成立十周年撰题为《文化复兴与大众乐教》的纪念贺词。[2]（第247-248页）认江世珍为义女。[2]（第92页）

1968 年（61 岁）

5 月 9 日，为“中广”“音乐风”节目录制“纪念老学长黄今吾先生”的特别谈话，以“纪念黄自逝世三十周年”。[2]（第 40-41 页），[3]（第 172 页）

6—7 月，赴中南美洲秘鲁、巴西、巴拿马、墨西哥四国旅游，并应张大千夫妇之邀，到巴西张府“八德园”做客。[2]（第 20、33-34 页）

7 月 18 日，“中广”“音乐风”节目播出“李抱忱及其作品介绍”。[3]（第 172 页）

8 月，任美国爱我华大学（即艾奥瓦大学，或译为依阿华大学、爱荷华大学）中文及远东研究所主任兼教授，开“中国语文”和“中国文学”两门课。[2]（第 15-19 页）到华盛顿附近的巴西斯达拜访马思聪，作音乐方面的彻夜长谈。[2]（第 124-125 页）在中断四年后，重新给亲友写圣诞信。[2]（第 18-20 页）

1969 年（62 岁）

2 月 9 日，撰自著《合唱指挥》初版前言。[2]（第 326-329 页）

6 月，再到印第安纳州大学中日文暑期学校教课十周，又为该校音乐教授考夫曼校改学术论著《中国经书里的音乐》（Music in the Chinese Classics），并作序。[2]（第 2 页）

在师生员工中组织中文合唱团。[2]（第 66 页）

为陈刘邦瑞女士校改硕士论文《二十世纪中国音乐的文化与教育方面》，并作序。[2]（第 4 页）

台湾音乐教育乐刊社出版《歌咏指挥法》。[3]（第 185 页）

撰《第一届全国大专教授及乐团联合音乐会贺词》。[2]（第 252-253 页）

为印第安纳州大学音乐教授考夫曼的学术论著《中国经书里的音乐》作序。[2]（第 67 页）

9 月，第四次赴台，9 日离爱我华，在蒙特瑞、佳美城住五天。[2]（第 5 页）

14 日至洛杉矶住三天。18 日到东京，观光游览。[2]（第 5 页）

21 日飞汉城，在汉城喜遇 20 年代在李家住过的韩国航空之母权基玉。[2]（第 5 页）

24 日到香港，和林声翕、黄友棣、老慕贤、綦湘棠、范希贤、周书绅

等欢聚。[2]（第7页）

28日抵台北，协助台湾教育部文化局推行“长期发展音乐计划”。[2]（第8-9、71-72页）

10月24日，参加中华文化复兴运动推行委员会举办的座谈会，并做题为《发展音乐与中华文化复兴》的特约演讲，并在11月的《中华文化复兴月刊》上发表。[2]（第193-195页）

为乐教奔走于岛内，掀起“音乐年”热潮。整理八处座谈会中音乐教师心声，向政府提出报告。[3]（第172页）

11月，在“中广公司”“音乐风”节目做题为《介绍美国乐教工作者全国协会》的专题演讲。[45]（第109-112页）

12月3—4日，推动“全国大专院校合唱团爱国歌曲及艺术歌曲观摩演唱会”，并按地区选拔四区合唱团，在台北市“中山堂”举行，参与录制观摩演唱会的歌曲唱片。[2]（第73-77页）

12月19日，抱病撰《李抱忱作品演唱会歌曲全集》自序。[2]（第315-316页）

20日，作《李抱忱音乐论文集》自序。[2]（第281-282页）

30日，赵琴主持的中电公司“音乐世界”节目，播出“李抱忱的旋律”专辑。[2]（第78页）

1970年（63岁）

1月，在台湾《中外杂志》发表《祖国的召唤——第四次返国沿途音乐见闻》。[2]（第1-10页）

4日，台湾中广公司主办、赵琴策划、主持的“李抱忱作品演唱会”在台北市中山堂举办。[2]（第78-79页）

10日，台湾乐友书房再版吴心柳编校的《李抱忱音乐论文集》。[45]（版权页）

17日，由于劳累过度，大病五周后抱病归美。[2]（第93页）

认陈芳苡、陈芳杏姐妹为义女。[2]（第91页）

5月，撰写《我对〈教育部长期发展音乐计划纲领草案〉的意见》。[2]（196-201页）

台湾中广公司“音乐风”出版赵琴主编、天同出版社印行的《李抱忱作品演唱会歌曲全集》。[2]（第80页）

台湾中广公司“音乐风”出版赵琴主编、海山唱片公司发行的《李抱

忱作品演唱会唱片专集》。[2]（第 80 页）

在台湾《传记文学》6、7 月刊上发表《花甲后的两年》。[2]（第 11-42 页）

暑假中，为明尼苏达大学 “中西部十大学中日文联合暑校”教了十周中文课。[2]（第 105-106 页）

在《中外杂志》8、9 月刊上发表《祖国乐教的呼声》。[2]（第 43-64 页）

10 月 3 日，为赵琴著《音乐之旅》作题为《音乐的护花使者》的序。[2]（第 317-319 页）

12 月，在《传记文学》上发表《中山堂的歌声》。在《中外杂志》发表《不知老之将至》。[2]（第 65-81、83-97 页）

给亲友写圣诞信。[2]（第 258-259 页）

1971 年（64 岁）

1 月 17 日，撰《除夕杂感》，并在台湾《中国时报》上发表。[2]（第 202-205 页）

4 月 24 日，在佳美城唯一的中餐馆“名园”贺夫人六十寿诞和结婚四十周年。[2]（第 260-261 页）

7 月，在《中国时报》上发表《宗教问题杂感》。[2]（第 206-208 页）

暑假中，创作与改编完成中广公司“音乐风”节目“每月新歌”五首：《请相信我》（《你侬我侬》）、《游子吟》（唐·孟郊词）、《大忠大勇》（秦孝仪词）、《四根歌》（王文山词）、《人生如蜜》（王大空词）。[3]（第 173 页）

再次改编《孔庙大成乐》。改《佛曲》名为《迷途知返》，王文山填新词。[3]（第 182 页）

8 月，子朴辰与美国姑娘钟恩（Joan Marie Langdon）结婚。[2]（第 260 页）

心脏病复发三次。[2]（第 261 页）

给亲友写圣诞信。[2]（第 260-261 页）

1972 年（65 岁）

1 月底，因心脏病提前半年从美国爱我华大学中文及远东研究所主任职退休。[2]（第 262-263 页）

在《传记文学》上发表《也谈国歌》，参与 1949 年以前我国各时期国歌的研究讨论。[2]（第 129-132 页）

5 月 26 日，撰《〈国剧音韵及唱念法研究〉读后》。[2]（第 320-321 页）

6月，在《传记文学》上发表《六五回瞻》。[2]（第98-112页）

7月，中广公司“音乐风”节目制作出版戴金泉指挥台湾大学合唱团、辛永秀、曾道雄独唱的《李抱忱作品》唱片纪念集，含14首歌曲。[2]（第263页）

自和《安眠歌》原韵作《闲云歌》。[285]（第359页）

10月，第五次赴台。[3]（第173页）

在《传记文学》上发表《作曲回忆》。[2]（第113-128页）

在台湾《展望》上发表《问道于老马》。[2]（第133-140页）

13日，出席国剧欣赏会。中旬，应邀赴台南、台中指导音乐，并在台中做题为《音乐旅程上的几段回忆》的演讲。[2]（第160-172页）

本月，在台湾《中央日报》副刊上发表《请守剧场秩序》。[2]（第209-210页）

12月21日，出席台湾政治大学系际合唱比赛。[2]（第152页）

22、23日，在国父纪念馆举行台湾第二次合唱观摩会，指挥五校联合合唱团首唱“音乐风”“每月新歌”八部合唱曲《中华儿女之歌》（谷文瑞、叶子词）。[2]（第262页）

完成贺知章《回乡偶书》第二首的谱曲，并为两首歌编配伴奏。[3]（第179页）

本月，在台湾《旅行杂志》上发表《在伯利恒过圣诞夜》。[2]（第211-213页）

获教育部门颁发的文艺奖章。[2]（第262页）

改编儿歌《雁群》。[3]（第179页）

认许桂祝为义女。[2]（第93页）

给亲友写圣诞信。[2]（第262-264页）

1973年（66岁）

1月，在台湾《政治大学新闻》上发表《李抱忱惹了祸哉》。[2]（第214-215页）

6日，在《联合报》上发表《合唱与国魂》。[2]（第216-217页）

2月22日，撰自著《合唱指挥》再版前言。[2]（第326-329页），[42]（第5页）

3月，在《传记文学》上发表《回忆幽默》。[2]（第141-147页）

2日，在《中央日报》副刊上发表《对音乐比赛的几个建议》。[2]（第218-220页）

4月18日，在《中央日报》上发表《向我国合唱团脱帽》。[2]（第221-223页）

在《联合报》上发表《向音乐比赛制度再进一言》。[2]（第221-223页）

5月，在《中外杂志》上发表《从此只谱闲云歌》。[2]（第148-156页）

6月，在出席台中大专合唱观摩会后撰《这次的演出》。[2]（第227-229页）

21日，在《联合报》发表为赵琴编著的《音乐的巡礼》撰写的序言。[2]（第322-323页）

22日，撰《李抱忱歌曲集第二集》自序。[2]（第324-325页）

本月，台湾中广公司“音乐风”出版赵琴主编、乐韵出版社印行的《李抱忱歌曲集》第二集。[46]

9月，在《新时代》上发表《音乐与情绪》。[2]（第157-159页）

在《传记文学》上发表《音乐旅程上的几段回忆》。[2]（第160-172页）

11月，为韦瀚章词《野草闲云》谱曲，13日，在赵琴策划的《韦瀚章词作音乐会》上首唱。[2]（第359-364页）

耶鲁大学出版社出版《唱中国歌》。[3]（第173页）

将《拉纤行》（卢冀野词、应尚能曲）改编为混声四部合唱。[3]（第183页）

认谢莹莹为义女。[2]（第93页）

给亲友写圣诞信。[2]（第265页）

1974年（67岁）

7月，为《锄头歌》官司事致函台湾有关部门，并得以解决。[2]（第179-191页）

9月14日，第六次赴台，定居台北县新店市。[3]（第173页）

作《自由乐》（王大空词）。[2]（第268页）

10月，在台湾《展望》上发表《三战三胜追记》。[2]（第173-178页）

3日，参观在台北历史博物馆举办的“中国历代乐器展”。[2]（第230页）

4日撰《历代乐器展》，希望推动用国乐器伴奏合唱的进程。[2]（第230-231页）

同月为爱乐合唱团写《演出的话》。[2]（第232-233页）

11月1日，撰《联合大合唱——乐教的最高峰》。[2]（第234-235页）

11日，在《中央日报》副刊上发表《政府对全国合唱团的领导力》。[2]（第236—241页）

在《传记文学》上发表《〈锄头歌〉音乐狱》。[2]（第179-191页）

12月22日，为凤凰城合唱团写《演出的话》。[2]（第242-243页）

谱《世新合唱团团歌》（自作词）。[3]（第183页）

给亲友写圣诞信。[2]（266-269页）

1975 年（68 岁）

被聘为国立台湾师范大学音乐系及台北女子师范专科学校音乐科教授。[3]（第 173 页）

7 月，台湾东大图书有限公司出版回忆录《炉边闲话》。[2]（版权页）

9 月，到墨西哥文化研究所出席第一届“国际音乐与传播会议”，宣读论文《合唱表现出来的民族精神》。[3]（第 173 页）

11 月，担任第三届大专合唱比赛评审。[3]（第 173 页）

填《夜歌》（柴可夫斯基曲）词并改编为女声三部合唱。[3]（第 177 页）

填《我愿意山居》（美国民歌）词并改编为女声三部合唱。[3]（第 177 页）

作《安乐窝》曲（宋·邵康节词）。[3]（第 181 页）

1976 年（69 岁）

3 月 28 日，李氏北平、重庆、美国、台湾四期学生为贺其七十大寿、夫人六六诞辰暨结婚 45 周年，联合举办“三庆音乐会”。[3]（第 173 页）

赵琴制作华视“艺文天地”播出“三庆音乐会”精华版。[3]（第 173 页）

3 月、8 月、9 月在《综合月刊》上发表连载《台湾的合唱音乐教育》，探索、分析台湾合唱乐坛生态，并提出建议。[3]（第 174 页）

任国立编译馆国小音乐编辑委员会主任委员。[3]（第 173 页）

协助推动三军音乐，联合陆海空军官合唱团举行四场联合演唱会。[3]（第 173 页）

台湾天同出版社出版 1944 年撰写的《合唱指挥》。[42]

台湾山木斋出版社出版《女声合唱曲集》。[3]（第 173 页）

在第二届亚太音乐会议及第四届亚洲作曲联盟年会上宣读论文《中国音乐的几个显著的特色》。[3]（第 173 页）

译《珍妮夫人》歌词（莫瑞曲）。[3]（第 176 页）

译词并改编《我不能再唱旧歌》为混声四部合唱。[3]（第 176 页）

填词《笑的颂歌》（阿普特曲）。[3]（第 176 页）

续李叔同词《轻而幽》（巴恩碧曲）。[3]（第 177 页）

译《山南都》词（美国船夫曲）。[3]（第 177 页）

填《交响歌》词（奥地利传统民歌）。[3]（第 177 页）

谱《生命之歌》（张佛千词）。[3]（第181页）

1977年（70岁）

1月，台湾见闻文化事业有限公司出版《退而不休集》。[3]（第185页）

5月，台湾见闻文化事业有限公司出版《琐事》。[3]（第185页）

结识后来成为台湾著名作家的刘明仪。[47]

1978年（71岁）

谱《国父遗嘱》（孙文词）四部合唱。[3]（第181页）

谱《儿女三愿》（吴运权词）、《洪流》（有记词）、《中国人跌不倒》（刘家昌词）、《咏松竹梅》（刘明仪词）、《天助自助者》（自作词）、《建设颂》（张佛千词）、《我们这一代》（张佛千词）。[3]（第181页）⑥任台湾省音乐协进会理事长，推动合唱指挥环岛研习班、音乐协进会音乐季刊。[3]（第174页）

认刘明仪为义女，取名朴月。[48]⑦

秋，促进北部三军合唱。[3]（第174页）

12月21日，屏东举行李抱忱作品演唱会。[3]（第174页）

1979年（72岁）

译《愿主赐福保护你》词（卢特金曲）。[3]（第177页）

3月1日，台湾乐韵出版社出版《三三两两合唱曲集》。[2]（第268页）

3月24、25日，任北区合唱决赛评审。[3]（第174页）

抱病推动军校合唱，在4月5日文武青年爱国歌曲演唱会中演唱。[3]（第174页）

同日，台湾乐韵出版社出版《爱国九曲》。[3]（第174页）

4月8日，凌晨1时55分，因心脏病逝世于台北中心诊所。[3]（第174页）

17日，在怀恩堂举行追思礼拜后火葬，台湾各大报纸作了报导。[49]

6月1日，台湾传记文学出版社再版《山木斋话当年》。[1]（版权页）

台湾乐韵出版社出版所编《宗教歌曲合唱曲集》。[3]（第185页）

注释：

① 笔者曾走访北京第165中学（原崇慈女中）、北京大学、协和医院等单位及部分亲属，皆未能了解到李抱忱母亲的名字。

② 寿磐（Chopin），即波兰著名音乐家肖邦。饱尘是李抱忱的笔名。据一些李抱忱传记所述，李氏还有另一笔名“疲兮”，但笔者未见使用，也不知始用于何时。

③ 据李抱忱回忆，《乐理教科书》后由北平中华乐社出版，现未见实物。

④ 由山东师范大学刘再生提供电子版。

⑤ 1940年5月20日李抱忱赠缪天瑞。原书藏中国艺术研究院。

⑥ 李抱忱所作及改编的作品除部分散失外，还有一部分的具体年代已难以考证，故未列入本表，可参见戴鹏海撰《“重写音乐史”：一个敏感而又不得不说的话题——从第一本国人编、海外版的抗战歌曲集及其编者说起》，及赵琴主编的《李抱忱——余音嘹亮尚飘空》。

⑦ 另，美国姑娘Rosalind(筱梅)、曾翠玲、邹瑞仪三人不能确定哪年成为李抱忱的义女，故本表未提及。见李抱忱著《山木斋话当年》第114页，李抱忱著《炉边闲话》第92页。

参考文献：

[1] 李抱忱．山木斋话当年〔M〕．台北：台湾传记文学出版社，1979。

[2] 李抱忱．炉边闲话〔C〕．台北：台湾东大图书有限公司，1975。

[3] 赵琴．李抱忱——余音嘹亮尚飘空(M)，台北：台湾时报文化出版企业股份公司，2003。

[4] 饱尘．介绍寿磐、管弦乐队里的弦乐族(J).刘天华主持的国乐改进社编的《音乐杂志》第一卷第9号，1930.（9）：1-6，1-8。

[5] 育英年鉴〔J〕.1930.刘志毅．育英史鉴〔M〕，北京：第二十五中学校史编委会编辑，2004。

[6] 陈丰盛博客“丰盛书房”，中国教会历史巨著——〈普天颂赞〉，（http://blog.sina.com.cn/s/blog_4e7519ed0100b6jh.html）〔EB/OL〕。

[7] 李抱忱．混声合唱曲集第一集〔Z〕．北平：中华乐社，1932。

[8] 李抱忱．普天同唱集．北平：乐友社，1932。

[9] 李抱忱．混声合唱曲集第二集〔Z〕．北平：中华乐社，1933。

[10] 李抱忱．独唱曲选第一集〔Z〕．北平：中华乐社，1933。

[11] 维基百科网——中华民国全国运动会，（http://zh.wikipedia.org/wiki/%E4%B8%AD%E8%8F%AF%E6%B0%91%E5%9C%8B%E5%85%A8%E5%9C%8B%E9%81%8B%E5%8B%95%E6%9C%83）〔EB/OL〕。

［12］ 李抱忱．普天同唱集第二集〔Z〕．北平：中华乐社，1933。
［13］ 新浪网—新浪读书：陈明远撰《文化人的经济生活》之《20 世纪 30 年代北平文化人（8）》，（http://vip.book.sina.com.cn/book/chapter_38384_21491.html）〔EB/OL〕．
［14］ 陈雅君博客：赞美诗史话（477）《归家喜乐》，（http://www.fuyinblog.com/User0/114/Show.asp?/_articleid/8526.html）〔EB/OL〕。
［15］ 徐瑞岳．刘半农评传〔M〕．上海：文艺出版社，1990。
［16］ 李抱忱．北平市的合唱团〔A〕．江西推行音乐教育委员会编《音乐教育》第二卷第 9 期，1934，（9）：30–35。
［17］ 白洋淀书斋．（hexiangtangzhu.shop.kongfz.com）〔EB/OL〕。
［18］李抱忱．美国通信〔2〕(J)．江西推行音乐教育委员会编《音乐教育》第四卷第 4 期，1936.(4)：81–90。
［19］ 李抱忱．抗战期间音乐教育工作计划书〔Z〕．手稿，1938。
［20］ 李抱忱．合唱指挥原序〔A〕．合唱指挥〔M〕．中华音乐教育丛书，台湾：天同出版社印行，1976。
［21］ 李抱忱．中国抗战歌曲集（China’s Patriots Sing）〔Z〕．香港：中国信息出版公司香港分公司出版，1939。1940 年 5 月 20 日李抱忱赠缪天瑞。原书藏中国艺术研究院。
［22］ 李抱忱．编辑英文版中国抗战歌曲集的经过〔J〕．李凌、赵沨主编，读书生活出版社出版的桂林版《新音乐》，1940，(4)：17–19。
［23］ 李抱忱．战时全国中小学音乐教学情形调查摘要〔A〕．重庆：乐风社编、大东书局发行，《乐风》第一卷第 1 期，1940.（1）：31–35。
［24］ 李抱忱．农歌〔J〕．《乐风》新一卷第 1 期，重庆：乐风社编、大东书局发行，1941.(1)：3–4。
［25］ 李抱忱．歌咏指挥讲话〔J〕．桂林版《新音乐》第二卷第 4 期（1941 年 1 月），35–39；第三卷第 1 期（1941 年 8 月），39 – 42；第三卷第 2 期（1941 年 9 月），82 – 89。李凌、赵沨主编，读书生活出版社及立体出版社。
［26］ 李抱忱．歌咏指挥的应用〔J〕．重庆：乐风社编、大东书局发行《乐风》新一卷第 2 期（1941 年 2 月），17–19；第 3 期（1941 年 3 月），18–20；第 4 期（1941 年 4 月），19–20；第 5、6 期合刊（1941 年 6 月），23–25 页；第 7、8 期合刊（1941 年 8 月），27–30。
［27］ 木山．千人大合唱〔J〕．记陪都两大音乐会〔J〕．重庆：乐风社编、大东书局发行《乐风》新一卷 4 期，1941.（4）：25。
［28］李抱忱．万年歌．重庆乐风社编、大东书局发行《乐风》新一卷第 7、8 合刊，1941.（7、8 月）：2。

第三部分

[29] 李抱忱.音阶的科学[J].重庆乐风社编、大东书局发行《乐风》第一卷第10期(1941年10月),19–21；第11期（1941年12月），21–26。

[30] 李抱忱.唱名法检讨。重庆乐风社编、大东书局发行《乐风》新一卷第12期，1941.(12)：47–50。

[31] 陈志昂.抗战音乐史〔M〕.济南：黄河出版社出版，2005。

[32] 李抱忱.重庆五大学歌咏团访蓉经过〔J〕.重庆：乐风社编、大东书局发行《乐风》第二卷第4期，1942,(4)：25–27。

[33] 李抱忱.美国的学校音乐教育〔J〕.缪天瑞、刘雪庵、陈田鹤主编、重庆中国音乐研究会出版的《音乐月刊》第一卷第期，1942. (4、5).1–6。

[34] 李抱忱.歌咏指挥法讲话〔J〕.李抱忱、李凌、赵沨、甄伯蔚、薛良和联抗执笔、薛良编《新音乐手册》〔J〕.桂林：立体出版社，1942。

[35] 李抱忱.汨罗江上〔J〕.音乐月刊社编，缪天瑞、刘雪庵、陈田鹤主编、重庆中国音乐研究会出版的《音乐月刊》第一卷第6期，1942.(6)：7、8。

[36] 重庆乐风社编、大东书局发行《乐风》第三卷第2期，1944.(2):28–30。

[37] 李抱忱：中美携手歌〔J〕.海外乐闻〔J〕.重庆乐风社编、大东书局发行《乐风》第16号，1944，（16）：5、26–28。

[38] 李抱忱.海外乐闻〔J〕.建国的乐教〔J〕.重庆乐风社编、大东书局发行《乐风》第17号，1944，(17)：28–30、22–24、33。

[39] 李抱忱.国立音乐院劳军音乐会记〔J〕.重庆乐风社编、大东书局发行《乐风》第三卷第2期，1944，（2）：28–30。

[40] 李抱忱.旅人的心〔J〕.重庆乐风社编、大东书局发行《乐风》第18号，1944.(18)：6–8。

[41] 戴鹏海."重写音乐史"：一个敏感而又不得不说的话题——从第一本国人编、海外版的抗战歌曲集及其编者说起》〔J〕.音乐艺术，2001，（1）：62。

[42] 李抱忱.合唱指挥(1944年撰)(M).台湾：天同出版社，1976。

[43] 中国艺术研究院音乐研究所资料室.中国音乐期刊篇目汇录1906—1949(Z).北京：文化艺术出版社，1990.79。

[44] 刘明仪（朴月）提供网络来源：《神学福音丛书》http://www.holylight.org.tw.81/Webpac2/store.dll/?ID = 10624&T = 0〔EB/OL〕。

[45] 李抱忱著、吴心柳编校.李抱忱音乐论文集〔C〕.台湾：乐友书房，1970。

[46] 赵琴.李抱忱歌曲第二集〔Z〕.台湾：中广公司"音乐风"，乐韵出版社，1973。

[47] 朴月.岁月如梭三十载——忆宝爸.朴月的博客：月华清—Yahoo! 奇摩部落格，http://tw.myblog.yahoo.com/teresea-mingyi〔EB/OL〕。

[48] 朴月经电邮告知笔者。

[49] 朴月经电邮传给笔者的台湾报纸复印件。

刊载于《中央音乐学院学报》2009 年第四期。

激情满怀话乐教

——析李抱忱的抗战音乐教育思想

抗日战争，伟大的民族解放战争，不仅在战场上培育了无数的英雄，在其他领域也造就了许多杰出的人物，在抗日战争时期发挥过重要作用的音乐界，同样是英杰辈出，人才济济，李抱忱这一在抗战时期做出过重要贡献的合唱先驱，在中国北方最早开展救亡歌咏活动的音乐家，正是这个群体中不可忽视的一员，他的历史价值正在得到越来越多的认识和重视，他在抗战期间的乐教思想也很值得让更多的人了解并使之发扬光大。迄今，已知李抱忱在大陆时期撰写的文章共有 23 篇，已发现的有 20 篇，其中为国民政府军事委员会第三厅（周恩来、郭沫若领导）写的《合唱指挥》、《中国音乐师资训练之急需及一个训练机关之组织的建议》、《抗战建国的音乐教育》三篇文章未发现。即便如此，他关于抗战建国音乐教育的文章还有两篇，它们是《抗战期间音乐教育工作计划书》和《建国的乐教》，下面仅就极为有限的资料尝试分析李抱忱在抗战时期的音乐教育思想，或许对于当今社会的音乐教育事业不无裨益。

一、乐教思想的缘起

“音乐不忘抗战，抗战不忘音乐。”[1] 这是李抱忱在抗日战争时期喊出的口号，充满了爱国激情，饱含着爱乐热望，是一个爱国音乐教育家发出的时代最强音。作为一个杰出的合唱指挥家，在李抱忱一生中的四个阶段：北平育英中学时期（今北京第 25 中学）、抗战重庆时期、美国从教时期、台湾推动合唱时期，合唱乐教活动贯穿始终，合唱作为他第一爱好音乐里的第一爱好，是他在音乐生涯中付出最大倾注的对象。伴随着合唱活动的进行，“独乐乐不如众乐乐”的大众乐教思想得到了最大程度的传播，“一心只为众乐乐”的美好心愿也得到了最大限度的实现。

我国乐教思想的提出已有两千多年，早在春秋时期，伟大的思想家、教育家、音乐家孔子（前551—前479）就阐述了自己的乐教思想，奠定了中国乐教思想体系的基础。除此之外，孔子倾注了大量精力为乐教思想的实践做出了卓越的贡献。李抱忱从事合唱指挥的根源来自孔子的乐教思想，他说：“我国的文化基础是孔子学说，而孔子学说所倡导的一个重要部分是音乐教育。‘在齐闻韶，三月不知肉味’和‘闻絃歌之声，夫子莞尔而笑’的故事证明孔子如何喜欢音乐，提倡音乐。孔子能‘取瑟而歌’，并且听见别人唱得好的时候，‘必使反之，而后和之’，证明孔子不但提倡音乐，并且对于唱奏方面也很有修养。孔子认为音乐是教育的最高峰，因此才说‘兴于诗，立于礼，成于乐’，因此‘子路问成人的时候，’孔子说在‘知’，‘不欲’，‘勇’，和‘艺’以外，还要‘文之于礼乐’才能算是一个完全人！”[2] 孔子的三千弟子都受到他的影响。此外，孟子的“与少乐乐，与众乐乐，孰乐？曰，不若与众。”对李抱忱的影响也很深。[3] 李抱忱将其通俗化，就是“独乐乐不如众乐乐”。一个受教和成长于西方宗教教育环境中的中国音乐家，并没有脱离自己祖国的传统文化，而是把传统文化和西方的教育思想、方式方法结合起来，运用到本国的民众教育中，取得了巨大的社会功效，显然得益于中西文化交融的音乐教育方式。这种古为今用，洋为中用的典范行为是非常值得称道的。孔子和李抱忱崇尚乐教的出发点虽然不同，但却有异曲同工之处。李抱忱积极地投身于音乐教育的实践之中，为中国乐教思想的传承付出了毕生的精力和心血，在中国近代音乐史上做出了不可磨灭的贡献。

李抱忱最初在中国倡导大众乐教及实践大众乐教思想的时期与孔子生活的时期有着惊人的相似之处，在社会状况方面，都是山河破碎、战乱频仍、社会动荡、礼崩乐坏，所不同的是时间相隔了两千多年，李抱忱生活的时期还面对着日本这一强虏的入侵和民族危亡的艰难局面，在这种环境下倡导和实践大众乐教思想应该说有更大的难度。在伟大的抗日战争时期，受教于燕京大学并留学美国的李抱忱大力推动北平（今北京）及重庆地区的合唱活动使之表现的极为活跃，在把原属于西方教堂中的演唱方式推广到中国民间，为中国的民族独立和解放服务的同时，将乐教思想赋予了崭新的内涵，并具有了特殊的历史意义。

二、乐教思想的初衷

李抱忱最初设想，中国的音乐教育须分两步走，一是抗战期，二是建设期。伟大的抗日战争是中华民族历史上亘古未有的民族解放战争，音乐在这场战争中曾发挥了难以估量的作用。那么，抗战期的工作应注重如何唤起抗战情绪，如何调剂抗战生活，是需要着重研究和解决的问题。这时期中有很多音乐工作要做，而李抱忱最重视的就是合唱活动的开展，“组织一个国家的合唱团 ”[4]是他在提交给国民政府教育部的专文中首先提出应做的事情，可见其对合唱的重视。将开展合唱运动视为音乐教育活动中的首要任务，是和李抱忱的兴趣密不可分的。当时的李抱忱刚刚从美国留学归来并由北平辗转到达重庆，怀抱一腔爱国热情和一颗报国之心，经燕京大学学长谢冰心向当时的国民政府教育部推荐任用，被聘为音乐教育委员会委员。在李抱忱刚到达重庆的时候，时值抗日战争全面爆发一年多，虽然已有一些进步的爱国音乐家以抗日救亡歌曲激励民心，但总体上中国的音乐教育水平还很落后，尤其是音乐教育师资的队伍极为薄弱，难以有效承担起振兴国家音乐教育的重任。[5]“我国音乐现在可谓极为衰落，充斥市面的多半是些软性的麻醉音乐，直可呼为“亡国之音”，细究其原，根本的错误是在于我国一向不注意音乐教育，以往的教育只知课程里有音乐一门，至于音乐在教育上的价值则无人过问，音乐师资的训练则更不注意。”[4]而且，“抗战军兴以来，音乐更变为激励民气的一个最好方法。但因为以往音教之不发展，音乐救亡的工作非常的难以进行，因为人才是那样的缺乏，歌曲是那样的良莠不齐，所以民众到处是乱“喊”抗战歌，电台到处是乱放抗战乐。”[4]一语中的地指出了当时中国社会的音乐教育状况，可谓切中时弊。在这种情况下，要组织一个国家合唱团在别人眼里可能属于异想天开，但李抱忱却认为是在中国开展科学性音乐教育的重中之重。理由除了合唱是一种群体性音乐活动方式，能使更多的人在更广泛的氛围中享受音乐的熏陶外，还有很重要的一点就是，合唱是非常经济的音乐教育方式，是符合抗战中讲求节约的方式，人声即乐器，不用花费很多钱，何乐而不为呢？正如李抱忱所说“合唱在音教上是一件最容易办到并且最重要的工作，因为能省去一笔购置乐器的庞大经费，又使唱者不羁身外物的来直接发泄心中的情感。”[4] 这个合唱团还可以通过电台广播、将抗战歌曲灌唱片、拍抗战音乐短片、助拍抗战有声电影、与抗战剧团合作、举行音乐会等方式，带动其他合唱活动，这一勾画是李抱忱抗战音乐教育思想的初衷，也是他的乐教思想首次以理论阐述的方式出现。而这种初衷和下面的认识似乎有着密切的关联：“音乐对于生活的调剂，身心的陶冶，精神的振刷，团结的训练，以及其他种种的功能，差不多凡是没有音乐上生理缺陷的人们都承认的一件事。我们站在音乐的立场，教育的立场，社会的立场，和民族复兴的立场上都应当刻不容缓的对于学校的音乐教育作一番彻底的改进工作。”[5] 应该说中国合唱运动的发展和学校的音乐教育活动有着密不可分的联系，而抗战中李抱忱在北平育英中学时开展的社会性合唱活动则是中国近代音乐史和抗战音乐史上浓重的一笔，组建国家合唱团则是具体实践活动基础上的认识性提升。

在合唱运动有序的开展之后，才有利于进行其他的工作，如还需要组织一个国家的军乐队，这是因为“军乐的声音是极能激发人的团结性和爱国心的，并且声音宏亮携持方便，极适宜于室外的演奏，进行的应用。对于唤起后方的救亡情绪，和激励前方的抗战精神，是极为有效的方法。”[4] 这样一种“极为有效的方法”，自然应该是音乐教育中的重要内容。然而，组建一支军乐团是要花费高额经费的，据李抱忱估算大约需要三千美元，这在当时艰苦的抗战条件下是一笔不小的开支。为了节省开支又能达到组建军乐队的目的，李抱忱提出了派人赴军乐教育高度发达的美国演讲募集大批军乐器，渠道是购买美国各大、中学淘汰下来的军乐器，因为美国的学校“常常几年就换新乐器”，这样做不仅可能“颇有白白得来大批乐器的希望，至少也可以用极廉的代价购买回来。”[4] 可见他的乐教思想是从实际出发的。而其他的一些工作，如组织音乐干部训练机关，造就音乐指导人才负责推行工作（针对当时音乐人才极度缺乏而提）；组织歌曲编审机关，审查流行抗战歌曲，编著应有未有的材料（针对当时的歌曲良莠不齐的情况而提，主张加强审查，提倡好歌，引导民众对歌曲的选择）；发行音乐教育刊物，帮助推行音教（提倡交换各地心得，发表私人言论，供给新的材料，讲解音教理论等）；组织广播秩序委员会，选择唱片，拟整个的计划，聘请名家演奏，安排秩序（针对当时软性音乐播放过多而提，主张多播放雄壮的进行曲）等工作也要逐步着手进行。显然，抗战期的音乐教育应有计划、有顺序、有步骤地合理进行。只有这样，抗战期的音乐教育工作才能顺利展开，从而开创良好的局面，为建设期的工作打下扎实的基础。至于建设期的音乐教育工作是将来要进行的，所以李抱忱叙述的很简略，包括以下内容：应注重我国文化之阐扬，人民生活之充实，审美程度之提高；开办音乐师范专科学校；建立国乐改进机关；开展乐器制造；进行音乐名词统一工作；召开全国音乐教育定期大会。虽然叙述简略，但仍能显示出音乐教育是一个整体性的工作，由不同的工作内容组成，工作规模庞大，工作内涵丰富，要循序渐进，有先有后的开展，从中更能看出作者有条不紊的思路，和讲求实效的工作作风。正因为是在抗战初期，所以抗战期的工作自然显得尤为重要，是当务之急，叙述的全面些是必要的，而建设期的工作是未来的，就当时的战争局势看，是比较遥远的事，在当时还缺乏足够的条件实施，因而叙述的较为简略也是正常的。只有把抗战期的工作做好，才有利于建设期工作的开展，对于后者尽管叙述的比较简略，但从中依然能看出李抱忱对抗战必胜是有坚定信念的，否则是不可能去考虑建设期的工作的。总之，这篇计划的思想主旨是积极向上的，目的是要把抗战建国的音乐教育引导到更加健全的轨道上。

显然，在第一次留学美国之前，李抱忱的乐教思想主要是通过中学音乐课程及结合一定的抗战氛围进行的实践，在局部范围内得到体现，还没有形成全局性的乐教思想框架和理论归纳；而从美国留学回国后，他的乐教思想明显地上升了一个层次，初步建立了较为完整的全面性体系。这一体系的建立是基于一定的社会现实和深造后的思索总结，是有的放矢的行为，并且准备在全国范围内实行，服务于当时乃至未来的国家和社会，尽管有的地方显得不尽成熟或不够全面，但总体上的价值和意义是应该肯定的。目前还没有确凿的资料表明这个体系是被要求提出的还是自觉提出的，不过，从李抱忱自己的叙述来看应是后者，他说“计划人深信音乐教育对于抗战建国有重大的贡献，特拟抗战期间音乐教育计划书，敬呈贵部。若蒙采纳赞助推行，则计划人荣甚，中国音教前途幸甚！”[4] 无论如何，这一体系的出现说明中国音乐界在乐教理论方面又前进了一步，同时也体现了一个杰出音乐家以天下兴亡为己任的崇高境界和爱国情怀。

三、乐教思想的升华

“‘音乐教育’是个新名词，是Music Education的直译。它的意义与我国固有的‘乐教’这个名词没有什么区别。什么是音乐教育呢？一言以蔽之，凡是籍音乐的创作，演奏，和欣赏来受到教育的结果的就是音乐教育。因此它的领域非常之广阔，大致的分起来可以分为三大类：就是学校音乐教育，社会音乐教育，和天才音乐教育。前二者注重在音乐横的发展，后者注重在音乐纵的发展。”⑥ 中西两种社会历史的发展有着极大的区别，然而在音乐教育方面却有着难得的共通之处，在音乐教育中，重视合唱是李抱忱的首要选择，也是他的终生追求，在抗战中表现得尤为突出。如果说，李抱忱在抗战前期的乐教思想是他开始实施理想抱负的前奏，那么，他在抗战后期的乐教思想则有了一个全面的提升，这是随着年龄的增长，阅历的加深，思维的深化而出现的一个必然结果。在他看来，那时中国的音乐之神已经睡醒，“她现在是精神旺盛的准备一个万里的飞行呢！”[7] 这么说是有充分依据的：“第一，抗战歌曲代替了亡国之音，流行于前方后方的都是些慷慨激昂的歌声。第二，中央及地方政府这六年来正面及侧面的提倡，增设了不少的音乐人才训练或音乐行政研究机关。例如教育部成立的音乐教育委员会，音乐教导员训练班，国立音乐院本院分院及乐团，中华交响乐团，国立礼乐馆，国立福建音专，国立剧校乐剧科，国立歌剧学校，国立社教学院艺术科音乐组，国立女师及国立师院的音乐系，中央大学的音乐组，国立重庆师范的音乐科，中央训练团所办的音乐干部训练班（现已改为国立音乐院分院），军政部的军乐学校，广西省政府的艺术师资训练班，最近青海省政府成立的音乐学校，和最近在西安成立的私立西北音乐院等都是抗战的产物。”[7] 这样的大发展还不包括共产党领导下的音乐发展状况，难怪作者要发出由衷的感慨和赞誉：“音乐之神的确醒了，音乐的确没有被淘汰，不但没有被淘汰，反由被冷落的地位一跃而为抗战的先锋。这是音乐的幸事，这是我们整个民族的幸事。”[7] “一个音乐已经衰落了几百年的国度和民族”，开始有了振兴的希望，自然是非常激动人心的。不过，有一个现象值得注意，尽管在这样的大发展中没能组建一个国家合唱团，但丝毫没有削弱作者的爱国激情，事实上当时的民众合唱团体及合唱活动已比比皆是，社会功效远远超过了国家合唱团，而李抱忱作为合唱运动的大力倡导者在整个民族的抗日救亡洪流中，贡献了自己的才华和青春，成长为抗战歌坛上的著名指挥家之一。同样，在这样的大发展中军乐团也没有建立起来，正说明需耗费大量经费和教授各种乐器的师资的军乐团在当时的历史条件下不是非办不可的。而他同样倡导的组织音乐干部训练机关及造就音乐指导人才负责推行工作的主张，则得到了积极和全面的发展。正是在积极投身于民族自救的过程中，他没有拘泥于原有的思想和主张而故步自封，相反，他的乐教思想有了全面的升华。

这种境界提升是在战争又进行了数年之后的 1944 年，这时候反法西斯战争已度过了最艰难的岁月，胜利的曙光已经出现，在这种背景下，李抱忱对建国的乐教充满了信心和期望，乐教的前途是光明的，在他的思想里已考虑把建设期的工作提上日程。首先，他认为建国的乐教是全民的乐教。所谓“全民的乐教”即不是“象牙塔”里的乐教，而是面对全体国民的，是建国的乐教中最重要的一种乐教。他认为，“建国的乐教，不仅是抗战的乐教。建国的乐教是一方面辅佐抗战，一方面注意建国；一方面抓住现在，一方面顾到将来；抗战期间固然可以顺利地推动，胜利之后更应当飞速的发展。”[7] 从中可以看到李抱忱的思维和眼光不是肤浅和短视的，而是深邃和长远的，并且体现出了一定的辩证内涵，因为他把建国的乐教视为“百年大计”，所以就不能仅仅将乐教的目光局限或锁定在当时。既然是“百年大计”，就必须是全民的乐教，只有大幅度提升全民的音乐素养和欣赏能力，才能造就“一个善歌的民族，一个有节奏的民族，……一个活泼泼，热烘烘，有纪律，有组织的民族，一个有灿烂文化的民族。”[7] 这样的认识是受到这样的现实所启发的，“试看现在各进步国家，没有一国不在注重乐教的发展。音乐是人类统一的语言，精神的食粮，小可以怡性陶情，调剂生活，大可以移风易俗，使全民族活泼团结起来。”[7] 这种全民的乐教体现在三个方面：不只训练少数专家而忽视了全民；既注重被动的教育又倡导自动式的乐教，如让小学生们不仅欣赏他人的表演，还要鼓励他们唱奏已学会的歌曲或乐曲；移风易俗，“换句话说就是改造国民性的乐教——就是全民的乐教”，“不是只给他们听听音乐就算了，还要将音乐当作礼物似的永远送给他们。这样，他们才会觉得音乐是属于他们的，音乐才能深入他们的心，成为他们生活的一部分。”[7] 使音乐成为人们生活的一部分，让音乐伴随人们终身，给予他们陶冶，给予他们快乐，给予他们精神的振奋，这是全民乐教的精髓和真谛，是让一个民族永葆生气的良药。

其次，建国的乐教也应当是天才的乐教。人类社会的各个领域都有天才的存在，音乐界也不例外，天才是引领社会和民众进步的特殊群体，天才是国宝。在音乐界，“要靠他们来提高全民欣赏音乐的程度，来发扬继续我们固有的音乐文化，来争取我们音乐文化在国际间的地位。”[7] 毫无疑问，国家有给予天才特殊教育的义务，天才有享受特殊教育的权利。“天才之被埋没，没有问题的是国家之不幸，文化的损失。……我们作曲家的作品若被全世界所唱奏，我们的技术专家若能登欧美的大音乐厅贡献惊人的表演，那真是国家的体面，民族的光荣。”[7] 字里行间寄托着音乐家浓烈的强国梦，承载着爱国者发达我国音乐的愿望，而今，这种梦想和愿望已部分实现，足可告慰斯人！不可偏废的天才乐教是和全民乐教并行不悖的，全民的乐教搞好了，就可能产生更多的天才，天才的乐教搞好了，就可以更好地带动全民的乐教。

第三，李抱忱认为，建国的乐教也应当是正常的乐教。什么是正常的乐教？“所谓正常，就是不偏不倚，顾此而不失彼的意思。”[7] 怎么理解呢？诚然，每个时代有每个时代的特殊需要，有时要偏重这个，有时要提倡那个，在李抱忱看来，这是任何时代的正常现象，正因为能注重时代的需要才可以说是时代的正常现象。他用辩证的思维解释了这一点：“比如说在这抗战期间，若还唱一些风花雪月的歌曲，就是不正常的，不健全的现象。但是时代的需要若因偏重的结果而占了百分之一百的注意，比如说，现在所唱的完全都是抗战歌曲，这是不是正常呢？当然也不是。”为什么呢？他认为，“抗战期间当然要偏重抗战歌曲，但为达到战时与常时的理想，其他各方面有益身心的歌曲，也不可完全不唱。”[7] 他这样看待这个问题：“抗战歌曲是激励国民的兴奋剂，是一种良好的药品，在吃药之外，还需要其他正常的食粮。兴奋剂用之过多，就会慢慢的失去了它兴奋的作用；抗战歌曲若唱之过多，也会渐渐的流为信口开合的消遣小调，反而亵渎了神圣的抗战。”[7]这么说是有事实依据的，本来，抗战歌曲是抗战期间的特殊产物，是所有歌曲的一个组成部分，不能取代所有歌曲。事实上，抗战歌曲的创作到后来就出现了模式化、概念化、口号化、简单化的现象，而有些音乐会也完全由单一的抗战歌曲组合，使听众因为单调的刺激，而像受了长时间的强光照射似的那样感觉到疲乏。李抱忱认为，音乐会“除了使听众欣赏抗战音乐，还要给他们其他方面的艺术歌曲，使他们融化在音乐千变万化的美里，才是真正的提倡音乐，才能充实并延长音乐的生命。”[7]也就是说，正常的乐教应该是让民众受到包括各种健康、有益和不同种类、风格的音乐熏陶，而不是仅仅感受某类单一音乐品种，当然，抗战时期以抗战歌曲为主、其他好的音乐形式为辅的乐教方式无疑是正确和科学的。

最后，建国的乐教还应是本色的乐教。在李抱忱所说的四种乐教形式里，本色的乐教是最不好理解的。应该如何理解呢？让我们再来看看他是怎么说的吧！他认为提倡本色的乐教应注重三个方面：一是整理旧有的音乐，二是介绍西洋的音乐，三是创作自己的音乐。首先，整理旧有的音乐是刻不容缓的工作，它包括两点，“见于书籍的材料是文献纷纭亟待整理，散在各地的民歌是自消自长亟待搜集。”[7]旧有的音乐就是绵延了几千年的传统音乐，整理和搜集这些音乐是一项基础工作，它关乎到“这些文化的宝藏若不及早整理搜集，不但会一天天消损下去，我们的民族音乐也永远不能建立。……所以旧有的音乐若不从速整理，就根本谈不到民族音乐的延续和发扬光大。”[7]可见这项工作是多么的重要！而且其中存在着显著的因果关系。其次，顾及传统音乐的整理和搜集的同时，不应忽视对西洋音乐的介绍，其实他自己在这方面就做了不少工作（他曾写过《介绍寿磐》（即波兰著名音乐家肖邦），《管弦乐队里的弦乐器》《美国的学校音乐教育》《海外乐闻》等文章，还根据外国乐（歌）曲填上中文词创作了《念故乡》《我所爱的大中华》《同唱中华》《唱啊同胞》《凯旋》《为国奋战》《风吼雷鸣》等歌曲并教唱。）他坦言“虽然我国音乐比西洋现在各国发达的早，但西洋现在的音乐确是比我们进步的快。”[7]发达的早是过去，现在不如人是事实，要敢于正视，落后就要追赶，但还不够，孙中山要求的是“迎头赶上”，要做到这一点，就要介绍、学习、研究西洋音乐，让别家的音乐为发展自家的音乐做贡献。“外国的飞机大炮，我们买过来就用，为什么外国的音乐理论，技术，乐曲，和乐器，就不可以拿过来参考应用呢？”[7]“取人之长，补己之短”才能提高，才能进步，“要发展自己的音乐，就要研究世界的音乐，研究世界的音乐才能发展自己的音乐。”[7]从中我们看到了洋为中用的远见卓识，和发展民族音乐的抱负及理想。第三，创作自己的音乐，就是创造自己时代的音乐，因为“我们祖先的音乐当然是伟大的，但它是属于我们祖先的，它是过去的，我们不应当仅仅守成，应当将我们所承受的遗产继续的发扬光大，应当创作‘我们’的音乐。”[7]不仅要继承而且要求进步，要对永恒的文化流有所贡献，才“不上愧于古人，下怍于来者”。而如何创作自己的音乐呢？“一面要吸收西洋的理论和技巧，一面要对旧有的音乐理论和技巧有清楚的认识，然后才能运用中西的技巧，变化中西的材料，再加上自己的天才和灵感来创作出富有民族风味，不同凡响的时代作品。”[7]李抱忱也深知这是很不容易做到的事情，但又必须努力去做，只有努力去做，才是真正意义上的本色的乐教，建国的乐教。只有努力去做，才能达到李抱忱心目中的乐教理想：“那时我们要走在世界文化的最前面，我们要变为歌咏的民族，节奏的民族，热烘烘的民族，有纪律，有组织的民族；那时我们要被尊为二十世纪的礼乐之邦。”“我们要亲眼看见自己开辟的音乐园地那种百花盛开的景象，要亲耳听见建国的乐教那种蓬勃的弦歌之声。”[7]这是一个胸怀大志的爱国音乐家对祖国未来美好的乐教前途的畅想和憧憬。简言之，本色的乐教就是在搜集、整理、研究我国传统音乐的基础上，借鉴和参考西洋音乐的精华，达到创造新时代本民族音乐之目的，而不是单纯跟在古人和洋人后面模仿蹈袭。这种思路本质上还是“古为今用，洋为中用”原则的具体表现，不仅如此，本色的乐教还包含了既不同于古乐也不同于洋乐而有时代特点的创新思维和精神。

李抱忱倡导的乐教在态度上是积极、严肃的，思想上是健康、向上的，情绪上是乐观、求新的。音乐教育是个不朽的话题，只要人类存在一天，这个话题就会延续。从古至今，不同的时代、不同的社会形态都有主题不同的音乐教育内容，而倡导积极、健康向上的音乐教育是不容忽视的。李抱忱的乐教观在抗战期间起到了一定的历史作用，他的乐教思想也已载入中国近代音乐教育理论史册，对今天我们的音乐教育仍有可参考和借鉴之处。传承历史，继往开来，使我国的音乐教育水平更上一层楼，让我们的社会更加美好、更加和谐地发展，“发展是硬道理”，我们今天应该说“音乐不忘发展，发展不忘音乐”。

参考文献：

[1] 李抱忱．建国的乐教「J」．重庆：乐风，1944.4(17)：22–33。

[2] 李抱忱．炉边闲话「C」．台北：台湾东大图书有限公司，1975.250–251。

[3] 李抱忱．山木斋话当年「M」．台北：台湾传记文学出版社出版，1979.77。

[4] 李抱忱．抗战期间音乐教育工作计划书「Z」．手稿 ,1938。

[5] 李抱忱．战时全国中小学音乐教学情形调查摘要「J」．重庆：乐风，1940，第一卷第 1 期：31–35。

[6] 李抱忱．美国的学校音乐教育「J」．重庆：音乐月刊，1942，1(4、5)：1–6。

[7] 李抱忱．建国的乐教「J」．重庆：乐风，1944，4（17：）22–33。

刊载于上海音乐学院学报《音乐艺术》2010 年第四期。

李抱忱与合唱指挥理论

——以《歌咏指挥讲话》为例

李抱忱（1907—1979），中国第一位男性专业合唱指挥，或称中国合唱之父，不仅在抗日救亡时期首先开展了中国北方的大众合唱事业，[①]积极从事大众乐教活动，并在中国近代音乐史上创下了多个第一：1934年率北平育英中学（今北京第二十五中）歌咏队自京津南下赴济南、南京、上海、杭州等地举行抗日救亡歌曲演唱会，为我国第一次中学生巡回演唱会；1935年在故宫太和殿指挥了540人的爱国大合唱，是当时规模最大的合唱音乐会；1941年在日机频繁轰炸下的重庆筹办并参与指挥了陪都的第一次千人大合唱，高唱爱国歌曲；主编了迄今为止的一本中英文对照版《中国抗战歌曲集》；是第一个正式将《义勇军进行曲》（今中华人民共和国国歌）译成英文的中国人。除此之外，他还是第一个将指挥理论比较系统地用中文介绍给国人的音乐家。[②]

早在两千多年前的春秋时期，孔子（前551—前479）就阐述了自己的乐教思想，奠定了中国大众乐教思想体系的基础。李抱忱从事合唱指挥的根源来自孔子的大众乐教思想，在抗日战争的社会大背景下，李抱忱适应时代的需要将指挥法的一般理论用中文介绍给中国大众，促进了抗战时期民众歌咏运动的全面推广。他以真挚的爱国情怀做着这项工作，“抗战以来，各处歌咏工作都在积极推动，歌咏团体也如雨后春笋般地滋长着，这篇文字对于一些正在作指导歌咏工作而苦于缺乏指挥参考书的人们，或许有小小的贡献。作者谨以无限的同情和敬意将这篇文字献给这一般勇敢的歌咏战士。”[③]“抗战军兴以来，我国的歌咏之潮起了空前的澎湃。救亡歌声遍于全国，抗战歌曲深入民间。许多爱好歌咏之士——也许有一些人没有受过什么音乐训练，本着‘我不干谁来的干’的精神，不顾困难不避艰险地在各处推动这焕发民气的歌咏工作。作者对于这些勇敢的歌咏战士表示无限的敬意。”④

李抱忱的指挥理论写作是面向大众的，深入浅出，以《歌咏指挥讲话》为例，“这篇文字的对象既已确定，它的内容也就跟着确定：本文既不做学术的检讨，也不是包罗万象的教科书，不过谨谨提纲挈要的介绍一些指挥的基本常识。”⑤尽管合唱指挥这一职业起源于西方社会，但在我国的抗战期间它为中国人所用，并发挥了难以估量的作用。李抱忱想国家之所想，急大众之所急，发挥自己的专长，积极贡献自己的学识和才华，为指挥学理论在中国的传播和完善奠定了良好的基础。下面仍以《歌咏指挥讲话》为主，摘述李抱忱的合唱指挥理论。

一、指挥者的素质。指挥不是简单的打拍子的行动者，而是一项需要综合素质的复杂工作。因而李抱忱所撰写的指挥理论文章都涉及了相关的内容。首先，做一个指挥者应具备哪些条件？李抱忱认为，一个指挥者应具有音乐上、学识上和人格上的条件，基于此他归纳了10个条件。

1、天赋，这一点又包括以下几点：A、指挥者应有极敏锐的听力，要有强烈的节奏反应，还要有审美能力。极敏锐的听力是说指挥者“时时刻刻要听四部唱歌，不但要注意各部是否正确无误，还要注意四部和起来的效果是否合乎理想。”⑥也就是说，指挥家的耳朵是与众不同的，要有高超的辨别和兼顾能力。B、强烈的节奏反应是说在指挥时“不但自己准确，还有剩余的力量使别人也准确。”⑦准确在合唱中是极为重要的标准，指挥者应是掌握这种能力的佼佼者。C、审美能力是说“对于乐曲的认识和音质优劣的辨别上具有非常重要之价值”，虽然这一点“可以随着修养而进步，但大部分是天生的。”⑧也就是说超出常人的审美能力是与生俱来的，后天的修养只能起到一定程度上的促进作用，这一特殊能力是指挥者独有的。

2、“指挥者虽不需要是个独唱专家……，但却需要晓得唱歌的正确方法，晓得如何训练旁人唱的正确，特别是程度幼稚的歌咏团体的指挥者需要是个声乐训练家。”⑨这段文字表明，指挥者的训练能力应高于歌唱能力，不具备训练能力的歌唱家也当不了指挥者。

3、李抱忱指出："指挥者最好会钢琴或风琴，因为现代的音乐理论是建造在钢风琴的键盘上的。演奏程度越高越占便宜。"[10]这一点可能更多的来自作者的切身体会，因为李抱忱本人的钢琴功底就很深，在美国留学时他的钢琴教授曾劝他改行专攻钢琴，被他婉拒，而后执著地回国从事大众乐教。虽然中国少了一个钢琴家，却多了一个他人无法替代的合唱指挥家，显然并非坏事。

4、"认谱的能力应当能同时看数部以上。"[11]这一点也是一般人不易做到的，可见做指挥者应具有什么样的超常能力。

5、指挥者还应具备多种音乐的知识，他或她"应有音乐各方面的理论基础，和声学，对位法，音乐史，曲体，作曲法等。这些方面的基础愈深愈能应付裕如。"[12]在李抱忱看来，这些知识对于指挥者来说实在是多多益善，得心应手的指挥正是建立在这样的基础上的。

6、"应当多听音乐名作，并应看着谱的研究。"[13]这点说的是指挥者应通过熟悉和研究音乐名作提高自身的音乐感受力，而且光听是不够的，对曲谱的研究才是更重要的。

7、李抱忱也很看重指挥者的广博学识，他自己就是学识广博者，因而主张在"音乐部门之外，应当博览美术，戏剧，文艺，诗歌，教育，哲学的书籍，使自己的见地远大，批评正确。"[14]显然，好的指挥家必定如此，才能达到高层次的指挥境界。

8、"指挥者应当是一个精神活泼，态度诚恳，谈吐幽默的领袖，使人从心里愿意同他合作，听从他的指挥。"[15]这一条完全是李抱忱自身个性的真实写照。只有这种性格的人才易于和被指挥者建立水乳交融的关系，沟通顺畅，从而使演唱曲目臻于完善。

9、作者还这样看待指挥者："指挥者必须是个有计划，有条理，有组织能力的领袖，要能用最经济的时间和精神达到最大的效果。"[16]这条用的是"必须"二字，和其他各条的用词是有区别的，也就是说这一条是做指挥者的必备条件，其重要性不言而喻。事实上作者本人正是这样一位指挥家。

10、最后，李抱忱指出"指挥者必须是一个热爱他的工作的领袖。"[17]又一个"必须"，显然，不热爱自己工作的人是无法胜任指挥工作的。

以上做指挥者的十个条件，表明指挥是一项需有综合素质的工作，而不只是简单的打拍子。不过，在抗战时期的具体条件下，指挥者要达到这十个条件是很难的，李抱忱显然洞悉这个道理，因此，下面的一段文字体现了李抱忱的写作用意：“这些条件无妨定得高些，因为有了一个理想的标准，就可以一方面随时指引学者以学习的途径，而帮忙他平均地发展他的各方面，一方面随时地提醒他在无穷的指挥的途径上才走了多么一点点路，而勉励他‘虚怀若谷’地努力前进。”[18]

二、指挥者的责任。在归纳了当指挥的条件后，李抱忱谈及了指挥的责任。任何一项工作的从事者都有自身的责任，而指挥的责任是多重的。作者叙述了以下几点：

1、指挥者要负责打拍子。这是一个很普通的常识，也是指挥者的基础工作，李抱忱并不讳言。进而他说道：“各拍的方向要清楚，歌曲的起止要显明，姿势要大方，动作要自然；这是指挥者开宗明义第一章。打拍子的工作要弄成习惯，要不加思索，为是使指挥者的精神注意全副灌注在下面的责任上。”[19]打拍子是指挥者所要负的首要责任，和下面的责任是密切相关的。

2、指挥者要负责歌曲的速度。

控制歌曲的速度是表现歌曲情绪的重要手段。李抱忱如是说：“谨会打拍子还不够，打多么快慢是进一步的问题。速度与情绪有直接的关系，或说速度直接影响并表现歌曲的情绪。轻快活泼的歌曲需要快的速度，悲哀静穆的歌曲需要慢的速度，这都要靠指挥者对于歌曲的认识来规定速度的快慢的。好的指挥者都是在未起始指挥时对于歌曲的速度就有了准备，而不是在指挥棍挥动后才拍多快算多快。歌曲中间一切速度的变化，当然也由指挥者来定。”[20]由此可见，指挥者是控制歌曲速度的关键人物。

3、指挥者要负责歌曲的强弱。

歌曲演唱时的强弱能带给听众不同的感受。“歌曲的强弱及歌曲中间一切强弱的变化，也要由指挥者动作的大小来授意给唱者。指挥者的棍梢一动，应当任凭情绪之所至而使唱者唱出小桥流水或万马奔腾的效果，或是晴天霹雳，雨过天晴等声响的变化来。不论什么歌曲都千篇一律的动作的指挥者应当在强弱方面多下工夫。”[21]指挥者在掌控歌曲强弱方面也是举足轻重的。

4、指挥者要负责音质的运用。

歌唱者的音质也是不容忽视的，好的音质自然是动听的，坏的音质肯定是难以被接受的。“形容愤怒的群众的歌曲与描写鸟语花香的歌曲，不但需要不同的速度和强弱，还需要唱者不同的音质来作表情的工具。前者需要高亢的声音，有时简直类似咆哮；后者要用悠扬的声音，有时要如怨如诉，令人听见要如醉如痴。这些都先要在指挥者的幻想里有了一个音色的理想调和与支配，然后才能希望唱者音质的合宜使用。”[22]这就是说，演唱者声音的质量能更准确地表达作品的内涵，能更有效地把歌曲作者的思想情感传达给听众。

5、指挥者要负责一切技术上的问题。

“指挥者至少应当是一个声乐训练者。演员的发音是否流畅自然，吐字是否清楚，分句和换气是否适当，音高与节奏是否正确，四部是否平均，是否融合，以及一切其他的技术问题，都要由指挥者来负责的。”[23]只有全面把握好和解决好有关的技术问题，才有望训练出好的歌咏队伍。

6、指挥者要负责选曲。

作者说得太好了：“演员唱的好坏是一个重要问题，但是唱什么歌曲也是一个重要问题，也是指挥者的一个重要责任。选材要有变化，要合时代，要有高尚趣味，要有对象，要有音乐价值：这都要看指挥者的修养与本领。一个合唱团的成功与失败，选材是一个重要因素。”[24]李抱忱显然很清楚，抗战时期更应注意这一点，因为当时的靡靡之音也颇有市场，提高并保持合唱团体的档次和品位是指挥者应考虑的重要问题。

7、指挥者要负责团体的精神和寿命。

“指挥者不但自己要精神活泼，还要负责使全团同样的精神活泼；不但要训练全团有纪律，自己更要遵守纪律，自己不振作，团体如何会有精神！自己不守时刻常常爽约，团体如何能有计划有纪律的练习，一个合唱团若是轰轰烈烈的产生，苟延残喘的生存，然后无声无臭的寿终正寝，那时指挥者若肯扪心自问，恐怕他要负一大部分责任。”[25]这说明指挥者是合唱团的精神领袖，上梁正了下梁才不歪，好的合唱团体务必有好的指挥人才。

由此可见，指挥的责任多么重大！“总之，指挥者需负一切音乐上，训练上，和行政上的责任；他须是一个‘音乐家’、‘领袖’和‘事务主任’”三位一体的人物。在平时练习时，他要负责训练，组织，推动和鼓励；要有母亲的忍耐，爱人的赏鉴，领袖的磁力，和传教士的热诚。”[26]对指挥者责任的总结是多么精辟，多么到位，多么感人！因为李抱忱就是这样一位出色的指挥家。

三、指挥的评价标准。关于这个问题，李抱忱引用了美国音乐教育名家盖尔堪斯（Gerkens）认定的标准：“好的指挥是清楚的，有表情的，诚恳的，和不夺人注意的。伟大的指挥是还加上灵感。”[27]对此标准李抱忱认为是很好的，并有精到的分析和见解。

1、关于清楚。“这是指挥的‘人之初’，拍子务必要分明，一切表情记号务必要清楚。歌曲首尾及中途的起止，一般人常是不整齐，多半是因为指挥动作之不清楚。”[28]这也说明指挥的领袖作用，其动作若是拖泥带水不清楚，势必影响合唱团队的整齐划一。

2、关于表情。“拍子仅仅清楚还不够，两手规规矩矩画拍子的指挥者，动作是呆板无味的，效果是单调干燥的。这不能说是指挥，仅可以说是打拍，指挥不但要清楚，还要能达意。”[29]指挥的表情显然也相当重要，单靠死板的打拍不利于传达指挥者和演唱者之间的交流意向，而相应的表情则能做到这一点。

3、关于诚恳。在谈及这一点时，李抱忱写道：“指挥于清楚有表情变化之后，容易犯描花样的毛病，就是尽管很忠实的动作而心里缺乏热情；这就是不诚恳，同和尚口里念经而心中想女人是一样的不诚恳。……好的指挥是‘诚于中描形于外’，是用姿态和动作来表现心中美的意念。”[30]显而易见，诚恳是做好指挥工作不可或缺的态度，只有发自内心才能称为好的指挥。

4、关于不夺人注意。在批评有些指挥受跳舞厅指挥影响而做出种种不需要的、有时简直是荒唐滑稽的姿势等不良倾向后，作者指出，“合唱团在唱歌时，听众的兴趣是在听唱，注意也应当给予唱者。指挥者在听众与听众所注意的唱者中间……应当多么小心在可能的范围内不夺人注意。……若能使一切动作与歌曲的情绪完全吻合，……指挥动作就变成歌曲演出的一部，如同水乳之相融。这时的动作不但不夺人注意，反而领导着听众有更深一层的欣赏，……好的指挥是一方面指挥唱者唱，一方面指挥听众听。”[31]李抱忱视那种故意夺取观众的注意来卖弄自己的本领的指挥动作为不可饶恕的罪恶！指挥动作和演唱呈水乳交融状才是真正的高境界。

5、关于灵感。“指挥者在指挥时应当暂时的活在歌曲里，于重新得到原作者的灵感之后，将它传达给唱者（方法是不可言传的，不能做作的，也许是口边一点神秘的微笑，也许是眼里一点感人的热情……，）再由唱者籍着自己受了灵感而发出的歌声而传达给听众。这时，指挥者有灵感的指挥，唱者有灵感的歌声，和听众有灵感的反应打成了一片。指挥者的灵感，感动唱者；唱者的灵感，感动听众；听众的灵感，感动指挥者和唱者更加有灵感。这就是有灵感的指挥，灵感不是‘永备’电筒，一按就亮的。它不来时，若合于前四个标准，还不失为好的指挥，好的指挥再加上灵感，那简直是伟大极了。”[32]这段文字既真挚又饱含激情，真切地道出了灵感的重要性，也阐发了唱者、指挥者和听者之间的灵感互动，三位一体的灵感交织将能营造极浓厚的情绪氛围。

四、此外，李抱忱还述及指挥的姿势、指挥棍的握法和指挥的动作等指挥者需了解的常识。

关于姿势，作者认为 “要自然”，即“两足最普通是相距约一尺而不是立正，后者不是自然的姿势；身体的重量应当平均分配在两腿而不是倚在一条腿上，后者是懈怠的姿势；腰与背应当直而不弯，驼背弯腰是病的姿势；头要向着演员看而不埋在谱里，或是仰视屋顶或四下乱看，这都表示不熟悉、没经验，怯场，或是心不在焉。”[33]看似简单的“姿势”，作者却叙述的相当详尽，在他看来，姿势一自然，健美随之而来。

关于指挥棍的握法，李抱忱介绍了两种基本的握法，一种是指挥棍的粗端放在掌中，棍子压在食指第一二关节中间的一段，或是正在第一关节上，用拇指轻轻一按即可；第二种握法是，用拇指、食指，和中指的尖端握着棍端。而“棍的握法常有时随乐曲不同的情绪而改变。乐曲到极清幽柔和的时候，上述第二种握法有人以为比较合适，或者根本丢开不用指挥棍也未尝不可。到慷慨激昂的时候，就非紧握不可了。”[34]李抱忱认为指挥棍的握法依旧是要自然，并没有绝对的握法，不强求一律，因人而异，因性格不同而可有不同的握法，最忌讳笨拙和做作。

关于指挥的动作，李抱忱阐述了基本原则，分为“手和臂的运用”及“举棍的高低”两部分：一、“指挥时，除去有时乐曲需要筋肉紧张外，各部的筋肉应当时刻的松软，特别是腕部不应当紧。打拍的动作应当极为儒雅。大而有力的拍子要运用手、腕和臂，以臂为轴心的来动作；平常的拍子多运用手、腕、和肱（臂的下一部），以肘为中心的来动作。小而弱的拍子则仅运用手，以腕为轴心的来动作。”[35]明确指出，自然放松和儒雅大方是指挥者要注意的，不同的拍子需协调的部位也不同。二、“举棍的高低应当以演员容易看见为原则。最普通的姿势是肘部向身体前面举起，但不特别张开，与肩差不多平。演员的多寡，坐立、远近、高低、以及排列方法等都直接影响举棍的高低。”[36]显然，指挥棍举的高低位置要适应演员，是以人为本的表现，而不仅是单纯从指挥者角度考虑，实际上表述了演员和指挥者的关系，演员的重要性是不应忽视的。这两部分的原则都是指挥人员需要明确和遵循的。此外，李抱忱还分别对二拍、三拍、四拍及六拍的指挥方法做了介绍和图解，至于其他不太普通的拍子类型李抱忱则阐明是由上述四种基本拍子组合而来，学会了上述四种拍子的指挥法，其他拍子类型就不难掌握了。

五、指挥的技术和练习。指挥需要注意的问题也是指挥理论的重要组成部分。这部分内容，李抱忱从起拍、止拍、延长、分句和换气、何时应当拍节奏、不握棍之手的应用、指挥动作是活的、指挥是有热情的、指挥的工具、如何练习指挥、指挥须知等十一个方面进行了论述。前八点讲指挥技术，后三点讲应注意的问题。因这些内容技术性较强，同时叙述较为繁琐且限于篇幅，而且有的内容与前重复，恕本文不再赘述。

在李抱忱相关的指挥理论文章和著作中，还有一个明显的特点，就是李抱忱多处使用“讨论”一词，很明显这是虚怀若谷的表现，他并没有以专业指挥家的姿态居高临下面对读者，而是以和读者对等的身份与他们一起探讨指挥理论。在现实生活中，李抱忱就是一个和善慈祥、没有架子的人。说“文如其人”，一点不为过。

李抱忱所阐述的指挥理论在今天的专业指挥和水平较高的业余指挥人员看来，显然是很普通的知识，不足为奇，但在抗日战争时期，却是只有极少数人才了解的知识，因而是非常重要和珍贵的历史遗产。这些指挥理论知识无疑地为日后中国合唱指挥事业的发展提供了丰厚的基础，所以是不应被遗忘和忽视的，而且其意义应该被充分的认识。

注释：

① 戴鹏海：《重写音乐史：一个敏感而又不得不说的话题——从第一本国人编、海外版的抗战歌曲集及其编者说起》，2001 年，《音乐艺术》第 1 期，第 64 页。

② 1939 年李抱忱应国民政府军事委员会政治部第三厅之约撰写了三万字的《怎样指挥歌咏》一文，至今未发现更早的同类文章；成稿于 1944 年，但由于各种原因迟至于 1976 年才在台湾出版的李抱忱著《合唱指挥》的原序中提到："据作者所知，在我国歌咏现已相当普遍的时候，还没有一本歌咏指挥法问世，这非常影响歌咏的推动。"（李抱忱：《合唱指挥》，台湾天同出版社出版，1976 年，第 9 页。）类似的文字也出现在 1941 年李抱忱为《新音乐乐刊》撰文的《歌咏指挥讲话》中："据作者所知，现在一本指挥法的专书也没有。"（李抱忱：《歌咏指挥讲话》，李凌、赵沨主编，读书生活出版社出版的《新音乐乐刊》，1941 年 1 月第二卷，第四期，第 35 页。

③ 李抱忱：《歌咏指挥讲话》，李凌、赵沨主编，读书生活出版社出版的《新音乐乐刊》，1941 年 1 月第二卷，第四期，第 35 页。

④ 李抱忱：《歌咏指挥的应用》，乐风社编《乐风》，1941 年 2 月，新一卷第 2 期第 17 页。

⑤ 李抱忱：《歌咏指挥讲话》，李凌、赵沨主编，读书生活出版社出版的《新音乐乐刊》，1941 年 1 月第二卷，第四期，第 35 页。另见李抱忱著《歌咏指挥法讲话》，李抱忱、李凌、赵沨、甄伯蔚、薛良、联抗执笔《新音乐手册》，桂林立体出版社印行，1942 年 7 月初版，第 99 页。

⑥ 李抱忱：《歌咏指挥讲话》，李凌、赵沨主编，读书生活出版社出版的《新音乐乐刊》，1941 年 1 月第二卷，第四期，第 35 页。

⑦ 同⑥。

⑧ 同⑥、⑦。

⑨ 李抱忱：《歌咏指挥讲话》，李凌、赵沨主编，读书生活出版社出版的《新音乐乐刊》，1941 年 1 月第二卷，第四期，第 35—36 页。

⑩ 李抱忱：《歌咏指挥讲话》，李凌、赵沨主编，读书生活出版社出版的《新音乐乐刊》，1941 年 1 月第二卷，第四期，第 36 页。

⑪ 同⑩。

⑫ 同⑩、⑪。

⑬ 同⑩、⑪、⑫。

⑭ 同⑩、⑪、⑫、⑬。

⑮ 同⑩、⑪、⑫、⑬、⑭。

⑯ 同⑩、⑪、⑫、⑬、⑭、⑮。

⑰ 同⑩、⑪、⑫、⑬、⑭、⑮、⑯。

⑱ 李抱忱：《歌咏指挥讲话》，李凌、赵沨主编，读书生活出版社出版的《新音乐乐刊》，1941年1月第二卷，第四期，第35页。

⑲ 李抱忱：《歌咏指挥讲话》，李凌、赵沨主编，读书生活出版社出版的《新音乐乐刊》，1941年1月第二卷，第四期，第36页。

⑳ 同⑲。

㉑ 同⑲、⑳。

㉒ 同⑲、⑳、㉑。

㉓ 同⑲、⑳、㉑、㉒。

㉔ 同⑲、⑳、㉑、㉒、㉓。

㉕ 同⑲、⑳、㉑、㉒、㉓、㉔。

㉖ 李抱忱：《歌咏指挥讲话》，李凌、赵沨主编，读书生活出版社出版的《新音乐乐刊》，1941年1月第二卷，第四期，第37页。

㉗ 李抱忱：《歌咏指挥讲话》，李凌、赵沨主编，读书生活出版社出版的《新音乐乐刊》，1941年1月第二卷，第四期，第38页。

㉘ 同㉗。

㉙ 同㉗、㉘。

㉚ 同㉗、㉘、㉙。

㉛ 同㉗、㉘、㉙、㉚。

㉜ 李抱忱：《歌咏指挥讲话》，李凌、赵沨主编，读书生活出版社出版的《新音乐乐刊》，1941年1月第二卷，第四期，第39页。

㉝ 同㉜。

㉞ 同㉜、㉝。

㉟ 李抱忱：《歌咏指挥讲话》，李凌、赵沨主编，立体出版社出版的《新音乐》，1941年8月第三卷，第一期，第40页。

㊱ 同㉟。

抗战音乐史写作结构的若干问题

——陈志昂《抗战音乐史》读后

2005 年 6 月黄河出版社出版发行了军旅音乐家陈志昂先生的《抗战音乐史》，这是迄今见到的抗战音乐史研究的集大成者，以陈老的古稀之龄写出前所未有的著作，实属不易，是一部积多年之功而成就的大作。2005 年是中国抗日战争暨世界反法西斯战争胜利六十周年，笔者在这一年因参与筹办《烽火系丹青——中国国家博物馆馆藏抗战美术作品展》的工作，有机会接触到《抗战音乐史》（以下简称《抗史》），该展览的背景音乐就播放的是抗战歌曲。两年多来，在繁忙的工作之余，研读了这本音乐史专著，获益匪浅。现仅以一个音乐爱好者和抗战音乐的喜爱者的身份斗胆将自己对该书的看法写出来，得当与否，敬请音乐界人士批评指正。《抗史》的成就自有著名音乐家唐诃先生在该书的《前言》中作了精辟的概括和总结，就不再赘述，本文仅就笔者认为的不足方面谈一些看法。

一、写作框架的不完善

《抗史》读后让人感觉只是一本抗战音乐作曲史，抗战时期大量的音乐活动几乎被掩盖于作曲家的影子中失去了光环，尽管该书包括了“前期的爱国歌曲”“救亡歌曲与救亡歌咏运动”“抗战初期的音乐”“解放区的音乐”“国统区的音乐”和“沦陷区的音乐”等几大部分。乍一看内容还比较全面，但是，仔细推敲感到其写作的基本模式框架未脱汪毓和等先生音乐史写作的窠臼，不能说是一本真正意义上的抗战音乐史。抗战音乐史的写作不应仅限于以作曲家为主，诚如该书作者所说“抗日战争时期是一个流血的年代，也是一个唱歌的年代。整个民族都在歌唱，歌唱着种地，歌唱着做工，歌唱着行军、打仗、流血、歌唱着走向永生……”。[①] 显然抗战时期的音乐活动决不仅限于音乐创作，歌曲创作出来了必须有人唱才能得到推广，否则不可能发挥巨大的社会功效。在抗战时期大批的音乐工作者们引领着民众高歌，唱出中华民族的气势，唱出中华民族的不屈，唱出中华民族的顽强抗争！除了曲作者外，还有词作者、歌唱者、合唱指挥，也有业余指挥爱好者）、音乐教育者、音乐出版者，演奏者、参与中国抗战音乐活动的外国友人（这也是中外音乐交流在这个时期的具体表现）等，他们在作曲者的创作基础上，在音乐领域的各个行业积极努力地为中华民族的独立解放及反法西斯战争工作，这些工作是作曲者群体无法独自完成的，他们的千秋功业同样是不应被埋没的，不写他们的业绩就是历史的不公。因而一部抗战音乐史怎能基本上只写作曲者，而其他行业的音乐工作者或是被轻描淡写地带过，或是甚至未被提及呢？显然，书的作者犯了多数音乐史学家们的通病，即片面性和不全面性，所以才会以偏盖全。美国当代著名音乐评论家、声乐理论家亨利·普莱桑茨（Henry Pleasants）说：“现代的音乐评论中有个奇怪的现象，即研究历史只集中研究作曲家，实际上排除了演唱者和演奏者，除非表演者也是作曲家。作曲家的成就可以由清楚的乐谱流传下来，作为见证。而在留声机问世以前，表演者的艺术无法可靠和持久地保存下来，只能留在听众的记忆中。这是事实，但这只有部分的合理性。把作曲与表演者分割开的现象，在进入 19 世纪以后，表现得更为突出。”[②]《抗史》的写作模式虽然和国际接轨了，却未必是完善的、全面的和科学的，毋庸置疑，音乐创作是许多音乐活动的基础，没有音乐创作，其他的音乐活动无从谈起，也就不会有任何社会功效；然而，同样毋庸置疑的是，没有其他音乐活动，仅有音乐创作也不会产生任何社会功效，歌唱、演奏等表演形式是音乐作品的再创造，两者的关系是相辅相成的，缺一不可，而其他一些音乐活动同样是在音乐创作的基础上进行的并将音乐创作的影响推而广之。正是由于音乐领域中的各个群体的共同努力，才形成了抗日战争时期高唱民族战歌的巨涛洪流。由此可见，《抗史》的写作框架存在着严重的缺失，由于内容远远没能涵盖全面的抗战音乐史，所以书名和内容就产生了极大的矛盾。该书似乎可以称之为《抗战音乐创作史》，或者称为《抗战音乐简史》、《抗战音乐史纲》可能会更准确和科学一些。和刘再生先生所著《中国古代音乐史简述》（3）一书的写作框架相比，就能很容易地看出《抗史》的重大缺陷：《简述》除了有对古代作曲家、歌唱家和演奏家的叙述外，还介绍了乐舞、乐器、乐官制度和音乐机构、宫廷音乐和民间音乐、音律、戏曲、音乐和戏曲著作、曲种分类等，虽说近现代音乐史的写作框架不能完全类同于古代音乐史的写作框架，但应该指出的是，《抗史》的写作框架是纵向有余，横向不足，还有很大的改进余地，也有不少文章可做。

二、抗战音乐史其他方面的简况

《抗史》应增加的内容至少有以下几个方面：

1、作词群体

歌曲或称声乐作品本身就是曲和词的结合物，没有词的曲不称之为歌，无法用歌唱的方式进行表现，只能用乐器演奏，称为器乐曲。歌曲正是由于有了歌词，才更易于被大众所接受并发挥出难以想象的社会功效，在抗战期间歌曲所发挥的作用远大于器乐曲。因而在歌曲的创作过程中，词作者的作用也很重要，有的歌曲是先有词后配曲，有的则是先有曲后填词，有的歌曲是词曲皆为一人同作，多数歌曲是由不同的人分别创作词和曲，这是歌曲创作的基本规律，抗战歌曲的创作也是遵循这条基本规律进行的。所以说，在写作音乐史或抗战音乐史的时候，是不应该忽视词作者的，而在《抗史》中，词作者没有被赋予足够的地位，只是作为曲作者的配角出现，简单地写在某歌曲名后的括弧内。就歌曲而言，不外乎分成四类：一是词曲皆佳，二是曲优于词，三是词优于曲，四是词曲皆一般，抗战歌曲的创作也同此理。不管怎么说，歌曲的词作者是不应被忽视的。在抗战期间，伴随着音乐创作的需要和不断扩大，涌现了许多词作者，他们有的是专业的，有的是以作家、诗人等身份介入音乐领域的，有的则是业余写手，他们都以饱满的爱国热情倾注笔端，写下了许许多多饱含民族激情的歌词，尽管水平不等，却都是特殊历史环境下的产物，是中华民族不屈意志的真实写照，具有非同一般的意义，理当讴歌。

2、歌唱群体

在《抗史》中仅着重提及了极为少数的歌唱家，如周淑安、应尚能、杜矢甲、张权和莫桂新伉俪，其他歌唱家几乎没有提到。前两人是因为他们在抗战期间都曾作过曲，作者才把他们加以叙述的，而且重点写他们的作曲情况。其实，乐界人士大多知道，此二人最擅长的并非作曲，以周氏论，她是中国近代第一位女歌唱家、音乐教育家和指挥家，作曲不是最主要的；以应氏论，尽管他作有抗战名歌《吊吴淞》、《国殇》，但其最突出的还是以歌喉著称，把他们二人置于作曲家中介绍，总觉得不太合适；杜氏实际上以作曲为主；后两人则是在叙述作曲家黄源洛创作抗日歌剧《秋子》时顺带介绍的，因他们俩在该歌剧上演时扮演了其中的男女主角，并由于他们杰出的歌唱而轰动一时，伉俪俩也由此成名。中国人创作的歌剧在抗战时期还是新生事物，因而《秋子》被时人批评为不完美的作品是正常的，而张、莫二人的美声演唱在当时则得到了极高的赞誉，如此看来，将他们作为作曲家的附带对象介绍也是不太合适的，何况张权作为新中国最著名的女高音歌唱家之一，她在中国近现代音乐史上特别是歌坛上的地位是有目共睹的，而莫桂新则在上个世纪五十年代的反右斗争中遭受迫害无辜地含冤去世于北大荒，实在是中国音乐界的一大损失。除了上述歌唱家外，至少还有一位著名的歌唱家活跃在抗战歌坛上，他就是上个世纪三四十年代以演唱反封建、争自由电影《夜半歌声》主题歌著称的盛家伦，此外，他也以擅长演唱《义勇军进行曲》（今国歌）闻名，并曾参与这首歌曲灌制录音唱片的工作。盛家伦也是一名作曲家，曾为第一部抗战电影《保卫我们的土地》和电影《塞上风云》谱写主题曲，还有他自己作曲作词的《上前线》等歌曲。此外，他还主编过中国共产党领导下的刊物《新音乐》。盛家伦去世于反右运动之前，应该不会有什么政治问题吧？对于这样一位杰出的歌唱家和作曲家，不知《抗史》为何不予介绍？而春风文艺出版社于1994年出版的《中国近现代音乐家传》也未收录他的事迹同样另人费解。在抗战期间为培育中国声乐人才的赵梅伯、黄友葵、谢绍曾等著名声乐教育家，“雇人背负风琴，跋山涉水，走遍四川大小三十余县，到处为群众演唱‘五·四运动’以来的优秀歌曲、民歌及抗战歌曲”的男高音歌唱家蔡绍序，（4）以演唱吕骥作曲、王震之作词的抗战歌曲《大丹河》成名的男低音歌唱家李志曙，也是应该有所着墨的。

3、指挥体群

正因为合唱较之其他演唱方式更能凝聚大众，更能展示群体的力量，更能体现中华民族的气势，合唱在抗战时期才成为最重要的演唱形式。在抗战时期，为民族高歌的决不止专业的歌唱家们，而是千千万万的中华儿女们，不论是在中国共产党领导下的抗日根据地，还是国民党统治下的大后方，他们不仅是自己唱，而且组成了许多歌咏队、合唱团，形成了高唱民族战歌的壮观场面，这些歌咏队、合唱团都需要指挥人才来训练，因而专业的、业余的指挥者在这个时期发挥了很重要的作用。

音乐指挥的历史悠久，古希腊时就存在，不过最初的职能仅是击拍，经过漫长的历史演变，直到二十世纪指挥者才成为一种权威人物，指挥也成为音乐界的重要职业，指挥学也才成为一种专门的学问。在二十世纪三四十年代，指挥在中国乐坛上也是一门新兴的职业，它是伴随着西方宗教音乐进入我国而产生的，指挥家则是稀有人才。在这个时期，在中国音乐领域活跃着一女一男两个著名的合唱运动先驱兼指挥家，在上海和北京率先开展救亡合唱运动，女的即前面已经提到的周淑安，不再多叙；男的即李抱忱，尽管《抗史》在四处提到他：一处在《抗史》第 93 页，说“李抱忱曾将《大刀进行曲》的歌词译成英文，编入英文版《中国抗战歌曲集》，”其实这是张冠李戴了，李抱忱译词并编入中英文对照版《中国抗战歌曲集》的是《义勇军进行曲》和《自卫》，正因如此，他成为第一个正式将《义勇军进行曲》的歌词译成英文的中国人，而《大刀进行曲》的词译者是外国人梅克敌；第二处在第 95 页，把贺绿汀和李抱忱分别作曲的《垦春泥》（《农歌》）做了比较，《抗史》认为贺曲优于李曲，或许是对的，不过这是正常的，毕竟李的主业不是作曲，音乐家也是各有所长，何况李抱忱始终没有认为自己是作曲家；第三处在第 112 页，因谈及杜矢甲在北平读中学时参加过李抱忱指挥的合唱团；第四处在第 242 页，李抱忱作为歌剧《秋子》演出时的顾问之一，认可了他在当时中国音乐界的地位。但对于作为早期中国指挥界的重量级人物却颇显简略，并且没有谈及他的任何指挥活动。2001 年，上海音乐学院的戴鹏海教授在《音乐艺术》杂志上发表了以《“重写音乐史”：一个敏感而又不得不说的话题——从第一本国人编、海外版的抗战歌曲集及其编者说起》的长篇论文，（5）通过介绍李抱忱编辑的迄今唯一的中英文对照抗战歌曲集的情况，并对李抱忱的生平特别是他在抗日战争时期指挥合唱的活动给予了概括和肯定，在音乐界掀起了轩然大波，并再次引发了是否重写音乐史、怎样重写音乐史的激烈论争，这场争论至今没有结束，这已是音乐界人士熟知的。鲜为人知的是，1932年3月，李抱忱在北平育英中学（今北京二十五中）指挥了援助抗日前敌将士募捐音乐会，这是迄今所知他从事的最早的救亡音乐活动。据目前能看到的材料，李抱忱应该是中国近代音乐史上第一个以合唱指挥为首要职业的音乐家，（6）他的“独乐乐不如众乐乐”的乐教思想在当时是独一无二的，戴鹏海先生为其定性为指挥家、作曲家、理论家和音乐教育家应是没有什么疑义的。而2007年山东师范大学音乐学院硕士研究生曲文静专门撰文纪念李抱忱诞辰百年，对李抱忱的历史贡献做了更全面的科学性认定，当然，这属于后话。（7）中国合唱运动的第一个全国性高潮正是兴起于抗日战争时期，中国的指挥活动也是在这个时期大规模地开展起来的，周淑安、李抱忱、唐学咏、马思聪、吴伯超、赵梅伯、夏之秋、郑志声、金律声、马革顺、张肖虎等知名和不知名的指挥人才在其中发挥了重要作用，一本抗战音乐史不浓墨重笔地写这方面的内容，应该说是有欠缺的，尽管涉及了一些歌咏运动的内容。

4、教育群体

抗战时期的音乐教育也是音乐发展史中的一个领域，可是《抗史》涉及的很少，只在具体叙述某一作曲家和教育有关时才顺带提及。其实，就这一专题，伍雍谊先生主编、上海教育出版社在1999年出版的《中国近现代学校音乐教育：1840—1949》一书中已叙述了很多，记录了包括抗战期间音乐教育在内的音乐历史，向读者展示了这一时期的音乐教育状况。当时除了有专业音乐学院外，在一些院校里也设有音乐系，中、小学校里也设有音乐课，开展音乐教育，在共产党领导的根据地有以延安鲁艺为首的音乐教育体系，在国统区有以重庆青木关国立音乐院为首的音乐教育体系，即使在孤岛上海也有一定的音乐教育体系，只是表现形式不同而已。有许多音乐教育工作者付出了努力和心血，做出了不朽的贡献，他们同样是不应忘记的。专职著名音乐教育家有不少，如萧友梅、杨仲子、刘质平、唐学咏、满谦子、吴伯超、黄自、萧淑娴、刘已明、陈洪、许勇三、黄源澧、曾雨音、常苏民、姚锦新、任虹、向隅、张洪岛、刘天浪等，以其他音乐职业为主业并兼任教育职业的音乐家也有不少，还有许多默默无闻的音乐教育工作者为中华民族的解放奉献过。中国近代音乐教育事业没有在日寇的野蛮侵略下夭折，而是在中华民族的抗日怒涛灌溉下顽强地生存和成长着，这对日后中国音乐教育的发展有着不可忽视的意义。

5、出版群体

抗日战争时期的音乐出版状况也是应该着重阐述的一个方面。这时期的音乐出版由于抗战歌曲的大量创作而出现了新的繁荣，为数不少的新旧音乐刊物都陆续刊载抗战音乐作品，并出版了数量众多的歌曲物质载体——歌曲集或称歌本，形成了与前不同的出版局面，民族的意志集中体现于这些出版物中。这些音乐出版物全面地、长期地记载了当时的歌曲流行和音乐活动的状况，尤其是从歌曲集里可以看出，不同党派、不同的阶级打破隔阂为中华民族的新生共唱同样的歌。这些音乐出版物记载了真实的历史，各种歌曲曲谱成为日后再版的基础。在音乐刊物出版的过程中，同样有许多相关的出版机构和工作者值得书写和讴歌。《抗史》中这方面的内容很少，虽对新音乐社出版的刊物《新音乐》着墨较多，不过，其他内容只在第 41 页用了不到五行的文字简而又简地提及国统区的音乐出版物，而举例的几本歌曲集也未能比较全面地说明当时的出版规模；在第 120 页用一段文字虽提及了延安的音乐刊物，但也颇显不足，应该说是一种遗憾。留存至今的各种抗战时期的音乐刊物已成为弥足珍贵的文物，(8)它们见证了战争年代的峥嵘岁月。

6、音乐理论的研究和翻译

残酷的战争并没能使音乐理论的研究和翻译工作中断，反而由于现实的需要更激励了这些工作的顽强进行，在抗日战争时期发行的众多音乐刊物中就刊登了大量这方面研究的文章。萧友梅、青主、赵元任、黄自、周淑安、杨仲子、朱英、刘天华、杨荫浏、廖辅叔、陈田鹤、冼星海、李抱忱、张洪岛、李凌、赵沨、缪天瑞、程懋筠、钱君匋、唐学咏、贺绿汀、沙梅、章枚、陈歌辛、钱仁康、吕骥、杜矢甲、光未然、孙慎、舒模、麦新、马思聪、刘雪庵、赵梅伯、陆华柏、王云阶、应尚能、李焕之等著名音乐家都有佳作，(9)除此之外，还有许多音乐工作者也辛勤耕耘在这两个领域中，发表了大量相关的文章，普及了音乐知识，提高了民众的音乐素养，尽管内容不全都和抗战主题有直接的关系，却都是在极为艰难的战争环境下完成的，同样为我国音乐事业的发展做出了重要贡献，也很有必要着重叙述。

7、中外音乐交流

中外音乐交流自古就有，而到了近代，这一过程达到了比以往任何时候都大的规模，这是由当时的社会发生了天翻地覆的变化决定的，抗战时期的中外音乐交流则是这一大规模音乐交流活动的重要组成部分。在整个交流的过程中，中外音乐人和中外音乐元素的互动功效是难以估量的。以李抱忱编辑中英文对照版《中国抗战歌曲集》为例，在该歌集编辑的过程中，由于李抱忱感到自己一人难以胜任歌词的翻译工作，就礼邀了一些外国朋友参与这项工作，于是，在反法西斯的共同目标下，顺利地和高质量地完成了工作。这本歌曲集先后在香港、加尔各答和纽约出版并再版，这是一段中外人士共同把中国战歌推向世界的佳话，成就了迄今为止大陆编辑的唯一一本中英文对照版《中国抗战歌曲集》，（10）由此可见，这本歌曲集的文物价值也是相当高的。另外一个例子是抗日电影《风云儿女》中的主题歌《义勇军进行曲》的最初配器不是由中国人进行的，而是由贺绿汀邀请当时在中国的犹太裔俄罗斯音乐家阿龙·阿甫夏洛穆夫进行的，一个外国人为中国日后的国歌做了第一次配器正是典型的中外音乐交流的范例。除此之外，他本人十分钟情中国音乐，并以中国题材创作了许多音乐作品，聂耳、郭沫若、夏衍、周信芳等都对他的创作给予高度赞赏，为此他也与中国人民和中国音乐家结下了深厚友谊。在抗日战争时期，有不少中外音乐交流的事迹也是值得写进音乐史的，缺了这部分内容总觉不应该。

三、其他不足

1、中国近代专业音乐教育的开拓者、奠基者萧友梅是救亡歌曲创作的先行者，本身是有音乐作品的，1928 年 5 月 3 日的“济南惨案”（“五三惨案”）后，他率先创作了《国难歌》、《国民革命歌》、《国耻》三首歌曲，“九·一八”抗战后，他又带头创作了《从军歌——为义勇军作》，并激发了上海国立音乐院（后改名国立音乐专科学校）的师生创作了一批救亡歌曲，目前已有史料证明，不知作者为何没有完全阐述明白？这些救亡歌曲在当时虽然还属于星星之火，但在日后随着抗日救亡形势的发展终成燎原之势，萧友梅和上海国立音乐院的师生们的首创之功万世不朽！

2、对黎锦晖的阐述也不够公正，仅举例他的《醉卧沙场》做了一些评述，显得说服力不足，实际上，黎锦晖在“九·一八”后的短短三个月中创作了40多首救亡歌曲，一改靡靡之音歌王的不良形象，尽管他的救亡歌曲刚性不足，温软有余，但他毕竟在相当程度上表现了自己的爱国情怀，并于1932年出版了迄今所能见到的最早的爱国歌曲个人专集——《爱国歌曲》第一集。是史料挖掘不足还是其他原因导致了《抗史》的误差？

3、在对赵元任创作的《老天爷你年纪大》一歌叙述时，《抗史》时而认为是对蒋家王朝的失望，（11）时而认为是与蒋家王朝的决裂，（12）两种结论自相矛盾，在同一本书中是不应该出现的。失望不能等同于决裂，毕竟还没有绝望，没有绝望也就难说决裂，失望的结论比较符合实际，决裂的结论过于轻率，因为赵氏于1959年还到台湾大学讲学，这又做何解释？如果决裂了就不会有此行，而赵氏第一次回大陆则是在中美关系解冻后的1973年，时隔14年。所以，与其说《老天爷你年纪大》的创作是和蒋家王朝决裂不如说是对蒋家王朝的失望更为贴切。

4、在抗战时期有重要贡献的音乐家程懋筠在该书不见踪影，可能是顾忌他曾在1928年为孙中山的“黄埔训词”谱曲创作了国民党党歌也即后来的民国国歌。他除了音乐教育方面的作为外，抗日救亡歌曲在他的创作中也占有重要份量。他创作有《救国义勇军军歌》《救国歌》《复兴歌》《抗日军歌》《全靠俺自己》《打游击去》《再牺牲！再前进！》《锄奸谣》《打铁歌》等歌曲，曾在全国广为流传。中华人民共和国成立后，程懋筠还创作歌曲为新中国讴歌，但不幸的是他长期以来都被台海两岸边缘化。其实，一个历史人物正需要史家给予公正的评说，掩盖和抹杀都是不可取的。事实上，早在1994年春风文艺出版社出版的《中国近现代音乐家传》就为他作了传，因此，如有顾虑也是多余的。2007年，中央音乐学院还为他举办了逝世50周年纪念音乐会，并演奏了他的一些作品，更说明音乐界及政府对他有了进一步的认可，尽管这也属于后话。相反的是，曾作过歌曲《青天白日满地红》的黄自则在《抗史》中占有较大的篇幅，为什么作者就没有任何顾忌呢？而萧友梅还曾为北洋政府时期的国歌《卿云歌》谱过曲，为何也没有任何顾忌呢？在当时的政治环境下，一些作曲家创作了适应当时需要的歌曲是毫不奇怪的，只要能用公正的历史眼光看待就行了。对于类似的历史人物或事件应以基本同一的标准和眼光评判及看待才是公正的、科学的。

5、还有音乐教育家刘天浪在抗战时期作有《胜利花》《百灵庙》《山林果》《破路》《打铁谣》《全国年轻的好汉》《大家忙》《农夫从军歌》《当兵歌》《抗敌歌》《送志愿战士》《战士的呼声》等歌曲，这些作品在当时都有一定影响，不知何故《抗史》也未予介绍。刘天浪作为一个无党派民主人士，无论是共产党还是国民党创办的刊物都登载过他的作品，一方面说明抗日统一战线的感召力，另一方面说明其作品具有较高的价值。《抗史》只字不提是不应该的。

据以上所述，抗战音乐史的创造者是全体投身抗战洪流的爱国音乐家和音乐工作者，而不仅仅是作曲家，所以抗战音乐史和中国近代音乐史一样，都有重写的必要。重写音乐史不仅是要增加过去没说或不敢说的音乐人物，而且是要建立一个科学的框架，把该写的能写的内容尽量写全，涉及面要拓宽，抗战音乐史的重写也同此理。不言而喻，由于音乐这一学科的特点，音乐家们往往是以某一种音乐职务为主，同时从事其他音乐分支的工作，因而造就了不少多才多艺的音乐家，这也就为《抗战音乐史》写作框架的科学构筑增加了很大的难度。殷切地期待着更全面、更完善的《抗战音乐史》的面世，不独满足音乐爱好者的需要，也为抗战音乐史、中国近现代音乐史乃至中国音乐通史的研究做出更大的贡献。

注释：

① 引自《绪论 略论抗日战争时期的音乐》，见陈志昂著《抗战音乐史》，2005年6月第1版，第1页。

② 引自管谨义编著：《西方声乐艺术史》之〈前言〉，人民音乐出版社 2005 年 8 月第 1 版。

③ 人民音乐出版社，北京，2006 年 5 月第二版。

④ 《歌声中的怀念——男高音歌唱家蔡绍序》，向延生主编、春风文艺出版社出版的《中国近现代音乐家传》，1994 年版第二卷，第 64 页。

⑤ 戴鹏海所说需要重写的音乐史主要指的是中国近代音乐史。

⑥ 向延生主编的《中国近现代音乐家传》中以指挥家为第一身份作传的第一个音乐家是杨嘉仁，但杨氏生于1912年，比李抱忱小五岁，他是交响乐队指挥不是合唱指挥，最早的正式指挥活动是在1939年的留美期间，比李抱忱晚了八、九年，而且没有抗日救亡性质。

⑦ 见曲文静：《中国近代合唱事业的先驱——音乐家李抱忱百年诞辰纪念》，载《中央音乐学院学报》2007年第4期。

⑧ 见中国艺术研究院音乐研究所资料室编、文化艺术出版社出版的《中国音乐期刊编目汇录1906—1949》，北京，1990年10月第一版。

⑨ 各音乐家的作品名录见中国艺术研究院音乐研究所资料室编、文化艺术出版社出版的《中国音乐期刊篇目汇录1906—1949》，北京，1990年10月第一版。

⑩ 见向延生：《李抱忱与英文版〈中国抗战歌曲集〉》，载《中央音乐学院学报》2007年第4期。

⑪ 有两处，见陈志昂著《抗战音乐史》第34页和第256页。

⑫ 同⑪第257页。

刊载于《中央音乐学院学报》2015年第四期。

抗战中重庆的苏联电影宣传

现今在中国，苏联电影已成为久违的事物。然而，苏联电影曾经取得的成就是举世公认的，无论是在教育功能的发挥还是在电影艺术的造诣方面，都是世界电影发展史的重要组成部分，甚至欧美电影都受过它不小的影响，因而在世界电影发展史上占有不可忽视的地位。特别是在第二次世界大战中，苏联电影对于鼓舞反法西斯人民的斗志，坚定反法西斯的军心、民心起到了不应忘记的作用。对于中国人民来说，更有必要记取的是在抗日战争中，不少苏联电影在中国上映，在一定程度上激励了中国人民的抗敌意志，从而形成了盛行一时的对苏联电影宣传介绍的活动，这一活动在当时的陪都重庆表现的最为突出，而这一切主要是在中国共产党的领导和影响下进行的。因此，这个时期对苏联电影的宣传介绍也是中共党史中文化艺术工作领域里重要的一笔，并不只是中国电影发展史和中苏电影交流史里的内容。

在表述抗战中重庆苏联电影的宣传介绍之前，有必要简单追述一下苏联电影传入中国的历史。

一、苏联电影传入中国

1917 年俄国爆发的十月革命为苏联电影的产生奠定了根本的基础，苏联电影是在列宁及苏共的直接领导和关怀下建立并发展起来的，而且在当时的国际影坛上呈现出了与众不同的风采。“崭新的社会主义的苏联电影，以它的革命的思想内容和生动的艺术形式，震撼了世界影坛，赢得了各国人民的欢迎，为世界电影历史写下了辉煌篇章。”[①]

苏联电影诞生的时候，中国正值民国早期，封建的集权制度不复存在，社会动荡，思想自由且混乱，各种思潮都在古老的土地上滋生和传播。这种社会状况也有利于别具一格、充满新鲜活力、生机勃勃的苏联电影传入中国。当时的中国电影也是新生的、不成熟的，而且受到帝国主义的控制，主要掌握在投机商人和封建买办资产阶级及其御用文人手中，引进的多数是美国带有很强商业性的电影。由于十月革命的影响，加速了马克思主义在中国的传播，加之第一次世界大战给世界人民带来的是巨大的灾难，人类需要新生活和新希望，对中国人来说引进苏联电影也成为一种现实需要。最早在中国公开上映的苏联电影是《列宁的葬仪》，时间是 1924 年，时值国共第一次合作初期。此后，在中国放映过的有影响的苏联电影首推苏联名导演爱森斯坦导演的默片时代的巨片《战舰波将金号》,时间是 1926 年，此片给国人留下了深刻的印象。1927 年第一次国共合作破裂后，苏联电影被禁止引进，直到 1931 年 4 月，在上海才又上映了苏联另一名导演普多夫金导演的《成吉思汗的后代》(又名《亚洲风云》或《国魂》),随后《金山》也在我国上映。1932 年 12 月，在国内舆论的压力下，国民党政府被迫与苏联复交，次年 2 月苏联有声片《生路》在上海公映，随后，《迎展计划》(《重逢》)《傀儡》《今日之苏联》《无国游民》《夏伯阳》《大雷雨》《阿比西尼亚》《我们来自喀琅施塔得》《马戏班》《列宁》《循环》《胜利号》《我是劳动人民的儿子》《三姐妹》《血花》《予打击者以打击》、《火中的西班牙》《迷途的羔羊》等苏联电影陆续在国内上映。抗日战争全面爆发后，苏联电影在中国上映的重心逐步转移到武汉及大后方的重庆，先后放映的影片主要有《列宁在十月》《马门教授》《列宁在一九一八》《大地怒吼》《钢铁是怎样炼成的》《血肉换自由》《雾海孤帆》《十三勇士》《巴黎公社》《雪中行军》《彼得一世》《夜莺曲》《活捉倭寇》《直捣敌巢》《高尔基的童年》《爱护祖国》《游击队之女》《虹》《忠勇巾帼》(《她在保卫祖国》)、《保卫斯大林格勒》《会师柏林》等。这些内容和风格各异的影片为当时抗战中的中国观众所喜爱，不仅打破了美国好莱坞电影对中国电影市场的垄断，使成为好莱坞俘虏的中国观众得以解放，使他们能够走出电影这块好莱坞的殖民地，同时丰富了战时中国民众的生活，提高了中国观众的审美水平，而且在一定程度上鼓舞了中国军民的抗敌斗志。

二、战时重庆的苏联电影宣介

为什么要加强对苏联电影的介绍？当时的中国电影人是怎样认识苏联电影的呢？进步的中国文艺工作者们对苏联电影有着如下的认识。著名音乐家贺绿汀是这样说的：“苏联是革命建设两方面都成功的国家，他们把自己革命建国的史实经验在电影艺术中表现出来，无论如何不能算是过分。况且我们于抗战建国最危急巨难的关头，更要借镜人家的经验和教训。”② 另一位著名的电影工作者沈西苓这样写道：苏联电影“会使你感到一种‘热的力’，这种热的力，会引出你的热和泪，会鼓动你的心胸，燃烧你的心田！使你觉得一种新的呼号——那人间正义的呼号！”③ 此外，苏联电影“没有专为娱乐人设的大腿裸胸，所谓香艳肉感的电影。差不多每一个片子都有充分的教育意义，被运用着用以教育千千万万苏联大众，告诉他们当前的困难在哪儿，应该怎样去克服这困难。”④ 对苏联电影的宣传介绍是伴随着苏联电影传入我国开始的，不过初期还很薄弱，随着苏联电影传入数量的增多，相关的宣传介绍也逐渐增多，但到 1927 年国共第一次合作破裂后，不仅苏联电影被禁映，相关的宣传介绍也被禁止，直到上个世纪三十年代初才再度出现，救亡运动的开展推动了这一趋势，特别是抗日战争全面爆发后，鉴于现实斗争的需要，中国共产党加强了对苏联电影宣传介绍的工作。这项工作主要反映在刊登于当时的报刊杂志上的文章中，以重庆地区最突出。对苏联电影的宣传介绍表现在多个方面，主要集中在以下两个方面。

1、在电影理论上对苏联电影的认识

当时的电影评论家们已经通过苏联电影的画面了解了不落窠臼的内容，因而有了这样的评述：“在社会主义国家，电影艺术是件庄严的工作。苏维埃的电影作品追叙、描绘的是：为建立和巩固社会主义社会而作无数次英勇斗争，伟大的十月革命、艰苦卓绝的国内战争、……它讴歌、赞美的是列宁、斯大林、内战英雄夏伯阳、高尔基笔下的母亲、……红军士兵们、裸头跣足的阿比西尼亚游击队、中国和西班牙的英勇战士，以及那些他们的热情、才能、勇敢、信念和生命贡献给人类进步、世界和平、社会主义的英雄们。唾弃的是：反动者、剥削者、暗杀者、法西斯匪徒，以及一切企图把历史往后拉的人。这些就是苏联电影的内容。”[5]这种内容的电影极大地区别于当时盛行的商业性很强的美国电影，着实令看惯了让“眼睛吃冰淇淋”、以及“大腿”、“歌喉”一类电影的中国观众耳目一新。在战争中，只有这种电影才能够激励抗击侵略者的斗志。所以，当时许多苏联电影在重庆以及别的城市里上映时，人们会挤得掉纽子。独具一格的苏联电影强烈地吸引着中国观众，正“因为苏联的影片和别国不同，他们并不是为了娱乐而制造，他们受着国家的扶持，为了要训育和感化国内的公民，使他们能帮助国内社会、政治、科学的进步，他们是真能尽教育能事的教育影片，反映着一个正在创造新世界的民族底生活和兴趣，所以他们的题材，不是渺小，而是需要深刻和切合时代的意义。”[6]此外，对于纪录片也有论及，“拿电影的发展讲，苏联革命前，电影完全在资产阶级手里，在欧美电影的影响下，演员、导演、手法、化妆、大部分都是模仿的。革命后，红军夺得照相机，大量地摄取新兴力量的新闻片。浮笃夫在坚定的政治立场和明显的主题之下，整理和剪接许多新闻片，创造了‘纪录片’。”[7]中国人因之了解了除电影蒙太奇理论之外苏联电影工作者对世界电影的又一重大贡献。

有的文章着重阐述了苏联电影对中国电影的影响。如郑伯奇的《苏联电影给予中国电影的影响》一文。在苏联电影传入中国前，中国电影和现实的社会人生不曾发生过关系，当时的电影和发展中的时代是完全脱了节的。即使是在“五四”运动时期，电影这一新的艺术也游离于运动之外。但是这种现象终不能持久，“电影界的这块残余阵地也受了文化运动的激荡而感到动摇。客观的需要使长期停滞在半殖民地、半封建阶段的中国电影不能不发生所谓‘转变’，而在这中国电影的转变期中，给予最大影响的，是苏联电影。不，我们简直可以说，在这转变期中，中国电影所接受的好的影响，完全得之于苏联电影。”[8]这种结论现在看来似乎有点武断，然而就当时落后并处于转变时期的中国电影来说，受到强烈的冲击是可以肯定的。苏联电影的“那种独创的剪接，生动的节奏，以及作品所产生的伟大煽动力，给中国电影艺术家留下了深刻的印象。”而中国观众“在银幕上发现了跟自己的生活和时代有密切关系的故事而受到感动。从来专以模仿好莱坞作家为能事的中国电影艺术家，也因苏联影片的出现而发现了电影艺术中的另一种天地。”[9]具体地说，郑伯奇总结了苏联电影对中国电影产生的影响有三个方面：“第一、中国电影艺术的理论，完全得自苏联。只有苏联的十月革命，才解放了资本家对于电影的束缚，而使电影跟艺术和科学发生了密切联系。有系统的电影研究才建立了。专门的电影理论著作出版了。苏联的这种电影艺术的科学研究，引起了全世界的电影工作者的注意。……此后，苏联电影艺术理论的著作，陆续被介绍到中国来。中国的电影工作者从这些译著中得到了理论上的武器，而电影批评者由此获得了批评的尺度。2、中国的电影艺术家从苏联电影中学习了新的创作态度和新的创作方法。以前中国电影的导演者和编剧者，只是一味地模仿好莱坞。……自从跟苏联影片接触以后，同时也受了中国的新兴的文化运动深入的影响，中国有觉悟的电影艺术家才采取正视现实的态度。而创作方法也大多趋向于苏联电影所采取的那种新的写实主义。即使有浪漫主义的倾向，也都走向革命的道路。3、苏联电影教育了中国观众，提高了中国观众对于电影艺术的认识。爱好苏联电影的中国观众再也不会成为好莱坞的俘虏。而同时对于落后的中国电影，因为受了苏联电影的熏陶，中国观众也提出了要求进步的呼声，促进了中国电影的转变。”[10]

在苏联电影对中国电影起着重要地影响的时候，中国的电影工作者也认真地向苏联电影学习。“那时正当《生路》一片初初来到中国，这一富有崭新作风的作品，曾给了我们的电影界以非常大的震动。……我们……对于这一作品，都曾约集过许多电影工作者开过好几次研讨会，而从《生路》以后，每一苏联的影片来到中国，我们都以同样的方式，加以精细的研讨，严格的指出其成败，虚心地接受其经验，这样进行了相当时期。于是我们在电影批评上，我们工作的同志间，便有着‘苏联镜头’、‘苏联手法’、‘苏联作风’、‘苏联演技’等等成语流行着了。苏联电影之如何有助于中国抗战电影的发展，由此也就可想而知。”[11]通过这些介绍，我们才能知道中国的电影事业正是受了苏联电影的影响，获得了丰富的营养才逐步走上了健康的发展之路，产生了上个世纪三、四十年代的诸多佳片，奠定了今天中国电影事业的基础。也正是基于对苏联电影的仰慕和欣赏，以及当时的中国电影人虚心学习的结果，中国电影才开始了茁壮成长的历程。同时促使中国的电影人思考制定抗战时期的中国电影国策，“我们知道苏联电影是发轫于十月革命的内战时期，那时候他们的机件设备还不及我们今日所有的，并且胶片的来源是德国电影公司用剩下来的零头片子，然而爱森斯坦却正是在这样艰苦的环境中，产生了电影上“蒙太奇”的理论，在这一点上，我们实在需要向苏联的电影工作者学习此种苦干的精神，建立起适应抗战环境的电影国策（也就是路线）。”[12]

有的文章是采用整体介绍的方式向中国人民介绍苏联电影的，如王平陵的《从苏联电影谈到中国电影》。“电影在苏联，并不同美国商办的电影事业一样，专以加重娱乐的成分，在生意眼上打主意，使电影发展到四大企业的一种，为唯一的目的。它是作为教育和宣传的主要武器，隶属在人民教育委员会的管理下，配合着国策的运用，同时不失艺术的性能，力求在广大群众的正当需要上，建立其基础的。”[13]在这段文字里，从根本上区分了社会主义电影和资本主义电影的功能和目的以及管理上的差别，使中国读者易于了解苏联电影由国家经营的体制特点。为什么会有这样的特点？因为苏联人认为电影是真正的大众艺术，“电影是诗歌、小说、戏剧所不能影响的几百万劳工得以理解的艺术。他们感觉到当新旧文化的变换期中，即旧有的文化须再估价，新的文化正在创造之际，作为大众艺术的电影，是用以疗治大众精神饥荒的最好的食粮。”[14]归根结底，“他们决不是仅做到满足娱乐的条件，就算尽了电影教化最大的能事，他们是把握着或者可说是利用这一点把人生最精彩的部分，社会许多重要的问题，具体而深刻地介绍给观众，引起观众的反省的。”[15]可见，苏联电影在教育问题上是旗帜鲜明的。

从内容上看，苏联电影“在革命以后，是纯粹的社会剧，描写集体与生命的斗争；有时虽也描写个人，然所描写的个人，都与人群有关，并不自绝于人群，这样的影片，才能给观众以新的活力。”[16]也就是说，苏联电影在国家经营的基础上，“随着苏联国策的推进，基于新的现实，和美国式的电影艺术，大异其趣，在技术和意识上尽量展开独特的作风。”[17]

该文还较具体地介绍了苏联电影的管理体制。“首先做到把全苏的电影院管理权，在中央所设置的机关下，集中管理。而后进一步设立一个制片中心与租片机关，以适应全苏的需要。唯有这样，才能避免从前少数电影院因供给与需要之不均所发生的混乱状态，且可使制就的片子得到充分利用的机会，使国营电影事业普遍地发展。”[18] 在苏联早期，这种对电影的管理体制取得了显著成效，这在当时的中国人眼里绝对是新鲜事物。尽管那个时候的苏联电影业还比美国落后，但已是急起直追。当时在莫斯科附近建有一个电影城，这个城“有山有水，风景绝美，形成天然的舞台，……。有二十五间大厦足供使用，十五组演员可以同时开拍，每年平均可出六十种影片。”[19] 况且“现在，苏联的电影工业，已随着电影业的突飞猛进，达到自给自足的程度了。自 1923 年起，苏联才有自制的放映机，到今天由苏联制造的各种典型的放映机，已经行销到各国了。”[20] 这样的电影制作条件和快速发展的电影工业向中国人民展示了令人向往的苏联社会主义的电影事业成就。此外，同一篇文章还向中国读者介绍了苏联电影院的建设、电影人才的培养、广泛的电影教育、为扫盲服务的电影功能，对苏联国内外著名文学作品的改编等方面的情况。特别是后者，在对文学作品的改编过程中，苏联的电影工作者们“并没有忽略电影在艺术上的价值，及其对人生的意义应负的责任和使命。这就是说，他们对于文艺作品的改编为电影，也非常认真的。”[21] 所有这一切，对于处在战时艰难环境中的中国电影事业来说，“苏联电影的发展路程，是深足供我们借镜的。”[22] 这就是作者介绍苏联电影概况的用意。通过对苏联电影的介绍，使中国观众能够比较全面地了解苏联电影。

什么是苏联电影？“电影在苏联是更迭人类的世界观的武器和文化革命兵种之一，它正像另一个领域里的众生所崇信的圣经般示人以向善之路，如何去求得生命的真义；更明显的，万千的工农和少年都能在电影中鉴出他们所处的角度和近身的任务并得以煅冶完成任务的那些力量。从革命与生活的新组织所获来的新体验的倾向，以及艺术地去再现那历史的瞬间的欲求，如今已成为苏联电影制作人努力工作的纲领。”[23] 这一认识是否十分精当姑且不妄加评论，但它毕竟是当时的中国影评人的近距离认识，决不至于完全错误。

2、对苏联电影的具体评介

对具体的一部苏联电影之介绍，是在对苏联电影进行宣传介绍的过程中的一个重要方面，主要有对《十三勇士》《雪中行军》《血肉换自由》

《夜莺曲》《马门教授》《生路》《忠勇巾帼》《会师柏林》等影片的介绍。《十三勇士》讲的是在1928年，十二个退役红军战士和一个地质学家英勇地与匪徒战斗到最后一个人的故事。这部电影印证了这样的评述：“我们决不能把苏联影片视为单纯的消遣品或娱乐品，苏联的影片，是含有社会教育意义的，是有激发爱国观念的作用的。我们认为不仅是艺术上伟大的贡献，而且是政治上的成功和胜利。这并没有夸大，而是正确地估计了它的应有的价值和意义。”[24]作者惠元之所以要向观众介绍这部苏联电影，用意在于鼓舞中国观众的抗战意志，“《十三勇士》所给我们的印象是清晰、简明和有力，在我们今天抗战正处在困难的阶段，民族存亡危急的时候，对于《十三勇士》一片，我觉得我们应该学习十三勇士战到最后的一个人和最后一颗手榴弹而始终不退却，不犹豫的苦战精神。”[25]作者的评介不只是局限于理论上，而且还联系中国的抗战实际进行了更深入的评述，“在抗战中曾死守四行仓库的八百壮士，便有这种大无畏的精神，死守宝山城的姚子青团（笔者注：应为姚子青营），便有这种威武不屈的正气，我们应该发扬和效法这种忠勇为国、不怕牺牲的精神与作风。”[26]作者进一步认为这样的好片子值得一看，“我们认为有这样深厚的教育意义的爱国影片，使我们能够清楚地认识和了解苏联的红军和人民，以及电影事业与激发自己的爱国情绪，学习苏联红军与人民战败敌人的精神与作风。”[27]在中国抗战的初期，在当时的国人中还存在着亡国情绪的时期，以洋为中用、中外结合的手法介绍苏联的优秀影片，对于坚定中国抗战的军心和民心是很有好处的。

《雪中行军》叙述了1917年—1922年苏联建国过程里红军英勇奋战的事迹。关于《雪中行军》的评介是另有特点的。评介者特别指出了当时中国的抗战局势，其时武汉会战失败，中国军队从汉口撤退，广州也已沦陷，《雪中行军》这部讴歌保家卫国的苏联影片在重庆上映，无疑地给中国军民的抗战增添了新的借鉴。“《雪中行军》不仅在抗战的‘必胜信念’上，给我们以坚定的鼓励，同时即是对于一切败北论者，唯武器论者，在这里也有力地予以打击。”[28]作者从抗战必胜的角度阐明了《雪中行军》一片带给中国人民的内涵，进而又用相当感人的词句评介了影片的意义和应该学习的东西。“在抗战入于危急的现阶段，我们必须学习《雪中行军》的精神，去冒风雪，登悬岩，走绝壁，过一条峻峭的高山，渡一条虐浪排空的大河之后，似乎才有坦途。……我们知道《雪中行军》所叙述的那个年代，是像一阵子狂风暴雨的袭进腐烂的旧俄的。然而今日中国的神圣抗战，难道不也是在中国开国五千年的历史中所仅见的吗？”“因此，我们也知道，不，必须坚信，这种空前的革命，正如《雪中行军》所告诉我们的：这座山，从未有人走过，但我们必须穿过，我们一定能够穿过去。”[29]字里行间表露出作者，不，实际上是显示出大多数中国人的必胜信心，坚定抗战信念，不获全胜誓不罢休！

反映 1919 年俄国苏维埃政府和红军粉碎尤登尼奇匪军阴谋的历史影片《血肉换自由》也曾在抗战时期的重庆影坛造成相当的轰动。因为影片的特点在于，“首先，他告诉我们，革命战争中，提高军纪，是一件很重要的事情。……其次，我们应该学习苏联红军的善战机警，沉着与勇敢的能力。……再次，苏联红军中的政治工作是值得效法的。……每一个战斗里，政治工作人员，都有极大的作用。”[30]影片再现了苏维埃俄国内战时期的战争场面，具有艺术的、政治的和教育的意义，使中国观众从中了解到红军是怎样打退帝国主义的干涉军与消灭白军，而获得胜利的，而中国的抗战也必将取得胜利。

《夜莺曲》也是苏联的一部著名影片，讲述的是十月革命前俄国女工为改善生活和社会进步进行的斗争。故事情节虽不曲折，但现实描写很细腻。“导演以充分的胶片细腻的描写，这里用了对照的方法描写两种不同的生活。不浪费一呎胶片制造无调的笑料；当他描写一个应该憎恶的人物——如经理之流，与其用噱头来轻松讽刺，倒不如毫不留情地拆穿他们的丑态。……这是非常现实主义的表现，不夸大也不隐藏，赤裸裸地以血和泪真挚地感动观众的心，进一步使人们从中学习宝贵的体验和教训。”[31]影评人认为《夜莺曲》是一部成功之作，根据在于“电影作品并不需要绝对故事的曲折离奇，相反的必须有最现实的题材和真挚动人的剧情，而这简短纯真的故事是需要艺术地细腻的描写。”[32]因而作者敢于向观众推荐这部影片。

1939 年 8 月，苏联著名影片《马门教授》在重庆刚刚上映了两天就被禁演，原因是德国大使馆认为该影片“煽动仇德”。实际上这是一部揭露德国法西斯虐待犹太人暴行的杰出影片。影片的被禁映，在重庆掀起了一场风波，许多观众纷纷投稿《新华日报》询问真相和发表自己的见解，认为德国干涉了中国内政应予以回击，在社会舆论的迫使下，《马门教授》终于得以重新上映。这部电影的被禁之所以会酿成风波，因为当时的观众认为“这是一个描写在法西斯德国压迫下犹太人的一幅惨无人道的写实影片。这是一个激发人们为人类正义、为文明科学向前进步而努力的影片！这是一个燃烧人们的心情去勇敢争取被压迫民族的解放而斗争的影片！”[33]从国际影响看，《马门教授》也是一部非常优秀的影片，“在美国的放映，简直造成了那里电影界的一个大事件。这不仅从美国报纸对这片子的批评中可以看出，而且从美国国家和政治的最高当局的希望中也可以看出。这希望是什么呢？第一，是希望全体大学生都看此片；第二，是希望好莱坞最少要仿制两部同性质的片子。”[34]《马门教授》在英、法等国放映时反响也很强烈。这样一部进步、优秀的影片自然会受到全世界爱好和平的人们的欢迎，在中国被禁演所激起的强烈抗议是很自然和正常的。“《马门教授》，是一个激人奋发的反法西斯的兴奋剂。”[35]正因为如此，《马门教授》于 1941 年又一次在重庆上映。

《生路》是苏联非常著名的影片，1933 年曾在我国上映，1941 年再次登陆重庆影坛，依然受到广泛欢迎。这是一部以教育流浪儿童为题材的影片，当时是为了我国战时保育事业募捐而再度公映。这部影片对于我国的战时保育工作确实有现实的指导意义。影片中“所提示的苏联新教育的哲学，其目的、方法，是应该为我们的保育工作者当着教育学的一章，加以深切研究的。”[36]这部影片真实地再现了苏联教育工作者对流浪儿童进行的艰难、新颖的教育过程，使之成为国家的积极建设者，它之所以感人就在于此。“流浪儿教育问题，不过是战时儿童保育工作之一部，从这里，也可看到保育工作是如何的繁重和艰难了。做一个保育工作者又是如何的不平常了。”[37]在当时推荐、介绍这部影片是很有意义的，影评者最终得出的结论是，“《生路》对于我国战时儿童保育，也会发生应有的影响，更是理所当然的。我们得注意这部电影作品，研究这部电影作品，使我国保育事业进步。”[38]

在苏联卫国战争中，产生过一些著名的女英雄，“像消灭了 300 多个敌人的巴甫里青科，像为了祖国的事业而牺牲了的女游击队员丹娘和丽莎”[39]就是其中的佼佼者。而影片《忠勇巾帼》（又译《她在保卫祖国》）则是根据这些女英雄的事迹构思创作的。影片塑造了一个从贤妻良母式的女劳动能手成长为抗德英雄的女游击队领袖的苏联妇女形象——巴莎。“在《忠勇巾帼》这部片子里所表现的，并不只是奥希诺夫卡一个乡村的情形，而是全苏联人民，特别是被占领区中游击队的英勇斗争的缩影，而巴莎则是全苏联妇女的一个化身和代表而已。”此外，“在全片中，我们看到苏联人民在精神上与思想上的一致团结，这可以说，就是苏联人民胜利的保证。”[40]正是这些反对德国法西斯的英勇斗争事迹和不屈的精神对于抗战中的中国人民来说，是极为生动和值得学习的，所以，《忠勇巾帼》被介绍到中国就是非常有意义的。

1945年，由苏联的四十多个摄影师在激烈的炮火下和冲锋陷阵中拍摄成的历史纪录巨片《会师柏林》登上了重庆的银幕，这是世界反法西斯战争最终胜利前夜拍摄的重要影片，也是中国人民的抗日战争即将取得胜利之际在中国上映的最重要的苏联影片，其意义是非凡的，令中国人心潮澎湃、激动不已的场面是可以想见的。“这并不是一本通常的新闻电影，而是一部写下了苏联红军英勇作战的英雄史诗。在这里总结了千百万人为了从地面上肃清法西斯而作的一切战绩，用简明的画面将他们记进历史的篇页。我们可以肯定地说，这部片子的历史意义和全世界的意义，是无限大的。……因为这是法西斯德国总崩溃的终结，是欧洲的新的光明的日子的起点。”[41]这部真实地记录了苏联伟大的历史胜利的影片，给中国人民带来的是巨大的鼓舞和真切的希望，向中国人民展示了光明的前景。苏联人民是“经过了几年的磨难和作战的人民，久已在期待这个日子，现在这个日子终于来临了。这种狂欢，是只有那些为了胜利而斗争过的人民，才能深沉地意味到的。”[42]在中国人民为苏联人民取得的胜利而高兴的时候，同时也企盼着自己的最后胜利，“西方的法西斯已经粉碎，东方的法西斯还在顽强抵抗着，在我们期待着胜利的前夜，《会师柏林》这部影片，该会带给我们无限的信心和鼓励。……这是希特勒德国死亡的写实。让一切法西斯家伙在它面前发抖吧！”[43]在攻克柏林后不到四个月，英勇的中国人民也终于迎来抗战胜利的伟大时刻，这个不朽的日子是应该永久铭记的！

这个时期被宣传介绍到中国的苏联电影还有《高尔基的童年》《列宁在1918》《保卫斯大林格勒》等，因主要是对剧情的介绍，没有太多的理性认识，本文就不再赘述。此外，在抗战期间，苏联电影人写的一些关于电影问题的专业论文，也被翻译成中文刊载于一些报刊上，对中国电影事业的发展也产生过影响，因内容过于专业及本文的篇幅所限，就不过多地涉及了。

在苏联电影传入中国前，中国的电影主要靠模仿美国电影，缺少真实性，神怪片、武侠片、低级趣味的影片充斥影坛，即使是在抗战期间，粗制滥造的劣质影片仍是为数不少，尤其是“孤岛”上海和香港，正如当时一封寄自香港的文章认为的，“电影之应该清洁，尤其是目前中国电影之应该更清洁。”[44]苏联电影传入中国后，为中国的电影工作者和观众提供了一个全新的艺术视角，对清洁当时的中国电影领域起了相当的影响，而对苏联电影宣传介绍的加强，不仅使中国观众更全面地了解了苏联和苏联电影，而且促进了中国观众对新生活、新艺术的追求，坚定了抗战信念，也令中国进步的电影工作者和观众在更广的范围、更深的层次关注中国电影的前途，并为中国电影的健康发展努力工作，所有这些，在今天依然是值得回味和纪念的。

注释：

① 程季华主编：《中国电影发展史》，中国电影出版社出版，1963年第一版，第2页。

② 贺绿汀：《关于苏联电影中的音乐成分》，《中苏文化》7卷4期，1940年10月10日。

③ 沈西苓：《关于苏联电影的杂志》，《中苏文化》7卷4期，1940年10月10日。

④ 司马森：《我对苏联电影的观感》，《中苏文化》7卷4期，1940年10月10日。

⑤ 朔望：《漫谈电影》，1939年8月16日重庆《新华日报》。

⑥ 罗静予：《论电影的国策》，《中国电影》第1卷第1期，1941年1月1日。

⑦ 袁牧之：《谈记录电影》，《中国电影》第1卷第2期，1941年2月1日。

⑧ 郑伯奇：《苏联电影给予中国电影的影响》，《中苏文化》7卷4期，1940年10月10日。

⑨ 同上。

⑩ 同上。

⑪ 阳翰笙：《我对于苏联戏剧电影之观感》，《中苏文化》7卷4期，1940年10月10日。

⑫ 中国电影工作者座谈会记录：《中国电影的路线问题》，潘孑农的发言，《中国电影》第1卷第1期，1941年1月1日。

⑬ 王平陵：《从苏联电影谈到中国电影》，《中苏文化》7卷4期，1940年10月10日。

⑭ 同上。

⑮ 同上。

⑯ 同上。

⑰ 同上。

⑱ 同上。

⑲ 同上。

⑳ 同上。

㉑ 同上。

㉒ 同上。

㉓ 罗亭：《苏联电影观览席》，1938年3月20日重庆《国民公报》。

㉔ 惠元：《〈十三勇士〉观后》，1938年11月1日重庆《新华日报》。

㉕ 同上。

㉖ 同上。

㉗ 同上。

㉘ 沙雁：《评苏联名片〈雪中行军〉》，重庆《文艺月刊》（特刊）2卷1938年。

㉙ 同上。

㉚ 惠元：《〈血肉换自由〉观感》，1939年2月12日重庆《新华日报》。

㉛ 凌鹤：《推荐〈夜莺曲〉》，1939年4月19日重庆《新华日报》。

㉜ 同上。

㉝ 吴克坚：《从〈马门教授〉影片说到我们的外交方针》，1939年8月16日重庆《新华日报》。

㉞ 吴敏：《〈马门教授〉影片事件始末》，1939年8月16日重庆《新华日报》。

㉟ 有德：《从〈马门教授〉说起》，1941年7月3日重庆《新华日报》。

㊱ 向锦江：《推荐〈生路〉》，1941年5月27日重庆《新华日报》。

㊲ 同上。

㊳ 同上。

㊴ 戈宝权：《介绍一部苏联妇女英勇抗战的名片〈忠勇巾帼〉》，1944年7月30日重庆《新华日报》。

㊵ 同上。

㊶ 戈宝权：《介绍苏联的历史纪录片〈会师柏林〉》，1945 年 8 月 3 日重庆《新华日报》。

㊷ 同上。

㊸ 同上。

㊹ 苏怡：《电影清洁运动的我见》，1940 年 5 月 19 日重庆《国民公报》。

刊载于中国国家博物馆馆刊 2015 年第六期。